13-24
29-43

Schenk-Danzinger

Entwicklung – Sozialisation – Erziehung

Lotte Schenk-Danzinger

# Entwicklung
# Sozialisation
# Erziehung

## Von der Geburt bis zur Schulfähigkeit

Klett-Cotta
ÖBV Pädagogischer Verlag

Mit Bescheid des Bundesministeriums für Unterricht und Kunst vom 28. Oktober 1992, Zl. 41.259/1–19/85, gemäß § 14 Abs. 2 und 5 des Schulunterrichtsgesetztes, BGBl. Nr. 472/86, und gemäß den derzeit geltenden Lehrplänen als für den Unterrichtsgebrauch an Bildungsanstalten für Kindergartenpädagogik für die 2. und 3. Klasse im Unterrichtsgegenstand Pädagogik geeignet erklärt.

Mit Bescheid des Bundesministeriums für Unterricht und Kunst vom 23. Februar 1994, Zl. 41.259/6-V/2/92, gemäß § 14 Abs. 2 und 5 des Schulunterrichtsgesetzes, BGBl. Nr. 472/86, und gemäß dem Lehrplan 1993 als für den Unterrichtsgebrauch an Bildungsanstalten für Sozialpädagogik für die 2. und 3. Klasse im Unterrichtsgegenstand Pädagogik geeignet erklärt.

| Schulbuchnummer: **0517** |
|---|
| Schenk-Danzinger, Entwicklung – Sozialisation – Erziehung 1 |
| ÖBV Pädagogischer Verlag, Wien |
| 3. Auflage, Nachdruck 1998 Abgesehen von der Umstellung auf die neue Rechtschreibung kann die 3. Auflage im Unterricht neben allen Drucken der 2. Auflage verwendet werden. |

3. Auflage, Nachdruck 1998 (3,01)
Verlagsgemeinschaft Ernst Klett Verlag – J. G. Cotta'sche Buchhandlung und ÖBV Pädagogischer Verlag

Druck: Astoria Druck, 1230 Wien
Umschlag: Manfred Muraro, Stuttgart

CIP – Kurztitelaufnahme der Deutschen Bibliothek

**Schenk-Danzinger, Lotte:**
Entwicklung, Sozialisation, Erziehung: von d. Geburt bis zur Schulfähigkeit/Schenk-Danzinger – 3. Aufl., Nachdruck – Stuttgart: Klett-Cotta; Wien: ÖBV Pädagogischer Verlag 1998
ISBN 3-608-**93360**-3 (Klett-Cotta)
ISBN 3-215-**02258**-3 (ÖBV Pädagogischer Verlag)

# Inhaltsverzeichnis

## *Vorwort*

Dieses Buch über Kleinkinder, das in der Reihe Pädagogik aus dem Bundesverlag als Ergänzung der Entwicklungspsychologie und der Pädagogischen Psychologie erscheinen soll, hat besondere Zielgruppen und verfolgt ein besonderes Anliegen.

Die Zielgruppen sind alle jene, die sich hauptberuflich oder auch im Rahmen anderer Tätigkeiten mit benachteiligten Kindern und deren Eltern beschäftigen – also Funktionäre der Jugendämter, Sozialarbeiter und Sozialarbeiterinnen, Kindergärtnerinnen, Kinderschwestern, Gynäkologen, Kinderärzte, Vorschulklassenlehrer, Familienberater, Psychologen, die in Jugendämtern, in der Schwangerenberatung, beim Jugendgericht oder beim Scheidungsgericht arbeiten oder als Diagnostiker, Therapeuten oder Erziehungsberater tätig sind.

Das besondere Anliegen ist Verständnis und Hilfe für Kinder, die keine Liebe, keine Bindung, keine Geborgenheit haben, deren Schicksal von der „öffentlichen Hand“ oder von Eltern, die eigentlich keine sind, bestimmt wird oder von beiden.

Die ersten Jahre der Kindheit sind entscheidend, und so wurde versucht, zusammenzutragen, was man über deren Bedeutung weiß. Es war ein besonderes Anliegen, ganz wichtige Arbeiten, wie etwa die von Skeels oder Göllnitz, die nur in Zeitschriftenartikeln zu finden sind und den Praktikern unbekannt bleiben müssen, aufzunehmen. Das Schwergewicht liegt auf den Anfängen der Entwicklung – dort, wo emotionale Entbehrungen beginnen, wirksam zu werden.

Der praktische oder pädagogische Teil, der jedem Kapitel beigefügt ist, kann Eltern eine Hilfe bieten, ist aber eigentlich gedacht als Anregung – als Leitfaden, wenn man so will – für die Elternberatung in den Mutterberatungsstellen, beim Jugendamt, in der Erziehungsberatung, im Kindergarten, beim Kinderarzt, in den Fürsorgeämtern, aber auch in den Medien.

Das Kleinkinderbuch ist in erster Linie als Lehrbehelf für angehende Kindergärtnerinnen und Sozialarbeiter konzipiert, aber auch für den Psychologieunterricht, der für junge Leute zwischen sechzehn und vierundzwanzig Jahren in den verschiedensten Studieneinrichtungen vorgesehen ist, von der Fachschule bis zu den ersten Studienabschnitten der einschlägigen Hochschulfächer. Die jungen Leute mögen daraus nicht nur für die Schule lernen, sondern fürs Leben – für ihr Leben als Väter oder Mütter.

Es wurde sehr versucht, Anleihen an die Entwicklungspsychologie zu vermeiden. Ganz ist das nicht gelungen.

Dr. Lotte Schenk-Danzinger Herbst 1984

# I Das Leben vor der Geburt

> Die psychosomatische Gynäkologie sieht in der bewussten oder unbewussten Ablehnung der Gravidität nicht nur eine Quelle für einen gestörten Schwangerschaftsverlauf, sondern auch eine Gefahr für die Gesundheit des Kindes, das durch die ambivalente Einstellung der Mutter einem inkonstanten Pflege- und Erziehungsverhalten ausgesetzt ist und daher in seiner körperlichen und psychischen Entwicklung gestört werden kann.
> *Forschungsbericht der Deutschen Forschungsgemeinschaft*

Viele Jahrtausende lang glaubten die Menschen an die Möglichkeit der Einwirkung magischer, überirdischer Kräfte oder erschreckender Erlebnisse der Mutter auf das ungeborene Kind. Auch dass die Mutter selbst ihr Kind in gutem oder in bösem Sinne beeinflussen könne, war eine weit verbreitete Meinung.

Während die Angst, böse Erfahrungen der Mutter könnten das Kind schädigen, bei einfachen Menschen noch heute anzutreffen ist, hatte die Wissenschaft des aufgeklärten 19. Jahrhunderts solchem Aberglauben abgeschworen. Nichts außer dem Sperma, so glaubte man, könne in den Uterus eindringen. Das Kind sei bis zum Tage seiner Geburt darin völlig von Außeneinwirkungen abgeschirmt.

Die erste Korrektur dieser Auffassung vollzog sich am Ende des vorigen Jahrhunderts, als man erkannte, dass schädigende Substanzen, wie Drogen, Tabak oder Äther, über den Blutstrom der Mutter das Kind erreichen können. Seit den Dreißigerjahren, als die großen Längsschnittuntersuchungen der Fels Foundation unter ihrem Leiter L. W. *Sontag* (14) begannen, der die Mütter schon während der Schwangerschaft untersuchte und die Entwicklung der Kinder bis ins Jugendalter verfolgte, gibt es zahlreiche Informationen über die Wirkung von Umweltfaktoren und von mütterlichen Gefühlsregungen auf das ungeborene Kind sowie über deren Langzeitwirkungen. Seither und besonders seit der Conterganktastrophe gibt es eine Unzahl von Untersuchungen (2, 8, 13, 22), die sich mit den medizinischen, psychologischen und psychosomatischen Erscheinungen und Problemen des vorgeburtlichen Lebens beschäftigen. Sie bieten – trotz aller Fragen, die immer noch offen bleiben – einen gewissen Einblick in mögliche Interaktionen von Mutter und Kind sowie in das vor der Geburt vorhandene Verhaltensrepertoire.

In der Tat sind viele Reaktionen und spontane Verhaltensweisen, die wir im ersten Lebensjahr registrieren, schon im vorgeburtlichen Stadium vorhanden oder können hervorgerufen werden.

## 1.1 Was der Fötus alles kann

Während sich der Fötus schon ab dem dritten Monat lebhaft, wenn auch für die Mutter noch nicht wahrnehmbar bewegt, mit den Beinen stoßen, Füße und Zehen bewegen, eine Faust machen, den Daumen zum Mund bewegen und lutschen kann, den Mund öffnet, Fruchtwasser schluckt, die Lippen zusammenpressen, die Stirn runzeln und mit 25 Wochen schon kräftig greifen kann, ist die Aktivität der Sinnesorgane erst ab dem sechsten Monat nachweisbar (Abbildungen 1 und 2). Zu dieser Zeit spürt auch die Mutter die Bewegungen des Kindes, die sich unter dem Einfluss bestimmter Stimulierungen vermehren können (6).

*Abbildung 1*
Fötus, vier Monate alt.

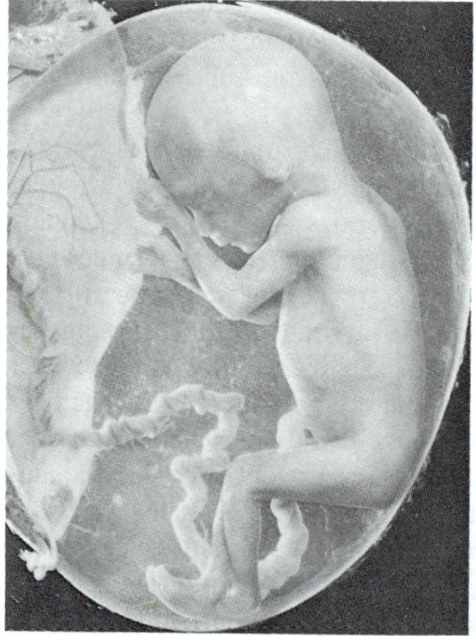

*Abbildung 2*
Die Hände sind schon richtig ausgebildet.

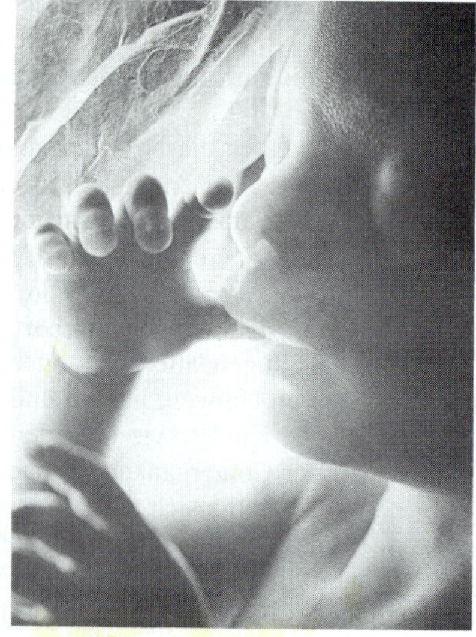

### *1.1.1 Hören*

Dass das Kind hört, weiß man einerseits aus seinen Reaktionen auf Musik (1) und auf laute Geräusche in der Außenwelt, andererseits aus seinen Reaktionen auf die Herztöne der Mutter (21).

Es gibt nur zwei Möglichkeiten, die „Betroffenheit" des Fötus durch einen Reiz zu erkennen: seine beschleunigte Herztätigkeit und seine gesteigerte Beweglichkeit. Letztere kann festgestellt werden bei starken Geräuschen, die von außen hineindringen, ebenso wie bei Beschleunigung des mütterlichen Herzschlages. *Liley* (8) berichtet von sehr differenzierten Reaktionen auf Musik. Während Vivaldi und Mozart den Fötus beruhigen, verursachen Brahms und Beethoven sowie Rockmusik heftige Bewegungen, die als Unbehagen gedeutet werden können.

Ein Phänomen, das bei fast allen Kindern, sobald sie sitzen können, bis etwa zum Ende des zweiten Lebensjahres zu beobachten ist, nämlich rhythmische Körperbewegungen zu Musik oder gleichmäßigen Geräuschen – wie etwa dem der Waschmaschine –, scheint bereits beim Fötus nachweisbar. Manche Mütter berichteten, dass sie ab der 25. Woche kein Konzert mehr besuchen konnten, da das Kind im Rhythmus der Orchestertrommeln hüpfte! Da die Welt des Uterus durch den lauten Rhythmus des mütterlichen Herzschlages charakterisiert ist, kann hier durchaus ein Zusammenhang bestehen.

Bei *Angstzuständen* oder bei *plötzlichem Erschrecken* beschleunigt sich der *Herzschlag der Mutter.* Dies veranlasst das Kind zu *lebhaften Bewegungen.* Über die Wirkung mütterlicher Emotionen wird noch die Rede sein.

### *1.1.2 Sehen*

Im Mutterleib gibt es nicht viel zu sehen, daher bleibt der Gesichtssinn vorerst wenig entwickelt. Dass Lichtreize jedoch bereits registriert werden, beweist die Tatsache, dass Schwankungen der fötalen Herztätigkeit auftreten, wenn im späteren Stadium der Schwangerschaft bei schon sehr gespannter und daher lichtdurchlässiger Bauchdecke ein starkes Blinklicht auf den Bauch der Mutter gerichtet wird.

### *1.1.3 Schmecken*

Dass der Geschmackssinn schon entwickelt ist, zeigt ein Experiment, von dem *Liley* (8) berichtet: Wenn man dem Fruchtwasser Saccharin zuführt, schluckt das Baby mehr und schneller, bei einem schlecht schmeckenden Zusatz verzieht es das Gesicht und macht keine Schluckbewegungen.

### *1.1.4 Lernen*

Das Vorhandensein von *bedingten Reflexen* – also von Gedächtnisreaktionen auf Vorsignale –, wie man sie bald nach der Geburt in der Nahrungssituation beobachten kann, wenn das Kind schon als Reaktion auf einen regelmäßigen „Vorreiz" – Umbinden eines Lätzchens oder Trinklage – zu saugen beginnt, bevor es noch mit der Nahrungsquelle in Berührung gekommen ist, konnte schon *vor der Geburt* nachgewiesen werden. *Spelt*(18) berichtet von folgendem Experiment:

Sechzehn Ungeborene wurden einige Male einem starken Geräusch ausgesetzt, auf das sie mit lebhaftem Strampeln reagierten. Unmittelbar nach jedem Geräusch setzte eine Vibration ein, ein sanfter Reiz, der normalerweise keine Reaktion auslöst. Nach einiger Zeit reagierten die Kinder mit Strampeln auf die Vibrationen, denen keine Geräusche vorausgegangen waren – ein erlerntes Verhalten.

Ein anderer Beweis des Sicherinnerns an den vorgeburtlichen Zustand ist die bekannte Reaktion von Säuglingen auf eine Schallplatte, die Herztöne reproduziert. Schreiende Kinder können auf diese Weise beruhigt werden. Auch die beruhigende Wirkung des Schaukelns und Wiegens beruht auf der Erinnerung an die Bewegungen des mütterlichen Körpers. Auch die Tatsache, dass die meisten Kinder – auch die rechtshändiger Mütter – auf den linken Arm genommen werden, hängt wahrscheinlich damit zusammen, dass sie sich in der Nähe des mütterlichen Herzschlages leichter beruhigen. Dass das Geräusch des normalen Herzschlages beruhigend wirkt, wurde durch folgendes Experiment von *Salk* (12) bestätigt:

Einer Gruppe von normalen Babys spielte er nach der Geburt an vier Tagen die Tonaufnahme eines Herzens mit 80 Schlägen in der Minute vor. Eine zweite Gruppe bekam keine Herzschläge zu hören. Die erste Gruppe schrie weniger und nahm rascher zu als die Kontrollgruppe. Einer dritten Gruppe wurde eine Tonaufnahme mit 120 Herzschlägen vorgespielt. Die Kinder wurden so aufgeregt, dass man das Experiment abbrechen musste.

Dies führt uns zu unserem nächsten Punkt:

## 1.2 Die Reaktionen des Ungeborenen auf negative Emotionen der Mutter

Schon *Sontag* (15) konnte in den Vierzigerjahren feststellen, dass Fötusse, deren Mütter starken seelischen Belastungen ausgesetzt waren – es handelte sich um Soldatenfrauen, die in großer Angst um ihre Männer lebten –, starke Aktivitäten zeigten und sich später im Verlauf der Langzeitstudie zu labilen, für Angst und Depressionen anfällige Persönlichkeiten entwickelten.

Er beschreibt zwei Fälle von schweren Angstzuständen schwangerer Frauen. Bei der einen handelte es sich um einen psychotischen Schub, bei der anderen um einen Autoun-

fall des Ehemannes. In beiden Fällen steigerten sich die Aktivitäten der Fötusse um ein Zehnfaches im Vergleich zu den sonstigen wöchentlichen Aufzeichnungen. Diese Kinder wurden untergewichtig geboren, hatten Verdauungsprobleme, waren empfindlich und schrien viel.

Man nimmt an, dass die lebhaften Bewegungen des Fötus so etwas wie ängstliches Unbehagen zum Ausdruck bringen und hervorgerufen werden sowohl durch den beschleunigten Herzschlag der Mutter als auch durch die Adrenalinausschüttung. Es scheint, nach allem, was darüber bisher bekannt ist, dass ab dem siebenten Monat die chemischen „Angststoffe", die in den Blutstrom und damit in die Plazenta gelangen, dem Kind starkes Unbehagen bereiten. *Die Anfälligkeit für Angst kann so konditioniert werden.*
Wie rasch sich die Erregung der Mutter auf das Kind überträgt, zeigte ein Versuch von *Reinold* ( 10), berichtet von *Verny* (22):

Müttern, die sich in Bauchlage unter ein Ultraschallgerät legen mussten und die nicht wussten, dass sich ein Ungeborenes in dieser Lage meist nicht bewegt, wurde erklärt, am Bildschirm seien keine Bewegungen des Fötus mehr festzustellen. Dies löste bei den Frauen Schrecken oder Beunruhigung aus. Und schon nach wenigen Sekunden begannen die Fötusse sich lebhaft zu bewegen.

Während kurzfristige psychische Belastungen zwar zu Reaktionen des Fötus in Form von heftigen Bewegungen und Beschleunigung des Herzschlages führen, das Kind aber nicht schädigen, haben langfristige Belastungen, die das Kind ständig den „Angsthormonen" der Mutter aussetzen, sehr ungünstige Folgen. In vielen Fällen ist das Geburtsgewicht vermindert, und die unruhigen Fötusse werden häufig ängstliche, schüchterne, krankheitsanfällige und/oder verhaltensgestörte Kinder. Da sich die *psychische Dauerbelastung* der Mutter – meist hervorgerufen durch *Partnerprobleme, existentielle Sorgen* oder *Arbeitsüberlastung* – mit der Geburt des Kindes nicht verringert, könnte man annehmen, dass die negative Entwicklung des Kindes eher auf Kontaktschwierigkeiten zwischen ihm und der extrem ängstlichen oder depressiven oder aggressiven oder ablehnenden Mutter als auf vorgeburtliche Einflüsse zurückzuführen sei. Einige Hinweise deuten jedoch auf die Richtigkeit der Annahme, dass pränatale „Angstüberflutung" auch unabhängig vom späteren Milieu psychische Folgen hat. Hier zwei Beispiele:

Es handelt sich um zwei Adoptivkinder, die beide im Alter von acht Tagen direkt aus der Gebärklinik in eine Familie aufgenommen wurden, die sie sehnlichst erwartet hatte und mit viel Liebe und Sorgfalt umgab. In beiden Fällen waren die Mütter während der Schwangerschaft schwersten Dauerbelastungen ausgesetzt gewesen. Zwar sehr unterschiedlich im Alter und aus ganz verschiedenem Milieu stammend, hatten beide mit dem Problem zu kämpfen, dass die nächsten Angehörigen von der Schwangerschaft nichts erfahren durften.
Das jüngere Kind, ein Mädchen, war im Säuglingsalter extrem kontaktempfindlich. Besonders in dem Alter, in dem normalerweise Acht-Monate-Angst beobachtet wird, durfte sich ihr kein fremder Mensch nähern. Auch auf bekannte Personen, die ihr fremd vorka-

men, etwa auf den Großvater mit einer ungewohnten Kopfbedeckung, reagierte sie mit extremer Angst. Während des ganzen Vorschulalters litt das Kind an schweren Anfällen von Pavor nocturnus. Fast jede Nacht musste es, von Schreikrämpfen geschüttelt, auf den Arm genommen und so lange gestreichelt und getröstet werden, bis es ganz wach war. Die Angst vor Fremden verschwand gegen Ende des zweiten Lebensjahres, die Schreikrämpfe versiegten mit dem sechsten Lebensjahr. Die weitere Entwicklung war unauffällig.

Das ältere Kind, ein Knabe, war extrem schüchtern. Er besuchte schon zwei Jahre den Kindergarten, als er das erstemal spontan mit einem anderen Kind sprach. In der Schule besserte sich der Zustand, er gewann Freunde. Aber bis heute, als Pubertierender, leidet er an Hemmungen, wenn er grüßen oder mit Erwachsenen sprechen soll, wenn man eine Meinungsäußerung von ihm erwartet, wenn er eine Rolle in einem Schulspiel übernehmen soll. Er neigt dazu, „sein Licht unter den Scheffel zu stellen". Anerkennungen für gute sportliche Leistungen in Form von Abzeichen oder Pokalen zeigt er nur widerwillig her und versteckt sie vor seinen Schulkameraden. Nur nicht auffallen ist die Devise.

*Ferreira* (4, 5) untersuchte den Unterschied im Verhalten von Babys, deren Mütter in der Schwangerschaft sehr ängstlich gewesen waren, mit dem Verhalten von Babys nicht ängstlicher Mütter und stellte auffallende Unterschiede im Schreiverhalten fest. Schon in den ersten vier Tagen schrien die Babys der ängstlichen Mütter sehr viel mehr als die der nicht ängstlichen Mütter, und zwar besonders vor der Nahrungsaufnahme. Dieselbe „Frustrationsintoleranz" hatte auch *Sontag* (1, 7) beobachtet. Das frühe Auftreten dieser Unterschiede veranlasst *Ferreira,* diese auf *pränatale Faktoren* und nicht auf Reaktionen auf die Behandlung durch die Mütter zurückzuführen.

Wie das Beispiel der adoptierten Kinder zeigt, können spätere positive Erfahrungen die pränatale Schädigung korrigieren oder mildern, während wir annehmen müssen, dass spätere negative Erfahrungen, die in die gleiche Richtung gehen, die anfänglichen Verhaltensstörungen fixieren oder verstärken. Im Forschungsbericht „Schwangerschaftsverlauf und Kindesentwicklung" (2) heißt es über die Kinder von Müttern, die während der Schwangerschaft als „überempfindlich" eingestuft worden waren: „Die Tendenzen zu vermehrter Ängstlichkeit, starkem Trotzverhalten und auffälligen Angewohnheiten ließen darauf schließen, dass diese Kinder durch das Zusammenwirken genetischer, perinataler und postnataler Faktoren ausgesprochen störungsanfällig seien und der besonderen Aufmerksamkeit des Pädiaters bedürfen."

## 1.3 Der Einfluss der Lebensgewohnheiten der Mutter auf den Fötus

### *1.3.1 Rauchen*

Es gibt viele konstitutionelle und genetische Ursachen, die den Fötus gefährden. Hier sollen nur jene anderen besprochen werden, die vermeidbar wären.

Dass die Rauchgewohnheiten der Mutter das Kind schädigen können, ist seit langem bekannt. Es gefährdet, soviel man weiß, vor allem dessen körperliche Verfassung insofern, als – wie Tabelle 1 zeigt – in der Folge eine erhöhte Zahl von Mangelgeburten auftritt. Unter Mangelgeburt versteht man ein Geburtsgewicht unter 2 500 Gramm trotz voller Tragzeit.

*Tabelle 1*
Anteil der Kinder mit relativ niedrigem Geburtsgewicht (Mangelgeburten) nach den Rauchgewohnheiten der Mütter.

| | Rauchen der Schwangeren | | | | | |
|---|---|---|---|---|---|---|
| | Nicht-raucherinnen | gelegentlich | bis zu 5 Zigaretten | regelmäßig 6 bis 10 Zigaretten | 10 Zigaretten und mehr | zusammen |
| erfasste Geburtenzahl | 4 235 | 789 | 420 | 347 | 245 | 6 036 |
| Anteil an Mangelgeburten | 8,5 % | 7,9 % | 10,9 % | 14,1 % | 16,7 % | 9,2 % |

Das Nikotin setzt die Sauerstoffzufuhr herab, und wir sehen, dass der Prozentsatz an Mangelgeburten mit der Zunahme des Zigarettenkonsums steigt. Die Ergebnisse stammen aus einer sehr gründlichen Untersuchung von über 6 000 Schwangeren und ihren Kindern (2, S. 13). Rauchen führt zur Reduktion aller Geburtsmaße (auch der Körperlänge und des Schädelumfanges), nicht nur des Geburtsgewichtes. Auch die Säuglingssterblichkeit ist bei starken Raucherinnen erhöht. Dasselbe gilt auch, wenn Mütter gar nicht, Väter dagegen stark rauchen.

### *1.3.2 Berufstätigkeit*

Sowohl schwere körperliche Arbeit wie ungünstige Körperhaltung am Arbeitsplatz können Frühgeburten auslösen. Frauen, die schwere stehende Arbeiten leisten müssen, haben dreimal so viele Frühgeburten als Frauen, die diesen Belastungen nicht ausgesetzt sind. Die Säuglingssterblichkeit ist bei Arbeiterinnen höher als bei Angestellten und Beamtinnen.

### *1.3.3 Kaffee und Alkohol*

Auch bei starkem Kaffeekonsum, der meist mit erhöhtem Zigarettenverbrauch gekoppelt ist, fand man eine erhöhte Zahl von Mangelgeburten, während Alkoholgenuss überdurchschnittlich oft zu Frühgeburten führt. Der gesamte erhöhte Genussmittelkonsum muss einem bestimmten Frauentypus zugeordnet werden, der im Zusammenhang mit der psychosozialen Situation auch psychische Probleme hat.

### *1.3.4 Medikamentenkonsum*

Während man früher körperliches Unbehagen, vor allem die Übelkeit zu Beginn der Schwangerschaft, als notwendige, vorübergehende, dazugehörige Begleiterscheinung hinnahm, sucht man heute mit Medikamenten dagegen anzukämpfen und wird nur allzu häufig vom Arzt in diesem Bestreben unterstützt.

Tabelle 2 zeigt die Zahlen und den Prozentsatz von insgesamt 7 871 Frauen, die im ersten Drittel der Schwangerschaft Medikamente einnahmen (2, S.50).

*Tabelle 2*

Verteilung der Anzahl der im ersten Trimenon eingenommenen Medikamente.

| Anzahl der im ersten Trimenon eingenommenen Präparate | bei Einbeziehung von Tees, Salben, Vitaminen | absolut | Ohne Tees, Salben Vitamine | absolut |
|---|---|---|---|---|
| keine | 18,4 % | 1 448 | 21,1 % | 1 661 |
| 1 bis 3 | 49,8 % | 3 920 | 53,3 % | 4 195 |
| 4 und mehr | 31,8 % | 2 503 | 25,6 % | 2 015 |
| zusammen | 100,0 % | 7 871 | 100,0 % | 7 871 |

Als man jene 41 Prozent (3 229 Fälle) beiseite ließ, die schon vor der Schwangerschaft oder am Beginn derselben an Krankheiten litten, die einen Medikamentengebrauch unerlässlich machten, fand man unter den gesunden 4 642 Frauen nur 22 Prozent, die in den ersten drei Monaten der Schwangerschaft keine Medikamente, und 25,7 Prozent, die vier und mehr Präparate einnahmen. Die Hauptgründe bei den gesunden Frauen waren: Übelkeit und Erbrechen, leichte Schwangerschaftsbeschwerden, Erkältungen oder leichtere chronische Erkrankungen.

Generell schien die Gruppe mit erhöhtem Medikamentenkonsum anfälliger, empfindlicher und psychisch störbarer zu sein. Die Frauen standen unter starken seelischen Belastungen.

Während erhöhter Genussmittelkonsum eher bei Arbeiterfrauen zu finden ist, sind es Studentinnen und Frauen aus der Mittel- und Oberschicht, die kleinste psychische Belastungen der Schwangerschaft durch Medikamente zu vermeiden suchen.

Medikamenteneinnahme wird von den Verfassern der Studie als ein Persön-

lichkeitsproblem betrachtet. Wenn auch bei keinem der in der Befragung erhobenen Medikamente ein statistisch signifikanter Zusammenhang mit einer Schädigung des Fötus nachgewiesen werden konnte, so kann man andererseits *nie mit Sicherheit die Möglichkeit eines Schadens ausschließen,* vor allem dann nicht, wenn ein Medikament in Kombination mit anderen Stoffen eingenommen wird. Es schien den Verfassern jedoch, als ob die *psychische Situation der Mutter, ihre Verhaltensweisen* und die *Medikamenteneinnahme* gemeinsam in der Richtung einer *erhöhten Disposition zu Frühgeburten* wirksam würden. In der Folge: eine höhere Zahl von *unreif geborenen Kindern* und von *perinatalen Todesfällen.* Die Frühgeborenen solcher Mütter neigen zu Durchfällen, Hauterkrankungen, Harnweginfektionen und Erkältungskrankheiten.
In der Nachfolgeuntersuchung ergab sich, dass – verglichen mit Normalgeborenen – ein erhöhter Prozentsatz der Früh- und Mangelgeborenen Entwicklungsrückstände im Stehen, Gehen, in der Feinmotorik, in der Zahnentwicklung und in der Reinlichkeitsgewöhnung aufwiesen, nicht aber in der Sprache.

## 1.4 Die psychische Situation der Mutter und das ungeborene Kind

### *1.4.1 Psychische Labilität*

In der Studie des deutschen Forschungsinstitutes wurden von 38 Prozent der Schwangeren *psychosomatische Störungen,* wie etwa unklare Kopf-, Rücken- oder Magenschmerzen sowie Kreislaufbeschwerden, genannt, die keine organische Basis hatten und daher als Substitut für psychische Unangepasstheit gewertet wurden. Diese Frauen waren oft älter, gehörten eher dem Mittelstand an, zeigten hypochondrische Züge und hatten oft traurige Erfahrungen mit vorhergegangenen Geburten gemacht (Abortus, nach der Geburt verstorbenes oder geschädigtes Kind), was ihre Ängstlichkeit erklärte.
Trotzdem kam es bei diesen vegetativ gestörten Frauen, die aber alle ihre Kinder haben wollten, zu keiner Schädigung der Fötusse.
Anders lagen die Dinge bei den *„überempfindlichen" Schwangeren.* Diese gaben zu einem hohen Prozentsatz *seelische Belastungen* im Familienleben und im Beruf an. Sie gehörten zur Gruppe der Medikamentenkonsumentinnen, neigten zu Schwangerschaftsübelkeiten und wurden als psychisch labil und erregbar eingestuft. Es kam in diesen Fällen zu Frühgeburten infolge Abortneigung und zu einer höheren Anzahl von operativen Geburten.
Häufig musste die Geburt eingeleitet werden, oder sie dauerte sehr lange. Austauschtransfusionen bei den Kindern waren notwendig.
Als Folge der Geburtsanomalien zeigten sich bei vielen Kindern Unreife und Untergewicht, Infektionskrankheiten, Durchfälle, Harnweginfekte, Strabis-

mus, Hüftgelenksluxationen und tastbare Bruchpforten. Die Nachfolgeuntersuchung der Kinder bis zum Alter von drei Jahren offenbarte Störungen des Essverhaltens, Ängstlichkeit, Trotz und sonstige Verhaltensauffälligkeiten.

### *1.4.2 Unerwünschte Schwangerschaften*

„Die psychosomatische Gynäkologie sieht in der bewussten oder unbewussten Ablehnung der Gravidität nicht nur eine Quelle für einen gestörten Schwangerschaftsverlauf (Blutungen, Abort, vermehrtes Erbrechen, verlängerte oder schmerzreiche Geburt), sondern auch eine Gefahr für die Gesundheit des Kindes, das durch die ambivalente Einstellung der Mutter einem inkonstanten Pflege- und Erziehungsverhalten ausgesetzt ist und daher in seiner körperlichen und psychischen Entwicklung gestört werden kann (2, S. 25/26)."
38,4 Prozent der in die Studie der deutschen Forschungsgemeinschaft einbezogenen Schwangeren bezeichneten ihre Schwangerschaft als unerwünscht!
Als wichtigster Grund für die Ablehnung der Schwangerschaft muss *erhöhte seelische Belastung durch Partner-, Familien- und Eheprobleme* genannt werden, wozu vor allem die Partnerprobleme der unverheirateten Mutter gehören.
Weitere Gründe der Ablehnung: große Jugend (unter 20 Jahren) oder höheres Alter der Mutter, mehrere Kinder bei starker Belastung im Haushalt, bei Kinderlosen berufliche und sportliche Ambitionen. Die meisten Ablehnungen fanden sich bei verheirateten Frauen mit mehr als zwei Kindern (55,1 Prozent) und bei Ledigen (72,2 Prozent). Ablehnende Mütter waren eher Frauen von Arbeitern und Studenten, Frauen, die die Schwangerschaft begrüßten, eher solche von Beamten, Angestellten und Selbständigen. Gefährdet in ihrer Beziehung zum Ungeborenen sind nach psychoanalytischer Ansicht auch „unglückliche Töchter", Frauen, die eine schlechte Beziehung zu ihren Müttern haben und sich in negativer Weise mit diesen identifizieren (21), sowie sehr ängstliche Frauen, die – ohne eigentliche existentielle Sorgen – sich wegen ihres *Aussehens,* wegen der *Gesundheit des Kindes,* wegen ihrer *Verantwortung,* wegen der *Einstellung des Partners* zum Kind und Ähnlichem quälende Gedanken machen. Derart verstörte Schwangere sollten psychiatrische Hilfe bekommen (22).
Die Erziehung und Pflege der *abgelehnten Kinder* erfolgte, wie die Nachfolgeuntersuchung der deutschen Forschungsgemeinschaft ergab, häufiger durch *Fremdfamilien* und *Tagesheimstätten. Vermehrte Strenge* (Schläge) bei Trotzreaktionen und bei der Reinlichkeitserziehung galt als Indiz der Unerwünschtheit der Kinder. Deren vermehrte oder verminderte Fettpolster im Alter von 18 bis 36 Monaten wurden als Zeichen entweder für die *deprivierende* oder *überkompensatorisch* fütterungsfixierte Einstellung der Mutter betrachtet.

### *1.4.3 Die Rolle des Vaters*

In letzter Zeit wird auch nachdrücklich auf die Rolle des Vaters für das vorgeburtliche Leben des Kindes hingewiesen (12, 20). Bisher schrieb man ihm im Zusammenhang mit der Schwangerschaft wenig Bedeutung zu. Heute weiß man, dass er wesentlichen Einfluss auf das psychische Wohlbefinden der Schwangeren hat und damit auf den ungestörten Verlauf des vorgeburtlichen Lebens, der Geburt und auf das nachgeburtliche Verhalten der Mutter.
Eine verlässliche, fürsorgliche Beziehung des Partners ist die wichtigste Stütze der Schwangeren. Sie bietet ihr Sicherheit, Geborgenheit und Selbstvertrauen. Verlassenwerden, Vernachlässigung und jede andere negative Form der Partnerbeziehung beunruhigen die Frau in der Schwangerschaft mehr als in jeder anderen Situation und beeinträchtigen damit auch das Wohlbefinden des Ungeborenen. *Stott* (19) fand, dass Babys, die einer unglücklichen Partnerbeziehung entstammen, fünfmal so oft ängstlich und unruhig werden als Kinder aus einer glücklichen Beziehung. Das Risiko, ein geschädigtes Kind zu haben, ist bei schlechter Partnerbeziehung größer als bei guter.
Dies unterstreicht eine Studie von *Henneborn* und *Cogan* (7), referiert von *Macfarlane* (9, S. 64):

> Eine positive Partnerbeziehung, die darin zum Ausdruck kam, dass der Vater zusammen mit der Mutter Vorbereitungskurse besucht hatte und bei der Entbindung anwesend war, verringerte die Schmerzerfahrung der Frau und reduzierte damit die Medikamentenanwendung. Natürlich kümmern sich solche Väter auch mehr um die Säuglinge, mit denen Väter in der Regel nicht viel anzufangen wissen, und sind eher bereit, dic Pflege mit der Mutter zu teilen.

Die Einstellung zur Schwangerschaft und zum Neugeborenen ist ein multifaktorielles Problem, die Rolle des Vaters sollte dabei nicht unterschätzt werden. Im Zuge der weiblichen Emanzipation kommt es heute nicht selten vor, dass finanziell unabhängige Frauen den Wunsch haben, ein Kind allein, ohne die Bindungen und Beschränkungen einer Ehe und ohne jede Unterstützung durch den Vater, aufzuziehen. Auch hier kommt es sicher zu ambivalenten Gefühlslagen.

## 1.5 Gibt es eine empathische Beziehung zwischen Mutter und Ungeborenem?

Manche Forscher (22) glauben, dass es außer der Kommunikation der Mutter mit dem Kind über Nabelschnur und Plazenta und über die Möglichkeit der Einwirkung von chemischen Wirkstoffen und Hormonen auch eine *empathische Kommunikation* gibt, in dem Sinne, dass das Kind die *Liebe oder die Abneigung der Mutter spürt.* Im ersteren Fall empfinde es im Mutterleib Geborgenheit und Behagen – eine freundliche Welt –, im letzteren Fall Unbehagen, Angst, Unsicherheit – eine feindliche Welt.

Solche Gefühlstönungen, so meint *Verny,* prägen über die Geburt hinaus erste Erfahrungen und Erwartungen des Kindes, schaffen ein Urvertrauen oder berauben das Kind eines naiven Zutrauens in seine Umwelt. Spätere negative Erfahrungen könnten das Unbehagen vertiefen, positive sie korrigieren.

Als Beweis für die empathische Beziehung zwischen Mutter und Kind zitiert *Verny* eine Untersuchung von *Rottmann* (11). Hunderteinundvierzig schwangere Frauen wurden sowohl einem Interview als auch einem projektiven Test unterzogen, der unbewusste Tendenzen offenbaren sollte.

Es wurden vier Gruppen von Frauen gefunden:

1. *Idealmütter.* Bei ihnen ergab Interview und Test eine restlose Bejahung des Kindes. Sie hatten den höchsten Prozentsatz an unkomplizierten Entbindungen und an gesunden Kindern.
2. *Katastrophale Mütter.* Sowohl Interview als Test zeigten Ablehnung des Kindes. Die Mütter hatten den höchsten Prozentsatz an Schwangerschaftskomplikationen, frühgeborenen, untergewichtigen oder seelisch gestörten Kindern.
3. *Ambivalente Mütter.* Hier ergab das Interview eine positive, der Test jedoch eine negative Einstellung. Nach der Geburt hatten überdurchschnittlich viele dieser Kinder Magen- und Darmstörungen sowie Verhaltensstörungen.
4. *Kalte Mütter.* Bei diesen ergab das Interview eine negative Einstellung, der Test aber eine tiefer liegende Bejahung der Schwangerschaft. Von diesen Kindern waren viele nach der Geburt apathisch und lethargisch.

Diese Untersuchung sieht *Verny* als Beweis dafür an, dass der Fötus, auch ohne von Adrenalinstößen überflutet zu werden, bei fehlender Liebe Unbehagen registriert, dass er „weiß, was die Mutter für ihn empfindet", und nicht nur auf eindeutig positive oder negative, sondern auch auf ambivalente Gefühlslagen reagiert.

Die Theorie von der empathischen Beziehung zwischen Mutter und ungeborenem Kind lässt sich wissenschaftlich weder verifizieren noch widerlegen – zu viele Faktoren beeinflussen, besonders im Falle einer ambivalenten Einstellung, das Verhalten von Mutter und Kind. Wäre die Theorie richtig, hätten wir auch hier eine Vorverlegung jener Reaktionen in die vorgeburtliche Periode, die *Escalona* (3) bei Säuglingen ablehnender Mütter beobachten konnte, und auch jenes Phänomens, das wir „das physiognomische Weltbild des Kleinkindes" (S. 169) nennen: Eine Welt mit vorwiegend freundlichem Gesicht auf Grund positiver Erfahrungen und eine beängstigende Welt voll feindlicher Aspekte auf Grund negativer Erfahrungen fände seine Grundlegung im Uterus.

## 1.6 Die Geburt

Wenn die Geburt einsetzt, wiegt das Kind normalerweise um 3 500 Gramm. Zu diesem Zeitpunkt stellt die Plazenta die Nahrungszufuhr ein. Kinder mit verkürzter Tragzeit und einem Geburtsgewicht unter 2 500 Gramm gelten als Frühgeburten, Kinder mit normaler Tragzeit und vermindertem Gewicht als Mangelgeburten. Letztere entwickeln sich meist etwas rascher als Frühgeburten. Ob ein so leichtgewichtiges Kind in den Brutkasten kommt oder nicht, hängt von seiner Reife ab. Frühgeburten sind meist unreifer als Mangelgeburten.

Die ersten Atemzüge gleich nach der Geburt, mit denen die Lungenatmung an die Stelle der Sauerstoffzufuhr durch das mütterliche Blut tritt, sind die schwersten, weil die kleinen Luftbläschen der Lunge erst geöffnet werden müssen. Die erforderliche Kraft entspricht etwa der beim Aufblasen eines Luftballons. Der erste Atemzug ist in der Regel von Schreien begleitet. Die Atmung bleibt noch ein bis zwei Tage unregelmäßig, bis die Lunge völlig vom Schleim befreit ist. Tritt die erste Atmung nicht sofort nach der Geburt ein (Asphyxie), verfärbt sich die Haut bläulich, und wenn das kleine Gehirn länger als acht Minuten ohne Sauerstoff bleibt, kann eine Schädigung eintreten. Daher unternehmen die Ärzte bei verzögerter Atmung alles, um diese noch innerhalb dieser Zeitspanne in Gang zu setzen.

Die Art, wie manche Entbindung durchgeführt wird und wie man das Kind unmittelbar danach versorgt, lässt erkennen, dass viele Ärzte, Hebammen und Schwestern der Meinung sind, der Fötus empfinde bei der Geburt nichts und sei auch danach noch ganz unempfindlich. Wenn man aber bedenkt, wie bald nach der Geburt das Kind Schmerz, unbequeme Lagerung, Nässe, Kälte, Hitze oder Hunger verspürt und auch meldet, kann man kaum annehmen, dass es, bereits ausgestattet mit demselben Sensorium wie wenige Stunden oder Tage später, unempfindlich gegen den Impetus der Geburt sein sollte. Bei jeder Wehe ist es einem Druck von etwa 25 Kilogramm ausgesetzt. Sehr stark verlängerte oder sehr komplizierte Geburten versetzen das Kind wahrscheinlich in einen Zustand intensiven Unbehagens. Dass der Geburtsakt selbst jedoch als seelische Verletzung (Geburtstrauma) weiterwirkt und die Grundlage der menschlichen Urangst bildet, wie die Psychoanalyse annimmt, lässt sich nicht beweisen. Eher schon trifft dies im einzelnen Fall für die Überschwemmung des Fötus mit mütterlichen „Angsthormonen" zu. Die meisten Säuglinge machen nach der ersten Versorgung keinen verstörten Eindruck. Sie schlafen, ebenso wie die Mutter, nach der Geburt erschöpft ein. Vielleicht hat die Natur bei ihnen in derselben Weise vorgesorgt wie bei den Müttern: Kein Schmerz wird von diesen so schnell vergessen wie der während der Entbindung durchlebte. Wäre es anders, stünde es schlecht um die Bereitschaft einer Wiederholung dieses Erlebnisses!

Im Übrigen dürfte das Neugeborene jedoch einige *Anpassungsschwierigkeiten* an die veränderte Umwelt haben, die wesentlich kühler, heller, geräuschvoller ist als das Innere der Gebärmutter und der vertrauten akustischen und motorischen Rhythmen entbehrt. Das viele Schreien, das bei manchen Kindern in den ersten Wochen auch dann vorkommt, wenn sie satt und trocken sind, könnte als Ausdruck dieses Unbehagens gedeutet werden.

**Praktische Folgerungen für die Betreuung von Schwangeren**

*Welche Folgerungen lassen sich aus unserem Wissen um das vorgeburtliche Leben ableiten?*

1. Gegen Ende des dritten Monats ist das Ungeborene ein selbständiges Wesen. Nicht nur ist die Struktur des Gehirns voll ausgebildet, es trägt auch schon individuelle Züge. Das Geschlecht ist erkennbar, ebenso die individuelle Form der Ohren, Hand- und Fußlinien und der Gesichtsmuskulatur. *Es muss daher auch als ein eigenständiges Individuum gewertet werden.*
2. Das Ungeborene ist in der Gebärmutter nicht völlig abgeschirmt, denn der Blutstrom der Mutter versorgt es nicht nur mit Nahrung und Sauerstoff, sondern kann es auch mit jenen Schadstoffen belasten, die ihm die Mutter unbedachterweise zuführt – Alkohol, Nikotin, Drogen –, und auch von der „Beteiligung" an lange anhaltenden negativen Emotionen der Mutter bleibt es nicht verschont. Die Perioden größter Gefährdung durch chemische Substanzen sind die zwölfte bis achtzehnte und die vierundzwanzigste bis sechsundzwanzigste Woche. Mütter müssen darüber informiert werden.
3. Es ist erwiesen, dass starke seelische Belastungen während der Schwangerschaft ebenso wie eine negative Einstellung zum Ungeborenen das Risiko von Geburtskomplikationen, Früh- oder Mangelgeburten und psychischen Schädigungen erhöhen.
4. Wie immer man über die empathische Kommunikation zwischen Mutter und Kind denken mag – eine Mutter, die sich auf ihr Kind freut, sich mit Sorgfalt auf dessen Bedürfnisse einstellt und der Geburt ohne Angst entgegensieht, hat eine bessere Chance, ein körperlich und seelisch gesundes Kind zu gebären, als eine Mutter, die dem Ungeborenen aus den verschiedensten Gründen ablehnende oder ambivalente Gefühle entgegenbringt, es an Rücksicht auf sein Wohlergehen fehlen lässt oder von Sorgen und Zweifeln gequält wird.
5. Das Schicksal der Schwangeren ist nicht zu beeinflussen. Sie sollte jedoch im Interesse des Kindes mit ihren Problemen nicht allein gelassen werden. Diese resultieren meist aus mangelnder Geborgenheit bei einem verlässlichen Partner und aus existentiellen oder beruflichen Sorgen, hängen aber auch oft mit Überempfindlichkeit und der Neigung zu psychosomatischen Reaktionen zusammen. Ebenso wichtig wie die körperliche Betreuung ist die psychologische beziehungsweise psychiatrische, ist das Beratungsgespräch, das die Schwangere veranlasst, ihre Einstellung zum Ungeborenen zu formulieren und zu begründen, ist Beratung in Bezug auf ihre Lebensprobleme und in Bezug auf Verhaltensweisen, die dem Kind schädlich oder förderlich sein können.
6. Aus vielen Untersuchungen weiß man, dass sich vierzehn- bis sechzehnjährige Mädchen sehr intensiv mit ihrer zukünftigen Rolle als Mutter und Ehefrau beschäfti-

gen. Fast alle wünschen sich in diesem Alter Kinder und ein „schönes Familienleben". Jugendliche Mädchen, aber auch Burschen, sind emotional besonders aufgeschlossen für jede Information über diese Themenkreise und auch für alles, was man ihnen über das Schicksal ungeliebter oder vernachlässigter Kinder erzählt. Daher wäre der Lebenskundeunterricht im Polytechnischen Lehrgang und der Biologieunterricht in entsprechenden Klassen anderer Schultypen das geeignete Medium zur Vermittlung von Information über Geburtenkontrolle, über die Risiken einer zu frühen Schwangerschaft – sowohl was die Erfüllung der eigenen Lebenspläne betrifft, als auch für die psychische und physische Gesundheit des Ungeborenen –, über die Grundbedürfnisse kleiner Kinder und über die Folgen, wenn diese nicht erfüllt werden.

7. Nicht nur in den Kursen für Schwangere und deren Partner, die meist nur von einer Minderheit ohnedies positiv eingestellter Eltern besucht werden, sondern bei den obligaten gynäkologischen Kontrolluntersuchungen müsste auf die Schäden von Tabak, Alkohol und Medikamentenkonsum hingewiesen und im Gespräch auch die Einstellung der Schwangeren zu ihrem Zustand erkundet werden. In kritischen Fällen müsste die Zuweisung zu einer Beratung erfolgen.

## *Literaturverzeichnis*


1 *CLEMENTS, M.:* Observations on Certain Aspects of Neonatal Behavior in Response to Auditory Stimuli. Veröffentlichung zum 5th International Congress of Psychosomatic Obstetrics and Gynaecology. Rom 1977.

2 *DEUTSCHE FORSCHUNGSGEMEINSCHAFT* (Hrsg.): Schwangerschaftsverlauf und Kindesentwicklung. Forschungsbericht. Bonn – Bad Godesberg 1977.

3 *ESCALONA, S.:* Emotional Development in the First Year of Life in *SENN, M. J. E.* (Hrsg.): Problems of Infancy and Childhood: Transactions of the Sixth Josiah Macy Conference. New York.

4 *FERREIRA, A. J.:* The Pregnant Mother's Emotional Attitude and its Reflection upon the Newborn. American Journal of Orthopsychiatry, Heft 30, S. 553–561, 1960.

5 *FERREIRA, A. J.:* Emotional Factors in Prenatal Environment. The Journal of Nervous and Mental Diseases, Heft 141, S. 108–117, 1965.

6 *FLANAGAN, G. L.:* Die ersten neun Monate des Lebens. Reinbek 1975.

7 *HENNEBORN, W. J., und COGAN, R.:* The Effect of Husband Participation on Reported Pain and the Probability of Medication during Labour and Birth. Journal of Psychosomatic Research, Heft 19, S. 215–222, 1975.

8 *LILEY, A.:* The Fetus as a Personality. The Australian and New Zealand Journal of Psychiatry, Heft 6, S. 99–105, 1972.

9 *MACFARLANE, A.:* Die Geburt. Stuttgart 1978.

10 *REINOLD, E.:* Vorgeburtliches Verhalten der Feten aus der Sicht des Geburtshelfers. Referat auf einem Treffen der Internationalen Gesellschaft für Pränatale Psychologie. Basel, September 1979.

11 *ROTTMANN, G.:* Untersuchungen über Einstellung zur Schwangerschaft und zur fötalen Entwicklung in *GRABER, H.* (Hrsg.): Geist und Psyche. München 1974.

12 *SALK, L.:* The Role of the Heartbeat in the Relationship between Mother and Infant. Scientific American, March 1973.
13 *SCHINDLER, S.* (Hrsg.): Geburt – Eintritt in eine neue Welt. Göttingen 1982.
14 *SONTAG, L. W.:* Significance of Fetal Environmental Differences. American Journal of Obstetrics and Gynaecology, Heft 42, S. 996–1003, 1941.
15 *SONTAG, L. W.:* War and the Fetal Maternal Relationship. Marriage and Family Living, Heft 6, S. 1–5, 1944.
16 *SONTAG, L. W.:* Somatophysics of Personality and Body Function. Zt. Vita Humana, S. 1–10, November 1963.
17 *SONTAG, L. W.:* Implications of Fetal Behavior and Environment for Adult Personalities. Annals of New York Academy of Sciences, S. 782–786, Februar 1966.
18 *SPELT, D. K.:* The Conditioning of the Human Fetus in Utero. Journal of Experimental Psychology, Heft 38, S. 338–346, 1948.
19 *STOTT, D. H.:* Follow-up Study from Birth of the Effects of Prenatal Stresses. Developmental Medicine and Child Neurology, Heft 15, S. 770–787, 1973.
20 *STOTT, D. H.:* Children in the Womb: The Effects of Stress. Zt. New Society, S. 329–331, 19. Mai 1977.
21 *UDDENBERG, N. und FAGERSTROM, C. F.:* The Deliveries of Daughters of Reproductively Maladjusted Mothers. Journal of Psychosomatic Research, Heft 20, S. 223–229, 1976.
22 *VERNA, TH.*, und KELLY, J.: Das Seelenleben des Ungeborenen. München 1981.

# II Die emotionale Entwicklung

> Geh fleißig um mit deinen Kindern! Habe sie Tag und Nacht um dich, und liebe sie und lass dich lieben, einzig schöne Jahre! Denn nur den engen Traum der Kindheit sind sie dein.
>
> *Leopold Schefer*

Die Wurzeln der emotionalen Entwicklung finden wir in der wahrscheinlich zuerst instinktiv vorprogrammierten *Interaktion von Mutter und Kind,* wenn diese auf sein Schreien mit adäquaten Maßnahmen zur Bedürfnisbefriedigung, zur Linderung von Unbehagen, Schmerz, Unruhe und dergleichen reagiert, und auch in den nicht ausschließlich auf die Lebenserhaltung gerichteten Interaktionen, die darin bestehen, dass die Mutter das Kind zu sozialen Reaktionen (Lächeln, Plaudern, Blickwechsel) animiert, mit ihm spielt und auf dessen Kontaktanbahnungsversuche entsprechend antwortet.

In engstem Zusammenhang mit diesen *sozialen Interaktionen,* bei denen die Mutter vom Kind ebenso gesteuert wird wie das Kind von der Mutter, stehen die Anfänge der *Wahrnehmungsentwicklung,* die ja, wie wir zeigen werden, vorerst sehr stark auf den *Sozialpartner* hin orientiert ist, mehr jedenfalls als auf die Objekte der Umwelt.

Die *soziale* und die *emotionale* Entwicklung, ebenso die der *Wahrnehmung* und, wie wir bald sehen werden, auch die der *kognitiven Fähigkeiten,* hängen beim Kind in den ersten zwei bis drei Lebensjahren, bedingt durch dessen biologische Abhängigkeit von einer „Pflegeperson", auf das engste mit der *Beziehung zu dieser* zusammen. Getrennte Darstellungen dieser Entwicklungsbereiche können nur den Zweck der Übersichtlichkeit haben. Sie müssen sich immer wieder aufeinander beziehen.

## 2.1 Bonding

In letzter Zeit setzt sich immer mehr die Überzeugung durch, dass der *Kontakt* zwischen Mutter und Kind *unmitelbar nach der Geburt* die Beziehung *festigt* und *tragfähiger* macht. Daher praktizieren schon viele Entbindungsanstalten das Rooming-in. Sie belassen das Neugeborene bei seiner Mutter, anstatt es unmittelbar nach der Geburt für viele Stunden von ihr zu trennen und es ihr erst ab dem zweiten Tag nur zu den Fütterungszeiten zu überlassen.

Können Unterschiede zwischen den Mutter-Kind-Beziehungen von „Frühkontaktmüttern" und von „Spätkontaktmüttern" festgestellt werden? Solche zeigten sich bei verschiedenen Untersuchungen, von denen zwei hier erwähnt werden sollen, vor allem hinsichtlich des *Verhaltens der Mütter.* So berichten *Klaus* und *Kennell* von einer Untersuchung in Guatemala:

> Neun Mütter erhielten ihre Babys gleich nach der Geburt nackt überreicht, während die Kinder einer gleich großen Kontrollgruppe in der üblichen Art von der Mutter getrennt versorgt wurden. Bei den späteren Stillperioden konnte man beobachten, dass die Frühkontaktmütter vertrauter und zärtlicher mit ihren Babys umgingen als die Spätkontaktmütter.
>
> In einer amerikanischen Studie wurden vierzehn Müttern ihre nackten Babys sofort nach der Entbindung eine Stunde lang überlassen und außerdem an den ersten drei Tagen je fünf Stunden lang am Nachmittag. Die Mütter der Kontrollgruppe durften nur einen kurzen Blick auf die Kinder werfen. Sie sahen sie erst nach sechs bis zwölf Stunden wieder, dann jeweils zu den Mahlzeiten (36).

*Abbildung 3*
Eine Frühkontaktmutter.

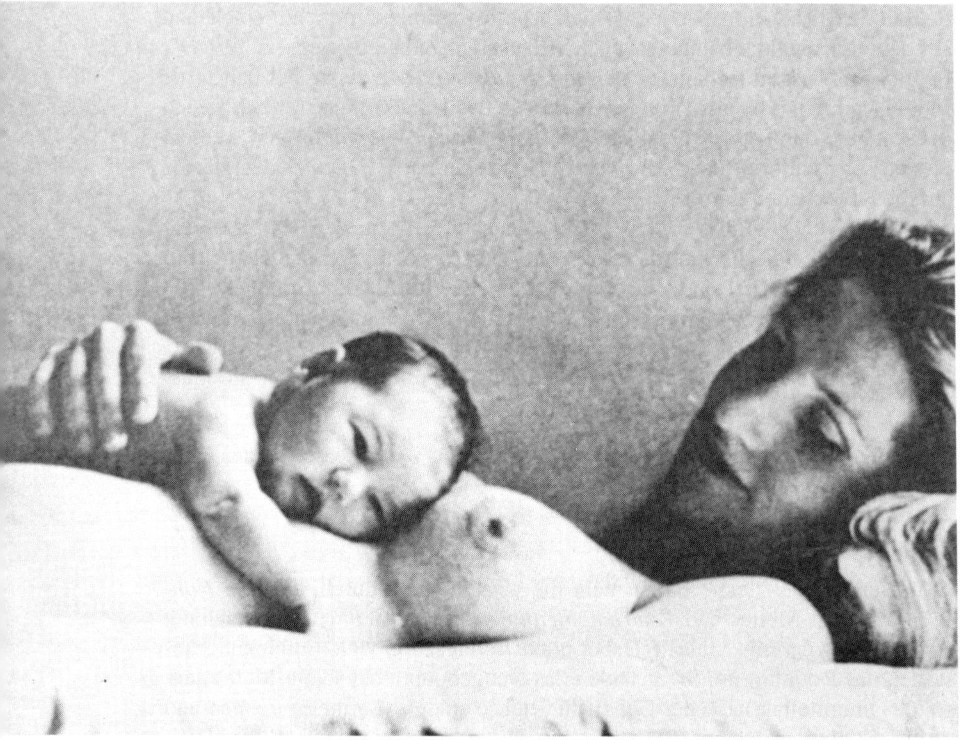

Spätere Beobachtungen zeigten, dass die „Früh- und Mehrkontaktmütter" sich mehr Zeit für ihre Kinder nahmen, zärtlicher, besorgter, im Ganzen kindzugewandter waren, und noch nach zwei Jahren ließ sich ein deutlicher Unterschied feststellen: Die *Frühkontaktmütter* waren in ihrem *Umgangston* mit den Kindern *weniger autoritär* und gingen *bereitwilliger auf deren Bedürfnisse ein.* Dies ist insofern besonders bemerkenswert, als es sich durchwegs um Unterschichtmütter handelte, deren traditionellen Erziehungsstil man anscheinend durch frühes Bonding positiv beeinflussen kann. Bei Müttern der Mittelschicht zeigten sich keine Unterschiede im Erziehungsstil.
Karin und Klaus *Grossmann* (22b) konnten in einer Langzeituntersuchung von 49 Familien feststellen, dass alle Frühkontaktmütter während und nach dem Frühkontakt zärtlicher zu ihren Babys waren als die Spätkontaktmütter bei ihrer ersten Begegnung mit den Kindern. Aber erhöhte Zärtlichkeit während der ganzen Wochenbettzeit gab es nur bei jenen Müttern, die ein geplantes Wunschkind zur Welt gebracht hatten. Bei Müttern, die angaben, ihre Schwangerschaft sei nicht geplant gewesen, verlor sich dieser Effekt. Und auch bei den Müttern der Wunschkinder war die Einflussdauer des Frühkontaktes begrenzt. Am achten und neunten Tag konnte zwischen der Zärtlichkeit der Mütter mit und ohne Frühkontakt kein Unterschied mehr beobachtet werden.
Ähnlich wie die Tiermutter sofort nach der Geburt gewisse instinktiv vorgegebene Aktionen mit ihrem Neugeborenen durchführt, die vor allem der Reinigung des Jungen dienen, scheint auch die menschliche Mutter über ein „geordnetes und vorhersehbares Verhaltensmuster" zu verfügen, sobald ihr das Neugeborene nackt übergeben wird. *Klaus* und *Kennell* beschreiben es folgendermaßen:

> Mit den Fingerspitzen zögernd beginnend, berührte sie es zunächst an Händen und Füßen. Nach vier oder fünf Minuten fing sie dann an, es am Körper mit den Handflächen zu streicheln, was sie in immer stärkere, freudige Erregung versetzte. Diese Untersuchung dauerte mehrere Minuten und ging zu Ende, sobald die Mutter mit dem nackten Kinde neben sich einschlummerte (34).

Sehr stark war auch das Bestreben der Mütter, die Kinder zum Öffnen ihrer Augen zu bewegen.
Einen interessanten Zusammenhang fanden Karin und Klaus *Grossmann* zwischen der *Orientierungsleistung* des Neugeborenen und dem *Frühkontakt.* Zur Feststellung der Orientierungsleistung des Neugeborenen wird die Brazelton Neonatal Assessment Scale verwendet. Es wird geprüft, wie weit das Kind in den ersten acht bis zehn Tagen in der Lage ist, dem sich bewegenden Gesicht des Prüfers mit den Augen zu folgen und das Gesicht des Prüfers zu finden, wenn es von ihm angesprochen wird. Frühkontaktkinder waren *signifikant häufiger* unter jenen zu finden, die *sehr gute Orientierungsleistungen*

boten. Nun waren diese guten Orientierer aber auch mehrheitlich unter jenen vertreten, die im Alter von zwölf Monaten *eine sichere Bindung an die Mutter* und mit achtzehn Monaten *eine sichere Bindung an den Vater* hatten. Und diese sicher gebundenen Kinder, die mit zwei Jahren im Spiel mit den Eltern Initiative, Aktivität und Ausdrucksstärke erkennen ließen, hatten wiederum Mütter, die als unterstützend, akzeptierend, sich über das Kind freuend eingestuft wurden, und nachgiebig-gewährende, fröhlich-kooperative Väter.
Da die frühe Orientierungsfähigkeit sicher nicht angelernt, sondern angeboren ist und durch die Erfahrung des Frühkontaktes nur gefördert wurde – es gab auch gute Orientierer ohne Frühkontakt –, ergibt sich die Frage, ob diese ganze Kette positiver Umstände nicht durch die *günstige pränatale Situation des Wunschkindes* in Gang gesetzt wird.
Es ist durchaus möglich, dass die ersten Stunden nach der Geburt so etwas wie eine besonders *sensible Periode* für die Beziehung der *Mutter zum Kind* sind (33). Anders als viele Tierjungen, vor allem Nestflüchter, die in den ersten Minuten nach der Geburt auf die Mutter geprägt werden, dürfte das Menschenkind, das ja ein Nesthocker ist, einen breiteren Spielraum für die Anbahnung einer ersten emotionalen Beziehung haben, der sich über die ersten Wochen erstreckt. Wir werden darauf noch im nächsten Kapitel zu sprechen kommen. Während das Rooming-in somit sicher zu einer Vertiefung der Mutter-Kind-Beziehung führen kann, lässt sich – im Hinblick auf die Kürze der Zeit, die Wöchnerinnen heute normalerweise in den Kliniken verbringen – kein gesicherter Nachweis für eine Schädigung der Kinder durch die traditionelle Trennung erbringen. *In normaler Umgebung scheinen eventuelle negative Effekte früher Trennung zu verschwinden.* In ungünstigen Situationen – wenn das Kind unerwünscht war und bleibt – verstärken sie sich.
Dass der Ausfall oder die Unterbrechung einer stabilen emotionalen Beziehung fast ausnahmslos schwere Störungen der Persönlichkeitsentwicklung verursacht, ist oft beschrieben worden. Wir werden uns mit den Problemen von Kindern ohne frühe Mutterbindung noch ausführlich beschäftigen (S. 48). Aber auch länger dauernde *Trennung* des Kindes von der Mutter *nach der Geburt* kann sich nachteilig auswirken. Hier sind vor allem *Risikogeburten* betroffen, die im Brutkasten gehalten werden müssen. Auch hier geht es vor allem um die Entfremdung der Mutter vom Kind. Hinweise darauf gibt eine Studie über Misshandlungen (46). Kinder, die nach der *Geburt in der Klinik* verbleiben mussten, und solche nach *komplizierten Schwangerschaften* wurden *häufger misshandelt* als deren normal geborene Geschwister. Eine solche Situation ist vielschichtig: Ein Kind nach einer Risikogeburt ist oft als Folge der dabei erlittenen Hirnschädigung schwieriger, und oft bedeuten sein Verhalten und seine verzögerte Entwicklung einen zusätzlichen Stressfaktor, dem Eltern in einer an sich schon gestörten Familiensituation nicht gewachsen sind. Aber der Entfremdungseffekt spielt zweifellos mit eine Rolle, denn

die Verhaltensschwierigkeiten des Kindes, auch wenn sie zum Teil organisch bedingt sind, verstärken jene ablehnende Haltung der Mutter, die der Frühkontakt vielleicht verhindert hätte. Nicht selten besteht ein Teufelskreis: Die Konflikte, unter denen die Mutter leidet, verursachen die Risikogeburt. Das solcherart geschädigte Kind verstärkt die familiären Konflikte und ist nun seinerseits erhöhten Aggressionen ausgesetzt.
In vielen Kliniken bemüht man sich daher, die Eltern von dem Kind im Brutkasten nicht völlig zu trennen, indem man ihnen gestattet, es zu sehen, zu streicheln, zu füttern.
Dass *Zuwendung zum Frühgeborenen* jedoch nicht nur den Entfremdungseffekt bei den Eltern vermindern soll, sondern auch deutlich dem Kind nützt, zeigt ein Versuch von *Solkoff* (77). Zwar nicht die Eltern, wohl aber Schwestern wurden zur besonderen *emotionalen Betreuung* einer Gruppe von Frühgeborenen herangezogen, die noch eine Zeit lang im Spital bleiben mussten. Die Kinder wurden zehn Tage hindurch jede Stunde fünf Minuten lang von einer Schwester gestreichelt, während einer Kontrollgruppe diese Zuwendung versagt blieb. Die gestreichelten Babys *nahmen schneller* zu, *wuchsen schneller, waren körperlich robuster* als die nicht gestreichelten. Dass die emotionale Zufuhr nicht nur die körperliche Entwicklung fördert, sondern auch die geistige, wird später noch besprochen werden. Liebevolle Zuwendung entspricht nicht nur einem *Bedürfnis des Kindes,* sondern ist eine *biologische Notwendigkeit.*

## 2.2 Die erste Wahrnehmung des sozialen Partners und was sie bedeutet

Wenn das Kind zur Welt kommt, merkt man noch wenig von seinen Reaktionen auf die Umwelt. Sein Verhalten scheint vor allem von seiner körperlichen Befindlichkeit gesteuert. Es sendet Schlüsselreize in Form diffuser Unruhe oder je nach Ursache verschiedener Arten des Schreiens aus, mit denen es Hunger, Unbehagen, Erschrecken oder Schlafbedürfnis signalisiert. Bei ungestörter Beziehung zu ihrem Kind ist die Mutter empfindlich für diese Signale – sie ist auf deren Empfang programmiert und beantwortet sie mit Verständnis für die Bedürfnisse des Kindes, mit Füttern, Liebkosen, Aufnehmen, Zuspruch, Lageveränderung, Umwickeln, Ruhigstellung und was es sonst an bedürfnisadäquaten Aktionen gibt.
Deutliche spezifische Reaktionen des Säuglings einerseits auf Personen, andererseits auf Objekte in der Umwelt lassen sich zu individuell verschiedenen Zeiten erst ab dem zweiten Monat erkennen. Subtilere Beobachtungen, bei denen die Pulsfrequenz und die Fixationsdauer gemessen oder Bewegungsabläufe gefilmt und später bei Zeitlupentempo analysiert wurden, geben jedoch ein anderes Bild.

### 2.2.1 Sehen

Nachdem man lange glaubte, dass ein Neugeborenes noch gar nicht sieht, weiß man jetzt, dass es Gegenstände im Abstand von 25 bis 50 Zentimeter wahrnehmen kann. In diesem Abstand sieht das Baby beim Füttern das *Gesicht der Mutter.* Dieses zu erkennen lernt es bald. Schon zwei Wochen alte Babys betrachten die Gesichter ihrer Mütter länger als die von fremden Frauen. Bei deren Anblick wandten sich manche der Kinder ab (8). Ein nur wenige Tage altes Kind kann einen langsam vor seinem Gesicht bewegten Kopf ruckartig mit den Augen verfolgen. Schon am vierten Tag wird die Darstellung eines stilisierten Gesichtes länger fixiert als ein Objekt, das die durcheinandergewürfelten Teile eines Gesichts oder einen schwarzen Fleck zeigt (14). Der Blick ist vorerst starr und bewegt sich nur ruckweise. Näheres zu diesem Versuch auf Seite 169.

### 2.2.2 Hören

Man konnte experimentell feststellen, dass

1. strukturierte Geräusche, das heißt Melodien und Sprache, mehr beachtet wurden als einfache Töne, dass
2. die wirksamsten Schallereignisse die waren, die die *Grundfrequenzen der menschlichen Stimme* enthielten und dass
3. Neugeborene auf höhere Tonfrequenzen besser ansprachen als auf tiefere. Sogar kleine Mädchen wissen das irgendwie „instinktiv" – oder vielleicht ahmen sie nur ihre Mütter nach –, jedenfalls sprechen sie zu Babys meist mit viel höherer Stimme als normalerweise (28).

Dass die Stimme der Mutter bald von anderen Stimmen unterschieden wird, beweist ein Experiment mit 20 bis 30 Tage alten Babys. Jedesmal, wenn sie an einem Sauger lutschten, ertönte entweder die Stimme der eigenen Mutter oder die einer anderen Frau. Wenn es die Stimme der Mutter war, saugten die Babys stärker (56).

### 2.2.3 Geruchsempfindungen

Dass schon zwei Tage alte Babys Geruchsempfindungen haben, konnte mit einem Versuch festgestellt werden, der darin bestand, dass man ihnen verschiedene stark riechende Substanzen präsentierte. Bei jedem neuen Geruch änderten sich Herzfrequenz und Atemmuster (11).

Und wieder beeindruckt uns auch im Zusammenhang mit dem Geruchssinn des Neugeborenen seine *auf den Menschen* und insbesondere *auf die Mutter* gerichtete Selektivität. *Macfarlane* (47) legte ein Stück Mull, das eine Mutter zwischen zwei Stillperioden als Brustkissen getragen hatte, seitlich an die ei-

ne Wange ihres Kindes, ein unbenütztes an die andere. Die Kopfbewegungen des Kindes wurden gefilmt. Dann wurden die Seiten gewechselt, und wieder wurde gefilmt. Es zeigte sich, dass fünf Tage alte Kinder den Kopf insgesamt länger nach der Seite gewandt hielten, auf der sich jenes Brustkissen befand, das den Geruch der Mutter ausströmte, auch wenn es auf der linken Seite lag – unbeschadet der Tatsache, dass Babys dieses Alters den Kopf meist nach rechts gedreht halten. Und da man wissen wollte, ob es nicht der Milchgeruch als solcher war, der das Kind anzog, wurde statt des ungebrauchten Kissens das einer fremden stillenden Mutter verwendet. Im Alter von zwei Tagen gab es noch keinen Unterschied in der Zuwendung, wohl aber ab dem sechsten Tag: Nun wurde das mütterliche Kissen „bevorzugt“.

### *2.2.4 Gedächtnis*

Dass *Gedächtnisleistungen* schon im Uterus möglich sind, wurde im ersten Kapitel beschrieben. Nach der Geburt sind solche Leistungen nicht nur in der *lebenswichtigen Ernährungssituation* zu beobachten, sondern auch in einem Bereich, der schon im vorgeburtlichen Leben von Bedeutung war – beim *Rhythmus* in Form einer wenn auch noch nicht bewussten Erwartung (3).

Bei diesem Versuch erfolgten zehn Schaukelbewegungen innerhalb von zehn Sekunden, dann zwanzig Sekunden Pause, dann wieder zehn Sekunden Schaukeln, dann zwanzig Sekunden Pause etc. Bei jedem Beginn des Schaukelns veränderten sich Herzfrequenz und Atemmuster. Wurde das Spiel nun beendet, so setzten nach zwanzig Sekunden, wenn das Schaukeln wieder hätte beginnen sollen, die Veränderungen der Herzfrequenz und der Atmung ein. Diese „Erwartungshaltung“ konnte noch durch längere Zeit hervorgerufen werden.

### *2.2.5 Nachahmung*

Noch eindrucksvoller, weil wir es als ersten Ansatz des sozialen Lernens betrachten müssen, ist die frühe *Nachahmungsfähigkeit. Macfarlane* (47) berichtet über einen Versuch von *Meltzow,* aus dem mit Hilfe von genauen Videobandanalysen zu erkennen ist, dass zwei Wochen alte Babys die Zunge herausstrecken und die Faust ballen, wenn sie solche Aktionen beobachten konnten. Wie dies ohne „Kenntnis“ des eigenen Körpers, rein reflektorisch, gelingen kann, ist noch nicht geklärt. Abbildung 4 zeigt das seltene Bild einer solchen Nachahmungsleistung.

### *2.2.6 Frühes Lernen im Sozialkontakt vermittelt das Gefühl der Geborgenheit*

*Das Kind ist für seine soziale Existenz vorprogrammiert.* Es reagiert mehr auf Menschen als auf Dinge, es hört eher auf die menschliche Stimme als auf ein anderes Geräusch, es zieht das menschliche Antlitz anderen optischen Eindrücken vor. Das Neugeborene reagiert somit schon sehr früh selektiv und zwar in Richtung einer Bevorzugung menschlicher Merkmale. Dabei werden Erinnerungseffekte wirksam, die mit dem *am häufigsten ins Blickfeld gelangenden und gleichzeitig Bedürfnisbefriedigung vermittelnden Wahrnehmungsobjekt, der Mutter,* zusammenhängen. So kann es nicht wundernehmen, dass die Trennung von diesem häufigsten und mit Lustgefühlen assoziierten Wahrnehmungsobjekt schon früh negative Reaktionen hervorruft.

*Sander* (71, referiert von *Macfarlane)* berichtet vor einer Gruppe von Babys, die während der ersten zehn Tage im Zimmer einer Pflegerin betreut worden waren. Nach zehn Tagen wurde jedes von einer anderen, aber erfahrenen Pflegerin übernommen. Bei jedem einzelnen dieser Kinder kam es zu Störungen, die sich in vermehrtem Schreien und in verändertem Schlafverhalten äußerten. Das Ausmaß und die Dauer solcher Reaktionen auf Trennung hängt in diesem Alter allerdings noch wesentlich vom Geschick der Pflegeperson ab.

Die beschriebenen Veränderungen des Verhaltens nach so kurzer Zeit deuten noch nicht auf das Vorhandensein einer „Bindung“ hin, vielmehr ersehen wir aus ihnen, dass das Kind schon vom ersten Tag an *Erfahrungen* macht, dass es fähig ist, sich *zu gewöhnen* und *Erwartungen auszubilden* und dass es sich verwirrt und verstört zeigt, wenn diesen Erfahrungen und Erwartungen nicht entsprochen wird. Denn durch die *zärtliche Zuwendung der Mutter und ihrer Interaktion mit dem Kind zum Zwecke seiner Bedürfnisbefriedigung* (allerdings auch nicht ohne diese Faktoren!) bildet die *Gewöhnung an das gleiche Gesicht,* an die *gleiche Stimme,* an den *gleichen Geruch,* an die *gleiche Art des Behandeltwerdens* die Grundlage des *Gefühls der Sicherheit, der Geborgenheit, des Urvertrauens in die Welt.* Dabei verschmilzt die *Erfahrung des emotionalen Wohlbehagens,* die die *Zärtlichkeit der ständigen Pflegeperson* und ihr *Eingehen auf die Bedürfnisse des Kindes* vermitteln, mit den immer wiederkehrenden *akustischen, optischen* und *Geruchserfahrungen* zu jenem „Objekt“, mit dem das Kind zwar vorerst noch eine Einheit bildet, von dem es sich bewusst noch nicht „unterscheiden“ kann, auf das sich aber bald, in einem kontinuierlichen emotionalen Interaktionsprozess mit ihm, *seine Liebeszuwendung fixieren wird.* So werden schon in den ersten Tagen und Wochen die *Grundlagen des sozialen und emotionalen Lebens* gelegt, wobei Störungen nur an meist wenig beachteten Veränderungen des noch sehr beschränkten Verhaltensrepertoires des Kindes erkennbar werden.

Bei *inkonstanten Pflegeverhältnissen* und vor allem beim *Fehlen jeglicher positiver emotionaler Zuwendung* von Seiten der Pflegeperson werden dem Kind *jene Erfahrungen versagt,* die als Grundlagen der Geborgenheit, der Sicherheit, des Urvertrauens und der Liebesfähigkeit angesehen werden müssen. Die Psychiatrie spricht dann von *Frühverwahrlosung.* Die Folgen werden als *Persönlichkeitsentwicklungsstörungen* bezeichnet.

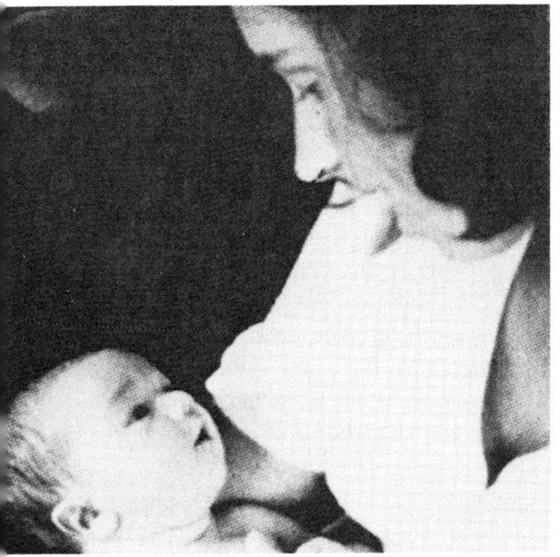
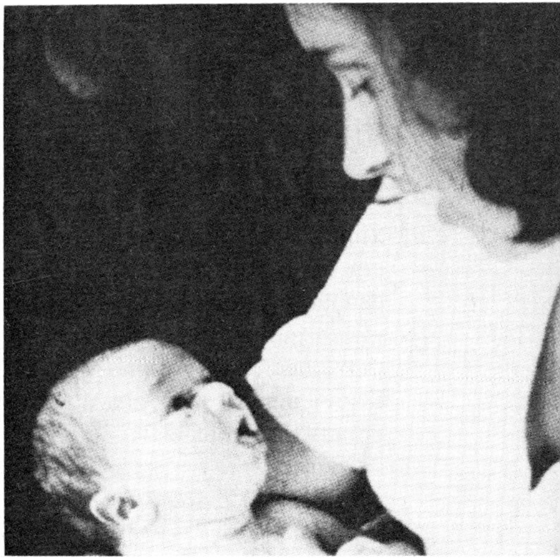

*Abbildung 4*
Ein sechs Tage altes Kind streckt nachahmend die Zunge heraus *(McCall,* 48).

Das menschliche Neugeborene ist nicht nur völlig hilflos und auf die Pflege durch die Mutter – oder ihre Stellvertretung – angewiesen, sondern ebenso auf deren *liebevolle Zuwendung.* Bei völligem Fehlen kann es zur schwersten Form der Verkümmerung, dem *Marasmus,* kommen. Bei diesem Zustand, an dem in früheren Zeiten bis zu siebzig Prozent der Findelkinder zugrunde gingen, der aber erstmals von *Spitz* (78) beschrieben und gedeutet wurde, handelt es sich um ein Dahinwelken und schließliches „Verlöschen" von gesund geborenen Kindern. Der Tod tritt ein lediglich als Folge totaler emotionaler Deprivation.

## 2.3 Die Mutter-Kind-Interaktion

Es wurde schon auf die Bedeutung der Interaktion zwischen Mutter und Kind hingewiesen. Trotz aller Hilflosigkeit des Kindes und seinem totalen Angewiesensein auf die *Pflegeperson* werden die *Situationen nicht einseitig durch sie gesteuert.*

### *2.3.1 Erste Interaktion auf Instinktbasis*

Mit seinem Schreien aus Unlust aktiviert das Kind die Mutter. Für sie sind diese Kundgaben des Unbehagens *Schlüsselreize,* auf die zu antworten sie von der Instinktbasis her programmiert ist. Dabei gibt es jedoch, im Unterschied zu den stereotypen und völlig instinktgesteuerten Reaktionen im Tierreich eine breite Palette von Reaktionen auf den kindlichen Appell zur Unlustverminderung (Zärtlichkeit, Zuspruch, Nahrung verabreichen u.Ä.).

### *2.3.2 Intentionale Zuwendung des Kindes zum Zweck der Bedürfnisbefriedigung*

Sind die Kundgaben des Kindes vorerst „unbewusst“, so lernt es bald – etwa um die Wende des zweiten und dritten Monats –, aus den regelmäßig erfolgenden Reaktionen der Mutter, dass sein Schreien diese herbeiruft und gleichzeitig eine Stillung seiner Bedürfnisse erfolgt. Von da ab haben wir es mit einer *„instrumentalen Konditionierung“* zu tun. Das Kind setzt sein Schreien nun gezielt ein, um die Mutter herbeizurufen. Es sieht ihr Verhalten voraus, das heißt, es *setzt seine Aktivität mit der der Mutter in Beziehung.*

### *2.3.3 Soziale Zuwendung der Mutter*

Von Seiten der Mutter werden neben Füttern, Baden, Wickeln, Anziehen noch zahlreiche andere Kontakte an das Kind herangebracht, und zwar *körperliche* (Streicheln, Küssen, Auf-den-Arm-Nehmen, An-sich-Drücken, Wiegen, Kitzeln, Hochheben und dgl.), *sprachliche* (Sprachspiele, handlungsbegleitendes Sprechen, Begrüßen, Necken, Trösten, Locken, zum Lächeln, Schauen, Spielen, Trinken, Schlafen überreden u.Ä.), *mimische* (Lächeln, Nachmachen der Mimik des Kindes, Suchen des Blickes des Kindes) (Abbildung 5). Auch *Gebärden* finden sich im Verhaltensinventar der Mutter, etwa das Ausstrecken der Arme, die Bittgebärde, Winken beim Weggehen und vieles andere mehr.

### *2.3.4 Reaktionen des Kindes auf die soziale Zuwendung der Mutter*

*Ab dem zweiten und dritten Monat reagiert das Kind adäquat.* Es erwidert das Lächeln, sprachliche Zuwendung regt es zum „Plaudern“ an, es begegnet dem Blick der Mutter, es beruhigt sich, es schmiegt sich an, es geht auf Spiele ein, es wendet sich Angebotenem zu, es ahmt die Mimik der Mutter nach und erlernt die ihm vorgezeigten Gesten. Aber es gibt auch Abwendung und Abwehr.

### *2.3.5 Soziale Initiative des Kindes*

Und schließlich, besonders ab dem sechsten Monat, wird das Kind *aktiv in der Anbahnung der Kontakte.* Es schreit nicht nur, wenn es die Mutter anlocken will, es zeigt auch Freude bei ihrem Erscheinen, es verfolgt sie mit den Augen, es zeigt oder verlangt Dinge, es plaudert gezielt in Richtung der Mutter, es verlangt aufgenommen zu werden, es strebt der Mutter entgegen, greift nach ihr und folgt ihr nach, wenn es schon kriechen oder laufen kann

*Abbildung 5*
Mutter-Kind-Interaktion.

und sich außerhalb des Bettchens befindet. Es weint, wenn die Mutter sein Kontaktstreben nicht beachtet oder den Kontakt abbricht.

### *2.3.6 Die Bedeutung der frühen Interaktionsprozesse*

Es besteht somit eine Interaktion mit echtem „Dialogcharakter" insofern, als von *Anfang an von beiden Seiten Verhaltenserwartungen* und *sehr bald auch von Seiten des Kindes Verständnis für die Intentionen des Partners* bestehen. Die Mutter kann sich in das Kind „hineinversetzen“, aber das Kind bald auch in die Mutter – es weiß, was es tun muss, um sie zu gewünschtem Verhalten zu aktivieren.

Dazu *Neumann*: „Eine in ihrem Charakter wechselseitig regulierte Interaktion im Rahmen alltäglicher Verrichtungen und Spielsituationen führt zu einer Befriedigung der kindlichen Bedürfnisse, die von Seiten der Bezugsperson prinzipiell nicht an irgendwelche Bedingungen gebunden ist. Die Wechselseitigkeit und Bedingungslosigkeit mütterlicher Fürsorge – tritt sie konsistent auf – gibt dem Kind ein Gefühl der Sicherheit in der Beziehung zur primären Bezugsperson, die Gewissheit nämlich, seine Bedürfnisse in den Dialog einbringen zu können und in der Bezugsperson ein Gegenüber zu haben, das auf diese positiv, anerkennend reagiert.
Das Gefühl der Sicherheit und Geborgenheit, das Vertrauen in die Welt, beruht nicht nur in dem ‚Eingespieltsein‘ von Aktion und Reaktion, sondern auch in der regelmäßigen Wiederkehr der Ereignisse, der erfüllten Erwartungen. Das Kind baut sein Verständnis von Realitäten auf, indem in der Interaktion mit der Bezugsperson Wirklichkeit interpretierbar wird als Regelmäßigkeit und Regelhaftigkeit der Effekte beziehungsweise der Antworten auf seine Aktionen. Tritt ein Antwortverhalten der Bezugsperson mit einer bestimmten Regelmäßigkeit auf, lernt das Kind, die Reaktionen der Bezugsperson mit der eigenen Aktion zu koordinieren: Auf wiederholte Verhaltensakte lässt sich die regelmäßige Reaktion der Bezugsperson antizipieren und zur Orientierung des eigenen intentionalen Handelns machen (62, S. 212 ff.).“

### *2.3.7 Der Charakter der Interaktion ist von vielen Faktoren abhängig*

Das vorher beschriebene Zusammenspiel von Mutter und Kind bildet den Idealfall. Es kann behindert werden durch eine *Mangelsituation,* etwa durch den Aufenthalt des Kindes in einem Heim oder in einer Krippe oder bei fremden Personen, die keine persönliche Bindung zu ihm herzustellen wünschen – durch *Unerwünschtheit,* durch *charakterliche oder emotionale* Abartigkeiten oder besondere *„pädagogische Prinzipien“* der Mutter („Das Kind darf nicht verwöhnt werden“), durch besondere *Beengtheit der Lebensverhältnisse,* um nur einige Ursachen zu nennen. Aber auch Schwierigkeiten, die das Kind bietet, können entspannte, Vertrauen aufbauende Kontakte verhindern, wobei – wenn man von organisch geschädigten Kindern absieht – solche Schwierigkeiten meist als Reaktionen auf die Frustrationen des kindlichen Kontaktstrebens entstehen.
In einer Beobachtungsstudie von *Moss* (57) wurde das Verhalten von dreißig Müttern und ihren Erstgeborenen im Alter von drei Wochen und drei Monaten in der natürlichen häuslichen Situation beobachtet. Dabei zeigte sich, dass Buben im Alter von drei Wochen signifikant mehr Zuwendungen der Mutter erhielten als Mädchen, aus zwei Gründen: Sie hatten wesentlich *längere Wachzeiten,* und sie waren *viel unruhiger* – beides Anlass für die Mütter, sich

mehr mit ihnen zu beschäftigen. Dies änderte sich, als die Knaben drei Monate alt waren. Auf ihr noch immer häufigeres Schreien reagierten die Mütter weniger bereitwillig als auf das weniger häufige Schreien der Mädchen. Sie hatten die Erfahrung gemacht, dass die letzteren besser auf ihre Interventionen ansprachen. Mit zunehmendem Alter und in dem Maße, als das Kind seine „Kundgaben" intentional einsetzt, lässt deren Wirkung auf die Mutter nach. Ihr Verhalten wird differenzierter, was dem Kind neue, zum Teil auch frustrierende Erfahrungen vermittelt. *Moss* vermutet, dass die soziale Anpassung der Mädchen dadurch erleichtert wird, dass die Mütter auf ihre Signale konsequenter reagieren als auf die der Knaben.

Die Mütter widmeten, was die sozialen Kontakte betrifft, den drei Monate alten Kindern viel mehr Zeit als den drei Wochen alten. *Moss* führt dies einerseits auf die zunehmende soziale Ansprechbarkeit der Kinder, andererseits auf die wachsende gegenseitige Vertrautheit und Zuneigung zurück. Dabei zeigte sich wieder ein *Geschlechtsunterschied.* An die Mädchen, die früher als die Knaben Lautäußerungen produziert hatten, wandten sich die Mütter häufiger mit Sprachimpulsen und sprachlichen Reaktionen. Die Knaben dagegen wurden häufiger zu „Muskelaktivitäten" veranlasst (durch Aufsetzen, Hochziehen, in Gehstellung bringen etc.) und zum Greifen und Betrachten von Objekten angeregt.

Beim Vergleich der einzelnen Beobachtungsprotokolle zeigten sich allerdings bedeutende Unterschiede in der Bereitschaft der Mütter, auf die Bedürfnisse ihrer Kinder einzugehen.

Dreiundzwanzig der dreißig beobachteten Mütter waren dem Autor schon von einer früheren Studie bekannt, die zwei Jahre vor der Geburt der Kinder durchgeführt worden war und sich auf die Einstellung zu Ehe und Mutterschaft bezog. Die Antworten wurden in Beziehung gesetzt zum beobachteten Verhalten der Mütter: Die hohe Korrelation zwischen den damaligen Antworten und dem Verhalten der Mütter bewies, dass Letzteres weitgehend von der schon *vor der Geburt bestehenden Grundhaltung zu den zu erwartenden Aufgaben bestimmt wird.* Viele von jenen Müttern, die zwei Jahre vor der Geburt ihrer Kinder wenig Begeisterung für eventuelle Mutterpflichten gezeigt hatten, reagierten nicht so bereitwillig auf die Signale der Kinder und nahmen auch weniger Kontakt mit ihnen auf als diejenigen, die schon vorher Kinder als Bereicherung des Lebens anerkannt hatten.

Wir sehen, dass nicht nur besondere Mangelerscheinungen und Belastungen, sondern auch Faktoren „der Normalsituation", wie Geschlecht des Kindes, dessen Aktivitätsniveau, dessen Inanspruchnehmen der Mutter und deren Einstellung zu ihren Pflichten, den Charakter der Interaktion beeinflussen.

Interessanterweise *vokalisieren* auch *Väter* mehr in ihrem Kontakt mit *Mädchen* als mit Buben (30), während Buben und Mädchen im Alter von drei Monaten gegenüber Vätern keine Unterschiede im Verhalten zeigen. Es scheint, dass die Väter an der geschlechtstypischen Sozialisation nicht unbeteiligt sind.

### *2.3.8 Konstanz und Auswirkungen der mütterlichen Verhaltensweisen auf die Kinder*

Man hat lange Zeit angenommen, dass die Verhaltensweisen der Mütter, vor allem sehr kleinen Kindern gegenüber, stark von der Situation abhängig sind, in der sie beobachtet werden. Wie H. *Keller* (31) bei der Beobachtung von neunundzwanzig Mutter-Kind-Paaren feststellen konnte, ist die Art der Interaktion von Mutter und Kind jedoch nur zum Teil situationsabhängig. Viele Elemente, etwa „Akzeptieren des Kindes", „Reagieren auf Äußerungen des Kindes" etc., erwiesen sich als *situationsübergreifend.*

Um etwas über die *Konstanz des Interaktionsverhaltens* und über dessen *Einfluss auf Verhaltensmerkmale* der Kinder zu erfahren, müssen regelmäßige Beobachtungen über einige Jahre hinweg unter relativ konstanten Bedingungen durchgeführt werden. Eine der vielen Schwierigkeiten bei solchen Forschungen ist das „Schwinden der Paare". Nach einiger Zeit fallen aus den verschiedensten Gründen die Versuchspersonen aus. So ging es auch *Nickel* und seinen Mitarbeitern (64), die vierzig Mütter in Interaktion mit ihren gerade einjährigen Kindern in der Fütterungssituation filmten. Als er die Kinder im vierten Lebensjahr – diesmal beim Puzzlespiel – wieder filmen wollte, waren nur mehr neunzehn Paare greifbar. Trotzdem sind die Ergebnisse der kleinen Untersuchung interessant. Es wurden bei Müttern und Kindern *Verhaltenstypen* festgestellt.

Bei den Müttern:

A. Kontrollierend, wenig sensitiv, kaum kindorientiert.
B. Gewährend, nicht kontrollierend, emotional neutral (Laissez-faire-Typ).
C. Kindorientiert, emotional zugewandt, aktiv unterstützend, wenig kontrollierend.

Bei den Kindern:

I. Verringerte Ansprechbarkeit, erhöhte körperliche Aktivität, sprachlich unauffällig.
II. Verringerte sprachliche und körperliche Aktivität, durchschnittliche Ansprechbarkeit.
III. Erhöhte körperliche und sprachliche Aktivität, überdurchschnittliche Ansprechbarkeit.

Es zeigte sich bei den *Einjährigen,* dass Mütter des Typus A in zehn von fünfzehn Fällen Kinder der Gruppe III, Mütter der Gruppe C in sieben von elf Fällen Kinder der Gruppe II hatten. Die Kinder der Laissez-faire-Mütter (B) gehörten in sechs von elf Fällen der Gruppe I an.

Wir sehen, dass Mütter mit *negativ* zu beurteilendem *Verhalten* (A) Kinder mit eher *eingeschränktem Verhalten,* sehr *positiv eingestellte Mütter* (C) eher

lebhafte, gut ansprechbare Kinder hatten. Die Kinder der Laissez-faire-Mütter waren in der Mehrzahl unruhig und wenig ansprechbar.
Bei der Untersuchung der Kinder im vierten Jahr wurden dieselben Verhaltenstypen gefunden, aber erstaunlicherweise waren *nicht mehr alle Mütter in den gleichen Gruppen zu finden* wie beim erstenmal, sondern nur diejenigen, bei denen die Verhaltensmerkmale sehr ausgeprägt gewesen waren. Das Verhalten nur dieser Mütter war stabil geblieben, die Mehrzahl hatte, aus Gründen, die sich nicht erkennen ließen, ihr Verhalten modifiziert.
Bei der zweiten Untersuchung wurde ein gemeinsames Puzzlespiel von Mutter und Kind gefilmt. Dabei zeigte sich eine hohe Korrelation von „Abhängigkeit des Kindes" mit mütterlicher „Kontrolle" und „Gespanntheit". „Herzlichkeit" der Mutter korrelierte hoch mit der „Ansprechbarkeit" des Kindes.
Was die Beziehung zwischen dem Verhalten der Dreijährigen mit dem Verhalten der Mütter in der Erstuntersuchung betrifft, zeigten sich zwei bedeutsame Korrelationen:
Wenn die Mütter ihrem Einjährigen gegenüber starke *Verhaltenskontrollen* und *Einschränkungen* der körperlichen Bewegung ausgeübt hatten, dann zeigte ihr Dreijähriges ein *gestörtes Spielverhalten.* War die Mutter eines Einjährigen durch *besondere Mitschwingungsfähigkeit* aufgefallen, dann zeigte das Kind besondere *Ansprechbarkeit* und *Leistungsbereitschaft in der Spielsituation.*

### *2.3.9 Brustnahrung oder Flaschennahrung?*

Im Zusammenhang mit den *frühen Wahrnehmungsprozessen* und der *Mutter-Kind-Interaktion* sollte auch die Bedeutung des *Stillens* nicht übersehen werden. Man sieht die Vorteile des Stillens heute vorwiegend in der immunisierenden Wirkung der Muttermilch. Christine *Baumgartner* (4) weist jedoch in ihrer Vergleichsuntersuchung von brust- und flaschengenährten Kindern mit sehr einleuchtenden Argumenten darauf hin, dass die *Stillsituation* in idealer Weise dazu angetan ist, jene *Wahrnehmungsprozesse* zu erleichtern, die dem Kind das *erste Gefühl der Geborgenheit* vermitteln und ihm Gelegenheit zur *ersten Eigeninitiative zu geben,* die ja das Wesen der Interaktion konstituiert. Das *Stillen* erfordert die Zuwendung *der immer gleichen Person.* Es bietet dem Kind die ideale *„En-face"-Haltung,* die den Blickkontakt mit der Mutter ermöglicht. Der *Hautkontakt* ist enger, die *Geschmacks- und Geruchsempfindungen* intensiver, und es sind immer die gleichen. So findet eine *gegenseitige* taktile, optische und akustische Kontaktaufnahme statt. Das brustgenährte Kind ist der Mutter sicher näher als das Kind, das auf dem Schoß gehalten und mit der Flasche gefüttert wird. Dazu kommt, dass es bei der Brustfütterung *aktiv* ist, indem es die Menge, die es zu sich nehmen will, selbst bestimmt.
*Baumgartner* konnte beim Vergleich des Entwicklungsstandes von zwanzig

gesunden Kindern, die drei Monate ausschließlich gestillt wurden, mit dem von zwanzig gesunden Flaschenkindern einen Vorsprung der Ersteren feststellen, den sie auf die in der Stillsituation gemachten Erfahrungen zurückführt.

Tabelle 3 zeigt die Entwicklungsunterschiede am Ende des ersten Lebensjahres.

*Tabelle 3*
Leistungsprofil der Mittelwerte der Testpunkte in den sieben Funktionsbereichen (Münchener Funktionelle Entwicklungsdiagnostik, 2. Jahr) (27).

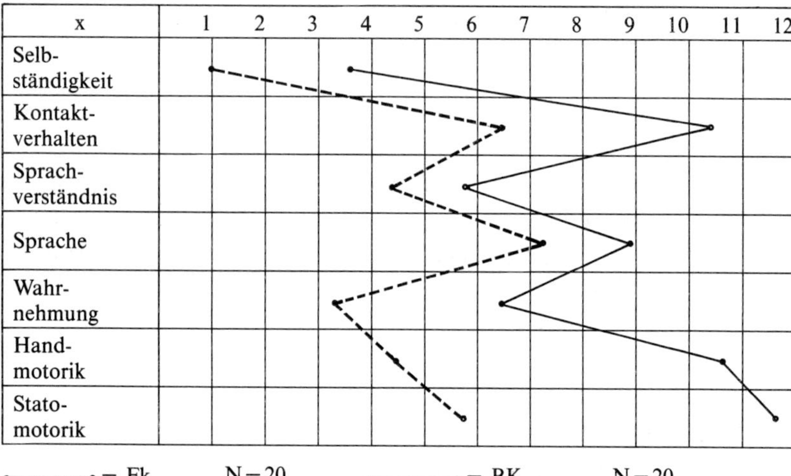


- - - - - = Fk N = 20 ——— = BK N = 20

Als Kriterium für die Bindung des Kindes an seine Mutter wurde der Zeitpunkt des „Fremdelns“, der „Acht-Monate-Angst“ (siehe S. 85), angenommen. Dieses Phänomen konnte bei den Brustkindern wesentlich früher beobachtet werden als bei den Flaschenkindern. Bei den Ersteren zeigte es sich im Durchschnitt mit 4,8 Monaten und war mit spätestens 6,6 Monaten beendet. Flaschenkinder begannen frühestens mit 9 Monaten, acht von ihnen hatten diese Phase am Ende des ersten Lebensjahres noch nicht überwunden, fünf hatten überhaupt kein Fremdeln-Verhalten gezeigt. *Baumgartner* schließt aus diesen Beobachtungen, dass Brustkinder eine *intensivere,* aber auch eine *reifere Form der Bindung* an die Mutter entwickeln können. Schlüsse auf die Langzeitwirkung dieser Unterschiede können nicht gezogen werden.

## 2.4 Das erste Lächeln

Weil das Lächeln ein spezifisch menschliches und sehr früh in Erscheinung tretendes Sozialverhalten ist, soll dazu kurz etwas gesagt werden.

Es entsteht zuerst, wenn das Kind beide Augen des menschlichen Partners fixiert und dessen Gesicht sich leicht bewegt. Dreht man den Kopf zur Seite, oder bleibt das Gesicht unbewegt, versiegt das Lächeln.

Jede Mutter glaubt, dass schon das erste Lächeln des Kindes, das bei entsprechender Zuwendung des Erwachsenen zwischen vier und sechs Wochen hervorgerufen werden kann, eine echte soziale Reaktion auf ihr eigenes Lächeln und ihre zärtliche Sprache bedeutet.

Versuche von *Kaila* (29) haben jedoch gezeigt, dass das erste Lächeln ein angeborenes Instinktverhalten ist, das auf den „Schlüsselreiz" der bewegten, frontal auf das Kind gerichteten menschlichen Augen erfolgt, wobei die Mundpartie, mit der wir ja eigentlich lächeln, unbeachtet bleibt.

Auch das frühe Angesprochensein durch die „Gestalt" eines Gesichtes, wie wir es auf Seite 34 beschrieben haben, geht von *der Augenpartie* aus. *Augenkontakt* zwischen Mutter und Kind während der Nahrungsaufnahme ist ja auch die erste Form der „sozialen Interaktion". In den ersten vier Monaten kann das Lächeln auch durch Attrappen und durch Masken hervorgerufen werden.

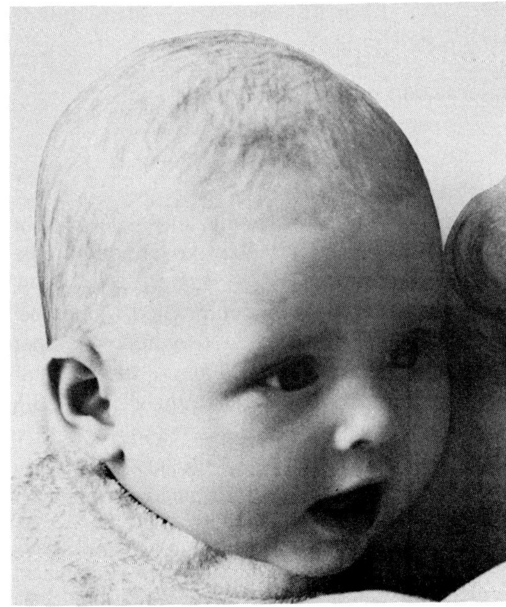

*Abbildung 6*
Das erste Lächeln.

Erst später, wenn das menschliche Gesicht als Ganzes und als individuelle Gestalt erfasst wird, was sicher ab dem sechsten oder siebenten Monat der Fall ist, erschrickt das Kind, wenn man ihm eine Maske vorhält.
Verhaltensforscher deuten das Lächeln als eine angeborene Reaktion auf das menschliche Gesicht, die in den Anfängen der Menschheit eine lebenserhaltende Funktion hatte. Es sollte den Feind entwaffnen, dessen Aggressionen hemmen, Wohlwollen und Schutzbereitschaft sichern.
Bis zum Alter von sechs Monaten können Blick und Stimme jedes Menschen das Kind zum Lächeln veranlassen. Erst nach sechs Monaten werden bekannte Menschen, vor allem die Mutter, gegenüber fremden bevorzugt, denn nun ist der menschliche Partner vom Träger eines das Lächeln auslösenden Schlüsselreizes zum *individuellen Liebesobjekt geworden* (Abbildung 6). Mit dem Lächeln, auch wenn es vorerst „mechanisch" ausgelöst werden konnte, verband sich von Anfang an ein positiver Affekt. Der erste Blickkontakt wandelt sich bald in ein Widerspiegeln des freundlichen Gesichtsausdrucks. Das Kind lächelt zwar vorerst für jeden Menschen, empfindet die freundliche Zuwendung der nächsten Bezugsperson jedoch am häufigsten und erwidert sie mit seinem Lächeln. Lächeln und freudige Zuwendung gehören zusammen, sie werden zu einem Teil des positiven affektiven Klimas zwischen Eltern und Kind, eines generellen emotionalen Wohlbefindens, das sich aus der Befriedigung seiner Bedürfnisse und aus dem wechselseitigen Affektaustausch, der ja die Grundlage der Mutter-Kind-Beziehung und darüber hinaus der Eltern-Kind-Beziehung bildet, ergibt.

## 2.5 Gestörte oder fehlende Interaktion mit einer Bezugsperson

### *2.5.1 Die zu junge Mutter*

Die in der klinischen Psychologie häufige Beobachtung, dass Kinder sehr junger Mütter schwieriger sind als Kinder älterer Mütter, konnte durch eine vergleichende Untersuchung bestätigt werden (9).
Einundfünfzig Kinder im Alter von sieben bis elf Jahren, deren Mütter bei der Geburt sechzehn bis neunzehn Jahre alt gewesen waren, wurden mit einer Gruppe von einundfünfzig Kindern verglichen, deren Mütter – aus der gleichen Sozialschicht stammend – bei der Geburt fünfundzwanzig bis dreißig Jahre alt gewesen waren. Daraus einige Ergebnisse:

Der gravierendste Unterschied war wohl der, dass die Kinder der Teenagermütter zu 74 Prozent unerwünscht waren, während dies nur für 10 Prozent der Kinder älterer Mütter zutraf.
Ein weiteres gravierendes Merkmal im Lebenslauf der Jungmütterkinder war ihre unstabile Erziehungssituation. Die meisten (59 Prozent) wurden zuerst von den Großmüttern übernommen, aber nur wenige auf Dauer. Weit mehr als die Hälfte der Kinder erlebten

besonders in den ersten zwei Jahren mehrfachen Milieuwechsel, auch mit Aufenthalten in Heimen und auf Pflegeplätzen. 80 Prozent der Kinder älterer Mütter hatten dagegen eine stabile Erziehungssituation.

Die Kinder der jungen Mütter unterschieden sich im weiteren Verlauf ihrer Entwicklung in sechs Punkten von denen älterer Mütter:

1. Sie waren sehr viel häufiger krank (Magen- und Darmerkrankungen, Erkältungen),
2. ihre Sprachentwicklung war wesentlich verlangsamt,
3. ihr Kontaktverhalten war in 71 Prozent der Fälle abweichend von der Norm, entweder im Sinne von übergroßer Scheu und Ängstlichkeit oder im Sinne ausgeprägter Distanzlosigkeit,
4. Verhaltensstörungen waren signifikant häufiger als bei den Kindern älterer Mütter. Es handelt sich dabei hauptsächlich um extreme Unruhe, Schlafstörungen, Essstörungen, Aggression, Bettnässen und Lügen. In *78 Prozent der Fälle traten die Störungen bei den Kindern junger Mütter in den ersten drei Lebensjahren auf, bei den Kindern älterer Mütter, wenn überhaupt, erst nach dem dritten Lebensjahr.* Bei 35 Prozent der Kinder junger Mütter waren drei und mehr Arten von Störungen festzustellen. Dies war nur bei 8 Prozent der Kinder älterer Mütter der Fall – der Unterschied ist hochsignifikant.

   Was den Ausprägungsgrad der Störungen betrifft, so waren sie in 32 Prozent der Kinder junger Mütter schwer, dasselbe traf nur bei wenigen Kindern der Kontrollgruppe zu,
5. *die Grundstimmung* von Kindern junger Mütter wurde überwiegend als ernst bis depressiv geschildert, die überwiegende Mehrzahl der Kinder älterer Mütter als fröhlich und unbeschwert. Auch waren die meisten Kinder junger Mütter wenig mitteilsam, zurückhaltend, verschwiegen, die Mehrzahl der Kinder älterer Mütter mitteilsam,
6. *die Erziehungssituation* bei den Kindern junger Mütter war insofern ungünstig, als *Schläge und Strafen* als Erziehungsmittel viel häufiger zur Anwendung kamen als bei der Kontrollgruppe. Die Erziehungspersonen der Kinder junger Mütter reagierten aus ihrer abweisenden, kalten oder ambivalenten Gefühlslage heraus auch wesentlich häufiger *inkonsequent* und *unbeherrscht.*

   Aus der Befragung der Kinder ergab sich vor allem ein außerordentlich hohes Angstpotential. Die Kinder fürchteten sich vor den Erziehungspersonen, vor dem Ableben einer Person, vor Unfällen, vor dem bösen Mann etc. Sie fühlten sich auch von ihren Lehrern weniger angenommen. Diese stellten Störungen der Arbeitshaltung und der Anpassung an die Schulsituation fest.

*Zusammenfassend lässt sich sagen:* Nicht das Alter der Mutter als solches ist entscheidend – jüngere Mütter bringen ja eher gesündere Kinder zur Welt als ältere –, sondern die Tatsache, dass die Mehrzahl dieser Kinder *unerwünscht* zur Welt kommt und auch *ungeliebt* bleibt, einem *ungewissen Schicksal entgegengeht* und wohl auch durch den *emotionalen Stress,* dem die Mutter während der Schwangerschaft ausgesetzt war, vorbelastet ist. Unerwünschte Schwangerschaften gibt es, wie schon erwähnt, aus den verschiedensten Gründen. Das jugendliche Alter der Schwangeren ist jedoch ein Faktor, der sich fast ausnahmslos zum Nachteil der Kinder auswirkt, eine Situation, die durch pädagogische, fürsorgerische und psychohygienische Maßnahmen entschärft werden sollte.

### 2.5.2 *Die Folgen fehlender früher Mutterbindung*

Die Untersuchungen von René *Spitz* (78) sind weltbekannt geworden. Er verglich die Entwicklung von Kindern, die in einem Findelhaus unter hygienisch einwandfreien Bedingungen, aber *ohne die Möglichkeit einer emotionalen Bindung an Pflegepersonen, ohne Spielzeug* und in einer in *eintönigem Weiß gehaltenen Umgebung verwahrt* wurden, mit der Entwicklung einer Kontrollgruppe, die in einem Frauengefängnis geboren und täglich *stundenweise von ihren gefangenen Müttern gepflegt wurde.* Die Kinder im Findelhaus waren in den ersten drei Monaten denen im Gefängnis überlegen, was ihre zumindest normale genetische Ausstattung beweist. Sie blieben jedoch von Monat zu Monat stärker zurück und waren am Ende des ersten Lebensjahres mit Entwicklungsquotienten um 70 von Debilen nicht mehr zu unterscheiden, während die Kontrollgruppe am Ende des ersten Lebensjahres eine völlig normale Entwicklung zeigte.

Handelt es sich bei diesen ersten Untersuchungen an hospitalisierten Kindern um Heime, die insofern sehr schlecht waren, als sie dem Kind nicht nur emotionale Zufuhr, sondern auch Anregungen in Form von Spielzeug und Abwechslung in der Umwelt verwehrten, so haben wir in der letzten Zeit auch Untersuchungen aus Heimen, in denen man sich nach Möglichkeit bemüht, den sogenannten Hospitalismus zu vermeiden, indem man mindestens im Hinblick auf Spielzeug, Anregungen und Abwechslung das normale Leben zu imitieren sucht. Aber auch hier zeigt sich, dass die Kinder in ihrer Entwicklung sehr zurückbleiben, wenn sie in den kritischen ersten drei Lebensjahren ohne die Möglichkeit zur Bildung einer *tragfähigen menschlichen Beziehung* zu einem Menschen bleiben, der nicht nur freundlich mit ihnen spricht, sondern ihnen auch *innerlich echt zugehört.*

*Weidacher* (84) untersuchte die Entwicklung von Kindern eines kleinen und relativ gut geführten Heimes in Kärnten, wo die Kinder Spielzeug hatten, zu Einkäufen mitgenommen wurden, in der Küche helfen und Handwerkern zuschauen durften. Trotz allem musste sie einen hochsignifikanten Unterschied feststellen zwischen den sogenannten Dauerheimkindern, das heißt Kindern, die nach der Geburt oder im ersten Lebensjahr in das Heim überstellt worden waren, und jenen, die erst nach Vollendung des dritten Lebensjahres zu Heimkindern wurden, nachdem sie vorher bei Eltern, Pflegeeltern oder Großeltern gelebt hatten – sicher auch in unbefriedigenden Verhältnissen, sonst wären sie nicht ins Heim gekommen. Alle Kinder stammten aus sozialen Randschichten.

Kinder, die *vor der Vollendung des dritten Lebensjahres* eingewiesen worden waren, hatten einen durchschnittlichen Entwicklungsquotienten von 86, sie waren somit grenzdebil. Jene, die erst *nach Vollendung des dritten Lebensjahres* ins Heim gekommen waren, unterschieden sich mit einem durchschnittlichen Entwicklungsquotienten von 103 nicht von den als Kontrollgruppe herangezogenen *Familienkindern* der gleichen Sozialschicht, deren durchschnittlicher Entwicklungsquotient 105 betrug.

Die Entwicklung dieser Dauerheimkinder war zwar nicht so stark zurückgeblieben wie die der Kinder in den schlechtesten Heimen früherer Jahre mit einem Entwicklungsquo-

tienten um 70 herum, was einer Debilität gleichkommt, sie war jedoch bis in den Bereich der Grenzdebilität reduziert.
Untersuchungen von *Meierhofer und Keller* (52) an Kindern in Schweizer Heimen, die sich dort seit ihrer Geburt befanden, zeigten dieselben Unterschiede zwischen Heim- und Familienkindern. Der mittlere Entwicklungsquotient von zwölf Monate alten Heimkindern betrug 82 mit einem Streubereich zwischen 73 und 90. Der mittlere Entwicklungsquotient der Familienkinder betrug 102. Der Streubereich war hier zwischen 94 und 110. Es gab keine Überschneidung der beiden Streubereiche, was bedeutet, dass die besten Heimkinder schlechter waren als die schlechtesten Familienkinder.

Die Zeit zwischen dem sechsten und wahrscheinlich dem achtzehnten Monat gilt heute als die *kritische Periode* für die Entwicklung der menschlichen Bindungsfähigkeit. Schäden, die beim Ausfall der Bindungsmöglichkeit im sozialen Verhaltensbereich entstehen, sind nach allen bisherigen Erfahrungen irreversibel. Während im *kognitiven Bereich* manches aufgeholt werden kann, wenn ein Kind noch im Vorschulalter das Heim verlässt, bleibt nach den Erfahrungen im Wiener Schulpsychologischen Dienst im sozialen Bereich das sogenannte *Asozialitätssyndrom* zurück.
Früh hospitalisierte Kinder zeigten im Schulalter folgende Merkmale (72):

1. hochgradige Infantilität des Verhaltens,
2. unermüdliches Streben nach Beachtung durch den Erwachsenen,
3. „Riesenansprüche“ hinsichtlich Kontakt, Beachtung und Besitz,
4. Neigung zu Trotzreaktionen bei frustriertem Kontaktstreben,
5. grundlose sadistische Aggressivität gegen Gleichaltrige aus Eifersucht,
6. infantile Arbeitshaltung, die nur durch unmittelbare individuelle Beachtung kurzfristig überwunden werden kann,
7. fehlende Gewissens- und Hemmungsbildung,
8. Fehlen jeglichen positiv gerichteten Gruppeninteresses,
9. weitgehende Unansprechbarkeit durch die normalen Methoden der Gruppensteuerung,
10. Verhaftetbleiben in frühkindlichen oralen und analen Verhaltensweisen: Lutschen, Bettnässen und Masturbieren waren besonders häufig.

Rückstände in der Intelligenzentwicklung können während der Schulzeit bis zu einem gewissen Grad aufgeholt werden. M. *Meierhofer* (51) führte mit den Kindern, die sie in Schweizer Säuglingsheimen untersucht und sehr rückständig gegenüber den Familienkindern gefunden hatte, eine Nachfolgeuntersuchung durch, als diese fünfzehn Jahre alt waren. Zu dieser Zeit unterschied sich die Verteilung der Intelligenzquotienten nicht mehr von der Normalverteilung. Sehr deutlich von denen der Familienkinder unterschieden sich zu dieser Zeit jedoch die Schulleistungen, aus Gründen, die wir im Kapitel „Motivationen“ besprechen werden. Auch die im Schulpsychologischen Dienst untersuchten ehemaligen Heimkinder hatten zum größten Teil im Normbereich liegende Entwicklungsquotienten, während ihr *soziales Verhalten* und ihre *Schulleistungen schwer gestört waren.*

Ein Kind, das keine menschliche Beziehung aufbauen kann, ist nicht in der Lage, *die Stufen der frühkindlichen Sexualität zu durchlaufen* (siehe S. 73 ff.). Bei diesen handelt es sich ja um endogen gesteuerte *soziale und emotionale Lernprozesse, zu deren Realisierung ein stabiler menschlicher Partner* notwendig ist. Längsschnittuntersuchungen an hospitalisierten Kindern, die in der Adoleszenz kriminell wurden, zeigen, dass das Problem darin besteht, dass ein körperlich und intellektuell normal gereifter Mensch mit der Emotionalität und der affektiven Belastbarkeit eines etwa zweijährigen Kindes nicht in der Lage ist, den Forderungen des Lebens zu entsprechen. Er scheitert an dem Bruch in seiner Persönlichkeit, an der Diskrepanz zwischen dem *infantilen Affektleben* und seinen sonst *normal gereiften Fähigkeiten und Bedürfnissen.* Von den Frühverwahrlosten werden viele kriminell, andere scheitern im Berufsleben, andere in ihren Rollen als Ehepartner und Eltern.

### *2.5.3 Die Beziehung zwischen emotionaler Bindung und der Gesamtentwicklung*

Schon in den Zwanzigerjahren stellten *Gesell und Armatruda* (19) fest, dass Heimkinder, denen es an individueller Zuwendung fehlte, *Objekten* gegenüber nicht nur ein stark eingeschränktes Neugierdeverhalten und verminderte Initiative, sondern auch *Angst* zeigten. Dasselbe galt für neue Situationen und für fremde Personen. Da jede Entwicklung sich in der Auseinandersetzung mit neuen Reizen vollzieht, mussten diese Kinder hoffnungslos zurückbleiben. Kleine Kinder können sich offenbar nur aus einer *gesicherten emotionalen Beziehung zu einer ständigen Pflegeperson* heraus, in deren Schutz sie jederzeit schnell zurückkehren können, *in die Welt der neuen Erfahrungen wagen* und auf diese Art lernen und sich entwickeln.
Die Abhängigkeit vom Schutz der „Mutter" bei explorativem Verhalten und in beängstigenden Situationen besteht, wie die Versuche von *Harlow* (23) zeigten, schon auf dem Niveau der Primaten. Bei den Versuchen von *Harlow* wurden eine Gruppe von Rhesusäffchen ohne Mutterfigur, nur mit Geschwistern, eine andere Gruppe mit einem Mutterersatz in Form eines mit flauschigem Stoff überzogenen Drahtgestells, eine Gruppe mit einem nackten, aber Milch spendenden Drahtgestell, eine Gruppe mit diesen beiden Ersatzfiguren (Abbildung 7) und eine Kontrollgruppe mit den eigenen Müttern aufgezogen.

Befand sich nun ein Rhesusäffchen mit seiner Stoffmutter in einem Raum, in dem man ein verdecktes Spielzeug platziert hatte, machte es sich von ihr weg an die Erforschung dieses unbekannten Gegenstandes (Abbildung 8). War es allein, hatte es Angst. Das Spielzeug blieb unbeachtet (Abbildung 9). Wurde es im Beisein der Stoffmutter durch einen lauten Trommelschlag erschreckt, kletterte es Schutz suchend an ihr empor, aber aus der scheinbar sicheren Umklammerung guckte es neugierig herum, was das wohl

*Abbildung 7*
Von der Stoffmutter weg macht sich das Äffchen an die Erforschung des fremden Gegenstandes.

*Abbildung 8*
Ohne Stoffmutter wagt sich das Äffchen nicht an die Erforschung des Spielzeugs.

*Abbildung 9*
Bei einem Störgeräusch sucht das Rhesusäffchen Schutz bei der Stoffmutter, guckt aber neugierig nach der Ursache.

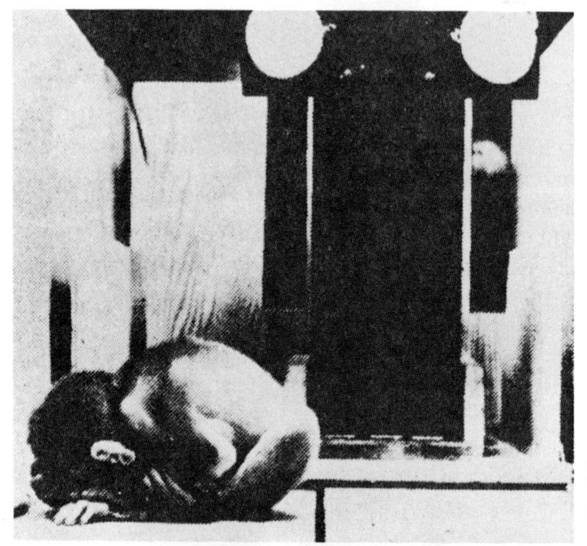

*Abbildung 10*
Ohne Stoffmutter rollt es sich ängstlich zusammen.

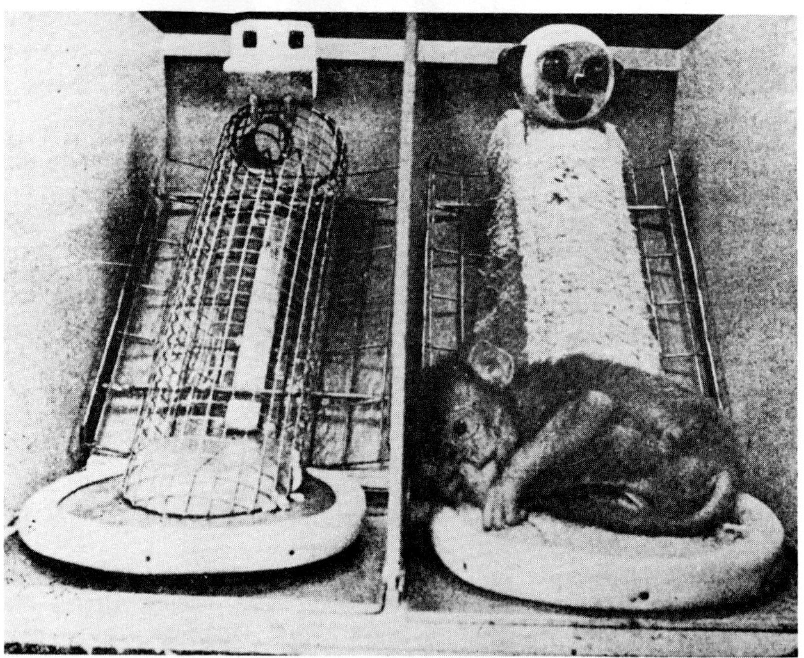

*Abbildung 11*
Die beiden Ersatzmütter (*Harlow,* 23).

sei? (Abbildung 10). War keine Stoffmutter vorhanden, rollte es sich ängstlich zusammen. Es wagte nicht, dem neuen Reiz in irgendeiner Weise zu begegnen (Abbildung 11).

Das aufregendste Experiment, das den *Zusammenhang zwischen emotionaler und kognitiver Entwicklung* zeigt, ist wohl das von *Skeels* (76). Nachdem man in einer großen amerikanischen Fürsorgeanstalt beobachtet hatte, dass zwei stark zurückgebliebene Mädchen, die man aus rein organisatorischen Gründen in einer Abteilung für debile Frauen und Mädchen untergebracht hatte, sich erstaunlich gut entwickelten, überstellte man nun zu experimentellen Zwecken elf weitere Kinder in diese Abteilung für erwachsene Frauen. Das war im Jahre 1938. Die Frauen waren über die ihnen anvertrauten Kinder hoch erfreut und umgaben sie mit Liebe und Sorgfalt, während die Schwestern und besonders eine Oberschwester sich um das körperliche Wohlergehen der Kinder bemühte und reichlich Spielzeug zur Verfügung stellte. In bestimmten Zeitabständen wurden die Kinder getestet.
Tabelle 4 zeigt das *Ansteigen der Intelligenzquotienten* nach der Überstellung in die Frauenabteilung. Der Zuwachs an IQ-Punkten betrug zwischen 7 und 58 IQ-Punkten! Nachdem die Kinder zwischen fünf und fünfundzwanzig Monaten (nur ein Kind verblieb zweiundfünfzig Monate) bei diesen debilen „Pflegemüttern" gelebt hatten, wurden sie in Adoptionsfamilien abgegeben.
Eine Kontrollgruppe von ursprünglich viel besser begabten Kindern verblieb

*Tabelle 4*
Experimentalgruppe: Geistige Entwicklung der Kinder vor und nach der Überstellung in die Erwachsenengruppe des Heimes.

| | | Testergebnis vor der Überstellung | | Letztes Testergebnis nach der Überstellung | | Dauer der Versuchs-periode in Monaten | Veränderung der IQ-Punkte |
|---|---|---|---|---|---|---|---|
| Nr. | Ge-schlecht | Alter in Monaten | IQ | Alter in Monaten | IQ | | |
| 1 | M | 7 | 89 | 12 | 113 | 5 | +24 |
| 2 | W | 12 | 57 | 36 | 77 | 23 | +20 |
| 3 | W | 12 | 85 | 25 | 107 | 11 | +22 |
| 4 | W | 14 | 73 | 23 | 100 | 8 | +27 |
| 5 | W | 13 | 46 | 40 | 95 | 24 | +49 |
| 6 | W | 15 | 77 | 30 | 100 | 14 | +23 |
| 7 | W | 16 | 65 | 27 | 104 | 10 | +39 |
| 8 | W | 16 | 35 | 43 | 93 | 24 | +58 |
| 9 | W | 21 | 61 | 34 | 80 | 22 | +19 |
| 10 | M | 23 | 72 | 45 | 79 | 12 | +7 |
| 11 | M | 25 | 75 | 51 | 82 | 23 | +7 |
| 12 | M | 27 | 65 | 40 | 82 | 12 | +17 |
| 13 | W | 30 | 36 | 89 | 81 | 52 | +45 |

*Tabelle 5*

Kontrollgruppe: Geistige Entwicklung der Kinder während zweier beziehungsweise zweieinhalb Jahren.

| Nr. | Geschlecht | Erster Test: Alter in Monaten | Erster Test: IQ | Letzter Test: Alter in Monaten | Letzter Test: IQ | Dauer der Versuchsperiode in Monaten | Veränderung der IQ-Punkte |
|---|---|---|---|---|---|---|---|
| 14 | W | 11 | 91 | 55 | 62 | 43 | -29 |
| 15 | W | 13 | 92 | 38 | 56 | 25 | -36 |
| 16 | W | 13 | 71 | 40 | 56 | 27 | -15 |
| 17 | M | 13 | 96 | 53 | 54 | 39 | -42 |
| 18 | M | 14 | 99 | 41 | 54 | 27 | -45 |
| 19 | M | 15 | 87 | 44 | 67 | 29 | -20 |
| 20 | M | 17 | 81 | 52 | 83 | 35 | + 2 |
| 21 | M | 17 | 103 | 50 | 60 | 32 | -43 |
| 22 | M | 18 | 98 | 39 | 61 | 21 | -37 |
| 23 | W | 20 | 89 | 48 | 71 | 28 | -18 |
| 24 | M | 21 | 50 | 51 | 42 | 30 | -8 |
| 25 | M | 21 | 83 | 50 | 60 | 28 | -23 |

im Heim. Ihre Entwicklungsquotienten sanken, wie aus Tabelle 5 zu ersehen ist, rapide ab. Sie verloren zwischen 8 und 45 Punkten!

Nach mehr als zwanzig Jahren – die am Versuch beteiligten Personen waren inzwischen bis zu dreißig Jahre alt geworden – wurden sie unter oft großen Schwierigkeiten ausfindig gemacht und ihr bisheriges Lebensschicksal ermittelt. Es ergab sich, dass alle, die von den debilen Frauen liebevoll aufgezogen und schließlich von Familien adoptiert worden waren, einen *Beruf erlernt hatten* und sich *selbst erhalten* konnten. Diese positive Lebensentwicklung verdankten sie allein dem Ansteigen ihrer Intelligenz während des Aufenthaltes in der Frauenabteilung, wodurch Adoptionen überhaupt erst möglich geworden waren. Die Kinder der Kontrollgruppe, die mit Intelligenzquotienten um 90 eine viel bessere Ausgangssituation gehabt hatten und die unter normalen Bedingungen völlig normale Menschen geworden wären, waren weiterhin Heiminsassen oder bereits verstorben. Tabelle 6 zeigt die Beschäftigungen beziehungsweise Aufenthalte der beiden Gruppen.

Wir müssen annehmen, dass die Kinder der Versuchsgruppe bei längerem Aufenthalt unter Debilen ihr durch emotionale Zufuhr erreichtes Intelligenzniveau nicht hätten halten oder verbessern können. Dass dies möglich war, verdanken sie ihren Adoptiveltern. Doch die Liebe, die ihnen die Frauen gegeben hatten, und die emotionale Bindung, die sie zu ihnen hatten aufbauen können, waren die Voraussetzung für die Anpassung an die Adoptionsfamilien und ans Leben (Abbildung 12).

*Tabelle 6*
Experimental- und Kontrollgruppe: Beschäftigung der Untersuchten und deren Ehepartner.

| | Beschäftigung | Beschäftigung des Ehepartners | Beschäftigung der Frauen vor der Heirat |
|---|---|---|---|
| Experimental-gruppe | | | |
| 1 | Feldwebel | Zahntechnikerin | |
| 2 | Hausfrau | Arbeiter | Hilfsschwester |
| 3 | Hausfrau | Mechaniker | Volksschullehrerin |
| 4 | Lehrerin an einer Krankenpflegeschule | arbeitslos | Diplomschwester |
| 5 | Hausfrau | angelernte Arbeiter | |
| 6 | Kellnerin | Mechaniker | Kosmetikerin |
| 7 | Hausfrau | Flugingenieur | Hotelangestellte |
| 8 | Hausfrau | Vorarbeiter | |
| 9 | Hausangestellte (ledig) | | |
| 10 | Grundstücksmakler | Hausfrau | |
| 11 | Berufsberater | Werbeexpertin | |
| 12 | Souvenirladen (ledig) | | |
| 13 | Hausfrau | Drucker | Büroangestellte |
| Kontroll-gruppe: | | | |
| 14 | Heiminsasse (ledig) | | |
| 15 | Tellerwäscher (ledig) | | |
| 16 | verstorben | | |
| 17 | Tellerwäscher (ledig) | | |
| 18 | Heiminsasse (ledig) | | |
| 19 | Schriftsetzer | Hausfrau | |
| 20 | Heiminsasse (ledig) | | |
| 21 | Tellerwäscher (ledig) | | |
| 22 | Seemann (geschieden) | | |
| 23 | Kellner (Teilzeit-arbeiter) (ledig) | | |
| 24 | Gehilfe des Anstaltsgärtners (ledig) | | |
| 25 | Heiminsasse (ledig) | | |

Die Heime, über deren ehemalige Insassen wir Berichte haben, waren schlechter als die meisten, in denen Kinder heute leben müssen. So fehlte es dort meist nicht nur an emotionaler Zuwendung, sondern auch an Spielzeug. Die meisten Heime sind heute reichlich damit ausgestattet. Aber selbst dann hat

*Abbildung 12*
Zuwendung fördert die kognitive Entwicklung.

ein emotional ungesichertes Kind eine völlig andere Art, sich mit Beschäftigungsmaterial und Spielzeug auseinanderzusetzen als ein Kind, das Bindung und Zugehörigkeit in der kritischen Phase erlebt hatte.

In dem genannten Kärntner Heim konnte *Weidacher* (84) ganz bedeutende qualitative Unterschiede feststellen zwischen der Art, in der sich Dauerheimkinder und später eingewiesene Kinder gegenüber neuem Spielzeug – dem von ihr verwendeten Testmaterial – verhielten. Die Dauerheimkinder fielen auf durch Unsicherheit, geringe Ausdauer, Ablenkbarkeit, geringe Fixierbarkeit, motorische Unruhe und fehlendes Bemühen um Problemlösungen: „Das kann ich nicht" oder „Mach's du". Auffallend war das geringe Verständnis für Dargestelltes. Bilder wurden auch von den Drei-, Vier- und Fünfjährigen noch betastet und beleckt, wie man dies normalerweise im zweiten Lebensjahr fin-

det. Oft wollten sie die Gegenstände aus der Bilderebene herausnehmen. Dies alles, obwohl Bilderbücher vorhanden waren. Das Material wurde oft noch unspezifisch behandelt, in den Mund gesteckt und zum Schlagen und Trommeln verwendet. Monologisierendes Sprechen war viel häufiger, als man es normalerweise auf diesen Altersstufen findet.
Das *Verhalten der nach Vollendung des dritten Lebensjahres Eingewiesenen* war nicht anders als das der als *Kontrollgruppe* dienenden Familienkinder.

## *2.5.4 Die Gefährdung von Kindern nach Risikogeburten in lieblosem Milieu*

Von besonderer Bedeutung ist die liebevolle Betreuung von Kindern, die nach schweren, verfrühten oder sonst von der Norm abweichenden Geburten biologisch geschädigt sind. Eine Langzeitstudie über die Entwicklung dieser Kinder von *Göllnitz* beweist ihre besondere Gefährdung durch das Zusammenwirken von biologischen mit *psychosozialen* Minusfaktoren.
An der Kinderneuropsychiatrischen Universitätsklinik Rostock wurden in den Jahren 1970/71 alle Risikogeburten und jede vierte Normalgeburt genau erfasst. 294 dieser Kinder wurden im Alter von zwei Jahren und 279 im Alter von sechs Jahren nochmals genau untersucht. Es handelte sich nicht um die schwersten Fälle, denn sie besuchten alle Krippen oder Kindergärten (20, 21). Die Abbildungen 13 bis 16 beziehen sich auf die *Nachuntersuchung an den Zweijährigen.* Abbildung 13 zeigt, dass Frühgeborene in diesem Alter an sich eine langsamere Entwicklung durchmachen als Kinder, die normal aus-

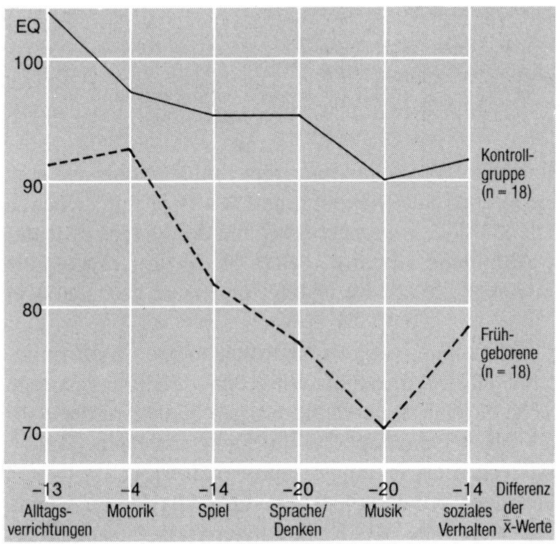


*Abbildung 13*
EQ von Frühgeborenen und Kontrollkindern.

Früh-
geborene
(n=18)

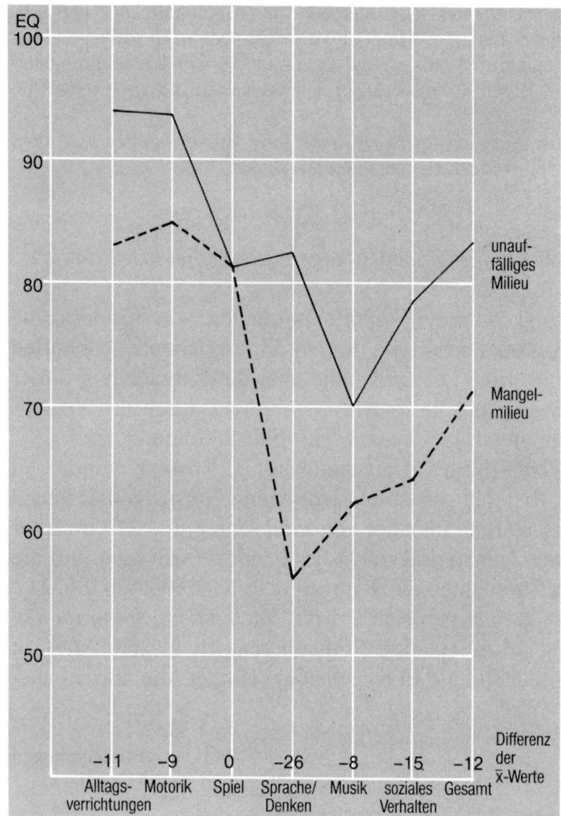


*Abbildung 14*
EQ von Frühgeborenen aus unauffälligem und aus Mangelmilieu.

getragen waren (Kontrollgruppe). Vergleicht man aber Frühgeborene aus normalem Milieu mit Frühgeborenen aus Mangelmilieu – was ja immer neben materieller Schwäche auch emotionale Vernachlässigung des Kindes bedeutet –, so erkennt man – wie Abbildung 14 zeigt –, dass die letzte Gruppe ganz wesentlich schlechter entwickelt ist als die erstere, und zwar besonders im Bereich der Sprache.

In Abbildung 15 ist der Entwicklungsstand von frühgeborenen und reifgeborenen Kindern aus *Mangelmilieu* dargestellt. Wir sehen, dass Frühgeborene viel stärker als Reifgeborene durch Vernachlässigung geschädigt werden. Abbildung 16 zeigt eindrucksvoll, wie die doppelte Belastung durch eine *Risikogeburt* und ein *Umweltrisiko* das Entwicklungstempo verzögert.

Bei der Untersuchung derselben Kinder im Alter von sechs Jahren konnte festgestellt werden, dass bei sehr vielen der Risikokinder vorerst große Rück-

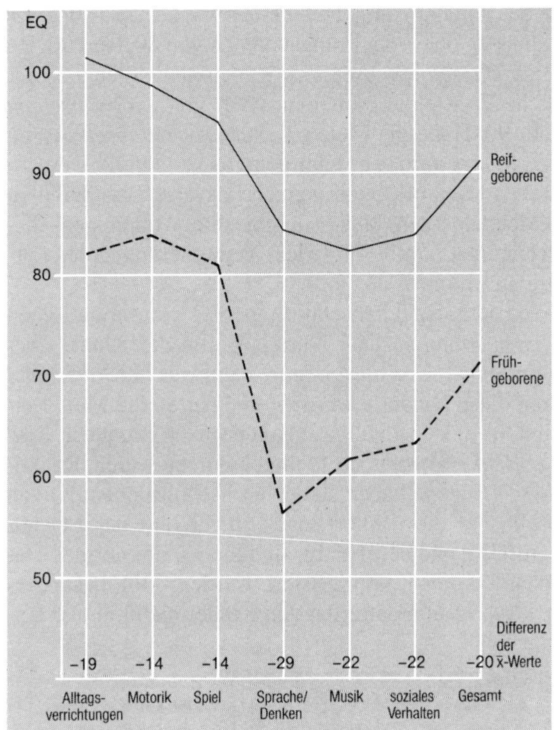


*Abbildung 15*
EQ reif- und frühgeborener Kinder aus familiärem Mangelmilieu.

Reif-
geborene

Früh-
geborene

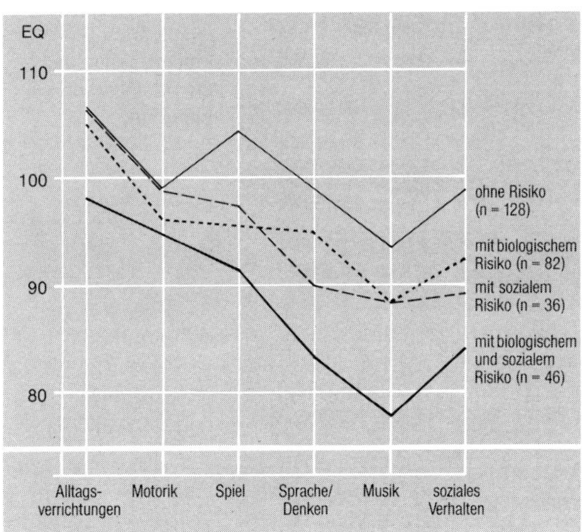


*Abbildung 16*
EQ bei Kombination von biologischen und sozialen Risiken.

stände zwischen zwei und sechs Jahren aufgeholt werden konnten. So stieg der durchschnittliche Entwicklungsquotient der Frühgeborenen von 80,2 auf 96,7. Einige *psychosoziale Risikofaktoren* erwiesen sich jedoch als verhängnisvoll. So *fiel* der durchschnittliche Entwicklungsquotient (EQ) von *unerwünschten Risikokindern* von 92,6 auf 90. Hatte die Mutter *keinerlei Schulabschluss,* so fiel der EQ von 84 auf 82, in kinderreichen Familien von *86 auf 82.* Die Unterschiede sind gering, stehen aber im Gegensatz zur Tatsache, dass bei allen anderen psychosozialen Mängeln (zum Beispiel schlechte Wohnungen, disharmonische Ehe, unvollständige Familie) trotzdem Verbesserungen des Entwicklungsniveaus eingetreten waren.

In Abbildung 17 sehen wir, dass der durchschnittliche EQ von biologischen Risikofällen in *kinderreichen Familien* 86,1 betrug. Waren die Kinder aber *unerwünscht* und die Mütter *ohne Berufsausbildung,* dann war *der Rückstand größer* (EQ = 80,1). Waren diese Kinder *erwünscht* und hatten die Mütter einen *Beruf erlernt,* dann unterschieden sich diese Kinder nicht von jenen Kindern, die *ohne biologische Risikofaktoren* zur Welt gekommen waren. Risikokinder in der *unvollständigen Familie* haben einen durchschnittlichen EQ von 89,8. Sind sie unerwünscht und die Mütter ungelernt, beträgt der EQ nur 79,0. Sind die Mütter unauffällig und berufstätig, sind die Kinder normal. Der frühe Entwicklungsrückstand konnte kompensiert werden. Ein besonders ungünstiges Milieu bildet das Zusammentreffen von Kinderreichtum und Un-

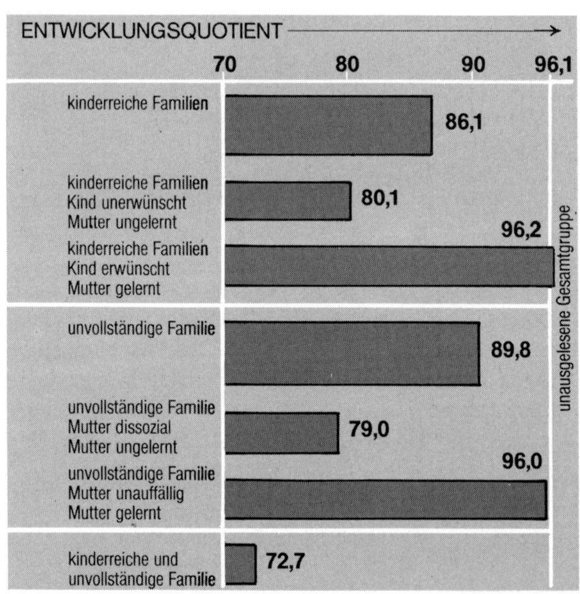


*Abbildung 17*
Die Entwicklung von Risikokindern in gestörten und ungestörten kinderreichen und unvollständigen Familien.

vollständigkeit der Familie. Hier handelt es sich meist um sexuelle Promiskuität – und wahrscheinlich auch um Schwachsinn der Mutter. Der EQ dieser Kinder liegt im Bereich der Debilität.

Nicht jede kinderreiche Familie ist als solche ein psychosoziales Handikap – dasselbe gilt für die unvollständige Familie: Sie sind es erst, wenn weitere psychosoziale Risiken dazukommen.

Die Bedeutung der psychosozialen Risiken soll noch einmal an Hand der Entwicklung der Frühgeburten gezeigt werden (Abbildung 18). Die Gruppe als Ganze hatte einen durchschnittlichen EQ von 80,2. Kamen vier und mehr psychosoziale Risiken dazu, betrug er für diese Gruppe nur 74,7 (Debilität), bei drei und weniger psychosozialen Risiken 86,6. Wie sehr Frühgeborene (und andere Risikokinder!) durch ungünstige Milieuverhältnisse betroffen werden, ersehen wir aus der Tatsache, dass *Kinder mit denselben vier oder mehr psychosozialen Risiken, aber* ohne *frühgeboren* zu sein, einen annähernd normalen Entwicklungsstand (EQ = 93,1) erreichen.

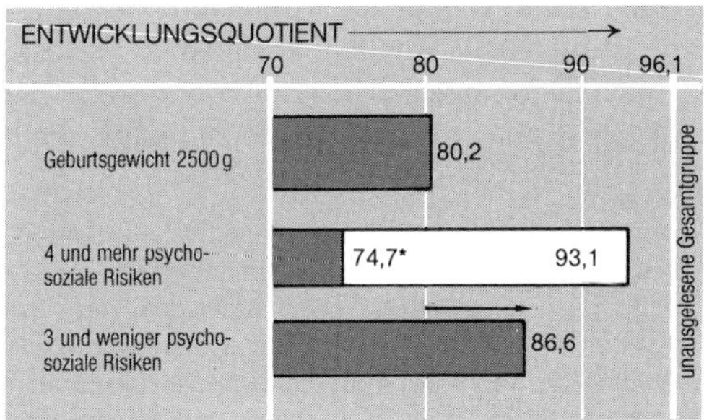


*Abbildung 18*
Die Entwicklung von Frühgeborenen mit vier und mehr psychosozialen Risiken verglichen mit gleich stark belasteten nicht Frühgeborenen (weißc Kolonne) und mit Frühgeborenen mit drei und weniger psychosozialen Risiken.

In der Tat sind für das Risikokind die psychosozialen Handikaps schwerwiegender als die biologischen. Beim Vergleich der Entwicklung der Kinder im Alter von zwei Jahren mit deren Entwicklung als Sechsjährige zeigte sich, dass die besten Fortschritte erwartungsgemäß von jenen gemacht wurden, die von nur *wenigen* biologischen und auch nur *wenigen* psychosozialen Risiken belastet waren. Jene jedoch, die *viele biologische,* aber *wenige psychosoziale* Handikaps hatten, die also in gutem Milieu aufwuchsen, unterschieden sich von der erstgenannten Gruppe kaum. Sie entwickelten sich viel besser als jene mit *wenigen biologischen,* aber *vielen psychosozialen Belastungen.* Am schlechtesten entwickelten sich natürlich jene Kinder, die mit *vielen biologischen und vielen psychosozialen Risiken* belastet waren und zwar sowohl im Hinblick auf die *„Erziehbarkeit"* als auch auf die *kognitiven Funktionen.* Am auffallendsten waren bei beiden Gruppen mit erhöhten psychosozialen Handikaps die starken Rückstände in der Sprachentwicklung.

Zusammenfassend lässt sich sagen, dass eine anfängliche Entwicklungsverzögerung nach einer Risikogeburt in einem guten, *emotional stabilen, kindzugewandten* Milieu fast zur *Gänze aufgeholt (kompensiert) werden konnte,* während in schlechtem, vernachlässigendem Milieu das Gegenteil zu beobachten war. Der Entwicklungsrückstand vergrößerte sich bis in den Bereich der Debilität. Es trat eine *Dekompensation* ein. „Psychosoziale Risiken in Kombination mit biologischen haben einen dekompensierenden Effekt und beeinträchtigen die Entwicklung stärker und langfristiger." (21, S. 160.)

### *2.5.5 Entwurzelung und häufiger Pflegewechsel*

*Dauernde schwere Schädigung entsteht durch plötzlichen unvorbereiteten Wechsel in ein total fremdes Milieu.* Kinder, die immer wieder die Bezugsperson wechseln müssen und schließlich keine haben – was nicht nur bei befürsorgten Kindern, sondern auch bei Kindern berufstätiger Mütter vorkommen kann –, entwickeln *Trennungsängste.* Dabei können alle Arten von Schwierigkeiten auftreten, vor allem Trotz, destruktives Verhalten, anhaltendes Weinen, Essschwierigkeiten, Bettnässen, Schlafstörungen, Überempfindlichkeit, die schon im Schulalter in Hass und Aggressivität, oft in Kriminalität kulminieren.

Hier das Beispiel einer Entwurzelung:
Ein kleines Wiener Mädchen war schon als Säugling in eine burgenländische Bauernfamilie in Pflege gegeben worden. Als das Kind sechs Jahre alt war, hatten sich die Lebensverhältnisse der Mutter stabilisiert. Sie hatte geheiratet, aber nicht den Vater des Mädchens. Aus der neuen Verbindung stammte ein kleiner Sohn. Die Mutter wurde nun vor die Alternative gestellt, einen Pflegebeitrag zu zahlen oder das Kind zu sich zu nehmen. Sie konnte nicht bezahlen, denn sie war nicht berufstätig, hatte kein eigenes Einkommen, und der Mann war zur Zahlung des Pflegebeitrages nicht verpflichtet. Daher erscheint eines Tages eine Fürsorgerin bei der burgenländischen Familie und holte das Kind. Es konnte sich bei der Mutter nicht eingewöhnen, es verweigerte die Nahrung und wurde dafür geschlagen. Es kam in der Schule nicht mit. Es wurde wegen seines burgenländischen Dialekts verspottet. Es fing an zu nässen und zu koten, was entsprechende Reaktionen der Mutter auslöste. Es war total verstört. Schließlich nahm die burgenländische Familie auf Intervention des Schulpsychologischen Dienstes das Kind wieder zurück. Sie verzichtete auf das Pflegegeld und begnügte sich mit der Kinderbeihilfe.

Heute ist man im Fürsorgebereich vorsichtiger geworden. Weil man die Folgen der Entwurzelung besser kennt, richtet man sich mehr nach den Bedürfnissen der Kinder. Es ist ein Gesetz in Vorbereitung, das den Pflegeeltern ein Mitspracherecht sichern soll. Aber noch immer gibt es Kinder, die herumgeschoben werden (müssen), denn die aus der frühen Bindungslosigkeit erwachsenen Probleme wirken nach: Die aus dem *Verlassenheitskomplex erwachsenden Verhaltensstörungen* sind einer der häufigsten Gründe für den oftmaligen Milieuwechsel, da Verwandte und Pflegeeltern das Kind nur schwer ertragen – es bewegt sich in einem Teufelskreis.

Im Schulpsychologischen Dienst hatte ich einmal einen Siebenjährigen zu begutachten, der schon elfmal den Pflegeplatz gewechselt hatte, immer wieder vom Heim zu den Großeltern, zurück ins Heim, zu Pflegeeltern, zur Mutter, wieder ins Heim etc.

Bei Recherchen im Zusammenhang mit dem dreifachen Mord eines ehemaligen Heimkindes stieß ein Reporter erst vor kurzem auf ein dreijähriges Mädchen, das schon neunzehnmal seine „Bezugsperson" gewechselt, und auf eine Fünfzehnjährige, die schon sechzehn Pflegestellen erlebt hatte. Acht von zehn Jugendlichen, die vor dem Jugendrichter stehen, sind ehemalige Heimkinder. Die schon erwähnte Nachfolgeuntersuchung von M. *Meierhofer* (53), in die 122 ehemals von ihr untersuchte Heimbabys im Alter von vierzehn und fünfzehn Jahren einbezogen waren, ergab als wichtigsten Faktor für die Charakterentwicklung der Kinder den Faktor der *Stabilität.*

Je instabiler das Leben der Kinder gewesen war, je öfter sie die Umwelt gewechselt haben, je weniger Möglichkeiten sie gehabt haben, menschliche Bindungen aufzubauen, desto schwieriger waren sie im Alter von vierzehn Jahren. Der zweitwichtigste Faktor war die Qualität des ersten Heimes. Die Heime waren von sehr verschiedener Qualität gewesen. Es gab Heime, in welchen den Kindern ein gewisser Grad von persönlicher Beachtung geboten wurde, und andere Heime, in denen die Kinder nicht einmal zum Füttern auf den Arm genommen wurden, sondern die Flasche im Bett liegend in den Mund gestopft bekamen. Die Kinder aus den schlechten Heimen hatten mehr Schwierigkeiten als die Kinder aus besser geführten. Ihre häufigsten Schwierigkeiten waren Überempfindlichkeit, Aggressivität, depressive Verstimmung, Schlafstörungen und Nägelbeißen. Manche Verhaltensstörungen zogen sich durch die ganze Entwicklung: Negativismus wurde bei 54 Prozent der Kleinkinder und bei 48 Prozent der Vierzehnjährigen festgestellt, Aggression bei 43 Prozent der Kleinkinder und 42 Prozent der Vierzehnjährigen, Daumenlutschen bei 54 Prozent der Kleinen wurde durch Nägelbeißen bei 59 Prozent der Älteren ersetzt. Manche Störungen nahmen mit dem Alter zu oder wurden deutlicher erkennbar, vor allem Depressionen, Schlafstörungen, Ängste, Lügen und Stehlen.

Auf den Zusammenhang von *Instabilität* der Erziehungssituation und *geistiger Entwicklung* weist *Hassenstein* (25, S. 131) hin, wenn er sagt:

In der Säuglingszeit bestimmt die langsam entstehende Bindung, in wessen körperlicher Nähe sich das Kind völlig sicher fühlt. Wurde es dem Säugling und Kleinkind durch mehrfachen Verlust von Bezugspersonen oder durch fortdauernde Wechselbetreuung verwehrt, eine feste Vertrauensbindung aufzubauen, so nistet sich allgemeine Unsicherheit und Ängstlichkeit ein. Diese Angst dämpft oder unterdrückt dann den gesamten Verhaltensbereich Erkunden / Wissbegierde / Spielen / Nachahmen / schöpferisches Erfinden, also das Lernen durch aktiven Erfahrungserwerb und den Gewinn von Selbständigkeit und angstfreiem sozialen Verhalten.

### *2.5.6 Stabilität der Beziehungen und das Selbstwertgefühl*

Zu jenen psychischen Phänomenen, die als Voraussetzung einer gesunden Entwicklung angesehen werden müssen, gehört das *normale Selbstwertgefühl.* Selbstwertgefühl kann ein Kind nur dann entwickeln, wenn es das Bewusstsein hat, dass es für *jemanden anderen einen Wert darstellt.* Diese anderen sind für das Kind die nächsten Bezugspersonen. Soll es sein Selbstwertgefühl entwickeln, müssen echte Bezugspersonen vorhanden sein. Das Kind erlebt dieses „Einen-Wert-Haben" in der Zärtlichkeit der Eltern, in ihrer Sorge für sein Wohlergehen, in ihrem Lob, in ihrer Betroffenheit bei Entgleisungen, in ihren Belohnungen beim Erwerb von Fertigkeiten oder bei geleistetem Triebverzicht, in ihrem Anspruchsniveau – wenn es nicht übertrieben ist. Man fühlt sich als wertvoll, wenn man merkt, dass die Eltern stolz auf einen sein möchten, wenn man das Gefühl des Geliebtseins und der gesicherten Zugehörigkeit hat. Nur auf dieser Basis entwickelt sich eine gesunde normale Selbstliebe. Die Zufriedenheit mit sich, mit seinem Körper, seinen Fähigkeiten, seiner Lage kommt nur aus dem Bewusstsein, dass die *ganze Existenz, die äußere Erscheinung, die Fähigkeiten, das ganze Wesen* von geliebten Personen auch gewollt und geliebt wird. Wenn das alles fehlt – und es fehlt sowohl bei Heimkindern, auch in modernen Heimen, als auch bei abgelehnten Familienkindern –, kann sich kein Selbstwertgefühl entwickeln, das Kind fühlt sich *wertlos.*
Schon im Kleinkindalter entsteht in dieser Situation ein dumpfes *Mangelerlebnis.* Das Schulkind wird sich dessen bewusst, dass es niemanden hat, für den es einen Wert darstellt, dem es gehört. Aus diesem Bewusstsein entstehen Ängste, Depressionen, Aggressionen, Selbsthass bis zum Selbstmord. Es fehlen alle zielgerichteten Intentionen. Das Lebensgefühl ist gekennzeichnet durch Öde, Missstimmung, Einsamkeit, Hassgefühle und ungeordnete aggressive Tendenzen, oft auch durch regressives Verhalten. In der Pubertät, wenn Freiheitsdrang, sexueller Triebdruck, ein besonderes Gesellungsbedürfnis und neue Konsum- und Statuswünsche auftreten und alle diese Strebungen weder durch das *Vorhandensein geliebter verpflichtender Vorbilder* noch durch den *inneren Steuerungsmechanismus eines normal entwickelten Gewissens* (siehe S. 117), noch durch *eingespielte Arbeitshaltungen* (siehe S. 246) gebremst werden, kann es zu Aggressionshandlungen kommen, zur Bandenbildung, zum Entweichen, zur Flucht in Alkohol und Drogen, die ja immer in Gruppen konsumiert werden. Bei Mädchen besteht die Gefahr der sexuellen Promiskuität. Sie suchen ja ständig nach der Liebe, die ihnen die Mutter verwehrt hat, und geben sich dem Erstbesten hin, weil sie dessen Annäherung mit Liebe verwechseln. So kommt es wieder zu Enttäuschungen, und oft bleibt nur der Weg in die Prostitution.

*Ein Kindheitsverlauf, in dem Bindungsmöglichkeiten, Möglichkeiten zur Gewissensbildung, zur Entfaltung von Arbeitstugenden und zur Entstehung eines normalen Selbstwertgefühls fehlen, kann nur zu abwegigem Verhalten führen.*

## 2.6 Muss ein Kind von einer einzelnen Person betreut werden?

### *2.6.1 Zweiterzieher in der Familie*

Die bisherigen Ausführungen, die die emotionale Bindung an eine nicht auswechselbare Bezugsperson so sehr in den Vordergrund gerückt haben, könnten den Eindruck erweckt haben, das Kind könne auf *andere Bezugspersonen* verzichten. *Das wäre eine ernste Gefahr für die Erweiterung seiner sozialen Kommunikationsfähigkeit.*

Wie schwerwiegend sich ein Milieuwechsel bei *ausschließlicher und intensivster* Mutterbindung auswirken kann, zeigt ein Beispiel aus einem anderen Kulturkreis (55).

Marokkanische Kinder haben eine engere Bindung zu ihren Müttern als Kinder in Europa oder Amerika:

„Nur wenn sie schlafen, sind Kleinkinder im Bett: wenn sie wach sind, werden sie von ihren Müttern auf dem Rücken getragen. Die Mütter machen ihre Hausarbeit, ihre Einkäufe und ihre Besuche mit den Kleinen auf ihrem Rücken. Die größeren Kinder, die noch nicht zur Schule gehen, sind zu Hause bei der Mutter oder folgen ihr überall hin, wenn sie das Haus verlässt.

Wenn das Kind krank ist und allein in einem Krankenhaus bleiben muss, ist der psychische Stress stärker, und die Konsequenzen sind größer. Wenn ein Kind zur Untersuchung in ein Krankenhaus gebracht wird, schreit es wie wild, so lange die Mutter anwesend ist; wenn es jedoch allein im Krankenhaus bleibt, ist es vor lauter Angst ganz still. Hospitalisierte Kinder zeigen nach ihrer Heimkehr emotionelle Störungen, die vor dem Krankenhausaufenthalt nicht da waren. Die meisten von ihnen nässen das Bett während der Nacht, bei einigen kommt es auch tags zum Einnässen. Sie wachen häufig aus dem Schlaf auf und weinen. Kleine Kinder, die vor der Hospitalisierung schon gesprochen hatten, hören zu sprechen auf, wenn sie wieder nach Hause kommen, sie können nicht mehr lachen und sich freuen, sie sind still und hängen am Rockzipfel der Mutter. Größere Kinder mögen nicht mehr zur Schule gehen und lernen. Zu Hause sind sie aggressiv, besonders in Anwesenheit ihrer Mutter. Wenn sie schon zehn bis vierzehn Jahre alt sind, verlassen sie das Elternhaus und landen auf der Straße. Sie stehlen oder begehen andere Straftaten (S. 45)."

Ein Junge, dem mit acht Jahren die Mandeln genommen worden waren, lief immer wieder von zu Hause weg. Als Zwölfjähriger wollte er nicht mehr nach Hause zurückkehren. Er sagte: „Ich mag nicht nach Hause gehen. Ich geh überall hin, nur nicht heim. Zu Hause mag mich niemand. Du, mein Vater, meine Brüder und meine Schwestern, ihr habt mich im Krankenhaus gelassen, damit ich geschlachtet würde."

In der Praxis kammt es in unserem Kulturkreis kaum jemals vor, dass die Mutter während der ersten Jahre die einzige Bezugsperson bleibt. Normalerweise entwickeln sich Kontakte zum Vater, zu den Geschwistern, zu den Großeltern, zu weiteren Verwandten und zu Freunden der Familie. In der Realität des Familienlebens war und ist die *ausschließliche Betreuung* des Kindes durch die Mutter eine Seltenheit. In der Mittel- und Oberschicht traten früher Kinderfrauen, -schwestern und -fräulein sowie Hausgehilfinnen neben den Müttern in Funktion. Auch heute gibt es diese Arbeitsteilung, besonders, wenn die Mutter berufstätig ist. Denken wir an die in der englischen Oberschicht noch heute bestehende Nanny-Erziehung! Obwohl die Nanny die Kinder den ganzen Tag über betreut und diese nur etwa eine Stunde täglich, immer zur gleichen Zeit, bei den Eltern verbringen, bildet sie nur in ganz vereinzelten Fällen eine echte Konkurrenz zu den Eltern. In den Großfamilien der sozialen Unterschicht hatten wiederum die Großmütter ihren festen Platz in der Erziehung der Kinder. Den nehmen sie auch heute noch bei vielen Kindern berufstätiger Mütter ein.
Die Zahl der berufstätigen Frauen, die nach dem Karenzjahr oder, aus finanziellen Gründen, schon früher, ihre Kinder in Kinderkrippen, Tagesheimstätten oder Kindergärten unterbringen müssen, weil sie innerhalb der Familie oder Nachbarschaft keine befriedigende Ersatzbetreuung finden, ist in den letzten Jahren stark angewachsen. Wir werden in Kapitel X die Probleme dieser Kinder beschreiben. So schwer für das noch nicht Dreijährige der Übergang zur teilweisen Fremderziehung auch sein mag, es kommt fast in allen Fällen zu einer allmählichen Eingewöhnung in die neue Situation. Dauerschäden sind kaum zu befürchten, solange die Eltern, besonders die *Mutter,* einen *Schwerpunkt der emotionalen Verankerung* bildet, solange sie im Bewusstsein des Kindes die *entscheidende Instanz* ist. Wesentlich ist ja, dass das Kind weiß, *wem es gehört.*
Die Zeit, die die Mutter dem Kind zur Verfügung stellt, muss nach dem ersten Lebensjahr keineswegs „unbegrenzt" sein. Wie die Untersuchungen an Kibbuzkindern (44) zeigen, besteht zwischen diesen Kindern und ihren Eltern eine besonders starke Bindung, obwohl das Zusammensein der Familie auf wenige Stunden täglich beschränkt ist. Die Kontakte zwischen Eltern und Kindern kommen allerdings regelmäßig und verlässlich zustande, die Zeit des Zusammenseins gehört ganz den Kindern, und die Situation ist – da die eigentliche Erziehungsarbeit ja von den Fachkräften der Kinderhäuser besorgt wird – emotional entspannt. *Nicht die Dauer der Beachtung ist ausschlaggebend, sondern die regelmässig erfüllte Erwartung des Beachtet- und Bestätigtwerdens.*
Sicher sollte die Mutter, die ihr Kind tagsüber fremden Erziehern überlässt, in der ihr verbleibenden Zeit besonders auf das gesteigerte Zärtlichkeits- und Annäherungsbedürfnis des Kindes eingehen – was für berufstätige Mütter, die abends noch weitere Kinder zu betreuen und den Haushalt zu versorgen

haben, sicher nicht einfach ist. Es können in dieser Situation zweifellos emotionale Defizite eintreten. Dass andererseits auch die Heimunterbringung keine nachhaltigen Folgen haben muss, wenn die *Familie hinter dem Kind steht* und es „weiß, wem es gehört“, zeigt die schon erwähnte Nachfolgeuntersuchung von M. *Meierhofer* (53):

Unter den Heimkindern, die sie als Säuglinge untersuchte, gab es zwei Gruppen: Einerseits abgelehnte und vernachlässigte Kinder aus Zürich, die der Fürsorge übergeben werden mussten, andererseits Kinder italienischer Fremdarbeiter, die gezwungen waren, ihre Kinder ins Heim zu geben, weil die Frauen nur dann eine Aufenthaltsgenehmigung bekamen, wenn sie arbeiteten. Die letztere Gruppe war insgesamt länger in Heimen, hatte aber immer ihre Familie hinter sich. Die Kinder wurden regelmässig besucht, am Wochenende aus dem Heim geholt, verbrachten die Ferien mit den Eltern. Die erstere Gruppe war insgesamt kürzer in Heimen, hatte aber keine Familie. Den italienischen Kindern gelang die gesellschaftliche Integration unvergleichlich besser als den familienlosen Züricher Kindern.

Auch in Fällen, in denen eine Mutter ihr Kind während der ganzen Woche einer Zweiterzieherin überlassen muss und es nur am Wochenende sieht, kann das *Zugehörigkeitsgefühl* unter drei Bedingungen erhalten bleiben:

1. Die Zweiterzieherin stimmt das Kind auf den Besuch der Mutter ein und erweckt in ihm eine freudige Erwartung dieses Besuches („Die Mutter wird sich über deine schöne Zeichnung freuen!“, „Morgen kommt die Mutter, du willst doch sicher für sie Blumen pflücken?“ u.Ä.).
2. Die Mutter widmet sich ganz ihrem Kind und erfüllt dessen Erwartungen in Bezug auf Anerkennung, Liebesgewinn, Freude über das Wiedersehen, Beachtung von kleinen Überraschungen u.Ä.
3. Mutter und Zweiterzieherin stimmen in ihren Erziehungsmaßnahmen überein und stehen in einer konfliktfreien Beziehung zueinander. Konflikte, auch wenn sie nicht vor dem Kind ausgetragen werden, spürt dieses und wird verunsichert.

Zu nachhaltigen Störungen, die man nachträglich meist gar nicht auf die Vermissungserlebnisse der ersten Lebensjahre zurückführt, kommt es in Familien mit *überlasteten berufstätigen oder anderweitig interessierten Müttern,* die ihre Kinder abends oft verspätet vom Kindergarten abholen, dann noch allerhand zu erledigen haben, ihre Kinder abfüttern und zu Bett bringen, kaum ein Gespräch führen, kaum nach deren Erlebnissen fragen und sich auch am Wochenende zu wenig um sie kümmern, da sie teils vom Haushalt, teils von der Befriedigung ihrer Freizeitbedürfnisse voll in Anspruch genommen werden.

### *2.6.2 Tagesmütter versus gutes Tagesheim*

Da das ein- bis dreijährige Kind noch nicht eigentlich „gruppenfähig“ ist, die Routine vieler Tagesheime wenig Spielraum für die Befriedigung individueller Bedürfnisse bietet und es außerdem zu wenige davon gibt, ist man – vor allem in der Bundesrepublik – sehr interessiert am Ausbau der *Institution Tagesmütter.* Frauen, die selbst ein oder zwei Kleinkinder haben, über die nötigen Räumlichkeiten verfügen und eine vorbereitende Kurzausbildung durchgemacht haben, können einige fremde Kinder zur Betreuung während des Tages übernehmen, zusammen mit den eigenen nicht mehr als fünf. Die Tätigkeit wird entlohnt, die Tagesmutter ist sozialversichert und muss sich, um einen zu raschen Wechsel der Betreuung zu verhindern, für zwei Jahre verpflichten.

In der Bundesrepublik ist das Projekt unter Fachleuten umstritten (74). Die Befürworter plädieren mit folgenden Argumenten:
1. Eine familienhafte Betreuung ist für kleine Kinder besser als Gruppenbetreuung.
2. Die Tagesmutter hat das Kind nicht nur zu versorgen, sondern soll auch ein Korrektiv gegenüber der Kommunikationsarmut der Kleinfamilie und den Erziehungsfehlern der Unterschichtfamilie bieten. Sie hätte somit eine „familienergänzende, familiale Mängel korrigierende Erziehung“ zu leisten (69, S. 157) und könnte dadurch zur Chancengleichheit beitragen.

Wie sie, die ja der gleichen Sozialschicht angehört wie die Familie des Kindes und nur eine Kurzausbildung erfahren hat, das Letztere bewältigen soll, ist schwer vorstellbar. Die Gegner des Tagesmütterprojektes (25) weisen auf die Überforderung des Kleinkindes durch täglichen Personen- und Umgebungswechsel hin und befürchten Mängel der Bindungsfähigkeit und daraus resultierende Angst.

Dass anfangs Angst und Abwehr beim Wechsel der Betreuung auftritt, ist evident. Dass sich jedoch auf längere Sicht bei einem regelmäßigen Wechsel zwischen einer *Hauptbezugsperson,* die *emotionale Sicherheit bietet,* und einer freundlichen Zweitbetreuung Dauerschäden ergeben, ist nicht erwiesen. Schäden werden nur dort mit Sicherheit entstehen, wenn die Eltern in ihrer Rolle als Geborgenheit bietende Hauptbezugspersonen versagen, wie in dem Fall, den *Fischer* beschreibt: Nachdem das Verhalten des schwierigen Kindes geschildert wurde, heißt es (12, S. 49):

Nach und nach konnte eine Reihe von Ursachen aufgedeckt werden, die zusammenwirkend dieses Verhalten bedingten. Ernst war, ehe er in den Kindergarten kam, tagsüber von einer Hand in die andere gewandert. Seine Eltern waren jung und unerfahren und betrachteten das Kind, das sie bestimmt auf ihre Art liebten, fast wie ein Spielzeug, das ihnen aber gelegentlich lästig wurde. Sie hatten wenig Vorstellung davon, was ein Kind benötigte, außer, dass es essen und schlafen müsse. Beides tat Ernst für ihre Begriffe, die vor allem von der Großmutter mütterlicherseits stammten, zu wenig. Er war, teils vielleicht konstitutionell, jedenfalls aber auch durch die ihm zuteil gewordene Behandlung, bereits mit elf Monaten ein hochgradig nervöses Kind.

Ernst wurde frühmorgens als eines der ersten Kinder in den Kindergarten gebracht und als eines der letzten, knapp vor sechs Uhr, abgeholt. Man konnte sich des Eindrucks nicht erwehren, dass die Eltern das Kind so lange wie möglich los sein wollten.

In Österreich besteht wenig Interesse für das Tagesmütterprojekt. Sowohl die Jugendämter als auch die kirchlichen Organisationen suchen zwar gelegentlich nach Frauen, die ein Kind tagsüber in ihre Familie aufnehmen möchten, im Allgemeinen ist man aber eher an Vollpflegestellen interessiert, um die Zahl der Heimkinder zu verringern. Die Zahl der Frauen, die über den nötigen Wohnraum, die erforderliche Wohnausstattung, die unerlässliche Haushaltshilfe sowie über alle sonstigen Voraussetzungen verfügen und Interesse an der finanziellen Entschädigung für eine mühsame und konfliktträchtige Betätigung haben, ist gering. Auch die berufstätigen Mütter sind eher zurückhaltend. In der Ober- und Mittelschicht behilft man sich mit einer ausgebildeten Kraft (Kinderschwester oder Kindergärtnerin), die in die Wohnung kommt oder dort wohnt. Unterschichtmütter ziehen die meist von den Gemeinden, seltener von kirchlichen Trägern eingerichteten Kinderkrippen, Krabbelstuben und Kindergärten vor. Diese sind gut ausgestattet und werden von Fachkräften geleitet, die sehr wohl informiert sind über die Probleme und Bedürfnisse so junger Kinder in Fremderziehung (12). Sie halten ständigen Kontakt mit den Eltern.

Eine Mutter erklärte auf die Frage, welche Art der Unterbringung sie vorziehen würde: „Ich gebe meinen Buben lieber in die Tageskrippe. Dort weiß ich, was geschieht, man kann ja jederzeit zuschauen, und sie machen mir das Kind nicht abspenstig. Er hat eine von den Schwestern lieber als die andere, aber er weiß doch, dass ich die Mutter bin. Und es gibt auch keinen Streit mit den Schwestern und keine Eifersucht unter den Kindern. Man kann immer fragen, wenn man Schwierigkeiten hat, und sie helfen einem."

**Praktische Folgerungen**

Aus dem ersten Teil dieses Kapitels sollten vor allem jene Instanzen Konsequenzen ziehen, die mit der *Betreuung und Unterbringung sozial benachteiligter Kinder* und mit der *Beratung von deren Eltern* betraut sind. Sollen Schädigungen von Kindern vermieden werden, deren Betreuung oder Überwachung öffentlichen Einrichtungen zur Aufgabe gestellt ist – sei es, weil keine Familie vorhanden ist oder weil diese in wesentlichen Funktionen versagt –, müssten folgende Forderungen gestellt werden:

*1. Reform der Heime*

In vielen Heimen versucht man, Hospitalisierungsschäden zu vermeiden, indem man die Gruppen klein hält und tagsüber von nicht mehr als zwei Schwestern betreuen lässt. Trotzdem bleibt die Situation des Kleinkindes und insbesondere die des Säuglings immer eine unnatürliche. Es ist eben schwierig für eine fremde Pflegeperson, mehreren kleinen Kindern gerecht zu werden, sie zu lieben, sie an sich herankommen zu lassen und auch die dabei auftretenden Manifestationen der Eifersucht auf sich zu nehmen. Ich erinnere mich an eine Säuglingsschwester, die in ihrer Ausbildung von den emotionalen Bedürfnissen der Kinder gelernt hatte. Als sie in eine Säuglingsgruppe kam, wollte sie das Gelernte in die Tat umsetzen. Sie nahm die Kinder auf den Arm, sprach zu ihnen, spielte mit ihnen. Aber sie wurde – so erzählte sie mir mit tiefer Enttäuschung – von der Stationsschwester energisch daran gehindert. Sie könne es nicht zulassen, dass die Kinder verwöhnt würden, dass sie dann ständig beachtet sein wollten und dass alle anderen zu schreien begännen, wenn man sich mit einem beschäftige! Andere Heimschwestern scheuen von sich aus eine zu enge Bindung an die Kinder aus Selbstschutz. Sie wollen sich emotional nicht engagieren – wissen sie doch, dass sie die Kinder nicht behalten können. Am stärksten ist die Beeinträchtigung der Kinder wohl in Großheimen, in denen ein ständig wechselnder Stab von Erziehern jede persönliche Bindung und die Größe der Gruppen jedes individuelle Eingehen auf ein Kind unmöglich machen. Wir müssen daher – für Kinder, die nicht in familiärer oder familienähnlicher Pflege untergebracht werden können, und das sind vor allem ältere und schwierigere Kinder – Kleinheime und „Familiengruppen" im Rahmen der Heime fordern.

*2. Kinderdörfer, Pflegenester und Wohngruppen*

Am ehesten werden Kinderdörfer, Pflegegroßfamilien und Wohngruppen der wichtigsten Forderung nach *Stabilität* gerecht. Solche Einrichtungen müssten nicht unbedingt von professionellen Erziehern geführt werden. In vielen Fällen eignen sich ältere Personen, die in einer Pseudoelternschaft eine Lebensaufgabe sehen und die nur kursmäßig auf ihre Aufgabe vorbereitet werden, wie dies in den Kinderdörfern der Fall ist, besser als junge Fachkräfte, die bei zweifellos guter theoretischer Ausbildung oft sehr mit ihren persönlichen Problemen beschäftigt sind und die auch gerne vergessen, dass kleine Kinder neben Lob und individueller Beachtung auch Zärtlichkeit brauchen. Der Vorteil der Kinderdörfer, Pflegenester und Wohngruppen liegt neben der Möglichkeit, Bindungen herzustellen und ein Zugehörigkeitsgefühl zu entwickeln, im ständigen Kontakt mit der normalen Umwelt.

*3. Mehr Rechte und mehr Hilfen für Pflegeeltern*

Das besondere Problem der Unterbringung in Pflegefamilien ist bekanntlich die Möglichkeit, ein Kind auf Wunsch der leiblichen Eltern oder aus sonstigen Gründen zu entwurzeln. Kein Kind sollte aus einer Situation der Geborgenheit herausgerissen werden, auch wenn äußere Umstände dafür sprechen. Daher ist unter Pflegeeltern schon seit einiger Zeit eine Bewegung im Gange, die darauf abzielt, ihnen das Recht einzuräumen, über das Schicksal der ihnen anvertrauten Kinder mitzuentscheiden und deren Interessen gegenüber den oft unsinnigen, unüberlegten oder von egoistischen Motiven geleiteten Ansprüchen der Eltern zu verteidigen. Es wäre sehr wichtig, diese Rechte im Gesetz zu verankern (37).

Was die Wahl eines Pflegeplatzes betrifft, ist es letztlich egal, ob ein kleines Kind auf einen Pflegeplatz auf dem Land oder in der Stadt kommt. Wichtig ist, dass der Pflegeplatz von Dauer sein kann und die Pflegeperson das Kind annehmen kann, mitsamt den meist bereits vorhandenen Schwierigkeiten. Stabilität ist das wichtigste Auswahlkriterium für Pflegeplätze. Im bäuerlichen Milieu sind die Pflegepersonen oft jünger, stabiler und erziehungstüchtiger als in der Stadt. Wenn das Kind dort ein wenig mitarbeiten muss, ist das innerhalb gewisser Grenzen kein Nachteil.

Jede Pflegemutter sollte die Möglichkeit haben, bei Schwierigkeiten psychologische Hilfe in Anspruch zu nehmen. Die Erziehungsberatung müsste auf Anruf ins Haus kommen und sollte auch den Kindergarten, die Schule und die Eltern des Kindes, soweit sie ihr Besuchsrecht in Anspruch nehmen, miteinbeziehen. In Gegenden, in denen viele Pflegekinder untergebracht sind, können Mütterrunden unter Leitung einer psychologisch geschulten Fachkraft Hilfe und Aussprachemöglichkeit bieten.

*4. Die Änderung des Adoptionsgesetzes*

Eltern, die ihre Kinder verlassen, sie misshandeln oder vernachlässigen, Eltern, die ihre Kinder nicht erziehen können, sie aber auch niemandem anderen gönnen und nur darauf warten, einmal von deren Verdienst profitieren zu können, dürften *kein Einspruchsrecht* gegenüber einer Adoption haben. Es gibt unzählige Ehepaare, die auf ein Adoptivkind warten. Die Wartezeit beträgt oft Jahre, und dann bekommen sie vielleicht ein drei- bis vierjähriges Kind, das schon durch vergangene Ereignisse geschädigt ist. Adoptionen bis zum Alter von achtzehn Monaten müssten forciert werden. Aber auch eine spätere Adoption ist für ein Kind noch immer besser als ein jahrelanger Heimaufenthalt. Eine *Einschränkung des Elternrechtes* erziehungsunfähiger Eltern wäre eine der wichtigsten Forderungen zur Prävention emotionaler Schäden.

*5. Kontrolle von Risikofamilien*

Heute gilt allgemein die Regel, dass eine mittelmäßige Familie immer noch besser ist als ein Heim und dass ein Kind so lange wie möglich in der Familie bleiben soll. Das Schlagwort „Eine schlechte Familie ist besser als ein gutes Heim“ ist jedoch *sehr gefährlich.* Unter diesem Motto können sich schwerste Versäumnisse ereignen. Kinder in Risikofamilien – zu diesen gehören unter anderen solche, gegen die schon einmal eine Misshandlungsanzeige erstattet wurde –, Trinkerfamilien, Familien mit sehr instabilen Beziehungs- und Arbeitsverhältnissen, Familien von Geisteskranken und ortsbekannten Aggressoren, müssten unter *ständiger Konlrolle stehen.* Nur allzu oft wird eine solche Kontrolle vernachlässigt, und es kommt zu Misshandlungen, oft mit tödlichem Ausgang oder jahrelangem Martyrium des Kindes. Jedes ungeliebte Kind befindet sich in einer Risikosituation.
In emotional und physisch bedrohlichen Situationen ist ein Heim wohl besser als die betreffende Familie. Allerdings sollten Kinder, die den Eltern abgenommen werden müssen, immer in altersgemischten Kleingruppen untergebracht werden, mit stabilen Erziehern, die sich für sie engagieren und bei der Arbeit nicht auf die Uhr schauen. Familien von Kindern nach *Risikogeburten* bedürfen einer besonderen Überwachung, so lange, bis man sich überzeugt hat, dass die psychosozialen Bedingungen günstig sind. Risikogeburten kommen gehäuft, aber natürlich nicht ausschließlich in sozial benachteiligten Familien vor. Nicht nur sind diese Kinder der Gefahr von *Misshandlungen* ausgesetzt – unter sehr ungünstigen Verhältnissen besteht auch die Tendenz zur Verlangsamung des Entwicklungstempos. Verpflanzung in gute Pflegeverhältnisse kann dem entgegenwirken.

*6. Psychotherapie für Kinder nach Schockerlebnissen*

Wir dürfen nicht vergessen, dass viele befürsorgte Kinder Schreckliches erlebt haben. Immer wieder liest man in den Zeitungen von schweren Aggressionshandlungen, die sich an oder in Gegenwart von Kindern abgespielt haben. Mord oder Totschlag, Vergewaltigung und schwerste Misshandlungen erleben unzählige Kinder an sich selbst oder als Zeugen, Ereignisse, die mit einem Schlag ihre Kindheit zerstören. Welche Möglichkeiten haben diese Kinder, ihre Erlebnisse zu verarbeiten? Von den Jugendämtern werden sie einfach versorgt, aber niemand kümmert sich darum, wie solche Erlebnisse im Kind weiterwirken, welche Ängste, welche Phantasien, welche Hassgefühle sich festsetzen. Niemand gibt ihnen Gelegenheit, ihre Erlebnisse durch Gespräche oder eine entsprechende Psychotherapie zu verarbeiten. Für *alle schwierigen Kinder* sollten Möglichkeiten der ambulanten oder stationären psychotherapeutischen Behandlung bestehen. *Nach Schockerlebnissen* wie den eben beschriebenen ist es jedoch ganz besonders wichtig, dass den betroffenen Kindern auf jeden Fall *psychologische Hilfen* geboten werden. Sie dürfen mit ihren Problemen nicht allein gelassen werden.

*7. Änderung der Besuchszeiten in Kinderspitälern*

Der Schock, als krankes, von Schmerzen geplagtes Kind allein bei fremden Menschen gelassen zu werden – gerade, wenn man die ständigen Bezugspersonen am allermeisten *brauchte* –, könnte mit vielen seinen Nebenwirkungen vermieden werden, wenn man die Besuchszeiten in den Kinderspitälern änderte. Dort, wo dies schon versucht wird und die Eltern Gelegenheit haben, die kranken Kinder täglich zu besuchen, zeigen sich *raschere Heilungsprozesse* (6, 42, 75). Die dramatischen Szenen beim Abschied von der Mutter, wenn diese nur einmal in der Woche kommen darf, hören auf, sobald das Kind erkannt hat, dass es sie bald wiedersehen wird. Täglicher Besuch oder gar *unbeschränkter Aufenthalt* der Eltern bei *schwerkranken Kindern* bringen Belastungen für das Pflegepersonal, aber diese werden aufgewogen durch das psychische Wohlbefinden der Kinder, ihre schnellere Genesung und den Wegfall der sich aus der Traumatisierung ergebenden späteren Trennungsängste und Verhaltensstörungen.

*8. Elternschulung*

Unter Ausnützung der Medien – Radio, Fernsehen, Presse –, die trotz ihrer Breitenwirkung viel zu wenig und wenn, dann oft nicht in einer allen Eltern zugänglichen Diktion für erzieherische Aufklärungsarbeit in Anspruch genommen werden, müsste auf die Bedeutung besonders der ersten Kinderjahre für die seelische Gesundheit hingewiesen werden und auf die Zusammenhänge zwischen mangelnder Geborgenheit, fehlender Zuwendung, Instabilität und späterem gestörten Verhalten. Sehr konkrete Hinweise sind notwendig auf mögliche Ursachen von Erziehungsschwierigkeiten und den Möglichkeiten, ihnen pädagogisch richtig zu begegnen.
In Kursen für Schwangere, an denen auch die Väter teilnehmen sollten, wäre nicht nur über Ernährung und Körperpflege zu sprechen, sondern auch über die emotionalen Bedürfnisse von Säuglingen und Kleinkindern.
Auch bei den Elternabenden in Kindergärten, in Mutterkursen und Mutterrunden sowie in Einzelgesprächen bei der Mutterberatung und im Kindergarten müssten die genannten Zusammenhänge zur Diskussion stehen, besonders dann, wenn Anzeichen einer beginnenden Fehlentwicklung durch emotionale Frustration beobachtet werden.

*9. Einsatz von Psychologen*

Überall dort, wo routinemäßig ärztliche Untersuchungen von Kindern stattfinden, vor allem in Mutterberatungsstellen, in Kindergärten, in der Schule, sollten nicht nur Fürsorgerinnen und Ärzte zur Verfügung stehen, sondern auch Kinderpsychologen. Diese können psychische Mangelzustände früh erkennen und entsprechend beratend eingreifen.

*10. Psychologische Schulung aller professionell mit Kindern befassten Personen*

Kinderärzte, Fürsorgerinnen, Kinderschwestern, Kindergärtnerinnen und Lehrkräfte, kurz alle mit Kindern beschäftigten Personen, müssten in ihrer Ausbildung eindringlicher, als es in ihrem oft unzureichenden und einseitig orientierten Psychologieunterricht geschieht, auf die dynamischen Prozesse in den Beziehungen zwischen Kindern und ihren Bezugspersonen hingewiesen werden; dies wird im folgenden Abschnitt noch besprochen werden. Es handelt sich um die fundamentale Bedeutung der Stabilität dieser Beziehungen und um die Gefahren für die Es-, Ich- und Über-Ich-Entwicklung bei fehlenden Möglichkeiten der Ver-

wurzelung. Nur unter der Voraussetzung einer umfassenderen Ausbildung ist der Einsatz von Psychologen für die Betreuung benachteiligter Kinder sinnvoll. Denn der für das Verständnis von Persönlichkeitsentwicklungsstörungen so wichtige psychoanalytische Aspekt wird in Österreich im traditionellen Psychologieunterricht noch immer vernachlässigt.
Wenn jene vier Vermittlungsinstanzen, nämlich Medien, Schule, Mütterkurse und Mutterberatung, die am ehesten an Unterschichtmütter herankommen, in der genannten Richtung wirksam wären, würden sich Sozialisationsschäden in der frühen Kindheit wesentlich vermindern lassen.

## 2.7 Die emotionale Entwicklung des Kleinkindes aus der Sicht der Psychoanalyse

### *2.7.1 Die frühkindliche Sexualentwicklung*

Der Begriff der Sexualität wird von der Psychoanalyse als über die Genitalzone hinausreichend verstanden und auf zwei weitere sogenannte erogene Zonen, die Oralzone (Mundzone) und die Analzone (Afterzone), bezogen, auf jene Schleimhautpartien, aus denen ebenfalls lustvolle Befriedigung triebhafter Bedürfnisse gewonnen werden kann. Diese Erweiterung des Sexualbereiches ist sicher berechtigt, schon im Hinblick auf die Bedeutung dieser Körperzonen für das Vorspiel des Sexualaktes und für weit verbreitete Abwandlungen des Normalverhaltens. Die frühkindliche sexuelle Entwicklung verläuft nun sozusagen „entlang" dieser drei Zonen. Die Psychoanalyse unterscheidet:

#### 2.7.1.1 Die orale Phase

In der oralen Phase ist die Mundzone die Quelle primärer lustvoller Befriedigung. Sie wird dem ersten Lebensjahr zugeordnet, aber die Möglichkeit der oralen Befriedigung besteht offenbar schon im vorgeburtlichen Stadium, denn der Fötus kann ab dem vierten oder fünften Monat Daumenlutschen, und manche Kinder kommen mit einer Lutschschwiele am Daumen zur Welt. Nach der Geburt bietet sich vor allem die Nahrungssituation als Gelegenheit zum Lustgewinn aus der Mundzone an, aber sie ist nicht die einzige. Daneben gibt es auch, wie schon vor der Geburt, die „autoerotische" Befriedigung, durch Fingerlutschen und durch Saugen an Ersatzobjekten, die zur Beruhigung angeboten (Schnuller) oder selbst gefunden werden. Wenn das Kind auch vorerst noch kaum zwischen sich und der Umwelt, zwischen Mutterbrust oder Flasche, Fingerchen oder Schnuller unterscheiden kann, bildet die Nahrungssituation doch den *ersten zwischenmenschlichen Umweltbezug*. Der regelmäßig auftretende Blickkontakt zwischen Mutter und Kind während der Nahrungsaufnahme gibt davon Zeugnis. Über die regelmäßige Befriedigung

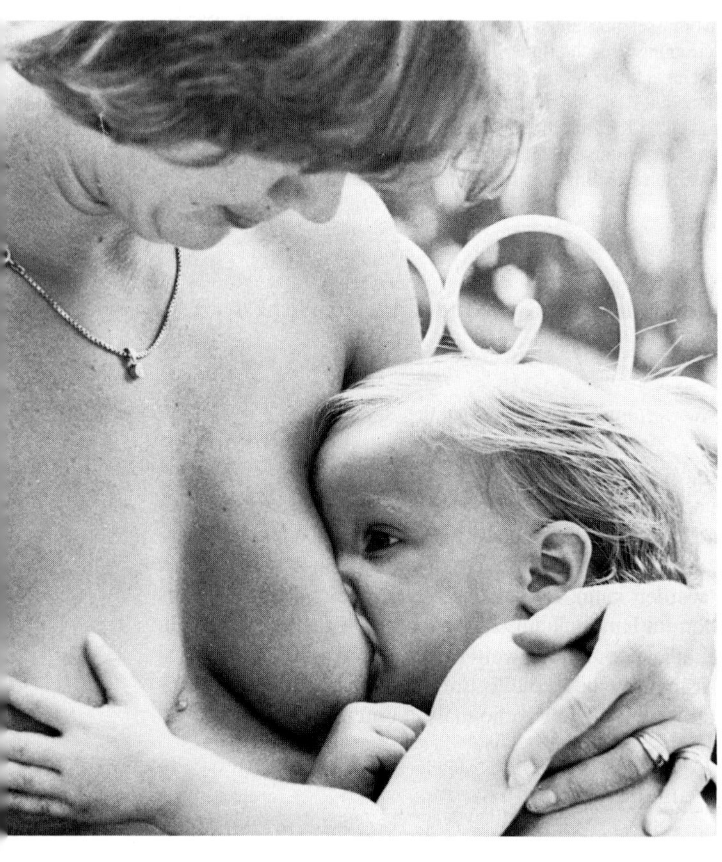

*Abbildung 19*
Nicht die Übermittlung der Nahrung allein schafft Bindung, sondern die Kontaktbehaglichkeit am Körper der Mutter.

der Nahrungsbedürfnisse wird die Mutter zum *ersten Liebesobjekt.* Wir wissen heute, dass es dabei nicht allein um die Befriedigung des Nahrungsbedürfnisses geht.

Schon auf dem Niveau der niedrigeren Primaten ist dies nicht der Fall. Bei seinen berühmten Experimenten mit Rhesusaffen, die mit einer stillenden Drahtmutter und mit einer nicht stillenden Stoffmutter aufgezogen wurden, konnte *Harlow* (23) feststellen, dass die stillende Drahtmutter außerhalb der Nahrungssituation gemieden wurde und die Äffchen sich viel länger und besonders, wenn sie Schutz und Geborgenheit suchten, bei der nicht stillenden Stoffmutter aufhielten, die ihnen das Anklammern an eine weiche wollige Unterlage ermöglichte.

Für die emotionale Bindung an die Pflegeperson ist nicht deren Funktion als Übermittlerin der Nahrung ausschlaggebend, sondern die *Kontaktbehaglichkeit,* die sie dem Kind an ihrem Körper, in ihren Armen, auf ihrem Schoß in

*Abbildung 20*
Die Afrikanerin trägt ihr Kind auf dem Rücken.

der Ernährungssituation, aber auch außerhalb derselben bietet. Kontaktbehaglichkeit entspricht offenbar einem *primären* Bedürfnis und bildet schon auf dem Niveau der niedrigen Primaten die Basis der ersten emotionalen Beziehung (Abbildung 19).
Die *Ernährungssituation* ist dabei nicht ohne Bedeutung, denn sie bildet eine regelmäßige Gelegenheit zum physischen Kontakt mit der Mutter. Aber sie ist nur dann von Bedeutung, wenn dieser *Kontakt in der Nahrungssituation auch tatsächlich zustande kommt.* Die Schwester im Säuglingsheim, die das Kind nicht aufnimmt, sondern ihm das Fläschchen in den Mund steckt und mit Windeln abstützt, tritt wohl regelmäßig als Person auf, vermag jedoch auf diese Art keine emotionale Beziehung des Kindes zu sich hervorzurufen. Dass der Säugling im körperlichen Kontakt mit der Mutter seinen natürlichen Lebensraum findet, ist den meisten Völkern in Asien und Afrika noch selbst-

verständlich, sie tragen ihre Kinder auf dem Rücken. In der Tat ist das Kind für das Getragenwerden am Körper der Mutter gebaut (Abbildung 20). Der seitlich gewendete Kopf verhindert das Ersticken und ermöglicht die Aufnahme der verschiedensten Umweltreize; die gespreizten Beine gestatten ein enges Anliegen am Körper der Mutter, der Greifreflex ermöglicht ein Anklammern an deren Kleidung. Dieser genügt zwar nicht, wie noch bei den niedrigen Primaten, das Kind zu halten, vermittelt ihm jedoch Tuchfühlung.

In letzter Zeit gibt es erfreulicherweise immer mehr Väter und Mütter, die ihre Säuglinge in entsprechenden Traggurten auf dem Rücken oder vor der Brust transportieren. Von den Kinderärzten wird die Bauchlage für den Säugling in Wagen und Bettchen empfohlen. Auch sie entspricht dem Körperbau des Kindes tatsächlich besser als die Rückenlage, in der sich das Kind vielleicht, ohne Halt, verloren fühlt. Dass Kinder, die am Rücken getragen werden, nicht schreien, ist allen Anthropologen aufgefallen. Auch Kinder, die bei uns während der ersten drei bis vier Monate zeitweise auf den Bauch gelegt werden, sind ruhiger. Schreihälse können durch das Umlegen beruhigt werden. Wahrscheinlich erleben sie durch den Kontakt mit der warmen Unterlage eine Art Ersatz für die Kontaktbehaglichkeit bei der Mutter, ähnlich wie die Rhesusäffchen von *Harlow* bei den Stoffmüttern.

Den *körperlichen Kontakt mit der Mutter* kann allerdings nichts wirklich ersetzen. Er hat viele Komponenten: die *Reduktion der Bedürfnisspannung,* aber auch das *bergende Umschlossenwerden von der mütterlichen Bewegung,* die *Wärme, die vom Körper ausgeht,* die *Wahrnehmung des Herzschlages,* das *Angesprochenwerden mit freundlicher, „kosender“ Stimme,* das *Angelächeltwerden,* die *Zärtlichkeit,* der *Blickkontakt.*

#### *2.7.1.2 Die urethral-anale* Phase*

Sie wird dem zweiten und dritten Lebensjahr zugeordnet. Sie bringt eine Verlagerung der Aufmerksamkeit auf die *Ausscheidungsprodukte* des Körpers und ist durch folgende Merkmale gekennzeichnet:

1. Das Kind hat in Bezug auf Harn und Stuhl noch keinerlei Ekelgefühle.
2. Es betrachtet seine Produkte als Teil seiner selbst, aber auch als „Material“, und viele Kinder – nicht alle – erleben das Hantieren mit diesen ihren Produkten als interessant und lustvoll – zum Entsetzen der Eltern, die „Kotschmieren“ – auch bei sonst verständnisvoller Erziehung – ausnahmslos heftig missbilligen.

   Es gibt auch „Harnspiele“. Ich kenne ein kleines Mädchen, das, nachdem es brav den Topf benützt hatte, eine kleine Puppe darin badete.

3. Nachdem die Reinlichkeitserziehung eingesetzt hat, kann das „Produkt“ als „Geschenk“ für die Mutter oder als „Strafe“ gegen sie verwertet werden.

---

* Urethra – Harnröhre. Anus – After.

Im ersteren Fall, wenn es dem Wunsch der Mutter gemäß abgeliefert wird und das Kind dafür Anerkennung erwartet, im letzteren Fall, wenn die Entleerung verweigert oder nicht dann und dort vollzogen wird, wo die Mutter es wünscht.
4. Im Zusammenhang mit dem magischen prälogischen Denken können Ausscheidungsprodukte in der Fantasie des Kindes alle möglichen symbolischen Bedeutungen bekommen. Sie können zum Beispiel mit bestimmten Nahrungsmitteln oder mit dem Geburtsvorgang in Beziehung gebracht werden.
5. Erstmals in dieser Phase treten aggressive Tendenzen auf, wie Beißen, Quälen, Schlagen geliebter Personen sowie Zerstören von Gegenständen.

In der urethral-analen Phase wird das Kind erstmals mit der *Forderung nach Aufschub jener Triebbefriedigung* konfrontiert, die ihm die Entleerung von Stuhl und Harn vermittelt. Nach psychoanalytischer Auffassung spielt die Art, in der sich die Reinlichkeitsgewöhnung vollzogen hat, eine bedeutende Rolle für die Charakterentwicklung. Ein zu früher Beginn, bevor die organische Voraussetzung zur willkürlichen Schließmuskelbeherrschung vorhanden ist, kann zu einer Abwehrhaltung des Kindes führen. Verhängnisvoll wirken sich jedoch *Tadel, Bestrafung, Beschimpfung* und vor allem alle Äußerungen der *Unlust* und des *Ekels* von Seiten der Mutter sowie die *Abwertung des Kindes als garstig* und *schmutzig* aus. Im Zusammenhang mit der später beschriebenen Reaktionsbildung des *Ekels* und der *Scham* (siehe Seite 121) kann eine in unguter Atmosphäre verlaufende Reinlichkeitserziehung zu Fehlentwicklungen führen. Die Bewertung „ekelhaft“ und „schmutzig“ kann vom Kind auf seine ganze Person und vor allem auf den sexuellen Bereich generalisiert werden, was zu zwangsneurotischen Verhaltensweisen, zum Beispiel Waschzwang, Reinlichkeitsfanatismus, übertriebenen Scham- und Ekelgefühlen (die manchmal auch auf Nahrungsmittel, zum Beispiel Spinat, übertragen werden), führen kann. Solche Kinder wollen nicht mit Sand und Wasser spielen, haben Angst, sich schmutzig zu machen, verweigern das Umkleiden vor anderen Kindern auch des gleichen Geschlechts, und manche wollen auch in der Badewanne eine Badehose tragen. Sexuelle Störungen, Zweifel und Unsicherheit können die Folge sein. Die Psychiatrie spricht vom „analen Charakter“.

Eine Bestätigung der psychoanalytischen Theorie über die Bedeutung der Reinlichkeitserziehung für die spätere Charakterentwicklung geht aus einer Untersuchung von *Thalmann* (83) hervor. Er hat hundertfünfzig Knaben im Alter von sieben bis zehn Jahren auf vorhandene Verhaltensstörungen untersucht. Mit den Eltern wurden ausführliche Interviews geführt, die sich auf das Verhalten der Kinder, aber auch auf Erziehungsverhalten und Erziehungstechniken der Eltern bezogen. Hinsichtlich der Reinlichkeitsgewöhnung zeigte sich, dass die Regelmäßigkeit und auch ein früher Beginn keinen negativen Einfluss zu haben scheinen, dass hingegen Kinder, deren Reinlichkeitserziehung sich in einer Atmosphäre der *Ungeduld und der Abwertung* vollzog, im Schulalter signifikant mehr Verhaltensstörungen aufwiesen als Kinder, die in einer geduldigen, permissiven Atmosphäre allmählich und ohne emotionalen Druck zur Schließmuskelbeherrschung geführt wurden.

### *2.7.1.3 Die phallische Phase*

Sie wird etwa dem vierten bis sechsten Lebensjahr zugerechnet und ist gekennzeichnet durch eine Reihe von Problemen:

1. die *„Entdeckung" der Geschlechtsorgane* und damit verbunden einerseits frühkindlicher *Exhibitionismus,* andererseits *Kastrationsangst* beim Knaben, *Penisneid* beim Mädchen und bei beiden Geschlechtern *erste sexuelle Neugierde;*
2. den sogenannten *Ödipuskonflikt.*

Das Sexualorgan ist noch im spezifischen Sinne unbrauchbar, aber im Zuge des Bewusstwerdens der eigenen Person, der Ich-Abhebung, wird sich der Knabe dessen bewusst. Es kommt zu *spielerischen Hantierungen,* gelegentlich auch zu ersten Erektionen. Der Stolz des Knaben über den Besitz seines Organs zeigt sich in einem gewissen *Imponiergehaben:* Er zeigt es gern. Doch dieser frühkindliche Exhibitionismus wird meist von den Eltern rasch unterdrückt und tabuisiert. Gleichzeitig werden sich sowohl die Buben als auch die Mädchen der Tatsache bewusst, dass letztere dieses Attribut nicht besitzen. Das Mädchen fühlt sich benachteiligt: Es glaubt, man habe es dessen beraubt und beneidet den Knaben. Es hält sich für unvollständig ausgestattet und daher für minderwertig. Der Knabe aber fürchtet, man *könne* ihn dessen *berauben.*

Die kleine *Ruth* (3; 4) erschien eines Tages im Wohnzimmer der Eltern mit nacktem Unterkörper. Unterhöschen in der rechten, Strumpfhose und Röckchen in der linken Hand, rief sie verzweifelt: „Ich hab' versucht, wie ein Bub Lulu zu machen, aber es geht nicht! Warum haben die Buben so was da vorne zum Lulumachen und ich nicht?" Die Erklärung, dass die Natur das so eingerichtet habe, damit man Buben und Mädchen unterscheiden könne, konnte sie nicht beruhigen. Immer wieder wollte sie wissen, warum ihr Brüderchen (das sie sehr hasste) und ihr Freund Helmut so einen „Lulumacher" hätten und sie nicht. Bis die Mutter auf den rettenden Gedanken kam. Sie erzählte dem Kind, dass die Mädchen zwar keine „Lulumacher" hätten, dafür aber ein kleines Nestchen im Bauch und dort könne, wenn man groß geworden sei, ein Baby wachsen. Und das sei doch viel schöner als ein „Lulumacher"! Von da ab war Ruth mit ihrem Schicksal versöhnt.

Etwa ein Jahr später kam das Identifikationsproblem. Früher war die Kennzeichnung der Geschlechter eindeutig: Die Frau hatte langes Haar und Röcke, der Mann kurzes Haar und Hosen. Heute gelten die Merkmale nicht mehr. Auch Ruth hatte eine Zeit lang sehr kurz geschnittenes Haar und trug meistens Hosen. Immer wieder wurde sie für einen Buben gehalten. Das verunsicherte sie sehr. Als es wieder einmal geschehen war, fragte sie: „Muss ein Bub immer sein Lulu zeigen, damit man weiß, dass er ein Bub ist?" Lange Zeit wollte sie keine Hosen, sondern nur Röcke tragen.

Die *Kastrationsangst* ist möglicherweise eine Erbkonstellation, die tief in der Geschichte der Menschheit wurzelt, in deren Anfängen die Kastration ja als Strafe vollzogen wurde. Ungeschicktes Verhalten des Erwachsenen, etwa die Drohung, das Glied könne abbrechen, wenn man onaniere, oder die Fingerchen würden als Strafe dafür abgeschnitten, können das Kind in seinen Ängsten bestätigen und diese fixieren. Im Alter des magischen Symboldenkens kann jede Art der „Körperbeschädigung" mit dem Verlust des Gliedes in Verbindung gebracht werden. Die Belastung durch diese Angst ist von Kind zu Kind verschieden, hängt wahrscheinlich vom Verhalten der Erwachsenen ab.

*Franzi,* der schon als Zweieinhalbjähriger nicht stehend urinieren wollte, weil er fürchtete, „dass das Lulu abbricht, wenn man es angreift", schrie sowohl beim Arzt als auch beim Friseur wie am Spieß. Im Verlauf einer viel späteren Psychotherapie stellte sich heraus, dass er geglaubt hatte, man werde ihn kastrieren. Die Mutter erinnerte sich an folgende Episode: Bei einem Landaufenthalt – der Knabe war noch nicht drei Jahre alt – sprach man davon, dass ein bekannter Bauernbub mit der Hand in die Strohschneidemaschine gekommen war und ihm ein Finger abgenommen werden musste. Franzi hörte tief besorgt zu und fragte: „Lulu auch abschneiden?"

Wenn kleine Buben ihre ersten Männchenzeichnungen mit einem Penis ausstatten, deutet dies meist auf Kastrationsangst. Das gezeichnete Attribut der Männlichkeit soll der Identifikation dienen, ist aber wahrscheinlich auch eine Art magischer Beschwörung. Wenn es auf das Papier gebannt ist, kann es nicht verloren gehen.

Die *sexuelle Neugierde* richtet sich auf die Unterschiede der Geschlechter. Sie wird in einer großen Familie auf ganz natürlichem Weg befriedigt. Bei Einzelkindern und bei Kindern mit gleichgeschlechtlichen Geschwistern können sich Probleme ergeben. Im sechsten Lebensjahr, wenn die geistige Entwicklung zur Generalisierung von Einzelerlebnissen drängt, haben manche Knaben, die nur ein einziges Mädchen entkleidet gesehen haben, und Mädchen, die vielleicht nur einen Knaben kennen, das Bedürfnis, festzustellen, ob ihre Beobachtungen ein „Einzelfall" waren oder ob auch andere Kinder so aussehen. Es kommt daher gelegentlich zu Entkleidungsszenen, den „Doktorspielen", die völlig harmlos sind und nur dem Zweck dienen, einem kleinen Knaben Gewissheit darüber zu verschaffen, dass nicht nur sein Schwesterchen „ohne" ist, sondern auch die kleine Gefährtin im Kindergarten.
Hier ein Beispiel aus einer ersten Volksschulklasse:

Eines Morgens kam eine Mutter ganz aufgeregt in die Schule und berichtete der Lehrerin, dass ihr Töchterchen am Vortag auf dem Heimweg von der Schule von einem kleinen Kameraden hinter ein Haustor gezogen worden wäre, wo er es veranlasst habe, sein Höschen auszuziehen. Er habe die Kleine betrachtet, berührt und gefragt, wie sie Lulu mache. Die Mutter verlangte die Ausschulung des Missetäters.
Die Lehrerin versprach, die Sache zu klären, und bat die Mutter des Knaben zu einer Aussprache. Sie erfuhr, dass der kleine Fritz noch nie aufgeklärt worden war und als

Einzelkind am letzten Sonntag das erste Mal bewusst ein Mädchen gesehen hatte. Als man zu Besuch bei einer befreundeten Familie war, durfte der Bub zuschauen, wie das Baby – ein Mädchen – gewickelt wurde. Er stellte dann eine Frage an seine Mutter: „Wie macht denn die kleine Claudia Lulu?“ Aber die Mutter antwortete ausweichend: „Das wirst du schon erfahren, wenn du größer bist.“
Nun wurde es für Fritz zum brennenden Problem, ob *alle* Mädchen so aussehen oder nur die kleine Claudia und wie sie denn ihr Geschäft verrichten. Dazu brauchte er ein Anschauungsobjekt.

Ein weiterer Gegenstand der sexuellen Neugierde ist eine Frage nach der *Herkunft der Kinder.* Bei einer Befragung Jugendlicher im Jahre 1974 (50) gaben noch 35 Prozent der Burschen und 31 Prozent der Mädchen an, man habe ihnen das Märchen vom Klapperstorch aufgetischt. Sehr viele Eltern erklären jedoch heute, dass das Kind unter dem Herzen der Mutter wachse, bis es groß genug sei, um außerhalb des Körpers zu leben. Diese Form der Aufklärung genügt. Die Frage, wie das Kind hinein- und wo es herauskomme, wird in der Regel nicht gestellt, denn Kinder haben ihre eigenen *Geburtstheorien.* Sie schließen per analogiam. Die erste Theorie knüpft an das Eigenerlebnis des Erbrechens an: Die kleinen Kinder kommen durch den Mund. Darauf folgt die anale Theorie, abgeleitet aus dem Eigenerlebnis der Entleerung: Die Kinder kommen aus dem After. Und schließlich erhält das geheimnisvolle „Loch im Bauch“ – der Nabel – seine Funktion: Sie glauben, Kinder würden durch den Nabel geboren.
Auch die Geburtsvorstellungen können die magisch-prälogische Fantasie beflügeln:

*Klein Ruth,* von der wir schon sprachen, wollte eines Tages keine Schokolade mehr essen und klagte jeden Abend über Schmerzen im Bauch, für die der Arzt keine Ursache finden konnte. Bis sich herausstellte, dass alles auf eine Bemerkung des Vaters zurückging, Ruth esse zu viele Süßigkeiten und habe davon schon ein richtiges Bäuchlein bekommen. Ruth sagte: „Von der Schokolade bekommt man einen dicken Bauch, da bekommt man ein Baby. Aber ich bin doch noch zu klein.“ Als ihr eindringlich erklärt wurde, dass das „Nesterl im Bauch“ noch sehr viel größer werden müsse und aus Schokolade kein Baby entstehen könne, aß sie wieder welche und hatte auch keine Bauchschmerzen mehr.

### *Der Ödipuskonflikt*

Es handelt sich um die Beziehung der Kinder zu ihren Eltern, insbesondere um den Wunsch jedes Kindes, den gegengeschlechtlichen Elternteil für sich allein zu besitzen und den gleichgeschlechtlichen dabei auszuschalten. Mit der Bezeichnung Ödipuskonflikt wird eine Analogie zu der folgenden Sage hergestellt:

Es gab eine Prophezeiung, dass Ödipus seinen Vater töten und mit seiner Mutter schlafen würde. Um dies zu verhindern, wurde Ödipus zu einem Hirtenpaar in Pflege gegeben. Als er erwachsen war, verließ er seine Pflegeeltern und begab sich zur Königsburg.

Auf dem Weg dorthin traf er seinen Vater und tötete ihn. In der Burg angekommen, schlief er mit seiner Mutter. Als er nachträglich seine Verbrechen erkannt hatte, blendete er sich.

Die Analogie zur Sage unterstellt dem Kind Inzestwünsche und Mordabsichten. Diese Vergröberung des Sachverhaltes hat viel zur Ablehnung der Psychoanalyse beigetragen. Zum Beischlaf ist der Knabe physisch noch nicht fähig, und was der Tod ist, erfasst er noch nicht. In diesem Alter ist sterben und „weg sein" gleichbedeutend. Tatsache ist, dass der Knabe in der Periode der *Ich-Abhebung von der Umwelt* (siehe auch S. 86, 102) eine größere Distanz zu den Beziehungen zwischen sich und seinen Eltern und zu denen der Eltern zueinander gewinnt. Dabei entdeckt der Knabe, dass die *Mutter nicht ihm allein gehört,* sondern mit dem Vater in besonderer Weise verbunden ist und mit ihm eine Gemeinschaft bildet, aus der er sich ausgeschlossen fühlen muss.
Die Mutter aber ist das erste Liebesobjekt und der Vater ein Rivale. Man liebt ihn auch, und doch möchte man ihn weghaben, um die Mutter für sich allein zu besitzen. Es besteht noch eine weitere Tendenz: Man möchte so sein wie der Vater, um ihn bei der Mutter ersetzen zu können. Daher *identifiziert* man sich mit ihm. Identifikation ist zwar nicht dasselbe wie Liebe, aber sie setzt Liebe oder zumindest Bewunderung voraus. So kann es zu einer *Ambivalenz der Gefühle* kommen, zu einem Schwanken zwischen Ablehnung und Zuneigung, zwischen Liebe, Enttäuschung und Eifersucht.
Beim Mädchen ist die Lage insofern komplizierter, als es sich von seinem ersten *Liebesobjekt,* der Mutter, *abwenden muss,* um sich dem Vater zuzuwenden. Aber man kann dabei nicht auf die Mutter verzichten, weder auf ihre Pflege noch auf ihre Liebe. Die Gefühle werden auch hier ambivalent, und das Ergebnis ist, wie beim Knaben, die *erste Identifikation* mit dem *gleichgeschlechtlichen Elternteil.*
Psychoanalytiker nehmen an, dass sich diese seelischen Prozesse in jedem Kind vollziehen, das in einer vollständigen Familie aufwächst. Direkt zu beobachten sind Äußerungen der Eifersucht keineswegs bei allen Kindern, wohl aber stehen viele *Erziehungsschwierigkeiten,* die wir dem „Trotzalter" zuschreiben, mit den ambivalenten Gefühlslagen dieser Periode in Zusammenhang. Manche Kinder zeigen ihre Eifersucht aber auch ganz offen.

*Babsi,* vier Jahre alt, kommt in der weitläufigen Wohnung kaum jemals ins Schlafzimmer der Eltern. Sie geht ja früher schlafen und steht später auf als die Mutter. Aber eines Sonntagmorgens geschieht es. Sie sieht die Eltern in den Betten, klettert schnell zum Vater, setzt sich auf seine Brust und sagt, zur Mutter gewendet, mit dem Ausdruck größter Empörung: „Wieso schläfst du bei meinem Vater?"
*Rudis* Vater hat die Gewohnheit, sich morgens mit einem Kuss von seiner Frau zu verabschieden. Rudi wartet nur darauf. Jedesmal wirft er sich wütend zwischen die Eltern, schlägt auf sie ein und will sie auseinander drängen. Die Eltern finden das komisch. Sie halten sich länger umschlungen, als es für einen flüchtigen Kuss nötig wäre, nur um das Kind zu ärgern.

Man kann oft beobachten, dass Kinder, die mit nur einem Elternteil unauffällig sind, in der Dreieckssituation recht schwierig werden und durch ununterbrochenes „Schlimmsein" die Aufmerksamkeit der Eltern voneinander ablenken wollen.

Ein Siebenjähriger, der wegen Verhaltensschwierigkeiten zur psychologischen Untersuchung kam, zeichnete seine Familie – Mutter und Vater Hand in Hand – und sagte, gefragt, wer die Leute seien: „Das ist Muttis Vati." Die Psychologin: „Wieso, dein Großvater ist doch schon gestorben?" Der Bub: „Es ist schon unser Vati." „Wieso sagst du dann Muttis Vati?" Lachend: „Weil er immer nur die Mutti anschaut, für uns hat er keine Zeit." Dieser Vater, eine sehr extravertierte Persönlichkeit, war besonders demonstrativ in der Zärtlichkeit zu seiner Frau.

Sehr ungünstig kann es sich auswirken, wenn das Kind – was in engen Wohnungen oft genug vorkommt – die *Urszene* miterlebt. Anna *Freud* (17, Seite 2179f.) schreibt:

Auf sexuellem Gebiet ist es die Unreife des körperlichen Apparats, die das Kind dazu führt, die genitalen Vorgänge zwischen den Eltern in die Begriffe seiner eigenen Prägenitalität* zu übersetzen. Was daraus entsteht, ist das Missverständnis des elterlichen Koitus als brutaler Angriff des Vaters auf die Mutter und, darauf aufgebaut, alle Schwierigkeiten der Identifizierung mit dem männlichen und weiblichen Partner in der Rolle von Angreifer und Opfer, die für die spätere Unsicherheit in der sexuellen Identität des heranwachsenden Individuums verantwortlich sind. Die Unreife des sexuellen Apparats in der Kindheit ist auch für die bekannten Misserfolge der sexuellen Aufklärung verantwortlich. Wo die Eltern intellektuelle Kenntnisse zu vermitteln bemüht sind, antwortet das Kind mit den seiner körperlichen und gefühlsmäßigen Erfahrung entsprechenden infantilen Sexualtheorien, die Mund und Anus anstelle des Genitales setzen, Kastration und Misshandlung des weiblichen Partners anstelle der natürlichen weiblichen Rolle.

Nicht nur die missverstandene Interpretation des elterlichen Verkehrs, auch ein allzu dominierendes Verhalten der Eltern gegenüber den Kindern sowie echte *Aggressionen des Vaters gegen die Mutter* können den *Ödipuskonflikt* zu einem *Ödipuskomplex* mit lebenslänglicher Hassliebe gegen Vater oder Mutter, die sich zu *Todeswünschen* verdichtet, fixieren. Diese wieder lassen Schuldgefühle und Angst entstehen, wobei jüngere Kinder die Kastrationsangst mit dem Gefühl der Schuld für ihre bösen Phantasien verbinden.

Von größter Bedeutung und nachhaltigerer Wirkung als die Eifersucht, die ja – unter normalen Umständen – mit dem Ende des Kleinkindalters überwunden wird, scheint das Phänomen der *Identifikation* zu sein.

Man erkennt es am Interesse des Knaben für die Tätigkeiten des Vaters, an dem Wunsch, in dessen Abwesenheit seinen Platz am Tisch einzunehmen, in seinem Bett zu schlafen. Es gibt kaum einen Fünfjährigen, der nicht den Wunsch geäußert hätte, später die Mutter zu heiraten oder – mit größerem

---

* Prägenitalität = Entwicklungsstufe vor der Geschlechtsreife.

Realitätsbezug – bedauernd erklärt hätte, er könne sie nicht heiraten, sie „gehöre" ja schon dem Vater.
In der Tat dürfte die *frühe Identifikation mit dem Vater* eine gewisse Bedeutung für die spätere Identifikation mit der männlichen Rolle haben, die sich ohne diese Grundlegung erschwert zu vollziehen scheint.

In einer Untersuchung über Jugendkriminalität erarbeitete Sepp *Schindler* (73) eine Statistik über Jugendkriminalität in diesem Jahrhundert. Er stieß dabei auf die Tatsache, dass sich die Jugendkriminalität nach den beiden Weltkriegen zahlenmäßig in genau der gleichen Weise entwickelt hatte. Jene Fünfzehn- bis Siebzehnjährigen, die während des Krieges drei bis fünf Jahre alt gewesen waren, stellten die höchsten Kontingente an kriminellen Jugendlichen. Da diese beiden Perioden nur eines gemeinsam hatten, nämlich die Abwesenheit der Väter während der Kriegsjahre, lag der Schluss nahe, dass das Fehlen der Identifikationsmöglichkeit mit einer Vaterfigur auf eben dieser frühen Stufe defizitäre Persönlichkeitsentwicklungen verursacht hatte, die bei einem relativ hohen Prozentsatz dieser Jahrgänge zur Jugendkriminalität führte.

Auch das Mädchen bekundet in der Regel seine Identifikationsbereitschaft mit der Mutter, indem es ihre Tätigkeiten nachahmt und oft mit der Mutter um die „Versorgung" des Vaters wetteifert.
Unter normalen Umständen, wenn die Familiensituation keinen besonderen Anlass gibt, den Vater zu hassen, das heißt, wenn er sich weder zu dominierend noch zu aggressiv, noch vor den Kindern der Mutter gegenüber zu demonstrativ zärtlich verhält, klingt der Ödipuskonflikt mit dem Ende des Kleinkindalters ab. Es tritt nun ein Stadium der Beruhigung ein, von der Psychoanalyse als „Latenzzeit" bezeichnet, in der sachliche Interessen in den Vordergrund treten. Das Kind wird schulreif. An dem Beispiel des kleinen Volksschülers (S. 79) konnte gezeigt werden, dass eine wirkliche Beruhigung, auch der sexuellen Neugierde, in dieser Phase aber tatsächlich nur dann eintritt, wenn sie vorher durch entsprechende Aufklärung gestillt wurde*.

### *2.7.2 Von der infantilen Abhängigkeit zur ersten Verselbständigung*

In Anlehnung an die Ausführungen von Anna *Freud* (161), M. S. *Mahler* (49) und R. *Spitz* (79, 80) soll die Entwicklung der ersten Verselbständigung dargestellt werden. Danach lassen sich die folgenden Stufen unterscheiden:

#### 2.7.2.1 Die autistische Phase

Die Zeit von der Geburt bis zum Alter von zwei Monaten.
Das Kind ist noch völlig in sich beschlossen, es genügt sich selbst, zwar nicht

---

* In seinem Buch „Das Kind in der Entwicklung" hat Hans Zulliger (87) interessante Zusammenhänge zwischen der frühkindlichen Sexualentwicklung und anthropologischen sowie volkskundlichen Erscheinungen hergestellt.

wirklich, denn es bedarf der Bedürfnisbefriedigung und Pflege der Mutter, jedoch nimmt es diese nicht wahr, sie ist ein Teil seiner selbst.
Aber schon vom ersten Tage an werden nicht nur jene *Reize* wirksam, *die von innen kommen* (Hunger, Schmerz u. dgl.), sondern auch *Hautreize,* die von der *Mundzone,* dem lebenswichtigsten Organ, und von der Berührung mit der Mutter (gestreichelt, gebadet werden, saugen etc.) ausgehen, und bald auch andere *Kontaktwahrnehmungen,* vor allem die *Stimme* und der *Blick.* Mit *Spitz* müssen wir annehmen, dass die Entwicklung der Fremdwahrnehmung am stärksten an die Situation der Nahrungsaufnahme gebunden ist. Durch den Blickkontakt ist das Kind durch längere Zeit mit dem „Gesicht", das heißt vorerst mit der für es einzig relevanten Augenpartie, konfrontiert. Auch erlebt es „vage" das Innen und Außen, die Beziehung zwischen Ich und der Nahrungsquelle, zwischen dem, was von draußen kommt, und der Befriedigung, die dies verursacht. In der Nahrungssituation sind alle zurzeit relevanten Quellen der Wahrnehmung vereint.

#### 2.7.2.2 Die symbiotische Phase

Die Zeit ab dem zweiten Monat.
Das Kind beginnt nun die Mutter wahrzunehmen. Es bildet jedoch mit der Mutter eine „Zweiheit" (Dyade), die noch keine Unterscheidung von Innen und Außen kennt. Diese entwickelt sich erst allmählich, etwa ab dem vierten Monat, wenn das Kind zu greifen beginnt und nun auch die Außenwelt aktiv in sein Wahrnehmungsfeld einbezieht. In der symbiotischen Phase ist die Bezugsperson zwar austauschbar, Veränderungen werden jedoch registriert (siehe S. 36) und das *völlige Fehlen* eines symbiotischen Korrelates ist besonders verhängnisvoll. Es kommt bei derart beeinträchtigten Kindern zum Phänomen der *anaklitischen Depression*,* als deren Folge der Tod durch *Marasmus* (siehe S. 37) eintreten kann. Viele Autoren bringen Beweismaterial dafür, dass jede mehr als dreimonatige Trennung von der Mutter im ersten Lebensjahr ohne vollwertige Ersatzperson zu irreparablen Schäden führt. Welcher Art sie sind, siehe die Seiten 87 und 119.
Das Ende dieser Phase, von *Spitz* die „Stufe des Objektvorläufers**" genannt, ist charakterisiert durch das *Lächeln als Reaktion auf das „Gesichtssignal"* (die Augenpartie). Dieses Lächeln ist jedoch noch nicht, wie auf Sei-

---

* Anaklitisch = anlehnend. Anaklitische Depression heißt Depression als Folge der Unmöglichkeit, sich anzulehnen. Kinder, die in sozialer Isolation gehalten werden, werden apathisch, passiv; der Gesichtsausdruck ist leer, die Entwicklung bleibt in allen Bereichen stark zurück, und das Ende kann ein völliges Verlöschen sein.

** Unter Objekt versteht die Psychoanalyse immer das Liebesobjekt oder die Bezugsperson.

te 45 f. beschrieben, die Reaktion auf ein individuell bekanntes, von anderen Personen unterschiedenes und *bevorzugtes* Liebesobjekt.

### 2.7.2.3 Die Phase der Differenzierung

Die Zeit ab dem sechsten Monat.

Nun beginnt das Kind den eigenen Körper von dem seiner Mutter zu unterscheiden, gleichzeitig aber diese auch von anderen Personen. *Sie ist nicht mehr austauschbar, sie ist zum Liebesobjekt geworden. Spitz* (79) spricht von der Stufe der *eigentlichen libidinösen* Objektbesetzung.* Das Kind fühlt sich der Mutter zugehörig. Es stellt an sie besondere Ansprüche, vor allem den der Anwesenheit.

Die emotionale Bindungsfähigkeit ist nun voll entwickelt. Die Beziehung zur ständigen Pflegeperson zeigt gegen Ende des ersten Lebensjahres schon die Merkmale jeder libidinösen Beziehung: *Eifersucht, Wunsch nach Alleinbesitz, nach Zärtlichkeit* und *körperlicher Nähe, nach Beachtung* und *Anerkennung, Trennungsschmerz* und *Trennungsangst.* Die ständige Pflegeperson ist nicht mehr austauschbar, ohne dass heftige Reaktionen eintreten.

Dass das Kind deutlich zwischen „bekannt" und „fremd" unterscheidet, zeigt die sogenannte Acht-Monate-Angst. In individuell sehr unterschiedlichem Ausmaß reagieren fast alle Kinder dieses Alters auf fremde Personen mit Versagen des Lächelns, mit Abwendung, Protest gegen Berührung oder mit Weinen. Dieses Verhalten markiert den Übergang von der *„nichtindividuellen Bindungsphase" zur individuellen Bindung (Hassenstein,* 26, S. 19). Mit der Fähigkeit zur Differenzierung der Beziehungen zu den Personen der Umwelt treten neue soziale Fähigkeiten in Erscheinung: das *Verständnis für Gebärden,* vor allem für solche der Annäherung, aber auch für verbietende, fordernde und drohende *Gesten,* die Fähigkeit, *positive Gefühle,* wie Liebe, Freude, Zärtlichkeit, freudige Erwartung, *zu zeigen;* aber auch *negative:* Eifersucht, Neid, Ärger, Zorn und Aggression.

Die Beziehung zur Mutter wird *ambivalent,* denn seit das Kind sich von ihr wegzubewegen und die Umwelt zu erforschen beginnt, kommt es zu *einschränkenden erzieherischen Eingriffen.* Das Kind versteht sie nicht, betrachtet sie als Versagungen, reagiert beleidigt oder aggressiv. Das zeitweise Weggehen der Mutter und die Tatsache, dass sie nicht immer erreichbar ist, wird als Liebesverlust registriert.

Das Kind ist nun allerdings auch in der Lage, sich den erzieherischen Eingriffen der Mutter oder anderer Personen zu widersetzen. *Es kann „nein" sagen. Spitz* (80) meint, dass damit eine neue Stufe der Kommunikation erreicht

* Unter Libido versteht die Psychoanalyse jede auf eine Liebesbeziehung gerichtete Energie.

ist, die eine erste Abhebung des Ichs von der Umwelt darstellt, eine Gegenüberstellung des Ichs mit der anderen Person, gegen deren Übergriffe man sich zur Wehr setzt. Wahrscheinlich kann das „Ich" nur in Konfrontation mit dem „Du" erstmals erlebt werden. *Spitz* setzt diese Entwicklungsstufe bei etwa fünfzehn Monaten an. Es gibt in der Tat viele Kinder, besonders Buben, von denen die Mütter berichten, ihr erstes Wort sei „nein" gewesen.

Sehr charakteristisch im zweiten Lebensjahr ist das *Nachfolgeverhalten.* Ein Kind, das scheinbar zufrieden allein oder mit einer wohlvertrauten anderen Person spielt, lässt beim Anblick der Mutter sofort wie von einem Magneten angezogen, „alles liegen und stehen" und schickt sich an, sich ihr anzuschließen, ihr zu folgen.

Das Kind schwankt zwischen dem eigenen Wunsch nach Verselbständigung und dem Bedürfnis, die Mutter zu binden. Noch wird diese *nicht als eigenständige Person* erlebt, noch ist die Beziehung nicht so gefestigt, dass sie ungestört über eine Periode der Trennung hinweg bestehen kann. Man spricht von *fehlender Objektkonstanz.* Das Kind fürchtet bei jeder Trennung, die Mutter ganz zu verlieren. Daher finden wir bei Trennung des Kindes von der Mutter im zweiten und auch noch im dritten Lebensjahr besonders heftige Reaktionen, die M. *Meierhofer* (52, S. 117) wie folgt beschreibt:

> Wird nun so ein Kleines gar für Stunden oder Tage von der Mutter getrennt und gleichzeitig in eine andere Umgebung versetzt, so kann dies den Zusammenbruch seiner bisherigen Welt bedeuten. Es versinkt in Gefühle der Verlorenheit und der Verlassenheit und entbehrt vor allem die Tröstung durch die Mutter. Das Fremdheitserlebnis wirkt besonders krass, wenn das Kind unvermittelt in ein völlig neues Milieu mit unbekannten Menschen gebracht wird, wie zum Beispiel bei einem Spital- oder Kinderheimaufenthalt. Nach einem anfänglichen mehr oder weniger lauten Verzweiflungszustand mit Schreien, Sichwehren, Nahrungsverweigerung, Aggression, Schlaflosigkeit resignieren die meisten Kleinkinder mehr oder weniger rasch und scheinen sich mit ihrer Situation abgefunden zu haben. In Wirklichkeit aber ist das Kind in einen Dämpfungszustand eingetreten. Menschen, die das Kind gut kennen, finden es verändert, inaktiv, traurig, auf sich selbst bezogen. Um den unerträglichen Verlassenheitsgefühlen mit dem entsprechenden Schmerz nicht zu unterliegen, wird die Empfindungswelt blockiert, quasi eingefroren. Das Kind gerät in einen Trennungsschock. Die Störung wird erst eigentlich offenbar, wenn die Mutter das Kind nach Tagen besuchen kommt. Es erkennt sie scheinbar nicht mehr, wendet sich ab. Diese Erscheinung ist so merkwürdig, dass häufig auch die Mutter eine Art Schock bekommt. Sie fragt sich, ob ihr Kind sie nun wirklich in so kurzer Zeit habe vergessen können. In Wirklichkeit empfindet das Kind die Trennung als Liebesversagung. Es ist beleidigt. Am deutlichsten zeigt sich die Schädigung, die der Trennungsschock hinterlässt, nach der Rückkehr des Kindes nach Hause. Manches Kind benimmt sich so, als ob es der Mutter verarge, dass sie es weggab. Es bleibt abweisend, trotzig, manchmal zerstörerisch und kann erneut einnässen. Schreianfälle, häufiges Weinen und Schlafstörungen offenbaren seine depressive Grundstimmung. Ein anderes Kleinkind zeigt übergroße Ängstlichkeit und lässt die Mutter nicht aus den Augen. Es trippelt ihr auf Schritt und Tritt nach, weint, wenn sie sich zum Beispiel im WC einschließt, und macht richtige Szenen, wenn sie einmal ausgehen will.

Auch nachts kommt es zu allen Zeiten ans Bett von Mutter oder Vater gelaufen. Oder es schreit auf, panikartig, und lässt sich kaum mehr trösten.
Es können sich verschiedene körperliche Störungen hinzugesellen: Appetitlosigkeit, Anfälligkeit für Infektionskrankheiten oder auch Fieberzustände ohne erklärbare Ursache. Manche Kinder zeigen eine Neigung zu übermäßiger Wehleidigkeit und häufigem Erbrechen.

Die Schwere und Intensität der Störung nimmt mit dem Alter des Kindes zu.

Nach *Müller-Küppers* (59, S. 205, 208) waren „von den Säuglingen, die bei der Trennung drei Monate alt waren, nur wenige gestört. Von denen, die sechs Monate alt waren, wiesen 86 Prozent Störungen auf, und von den sieben Monate alten Säuglingen reagierten ausnahmslos alle mit deutlichen Verhaltensstörungen auf einen Wechsel der Mutterfigur. Die Unterbrechung einmal eingegangener Bindungen ruft Beunruhigungen hervor, und bereits geprägte Formen des Verhaltens und der Entwicklung können durch Bindungsbrüche zerstört werden. Bewiesen ist, dass ein Säugling in der Zeit vom siebenten bis zum zehnten oder elften Monat besonders empfindlich auf die Unterbrechung gerade eingegangener Bindungen reagiert. Die sensible Phase zwischen dem siebenten und elften Monat betrifft die *Entwicklung der Lautbildung* der *Sprache* und der *Fähigkeit, Gefühlsbindungen einzugehen.* So wird verständlich, warum eine Trennung in dieser Phase so folgenschwer ist.“

### 2.7.2.4 Die Phase der ersten Verselbständigung

Sie wird mit etwa drei Jahren erreicht. Das Kind ist nun – ein positiver Ablauf der vorhergegangenen Phasen vorausgesetzt – in der Lage, die Abwesenheit der Mutter für eine begrenzte Zeit zu ertragen, im Vertrauen darauf, dass sie *unverlierbar* ist und *wiederkommen* wird. Das Kind versteht nun auch, dass sie eine *Eigenpersönlichkeit* ist, mit eigenen Plänen, Wünschen und Bedürfnissen, die nicht immer mit denen des Kindes übereinstimmen. Es kann nun ohne ihre körperliche Anwesenheit „mit ihr vereint“ bleiben. Fühlt sich das Kind sicher und geborgen, ist es nun auch in der Lage, Lernschritte zu vollziehen, die es von der Mutter weg in die Umwelt und ins Leben führen. Nun kann das Kind auch *familienfremde Erzieher* akzeptieren und mit anderen Kindern Freundschaften anbahnen, Spiele spielen, sich ins *Gruppenleben* integrieren.
Der Prozess der Verselbständigung kann gestört oder sehr verzögert werden, wenn das Verhalten der Mutter die Entstehung eines Gefühls der Geborgenheit, der Sicherheit und des Angenommenseins verhindert. Ein besonderes Merkmal abgelehnter, in instabilen Verhältnissen aufwachsender Kinder ist das, was ich „Klammersyndrom“ nenne. Diese Kinder haben Angst davor, die Mutter „auszulassen“, selbständig zu werden, sich von ihr zu lösen, weil sie irgendwie spüren, dass das den Wünschen der Mutter, sie abzuschieben, sie unbeachtet zu lassen, sich ihrer zu entledigen, nur entgegenkäme. Daher weigern sie sich, allein zu essen, sie werden nicht sauber, sie wollen nicht im Kindergarten bleiben, sie können nicht allein sorglos und vertieft spielen.

Diese Verhaltensweisen bestärken die Mutter jedoch in ihrer Ablehnung und führen oft zu Misshandlungen.
Ähnliche Schwierigkeiten zeigen sich auch bei überbehüteten Kindern, die ihre schüchternen Selbständigkeitsbestrebungen unter dem Druck der „Gluckhennenerziehung" schon früh aufgegeben haben.
Je weniger befriedigend die Beziehung zur Mutter ist, desto größer ist die Abhängigkeit von ihr und desto gebremster das Neugierde- und Explorationsverhalten. Es ist, wie wenn sich das Kind davor fürchten würde, dass sie ihm verloren geht, während es sich der Umwelt zuwendet, und es daher wichtiger sei, sich an sie zu klammern, als sich neuen Reizen aufzuschließen.

### *2.7.3 Die Rolle des Vaters*

M. *Rotmann* (68) weist darauf hin, dass sich das Kind schon in der *Phase der Differenzierung* nicht mehr im Zustand der Dyade, der Zweierbeziehung mit der Mutter, befindet, sondern – eine vollständige Familie vorausgesetzt – in einer *Dreipersonenbeziehung,* der *Triade,* die *Mutter, Kind und Vater* umfasst. Auch dem Vater gegenüber gibt es ja keine Fremdheitsreaktion, auch er wird freudig begrüßt. Im zweiten Lebensjahr ist er ebenso „Zufluchtsort" wie die Mutter und oft ein bevorzugter Spielgefährte. Dies auch dann, wenn er viel weniger in Erscheinung tritt als die Mutter und an den Pflegehandlungen nicht teilnimmt.

*Lamb* (40), zitiert von *Rotmann,* beobachtete Kinder im Alter von acht und neun Monaten und stellte fest, dass bei der Suche nach *Schutz und Trost* kein Unterschied zwischen Vater und Mutter besteht und die Väter bei den Versuchen der Kinder zur Kontaktanbahnung (Anlachen, Dinge-Reichen, Aufgehoben-werden-Wollen etc.) bevorzugt werden.

Trotzdem bestehen Unterschiede in der Beziehung zu Vätern und Müttern in zwei Richtungen:

1. Der Vater kann ein der Mutter gegenüber *bevorzugter Spielpartner* werden.
2. Die Beziehung zum Vater ist *weniger ambivalent.* Die anfangs symbiotische Beziehung zur Mutter ist und bleibt *sehr eng und damit auch sehr verwundbar.*

Der Anspruch auf Zärtlichkeit, körperliche Nähe und Beachtung kann auch dem Vater gegenüber geltend gemacht werden, auch Trennungsschmerz beim Verlassenwerden durch ihn wird beobachtet. Aber von jenen Gefühlsschwankungen zwischen Liebe und Aggression, die bei *erzieherischen Eingriffen der Mutter,* beim *eigenen Wegmüssen von ihr und doch Vereint-bleiben-Wollen* und bei der zeitweisen *Unerreichbarkeit der Mutter* eintreten, bleibt er ver-

schont. Er ist eher „eine bewunderte und geliebte mächtige Person“. Die Ambivalenz der Gefühle ihm gegenüber tritt erst in der *ödipalen Phase* auf.
*Rotmann* sieht die Bedeutung der Bindung an den Vater in dessen Hilfe für das Kind bei der *Ablösung von der Mutter,* in der Hilfe beim *Aufbau der Geschlechtsidentität,* in einer *Förderung* der *Intelligenzentwicklung* und in der *Erweiterung der Kontaktfähigkeit.* Voraussetzung ist eine liebevolle Beziehung der Eltern zueinander.
Kinder, die keinen Vater haben, neigen schon ab etwa drei Jahren dazu, sich in ihrer Phantasie einen Phantomvater zu erfinden. Ein solcher Phantasievater – vorausgesetzt, die Mutter duldet ihn – kann sich günstiger auswirken als ein „emotional nicht verfügbarer“ Vater. *Rotmann* nennt verschiedene ungünstige Konstellationen: Abwesenheit des Vaters, stark dominierende Mutter, Vater ohne Entscheidungsgewalt in der Familie, Desinteresse am Kind, Abstinenz des Vaters von allen erzieherischen Eingriffen, ein ständig anwesender, aber nicht kindzugewandter Vater – alles leider recht häufige Erscheinungen. Die Eigenschaften, die ein Vater haben soll, um seinen Kindern eine Entwicklungshilfe zu bieten, sind heute, im Zusammenhang mit Partnerschaft und weiblicher Emanzipation, zum Teil umstritten: *Warmherzigkeit, stabile Geschlechtsidentität, Fähigkeit, dem Kind Grenzen zu setzen* und *Familienbelange zu entscheiden, Eigenständigkeit neben der Mutter.*

## Pädagogischer Teil

### *Die pädagogischen Aufgaben in der oralen Phase*

Wesentlich sind in der oralen Phase:

1. Liebende Zuwendung und Vermittlung von Kontaktbehaglichkeit am mütterlichen Körper mit all ihren Komponenten des bergenden Umschlossenwerdens von der mütterlichen Bewegung und der Wärme, die von ihrem Körper ausgeht, dem Angesprochenwerden mit freundlicher, kosender Stimme, dem Angelächeltwerden, dem Blickkontakt, der zärtlichen Berührung der kindlichen Haut.
2. Nach Möglichkeit stillen! Wenn das nicht möglich ist, geduldige Verabreichung der richtig zusammengesetzten und dosierten Nahrung. Die Nahrung sollte nicht zu starr festgesetzten Zeiten verabreicht werden. Man richtet sich am besten nach den Bedürfnissen des Kindes, die sich von selbst auf einen bestimmten Stundenrhythmus einpendeln.
3. Ordnung im Tagesablauf und das Bereitsein für Hilfeleistung und Trost, wenn das Kind Schmerzen oder Unbehagen empfindet.
4. Vermeidung von Isolierung des Kindes außerhalb der Schlafzeiten und genau eingeteilte Spielperioden, wenn es sich allein beschäftigen soll.

Dass ein Säugling möglichst ruhig gehalten werden soll, möglichst abgeschirmt von äußeren Reizen, ist ein pädagogischer Aberglaube, der nach den ersten vier bis sechs

Lebenswochen keinerlei Berechtigung mehr hat. Sobald das Kind die postnatale Periode, in der es den überwiegenden Teil des Tages schläft, überwunden hat, und längere Wachzeiten zu beobachten sind, muss es sehen, hören, greifen können. Auch wenn es akustische und optische Reize noch in keiner Weise zu deuten vermag, dienen sie der Aktivierung seiner Sinne und auf dem Weg über die Sinnesorgane der Aktivierung der Gehirnzellen. Besonders wichtig ist es, dass das Kind neben den anderen natürlichen Geräuschen der Umwelt auch die menschliche Stimme hört. Schon ein zwei Monate altes Kind sollte einen Teil seiner wachen Perioden im Kreise der Familie verbringen. Isolierung macht den Säugling vielleicht zu einem ruhigen, „braven" Kind, aber sicher nicht zu einem klugen.

*Die pädagogischen Aufgaben in der urethral-analen Phase*

1. Keine forcierte Reinlichkeitsgewöhnung. Der Beginn kann bis ans Ende des zweiten Lebensjahres verlegt werden. Am Beginn der Reinlichkeitsgewöhnung soll das Kind nicht an einem fremden Ort (Toilette) allein gelassen werden. Man beginnt am besten, indem man das Töpfchen auf den Wickeltisch stellt und beim Kind bleibt, bis man es wieder freigibt. Dabei soll man mit dem Kind spielen oder sprechen – auf keinen Fall soll die „Sitzung" Unlustgefühle erwecken. Sie darf auch nie zu lange dauern. Hat das Kind infolge eines pädagogischen Fehlers eine Abneigung gegen das Töpfchen entwickelt, muss das Training unterbrochen werden.

2. Manche Kinder brauchen länger, bis sie sauber sind, und Anlass zur Sorge besteht erst, wenn ein Kind im Alter von drei Jahren seine Bedürfnisse nicht meldet oder auch noch bei Nacht sein Bett nässt. In solchen Fällen muss ein Kinderpsychiater oder ein Kinderpsychologe aufgesucht werden. Selbstverständlich wird man dem Kind keine Vorwürfe machen oder es gar schlagen, wenn es das Bett genässt hat. Beim Bett sollte immer ein Töpfchen stehen. Man sollte das Kind hören können, wenn es nachts ruft. Kann es schon selbst aus dem Bett steigen, um das Töpfchen zu benützen, braucht es ein Licht, das es einschalten kann. Die Toilette sollte erst dann benützt werden, wenn das Kind es selbst wünscht – manche Kinder fürchten sich, in das Becken zu fallen. Das Töpfchen muss tagsüber leicht erreichbar sein, und das Kind sollte lernen, es selbst zu holen, wenn es ein Bedürfnis empfindet. Die Kleidung soll so beschaffen sein, dass das Kind sich ihrer selbst rasch entledigen kann – womöglich alles auf Gummizug.

   Bei Zwei- bis Dreijährigen kann die Reinlichkeitsgewöhnung beschleunigt werden, wenn man bei warmem Wetter die Windeln – als den legitimen Ort der Entleerung – weglässt. Das macht zwar vorerst mehr Arbeit, das Kind empfindet die Nässe ohne Windeln jedoch als viel unangenehmer und wird schneller sauber als mit Windeln.

3. Keine Abwertung des Kindes, indem man es etwa als Ekel erregend hinstellt, und keine Ungeduld bei seinem Mangel an Verständnis für das Geforderte, andererseits systematische Hilfe durch Vermittlung von „Benennungen" für die Entleerungsprodukte.

4. Ordnung im Tagesablauf, auch bei der Reinlichkeitsgewöhnung und in regelmäßig wechselnden Phasen von Zuwendung und Ermutigung zum Alleinspiel.

5. Ignorieren oder kurzfristiger Liebesentzug bei Aggressionen und bei Kotschmieren.

6. Gelassene Einstellung gegenüber Essschwierigkeiten.

7. Trennungsperioden, die in diesem Alter schon unvermeidlich sind, durch vermehrte Zuwendung kompensieren.

8. Belohnung, verbal und mit Zärtlichkeit, bei konformem Verhalten.

*Die pädagogischen Aufgaben in der phallischen Phase*

Sie liegen auf der Hand:

1. Richtige und gleichzeitig generalisierende Aufklärung hinsichtlich der körperlichen Unterschiede der Geschlechter. Die Begründung kann vorerst sehr einfach sein, etwa „damit man Knaben und Mädchen unterscheiden kann". Bei intelligenten Kindern lässt sich dieser Teil der Aufklärung schon in einen ersten Zusammenhang mit der Entstehung des menschlichen Lebens bringen.

2. Aufklärung über die Entstehung des Kindes im Mutterleib. Dabei genügt es, zu sagen, dass das Kind im Leib der Mutter wächst. Wie es hineinkommt, ist noch uninteressant. Wichtig ist, dass die ersten Fragen des Kindes nicht zurückgewiesen werden, dass man weder Verlegenheit noch moralische Entrüstung erkennen lässt, dass man völlig sachlich bleibt und das Kind nicht auf später vertröstet. Jede Abwehr seiner Fragen vergrößert seine Neugierde. Wichtig ist auch, dass das Interesse des Kindes für diese Fragen als etwas völlig Normales betrachtet und nicht mit der Vorstellung von sexueller Frühreife oder moralischer Verderbtheit in Zusammenhang gebracht wird. Für das Kind darf niemals die Vorstellung entstehen, dass man über Fragen, die das Sexuelle betreffen, mit den Eltern nicht sprechen könne. Im Gegenteil: Schon das Vorschulkind soll aus den Reaktionen der Eltern auf seine Fragen den Eindruck gewinnen, dass es mit allem, was diese Probleme betrifft, zu ihnen kommen kann und in ihnen geduldige und vernünftige Gesprächspartner findet.

3. Zum kindlichen Exhibitionismus und zum Masturbieren wird man nicht gerade ermutigen. Aber es wäre ein grober Fehler, diese Verhaltensweisen zu bestrafen, als Sünde oder als Unkeuschheit zu bewerten und mit Sanktionen irdischer oder überirdischer Art zu drohen. Hieraus können sich schwerste seelische Störungen ergeben. Am besten und für die Ausbildung entsprechender Abwehrmechanismen völlig ausreichend ist das Ignorieren des Verhaltens oder die Ablenkung des Kindes.

4. Im Zusammenhang mit dem Ödipuskonflikt scheint es wichtig, dass Eltern mit Zärtlichkeiten in der Gegenwart des Kindes sparsam sind, ihnen keine Gelegenheit zur Beobachtung des Geschlechtsverkehrs geben und Aggressionen sowie allzu dominierendes Verhalten vermeiden.

*Literaturverzeichnis*


1 *AINSWORTH, M.*, et. al.: Individual Differences in Strange-Situation Behavior of One-Year-Olds. Zt. Origins of Human Relations, S. 17–52. New York 1974.

2 *AINSWORTH, M. D. S.:* Feinfühligkeit versus Unempfindlichkeit gegenüber den Signalen des Babys in *GROSSMANN, K.* (Hrsg.): Entwicklung der Lernfähigkeit in der sozialen Umwelt. Geist und Psyche TB. Kindler. München 1977.

3 *AMBROSE, J. A.:* Discussion Contribution in *AMBROSE, J. A.* (Hrsg.): Stimulation in Early Infancy. London – New York 1970.

4 *BAUMGARTNER, CH.:* Die psychomotorische und soziale Entwicklung von brustgestillten und flaschenernährten Kindern im ersten Lebensjahr. Zt. Praxis der Psychotherapie und Psychosomatik 1983, pp. 28; 160–169.

5 *BERNAL, J. F.:* Crying during the First Ten Days and Maternal Responses: Developmental Medicine and Child Neurology, Heft 14, S. 362, 1972.

6 *BIERMANN, G. u. R.:* Das kranke Kind und seine Umwelt. München–Basel 1982.

7 *BOWLBY, J.:* Maternal Care and Mental Health. Genf 1952.

8 *CARPENTER, G.:* Mother's Face and the Newborn. Zt. New Scientist, S. 742–744, 1974.

9 *CORDUA, CH.:* Bestehen Unterschiede zwischen Kindern von sehr jungen Müttern und Kindern von älteren Müttern? Unveröffentlichte Dissertation. Innsbruck 1973.

10 *DÜHRSSEN, A.:* Heimkinder und Pflegekinder in ihrer Entwicklung. Beiheft zur Praxis der Kinderpsychologie und Kinderpsychiatrie. Göttingen 1958.

11 *ENGEN, T.,* LIPSITT, L. P., und *KAY, H.:* Olfactory Responses and Adaption in the Human Neonate. Journal of Comparative Physiology and Psychology, Heft 3–5, S. 56, 1963.

12 *FISCHER, H.:* Einjährige und zweijährige Kinder im Tagesheim. Wien–München o. J.

13 *FRANTZ, R. L.:* Der Ursprung der Formwahrnehmung in *EWERT, O. M.* (Hrsg.): Entwicklungspsychologie, Bd. 1. Köln 1972.

14 *FRANTZ, R. L.,* et al.: Early Visual Selectivity in *COHEN, L. B.,* und *SALAPATEK, P.* (Hrsg.): Infant Perception: From Sensation to Cognition, Vol. I. London and New York 1975.

15 *FREUD, A.:* Das Ich und die Abwehrmechanismen. London 1946.

16 *FREUD, A.:* Wege und Irrwege in der Kindesentwicklung. Stuttgart 1968.

17 *FREUD, A.:* Die normale Kinderentwicklung. Maßstäbe und Beurteilung. Gesammelte Werke, Bd. 8. München 1981.

18 *FREUD, A.:* Die Erziehung des Kleinkindes vom psychoanalytischen Standpunkt aus in *MENG, H.* (Hrsg.): Psychoanalytische Pädagogik des Kleinkindes. München–Basel 1973.

19 *GESELL, A.,* und *ARMATRUDA, C.:* Developmental Diagnosis: Normal and Abnormal Child Development. Clinical Methods and Pediatric Applications. 2. Aufl., New York 1947.

20 *GÖLLNITZ, G.:* Relationen zwischen hirnorganischem Psychosyndrom und Teilleistungsstörungen in *LEMPP, R.* (Hrsg.): Teilleistungsstörungen im Kindesalter. Bern–Stuttgart–Wien 1979.

21 *GÖLLNITZ, G.:* Neuropsychiatrische Langzeitkontrollen von Enzephalopathen bis zum 6. Lebensjahr – biologische und psychosoziale Risiken in *SERRATE, A.* (Hrsg.): VI. Congreso de la Union Europea de Paidopsiquiatras. Conferencias Magistrales. Madrid 1979.

22 *GROSSMANN, K.* (Hrsg.): Entwicklung der Lernfähigkeit in der sozialen Umwelt. Geist und Psyche. München 1977.

22a *GROSSMANN, K. E.,* und GROSSMANN, K.: The Mother-Child-Relationship. The German Journal of Psychology 1981, Vol. 5, No. 3, pp. 237–252.

22b *GROSSMANN, K. E.,* und GROSSMANN, K: Verhaltensontologie bei menschlichen Neugeborenen. Vorläufiger Abschlussbericht. Regensburg 1983.

23 *HARLOW, H. F.:* Das Wesen der Liebe in *EWERTH, O. M.* (Hrsg.): Entwicklungspsychologie, Bd. 1. Köln 1972.

24 *HASSAUER, W.:* Die Mutter-Kind-Beziehung während Schwangerschaft, Geburt

und Wochenbett, mit besonderer Berücksichtigung des Rooming-in in *BIERMANN, G.* (Hrsg.): Jahrbuch der Psychohygiene, 2. Bd. München–Basel 1974.

25 *HASSENSTEIN, B.:* Tagesmutterkinder in Gefahr in *SCHULZ, RUELCKER* und *RHEINLÄNDER* (Hrsg.): Tagesmütter. Weinheim–Basel 1975.

26 *HASSENSTEIN, B.:* Tierjunges und Menschenkind. Das Kind im Vorschul- und Grundschulalter. Herder Pädagogik 9005.

27 *HELLBRÜGGE, Th.:* Münchener Funktionelle Entwicklungsdiagnostik. München 1978.

28 *HUTT, S. J.:* Auditory Discrimination at Birth in *HUTT, S. J.* und *C.* (Hrsg.): Early Human Development. Oxford 1973.

29 *KAILA, E.:* Die Reaktion des Säuglings auf das menschliche Gesicht. Annales Universitalis Aboensis, Bd. 7, Heft 13. Turku 1932.

30 *KELLER, H.*, und *WERNER-BONUS, E.:* Vater-Kind-Interaktionen bei drei Monate alten Säuglingen. Zt. für Entwicklungspsychologie und Pädagogische Psychologie. X. Jg., 4. Heft. Göttingen 1978.

31 *KELLER, H.*, und *KELLER, W.:* Verbales und vokales Verhalten von Vätern und Müttern gegenüber ihren weiblichen und männlichen Säuglingen in einem dreieinhalbmonatigen Längsschnitt. Zt. für Entwicklungspsychologie und Pädagogische Psych., XIII. Jg., 2. Heft, April 1981.

32 *KENNELL, J. H.*, et al.: Maternal Behaviour One Year after Early and Extended Post Partum Contact. Developmental Medicine and Child Neurology, Heft 16 (2), S. 172–9, 1974.

33 *KENNELL, J. H.*, et al.: Evidence for a Sensitive Period in the Human Mother. Parent-Infant Interaction. CIBA Foundation Symposium 33, new series, ASP. Amsterdam 1975.

34 *KLAUS, H. M.*, und *KENNELL, J. H.:* Human Maternal Behaviour at First Contact with her Young. Pediatrics, Heft 46 (2), S. 187–192, 1970.

35 *KLAUS, H. M.*, und *KENNELL, J. H.:* Maternal Attachment: Importance of the First Post-Partum Days. The New England Journal of Medicine, Heft 286, S. 460–463, 2. März 1972.

36 *KLAUS, H. M.*, und KENNELL, J. H.: Auswirkungen früher Kontakte zwischen Mutter und Neugeborenem auf die spätere Mutter-Kind-Beziehung in *BIERMANN, G.* (Hrsg.): Jahrbuch der Psychohygiene, S. 83–110. München–Basel 1974.

36a *KLAUS, H. M.*, und *KENNELL, J. H.:* Mutter-Kind-Bindung. Über die Folgen der frühen Trennung. München 1983.

37 *KLUSSMANN, R. W.:* Das Kind im Rechtsstreit der Erwachsenen. München–Basel 1981.

38 *KUHN, D.:* Krippenkinder. Eine empirisch sozialpädagogische Untersuchung über die Wiener Krippenkinder und ihre Familien. Wien 1969.

39 *LAHKAINEN, A. R.*, und *SUNDQUIST, S.:* The Reactions of Children under Three Years Old to Day Nursery. Psychiatria Fennica, 1979.

40 *LAMB*, M. E.: Father-infant and Mother-infant Interaction in the First Year of Life. Zt. Child Development, 48, 167–181, 1977.

41 *LANGMEIER, J.*, und *MATEJCEK, Z.:* Psychische Deprivation im Kindesalter. Kinder ohne Liebe. München–Wien–Baltimore 1977.

42 *LARBIG, W.:* Tägliche Besuchszeit und Mutter-Kind-Einheit (Rooming-in) im Kinderkrankenhaus. In *BIERMANN, G.* (Hrsg.): Jahrbuch der Psychohygiene, 1. Bd. München–Basel 1973.

43 *LEHR, U.:* Die Rolle der Mutter in der Sozialisation des Kindes. Darmstadt 1974.
44 *LIEGLE, L.:* Kollektiverziehung: Das Modell Kibbuz. „betrifft erziehung", Heft 1 und 2, 1971.
45 *LUKESCH, H., PERREZ, M.*, und *SCHNEEWIND, K. A.*(Hrsg.): Familiäre Sozialisation und Interaktion. Bern 1980.
46 *LYNCH, A. A.:* Ill – Health and Child Abuse. The Lancet, S. 317, 1975.
47 *MACFARLANE, J. A.:* Olfaction in the Development of Social Preferences in the Human Neonate. Parent-Infant Interaction. CIBA Foundation Symposium 33, new series, ASP. Amsterdam 1975.
48 *McCALL, R. B.:* Infants. Cambridge, Mass., 1979.
49 *MAHLER, M. S., PINE, F.*, und *BERGMAN, A.:* Die psychische Geburt des Menschen – Symbiose und Individuation. Frankfurt 1975.
50 *MECHLER, H. J.* (Hrsg.): Schülersexualität und Sexualerziehung. Wien 1977.
51 *MEIERHOFER, M.:* Frühe Prägung der Persönlichkeit. Psychohygiene im Kindesalter. Bern 1971.
52 *MEIERHOER, M.*, und *KELLER, W.:* Frustration im frühen Kindesalter. Bern 1970.
53 *MEIERHOFER, M., NUFER, H.*, et al.: Nachuntersuchung ehemaliger Heimkinder. Unveröffentlichter Forschungsbericht des Maria-Meierhofer-Institutes für das Kind, Zürich.
54 *MENG, H.* (Hrsg.): Psychoanalytische Pädagogik des Kleinkindes. München–Basel 1973.
55 *MICIC, Z.:* Emotionelle Störungen bei Kindern nach Krankenhausaufenthalt in *BIERMANN, G.* (Hrsg.): Jahrbuch der Psychohygiene, 1. Bd. München 1973.
56 *MILLS, M.*, und MELHINSH, E.: Recognition of Mother's Voice in Early Infancy. Nature, 252, 123, 1974.
57 *MOSS, H. A.:* Sex, Age and State als Determinants of Mother-Infant Interaction in *MUSSEN, P. H., CONGER, J. J., KAGAN, J.* (Hrsg.): Readings in Child-Development and Personality. 2. Aufl., New York 1970.
58 *MÜLLER-BRAUNSCHWEIG, H.:* Die Wirkung der frühen Erfahrung. Das erste Lebensjahr und seine Bedeutung für die psychische Entwicklung. Stuttgart 1975.
59 *MÜLLER-KÜPERS, M.:* Die Bedeutung der Trennung von den Eltern (broken-home-situation) in der Entwicklung des Kindes bis zum 6. Lebensjahr in *SERRATE, A.* (Hrsg.): VI. Congreso de la Union Europea de Paidopsiquiatras. Conferencias Magistrales, Madrid 1979.
60 *NASKE, R.* (Hrsg.): Aufbau und Störungen frühkindlicher Beziehungen zu Mutter und Vater. Wien 1980.
61 *NEIDHARDT, F.* (Hrsg.): Frühkindliche Sozialisation. Theorien und Analysen. Stuttgart 1975.
62 *NEUMANN, K.:* Der Beginn der Kommunikation zwischen Mutter und Kind. Strukturanalyse der Mutter-Kind-Interaktion. Bad Heilbrunn/Oberbayern 1983.
63 *NEWSON, J.:* Towards a Theory of Infant Understanding. Bulletin of the British Psychological Society, Heft 27, S. 251–257,1974.
64 *NICKEL, H., SCHENK, M.*, und *UNGELENKT, B.:* Erzieher- und Elternverhalten im Vorschulbereich. München 1980.
65 *NICKEL, H., ARORA, I., THILMANN, A.*, und *VETTER, J.:* Zusammenhänge zwischen Mütterverhalten und Verhaltensmerkmalen von Kleinkindern. Ergebnisse einer Längsschnittstudie zur Mutter-Kind-Interaktion im ersten und vierten Lebensjahr. Zt. Psychologie in Erziehung und Unterricht, München – Basel, 28. Jg., 4/1981.

66 *PAPOUSEK, H.:* Experimental Studies of Appetitional Behavior in Human Newborns and Infants in *MUSSEN, P. H., CONGER, J. J.,* und *KAGAN, J.* (Hrsg.): Readings in Child Development and Personality. New York 1965.
67 *PRECHTL, H. F. R.:* Problems of Behavioural Studies in the Newborn Infant in *LEHOMAN, D. S., HINDE, R. A.,* und *SHAW, E.* (Hrsg.): Advances in the Study of Behaviour. London und New York 1965.
68 *ROTHMANN, M.:* Über die Rolle des Vaters in der Entwicklung des Kleinkindes in *NASKE, R.* (Hrsg.): Aufbau und Störungen frühkindlicher Beziehungen zu Mutter und Vater. Wien 1980.
69 *RUELCKER, T.:* Die Funktion familienergänzender Sozialisation für Kleinkinder in unserer Gesellschaft in *SCHULZ, RUELCKER* und RHEINLÄNDER (Hrsg.): Tagesmütter. Weinheim und Basel 1975.
70 *SALK, L.:* The Role of the Heartbeat in the Relationship Between Mother and Infant. Zt. Scientific American, März 1973.
71 *SANDER, L. S.,* et al.: Early Mother-Infant Interaction and Twenty-Four Hour Patterns of Activity and Sleep. Journal of the American Academy of Child Psychiatry, Heft 9, S. 103, 1970.
72 *SCHENK-DANZINGER, L.:* Schulprobleme von Kindern ohne frühe Mutterbindung. Zt. Soziale Berufe, 7. Jg. 1955.
73 *SCHINDLER, S.:* Jugendkriminalität. Struktur und Trend in Österreich 1946–1965. Wien – München 1968.
74 *SCHULZ, W., RUELCKER, T.,* und *RHEINLÄNDER, A.:* Tagesmütter. Was brauchen unsere Kinder in den ersten Lebensjahren? Weinheim und Basel 1975.
75 *SIMON, M. D.,* und STROTZKA, H.: Eine empirische Untersuchung über die psychologische Bedeutung eines Krankenhausaufenthaltes für Kinder. Zeitschrift für Pädiatrie und Pädologie, Bd. 2., Heft 1, 1966.
76 *SKEELS, H. M.:* Adult Status of Children with Contrasting Early Life Experience: A Follow-Up Study. Monographs of the Society for Research in Child Development, Vol. 32, No. 2. Chicago 1966.
77 *SOLKOFF, N.:* Effects of Handling on the Subsequent Development of Premature Infants. Developmental Psychology, Heft 1, S. 765, 1969.
78 *SPITZ, R. A.:* Hospitalism. The Psychoanalytic Study of the Child, Bd. 1. New York 1945.
79 *SPITZ, R. A.:* Die Entstehung der ersten Objektbeziehungen. Stuttgart 1957.
80 *SPITZ, R. A.:* Ja und nein. Stuttgart 1960.
81 *SPITZ, R. A.:* Vom Säugling zum Kleinkind. Naturgeschichte der Mutter-Kind-Beziehung im 1. Lebensjahr. Stuttgart 1965.
82 *STUDIENGRUPPE DER GEORG-VON-VOLLMAR-AKADEMIE:* Die Weichen werden früh gestellt. Lebensalter 0 bis 3. München 1972.
83 *THALMANN, H. C.:* Verhaltensstörungen bei Kindern im Grundschulalter. Stuttgart 1971.
84 *WEIDACHER, H.:* Zum Problem des psychischen Hospitalismus im Kleinkindalter. Unveröffentlichte Dissertation. Graz 1972.
85 *WHITE, B. L.:* Child Development Research: An Edifice Without a Foundation in *MUSSEN, P. H., CONGER, J. J.,* und *KAGAN, J.* (Hrsg.): Readings in Child Development and Personality, 2nd Ed. New York 1970.
86 *WORLD HEALTH ORGANIZATION* (Hrsg.): Deprivation of Maternal Care. A Reassessment of its Effects. Genf 1962.
87 *ZULLIGER, H.:* Das Kind in der Entwicklung. Bern 1969.
88 *ZULLIGER, H.:* Der Umgang mit dem kindlichen Gewissen. Bern 1952.

# *III Einige emotionale Probleme des Kleinkindalters*

Schaffet die Tränen der Kinder ab! Das lange Regnen in die Blüten ist so schädlich.

*Jean Paul*

Im Folgenden soll auf vier Probleme des Kleinkindalters eingegangen werden, die von besonderer Bedeutung für das emotionale Gleichgewicht sind: *Angst, Trotz, Aggression und Geschwistereifersucht.*

## 3.1 Angst

Angst ist eine normale Erscheinung im Vorschulalter, aber verschiedene Kinder werden in sehr unterschiedlichem Ausmaß davon belastet – die Angst kann schwächer oder stärker sein, kann während längerer oder kürzerer Perioden auftreten. Angst hat immer die gleichen Ausdrucksformen und den gleichen Erlebensinhalt, aber sie kann sehr verschiedene Ursachen haben.

### *3.1.1 Realangst*

Das ist die Angst vor echten Gefahren, ein zweckmäßiges, lebenserhaltendes Warnsignal. Sie entwickelt sich allmählich, teils an Hand konkreter Erlebnisse, etwa durch die Berührung eines heißen Ofens oder einer Herdplatte, teils auf Grund der Warnung Erwachsener vor Gefahren, etwa des Straßenverkehrs, des offenen Fensters, der möglichen Verkühlungen.

Unter zwei Bedingungen finden wir schon im Vorschulalter übertriebene Angst vor möglichen Gefahren – wenn *überängstliche Eltern* ihre Kinder auch vor solchen Erfahrungen bewahren wollen, die sie machen müssen, um ihre Fähigkeiten zu entwickeln, und sie daran hindern, ihren Explorationsdrang im Sinne des Lernzuwachses zu aktivieren. Die Ängstlichkeit der Mutter kann sich auf das Kind übertragen und es zu einer ängstlichen Persönlichkeit machen, die ihre sachlichen und personalen Kontakte mit der Umwelt zurücknimmt, unselbständig wird und an die Mutter gebunden bleibt.
Vital starke Kinder können in dieser Situation auch zu kleinen Kämpfern werden, die in ständig neuen Konflikten ihre Freiheit erobern müssen, sich dabei aber von den Emotionen der ängstlichen Mutter schuldhaft belastet fühlen. *Übertriebene Realangst* kann auch, in der entgegengesetzten Situation, bei *Überforderung* eintreten. Hier handelt es sich um Eltern, die ihre Erziehung auf frühe Überwindung der Angst abzielen und dem

Kind zu diesem Zweck Mutproben und sportliche Leistungen abverlangen, denen es sich noch nicht gewachsen fühlt, etwa Schifahren oder Schwimmen oder Heruntersprin-gen aus größeren Höhen, bevor es rein physiologisch und emotional dazu bereit ist. Die Folge ist *Angst vor der Leistung,* die meist schwere Konflikte mit den in ihrem Ehrgeiz enttäuschten Eltern heraufbeschwört.

Auch *Strafangst,* wie Abbildung 21 zeigt, gehört zu den Realängsten, soweit sie sich auf *erlebte* oder zu *erwartende Strafen* oder auch auf die *Strafe des Gewissens,* die Schuldgefühle, bezieht (siehe S. 118). In normalen Grenzen ist Strafangst, respektive Angst vor irgendeiner Form des Liebesentzuges ein Mittel der Sozialisation (siehe S. 133). *Gesteigerte Strafangst* ruft Unruhe, Aggressivität, gestörten Schlaf, Essschwierigkeiten, depressive Stimmungen

*Abbildung 21*
Strafangst gehört zu den Realängsten.

und neurotische Symptome, wie Einnässen und Einkoten, hervor, was die Strafbereitschaft des verständnislosen Erwachsenen wiederum steigert. Es kann zu *Auswegverhalten* kommen, wie *Lügen* oder *Flucht* in die Krankheit. *Trennungsängste* gehören für das Kind durchaus zu den Realängsten, wenn es einmal einen totalen Milieu- und Personenwechsel erlebt hat, wie zum Beispiel bei Spitalsaufenthalten. Dann kommt es zu den auf Seite 86 beschriebenen Verhaltensstörungen. Diese resultieren aus dem Verlust des Vertrauens, aus der Angst vor Wiederholung des Verlassenwerdens. Angst entsteht auch, wenn Kindern gedroht wird, man werde sie – zur Strafe – *fremden Leuten* geben, *hinauswerfen, in ein Heim schicken.* In den meisten Fällen sind solche Drohungen gar nicht ernst gemeint, aber das weiß das Kind vorerst nicht. Wenn es endlich gemerkt hat, dass es sich um leeres Gerede handelt, ist es mit der Autorität der Eltern ohnedies vorbei. Aber es gibt ja sehr viele Kinder, die das Angedrohte schon erlebt haben – Pflegekinder, ehemalige Heimkinder, Kinder aus geschiedenen Ehen –, und diese Kinder leben bei solchen Drohungen und oft auch ohne solche in permanenter Trennungsangst – und mit den entsprechenden Verhaltensstörungen.

### *3.1.2 Magische Ängste*

Es handelt sich um Ängste vor der *beeinträchtigenden Einwirkung magischer Kräfte* wie Hexen, Geistern, Feen, Zauberern u.Ä.: Sie entstehen meist durch ungeschicktes Verhalten von Erwachsenen, die sich solcher magischer Gestalten als Erziehungshelfer bedienen und dem Kind damit drohen, dass der Krampus, der Teufel, die Hexe, der schwarze Mann es holen werden, wenn es nicht brav sei. In solchen Fällen kann es zu schweren emotionalen und affektiven Störungen kommen. Manche überempfindliche Kinder übertragen auch ohne solche Drohungen das *Märchengeschehen* auf sich: „Wenn das Rotkäppchen gefressen werden konnte, kann mir das doch auch passieren …“, „Wenn Hänsel und Gretel von den Eltern verstoßen wurden, könnte doch auch ich …“, „Wenn der Hänsel fast in den Ofen gesteckt worden wäre, könnte nicht auch ich?“. Daher ist es wichtig, bei solchen Kindern Abänderungen der Märchen vorzunehmen.

### *3.1.3 Konditionierte Ängste*

Einer der Gründe, warum Kinder sehr unterschiedliche überdauernde Gefühlslagen zeigen, ist auch in der Tatsache zu finden, dass im Vorschulalter, viel stärker als später, wo dies auch noch vorkommen kann, *emotionale Konditionierungen* nach dem Prinzip der bedingten Reaktionen stattfinden. Bei dieser Art der Konditionierung können *zufällige Begleitumstände erfreulicher Erlebnisse* mit *positiven Emotionen* besetzt werden, die sich als nachhaltiger erweisen als die Erinnerung an das eigentliche Erlebnis. Ein Kind kann etwa ein Haus besonders lieben, weil es dort freundlichen Menschen begegnet ist, lange nachdem diese Menschen von dort verzogen sind. Desgleichen werden *zufällige Begleitumstände unlustbetonter,* vor allem *Angst erregender Ereignisse* mit *negativen Emotionen* besetzt, die ebenfalls nachwirken, nachdem das eigentliche Erlebnis schon vergessen worden ist. Infolge dieser Neigung des Kleinkindes zu globalen emotionalen Besetzungen der Umwelt gibt es kaum einen Gegenstand oder einen Ort, demgegenüber es eine völlig neutrale Haltung hätte. Die meisten Dinge der kindlichen Umwelt sind brav oder schlimm, freundlich oder unfreundlich, sie haben eine angenehme oder unangenehme *Physiognomie**, schauen Vertrauen erweckend oder beängstigend aus, je nachdem, ob sie in deren „Nachbarschaft" Angenehmes oder Unangenehmes erlebt hatten.

Berühmt wurde das Experiment von *Watson* (8).
Der kleine Albert spielte gerne mit einem weißen Kaninchen. Einmal, als er dies wieder tat, ertönte ein heftiges Angst erregendes Geräusch. Von da ab löste jedes weiße Kaninchen bei dem Kind heftige Angst aus, die auch auf andere wollige und haarige Tiere und Spielsachen generalisiert wurde. Die an sich neutrale Begleiterscheinung des Angst erregenden Erlebnisses – das Kaninchen – wurde mit Angst besetzt. Im weiteren Verlauf war sein Anblick das Angst erregende *Vorsignal* für einen Angst erregenden Reiz, dem das Kind nun *einmal* ausgesetzt gewesen war und der sich nicht wiederholen sollte. Um seine Angst zu verlieren, hätte das Kind sich davon überzeugen müssen, dass auf das Kaninchen kein Geräusch folgt. Aber dazu konnte es nicht kommen, denn das Kaninchen löste bereits Angst- und Fluchtreaktionen aus.
Illustrativ ist auch das Beispiel des kleinen Mädchens, das schon in meiner Entwicklungspsychologie (5) beschrieben wurde und hier wiederholt werden soll. Das Kind musste mit zweieinhalb Jahren einer Operation unterzogen werden. Die üblichen Folgen eines solchen Ereignisses – Anklammern an die Mutter, Angst vor dem Betreten fremder Häuser, Abneigung gegen ärztliche Untersuchungen – waren bald überwunden. Auch das Ereignis selbst war nach einem Jahr vergessen. Was zurückblieb und sich besonders unangenehm bemerkbar machte, war die Angst vor weißen Bärten. Jedesmal, wenn das Kind einen Herrn mit einem weißen Bart erblickte, geriet es in heftige Erregung, klammerte sich verzweifelt an die Mutter, drängte weg und schrie aus vollem Halse. In beträchtlichen zeitlichen Abständen, da weiße Bärte ja nicht allzu häufig sind, kam es auch noch Jahre nach der Operation in Geschäften, in einer Gaststätte, in der Straßenbahn zu solchen Auftritten, die sich steigerten, wenn der freundliche Besitzer des weißen Bartes das Kind zu trösten versuchte.
*Der Chirurg hatte einen weißen Bart gehabt.* Dieser zufällige Begleitumstand eines negativen Erlebnisses war angstbesetzt. Noch mit fünf Jahren weigerte sich das Kind, einen Laden zu betreten, in dem ein alter Mann mit einem weißen Bart verkaufte. Erst nachdem der Sechsjährigen die Zusammenhänge erklärt worden waren, verschwand die Angst.

---

* Man spricht auch vom „Physiognomischen Weltbild des Kleinkindes" (siehe S. 189).

*Angstkonditionierungen* zeichnen sich durch zwei besondere Merkmale aus: Erstens genügt eine *einmalige negative Erfahrung,* um eine Angstkonditionierung zu stabilisieren, zweitens sind sie außerordentlich *schwer zu löschen,* weil das Auftreten der „Nebenerscheinung" nie angstfrei erlebt wird und sich das Kind daher nie von deren Harmlosigkeit überzeugen kann. Die moderne Verhaltenstherapie hat die Methode der „Desensibilisierung" zur Löschung solcher Konditionierungen entwickelt.
Für das seelische Gleichgewicht des Kindes spielt der physiognomische Charakter der Umwelt eine große, von Erwachsenen oft unbeachtete Rolle. Dass ein Kind zum Beispiel einen Raum nicht betreten will, in dem es einmal Angst, Verlassenheit oder Bestrafung erlebt hatte, weil dieser ihm ebenso Angst macht wie das eigentliche Erlebnis, wird oft als Unart gewertet.

### *3.1.4 Die „frei flottierende" Angst*

Haben wir bisher versucht, verschiedene Kinderängste auf ihre erkennbaren Ursachen zurückzuführen, so müssen wir feststellen, dass sehr viele Kinder, bei denen vorher keinerlei Zeichen von Beunruhigungen aufgetreten waren, im dritten oder vierten Lebensjahr plötzlich anfangen, sich *ohne erkennbaren Grund* zu fürchten – vor der Dunkelheit, vor auch vorher schon vorhandenen Lichteffekten oder Geräuschen, vor einem völlig harmlosen Tier, vor einem neuen Gegenstand, vor der Klospülung, vor dem Ausflussloch der Badewanne, weil sie fürchten, mit dem Wasser mitgerissen zu werden.

Hier ein Beispiel: Alexander, 4; 2, schläft, wie schon oft, bei den Großeltern. Er bewohnt das Zimmer eines abwesenden Onkels. Dort entdeckt er in beträchtlicher Höhe einen kleinen grotesken Esel, ein Spielzeug, wie es sich junge Erwachsene gerne schenken. In der ersten Nacht schläft er nicht ein, ruft wiederholt die Großeltern und verlangt schließlich, dass man das böse Tier wegnimmt. Am nächsten Morgen erkundigt er sich gleich, ob das Tier eingesperrt sei. Abends vergewissert er sich, dass es nicht wiedergekommen ist. Auf die Frage, warum er Angst habe, es tue doch nichts, sagt er nur: „Es ist ein böses Tier." „Warum?" „Es beißt." Jeden Tag fragt er nach dem Tier, doch ein Angebot, es in seinem Versteck zu besichtigen, wird abgelehnt. Am letzten Tag seines Aufenthaltes wird der Esel gebracht und auf den Tisch gestellt, damit er sich von seiner Harmlosigkeit überzeugen kann. Nach einigem Zureden, zögernd und errötend, berührt er das Tier, dann packt er es und wirft es in eine Ecke.

Psychoanalytiker (9) nennen diese plötzliche, scheinbar grundlos aufsteigende Angst *frei flottierende Angst* und erklären sie aus den dynamischen Prozessen, die zu dieser Zeit im Gange sind und der *Verdrängung unerlaubter Triebwünsche,* der *Gewissensbildung* und der *Entstehung der Abwehrmechanismen* dienen (siehe Kapitel IV, S. 120 ff.). Die Triebwünsche selbst sowie Schuldgefühle in Bezug auf die Triebwünsche und die noch ungesicherten Abwehrmechanismen erzeugen Angst. Da es sich um unbewusste Prozesse handelt, kennt das Kind ihre Ursachen nicht. Es kann die Angst nur beherrschen, indem es sie an irgendeinen Gegenstand oder an eine Situation *„bindet“*, die es dann gänzlich vermeiden kann oder der es nur in Begleitung des Erwachsenen zu begegnen bereit ist.

So laufen Kinder, die sich vor der Spülung fürchten, schnell davon, bevor der Erwachsene sie gezogen hat, andere steigen schnell aus dem Bad, bevor das Wasser abzurinnen beginnt, andere weichen bestimmten Tieren aus, andere brauchen ein kleines Licht, damit sie einschlafen können, andere verlangen – wie Alexander –, dass bestimmte Dinge entfernt werden.

Man tut gut daran, solchen Wünschen nachzugeben. Diese frei flottierenden Ängste können sehr belastend sein, und das Kind darf nie zu einer ausweglosen Konfrontation mit Gegenstand oder Situation, die es vermeiden will, gezwungen werden. Mit der Stabilisierung der dynamischen Prozesse mit etwa fünf oder sechs Jahren verschwinden diese Ängste, wenn das Kind im Übrigen in Vertrauen und Geborgenheit leben kann.
In manchen Fällen treten Vermeidungsängste in verstärkter und deutlich abnormer Form auf. Man nennt sie *Phobien.* Sie richten sich meist auf Tiere. Es kann sich aber auch um Angst vor dem Überqueren einer Brücke, vor dem Herabfallen eines Lusters etc. handeln. Hier ist eine psychotherapeutische Behandlung unbedingt erforderlich.

**Zusammenfassung**

Das Kleinkind, dem vieles noch unverständlich und in den Zusammenhängen undurchschaubar ist und das sich manchen Situationen nicht gewachsen fühlt, reagiert oft mit *Angst.* Art und Grad der Ängste sind sehr verschieden. Bei der *Realangst* geht es um Furcht vor wirklichen Gefahren. Sie kann aber übersteigert sein durch ungeschicktes Erziehungsverhalten (Überforderung, allzu große Ängstlichkeit der Eltern). *Existentielle Angst* ist beim Kind *Angst vor dem Verlassenwerden* und kann sehr schwere Folgen haben (Verlust des Vertrauens, Unfähigkeit zum Spielen usf.). *Angst vor den magischen Gestalten* der Kleinkindwelt kann durch geschicktes Verhalten leicht abgebaut werden. *Frei flottierende Angst* bindet sich oft willkürlich an Gegenstände oder Situationen. Es muss vermieden werden, das Kind mit Gegenständen, an die sich seine Angst fixiert hat, zu konfrontieren. Die Kinderängste verschwinden normalerweise, wenn das Kind in einer vertrauensvollen Atmosphäre aufwächst, mit fünf bis sechs Jahren.

## 3.2 Das sogenannte Trotzalter

Alles deutet darauf hin, dass die *Identitätsfindung* der schwierigste Prozess im Verlauf der Entwicklung ist, das sehen wir auch wieder in der Pubertät. Ein Kind, das noch „eingebettet“ ist in seine Umwelt, sie nicht in Frage stellt,

ein Teil von ihr ist, lässt sich leichter führen und kontrollieren als ein Kind, das sich als Individuum entdeckt hat und als solches zu seiner Umwelt in Gegensatz tritt. Das geschieht offenbar im *sogenannten Trotzalter.* Das Kind wird sich der Tatsache bewusst, dass es planen, wünschen, verursachen kann wie die Erwachsenen. Es ist zu einem Wesen geworden, das man nicht mehr bloß „handhaben" kann. Damit kann es in Konflikte geraten mit den Erziehern, die so viel Energie und Eigenständigkeit nicht wahrhaben wollen, die keinen Unsinn dulden, sich nicht aus dem Konzept bringen lassen und die Tagesroutine nicht gefährdet sehen wollen, die nicht daran denken, sich den Willen des kleinen Kindes aufzwingen zu lassen. Wenn es mit drei Jahren schon nicht mehr macht, was man ihm sagt, was wird sein, wenn es zehn Jahre alt ist? Daher werden die Pläne des Kindes durchkreuzt, was zu Konflikten führt, die in *Trotzanfällen* ihren Höhepunkt erreichen können.
Einer früheren Auffassung nach waren Trotzanfälle entwicklungsbedingt und für die Willensentwicklung notwendig und unerlässlich. Heute weiß man, dass Trotzanfälle *keineswegs entwicklungsbedingt sind,* sondern als Reaktion auf *bestimmte Erziehungspraktiken* auftreten (2). Dann nämlich, wenn man das Kind in seinen Willensäußerungen und in der Durchführung seiner oft absurden Pläne häufig und abrupt frustriert. Wenn die Willensäußerungen der Kinder respektiert werden, gibt es kein Trotzalter. In der emotional neutralen Situation des Kindergartens sind sie äußerst selten. Mütter, die ihren Kindern gestatten, *sinnlose, aber harmlose Pläne durchzuführen,* die sie auf bevorstehende Veränderungen, etwa einen notwendigen Spielabbruch *vorbereiten* und von ihrem Widerstand *ablenken,* können Trotzanfälle weitgehend vermeiden. Wo die Mutter es jedoch auf ein Kräftemessen zwischen sich und dem Kind angelegt hat, auf grundsätzliche Unterdrückung seiner Willensäußerungen und in autoritärer Weise auf blindem Gehorsam besteht, werden Trotzanfälle sich häufen. Entwicklungsbedingt sind allerdings zwei Phänomene:

1. Die Ich-Abhebung
   In Fortsetzung der ersten vagen Erlebnisse der Körper- und Ich-Grenzen zwischen sich und der Mutter gelangt das Kind dazu, sich nun auch bewusst gegenüber der übrigen Welt abzugrenzen und *seine Person als Identität* zu erleben. Wir müssen annehmen, dass dieser Vorgang der Ich-Abhebung einerseits aus den Erfahrungen resultiert, die das Kind mit dem Mitmenschen und mit dem eigenen Körper gemacht hat, andererseits aber auch aus dem Bewusstwerden der eigenen Strebungen und Gefühle. Das Erlebnis der eigenen Identität entsteht wahrscheinlich im Zusammenhang mit der Entdeckung, dass man Pläne machen und seinen Willen dem der Umwelt entgegensetzen kann. *Das Ich konstituiert sich aus der Konfrontation mit dem Du.*
2. Die Frustrationsintoleranz
   Das Kind macht nun seine ersten Pläne, kann aber deren Durchkreuzung

noch nicht ertragen. Diese Pläne sind manchmal recht absurd und zielen oft auf Durchbrechung einer eingefahrenen Tagesroutine. Der Erzieher begegnet ihnen – je nach Führungsstil – mit Schlägen, Verboten, Liebesentzug, Intoleranz oder mit Verständnis. *Den ersteren Arten der Behandlung ist das Kind jedoch noch nicht gewachsen.* Vital starke Kinder reagieren mit Trotzanfällen aggressiver Art. Sie werfen sich auf den Boden, schreien, schlagen um sich, lassen sich nicht von der Stelle bewegen. Vital schwächere schmollen, ziehen sich beleidigt zurück und verweigern auf diese ebenfalls recht obstinate Art den Gehorsam. Wir werden dieser Unfähigkeit, Beeinträchtigungen zu ertragen, noch im Zusammenhang mit der Leistungsmotivation begegnen (siehe S. 235 f.). Der in großen Teilen der Bevölkerung weit verbreitete autoritäre Erziehungsstil ist gekennzeichnet durch geringes Verständnis für die Tatsache, dass das erste Wollen und Planen des Kindes, so absurd es dem Inhalt nach noch erscheinen mag, *der erste und wichtigste Schritt in der Entwicklung der menschlichen Selbststeuerung ist.*

Niemand wird heute behaupten, dass Trotzanfälle der Sozialisation dienen, indem sie den Willen stärken, und ein wünschenswertes, dem Kind zuträgliches Verhalten darstellen. Die Erregung, die ein Trotzanfall in einem Kind auslöst, klingt nur langsam ab und disponiert es zu weiteren Trotzanfällen, eine Situation, die sich sehr ungünstig auf das seelische Gleichgewicht und die Beziehungen zur Umwelt auswirken kann. Bei vital starken Kindern kann eine sehr autoritäre und strenge Erziehung in diesem Alter zu einem *permanenten Negativismus* führen, bei einem vital schwachen Kind kann der *Wille gebrochen werden.* Man wird ihn auch dann nicht mehr aktivieren können, wenn es die Eltern später für wünschenswert halten, dass der junge Mensch lernt, selbständig wird, Pläne macht und diese durchführt. Die Willensentwicklung bedarf keiner Trotzanfälle. Sie wird dort am günstigsten verlaufen, wo dem Kind ein entsprechender *Freiheitsspielraum* für *Entscheidungen,* für *Pläne* und *selbständiges Handeln* geboten wird.

**Zusammenfassung**

Das Trotzalter (im dritten Lebensjahr) steht in engem Zusammenhang mit der Ich-Abhebung des Kindes und dem Erziehungsstil der Eltern. Der Konflikt zwischen kindlichem Wollen und elterlichen Erziehungszielen führt zu Frustrationen des Kindes. Seine einzige Reaktionsmöglichkeit in diesem Alter ist die Trotzreaktion. Vorbereitung des Kindes auf Spielunterbrechungen, Vermeiden von Machtkämpfen und Eingehen auf die erfüllbaren Wünsche führen im Normalfall zum raschen Verschwinden der Trotzreaktionen. Härte der Eltern kann die Persönlichkeit des Kindes brechen und schwerwiegende Schäden bewirken; zu große Nachgiebigkeit hat eine Tyrannei durch das Kind zur Folge, was für die weitere Persönlichkeitsentwicklung und die Erziehungssituation ebenfalls sehr nachteilig sein kann.

## 3.3 Aggression

### *3.3.1 Aggression – eine Erbkonstellation*

Die Frage, ob Aggression ein Trieb oder eine Reaktion auf Versagungen ist, blieb bisher unbeantwortet. Wir können wohl mit den Verhaltensforschern annehmen, dass die Aggression bei allen Lebewesen zu den angeborenen Dispositionen gehört, ursprünglich auch beim Menschen der Erhaltung des Lebens, dem Schutz des Lebensraumes, der Sicherung des Anspruches auf den Sexualpartner und der Verteidigung der Nachkommenschaft diente und durch Frustration dieser Bedürfnisse aktiviert wurde (3). Beim Menschen kann Aggression nicht nur durch Frustration der genannten primären Bedürfnisse aktiviert werden, sondern auch dann, wenn sekundäre Ansprüche und Bedürfnisbefriedigungen bedroht werden, vor allem der Anspruch auf Besitz (der ja eigentlich eine Art Revier ist), auf Liebe, Beachtung, Ansehen und Selbstverwirklichung. Daneben beobachten wir aber beim Menschen auch scheinbar unprovozierte, durch Scheinargumente gerechtfertigte Aggressionen, die zeigen, wie ein Trieb, der in den meisten Situationen des modernen Lebens keine lebenserhaltende Funktion mehr hat, sich auf Scheinobjekte richtet – etwa auf Farbige, Gastarbeiter, Angehörige fremder Gemeinschaften. Aggressionen finden wir erstmals im zweiten Lebensjahr während der analen Phase.

Erinnern wir uns: Sie sind gegen die Mutter gerichtet und treten auf, wenn sich das Kind der Körper- und Ich-Grenzen zwischen sich selbst und der Mutter allmählich bewusst wird. Wahrscheinlich vollzieht sich dieses Bewusstwerden einerseits durch das Erlebnis vorübergehender Trennung von der Mutter, andererseits als Folge ihrer ersten Sozialisationsversuche in Richtung Reinlichkeitsgewöhnung, Gehorsam und Einschränkung des explorativen Verhaltens, die das Kind ebenfalls als Beeinträchtigung erlebt. Wir finden in dieser Altersstufe jedenfalls ein ambivalentes Verhalten: einerseits Anklammern, Nachfolgen und Zärtlichkeit, andererseits zorniges Schreien, Beißen, Schlagen, Inatemhalten der Mutter durch ständige Wünsche etc. Als Aggressionen sind auch die im zweiten Lebensjahr häufigen Verweigerungen anzusehen (Abbildung 22). Bei der noch aus der Oralphase nachwirkenden Identifikation von Mutter und Nahrung wird das von ihr Angebotene zurückgewiesen, wenn man auf sie böse ist.

Bei der kindlichen Aggressivität handelt es sich um eine *triebhaft angelegte Erbkonstellation,* um eine Disposition in jedem von uns, die wir nur allmählich zu beherrschen lernen, die immer wieder in Terroraktionen und in kriegerischen Konflikten durchbricht und die auch im einzelnen Kind, besonders im Knaben – durch Erziehung mühsam in Schach gehalten –, unter einer dünnen „Kulturschicht" stets „sprungbereit" auf Aktivierung „lauert". Diese kann auch ohne äußere Provokation von innen kommen. Bei Knaben im Vorschul- und Schulalter gibt es eine frei aufsteigende Aggressivität, die weder durch Frustration noch durch unmittelbare Beispiele hervorgerufen wird, sondern

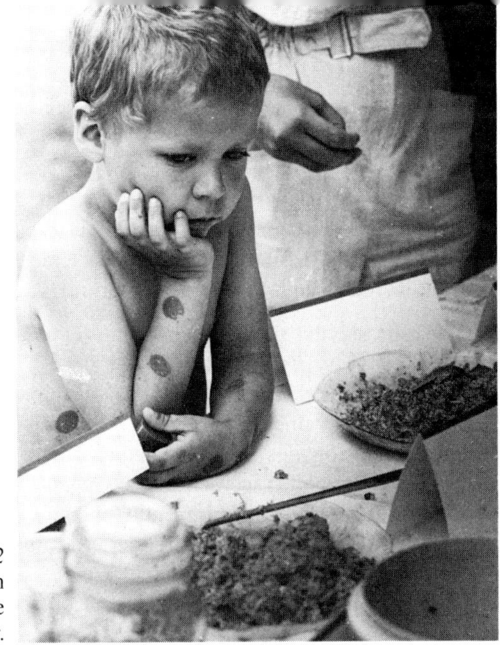

*Abbildung 22*
Essverweigerung – ein Aggressionsakt gegen die Mutter.

der *Abfuhr des geschilderten Triebdruckes* dient. Diese Abfuhr erfolgt meist im Rollenspiel – aus einigen Matadorsteinen wird ein Revolver gebaut, und mit diesem „schießt“ man auf alles und jeden. Oder es kommt – wie bei jungen Tieren – zu ritualisierten Scheinbalgereien, bei denen keiner dem anderen ernstlich weh tun will. Solche Abreaktionen sind notwendig.

### *3.3.2 Auslösende Faktoren*

Im Vorschul- und auch im Schulalter hängt das Ausmaß der kindlichen Aggressionsäusserungen von vielen Faktoren ab: von der Art und Häufigkeit der Frustrationen, denen das Kind ausgesetzt ist – wobei die Geschwistersituation eine große Rolle spielt –, von der Vitalität des Kindes und vom Führungsstil der Erwachsenen. A. *Tausch* (6) konnte zeigen, dass ein einengender, dominierender, allgemein frustrierender Erziehungsstil der Kindergärtnerin die Aggressivität in der Gruppe steigert, eine freundliche ermutigende Erziehungshaltung sie verringert. Auch Raumnot und Mangel an Spielsachen kann die Konfliktbereitschaft in Kindergartengruppen steigern.
Von besonderer Bedeutung sind der Erziehungsstil und das Verhalten der Eltern zueinander, denn Aggression wird immer nachgeahmt, besonders dann, wenn sie erfolgreich war.

*Bandura* (1) konnte zeigen, dass Vorschulkinder, die in einem Film sahen, wie ein Aggressor erfolgreich war, insofern als er seinem Partner alles wegnehmen konnte, später mit denselben Spielsachen viel aggressiver spielten als die Kontrollgruppe, die den Film in einer Abwandlung gesehen hatte. In der Variante des Films wehrte der Angegriffene den Angriff ab, der Aggressor blieb erfolglos. Aber auch in dieser Gruppe bewunderten viele den Angreifer.

Kinder, die Aggressionen der Eltern ausgesetzt sind – geschlagen und beschimpft werden –, sind aggressiver als Kinder, die ohne Gewaltanwendung erzogen werden – und zwar aus vier Gründen:

1. Die Aggressivität des Erwachsenen *legitimiert die eigene, meist verbotene natürliche Angriffslust,* setzt sie frei.
2. Der Erwachsene war mit seiner Aggression gegenüber dem schwächeren Kind *„Sieger",* und Sieger werden bewundert, auch wenn man sie hasst.
3. Die Aggression des Erwachsenen verursacht eine *negative Gefühlsspannung,* die abreagiert werden muss. Gegen Erwachsene ist dies kaum möglich, daher vollzieht sich die Entladung an Orten des geringeren Widerstandes, an Objekten (Spielsachen) oder an Kameraden.
4. Aggression wurde als – vielleicht einzige – *Technik der Konfliktbewältigung* gelernt, und man wendet sie in Konflikten als einzig verfügbare Methode selbst wieder an.

H. *Pass* (4) konnte zeigen, dass nicht nur im Film miterlebte Aggressionshandlungen die Aggressivität von Kindern steigern, sondern auch aggressives Modellverhalten, das *verbal vermittelt* wird, in *Form von Geschichten.* Bei seinen Untersuchungen konnte aber auch nachgewiesen werden, dass freundliches (prosoziales) Modellverhalten zur Nachahmung anregt.

Vierundzwanzig Knaben und vierundzwanzig Mädchen zwischen vier und sechs Jahren wurden in drei Gruppen geteilt. Die Kinder der Gruppe E1 – immer zwei von ihnen gleichzeitig – hörten vom Tonband eine aggressive Geschichte, in der sich Kinder um Bausteine stritten, ihre Bauwerke gegenseitig zerstörten, sich beschimpften und verspotteten. Die Kinder der Gruppe E2 hörten ebenfalls paarweise eine Geschichte, in der sich die Kinder halfen, gemeinsam spielten, sich Spielzeug überließen, sich gegenseitig lobten. Nach dem Anhören der Geschichte wurde jedes Paar in eine Spielecke gebracht, die mit denselben Spielsachen ausgestattet war, von denen in den Geschichten die Rede war. Die dritte Gruppe (K) war die Kontrollgruppe. Diese Kinder hörten keine der beiden Geschichten, spielten jedoch ebenfalls paarweise in der Spielecke. Um einen Einfluss schon vorher vorhandener Verhaltenstendenzen der Kinder auf das Ergebnis zu vermeiden, wurden die von den Kindergärtnerinnen als aggressiv oder prosozial eingeschätzten Kinder gleichmäßig auf die Gruppen verteilt.

Es zeigte sich, dass *auch verbal vermittelte Aggression* Kinder zu aggressivem Verhalten anregt, denn die Kinder, die die aggressive Geschichte gehört hatten, waren in der darauf folgenden Spielperiode viel aggressiver als jene, die die freundliche Geschichte gehört hatten, und auch aggressiver als die Kontrollgruppe. Auch das *prosoziale Modellverhalten* hatte seine Wirkung. Die Kinder der Gruppe E2 zeigten viel mehr freundliche Interaktionen als die beiden anderen Gruppen. Ein drittes Ergebnis fiel jedoch auf: Die beiden Versuchsgruppen zeigten viel mehr Zusammenspiel, im guten und im bösen Sinn, als die Kontrollgruppe, die sich anscheinend eher dem „Parallelspiel“ widmete. Denn die Gruppe E1 zeigte nicht nur viel mehr *aggressives Verhalten* als die Gruppen E2 und K, es gab auch mehr *prosoziales Verhalten* als in Gruppe K, und die Kinder der Gruppe E2 waren nicht nur viel *freundlicher zueinander* als die Gruppen E1 und K, sondern waren auch *aggressiver* als die Kontrollgruppe. Es scheint, dass jede Form des *interaktiven Modellverhaltens das Zusammenspiel fördert.* Der Verfasser erklärt dies mit einem allgemeinen Aktivierungseffekt, der latente Bereitschaften primär in der Richtung des Modellverhaltens, aber als Nebeneffekt auch in Richtung des Gegenteils frei macht.

**Zusammenfassung**

Aggressivität ist triebhaft als Disposition angelegt (Abbildung 23). Sie tritt schon bei Vorschulkindern, auch ohne Provokation, meist im Spiel, in Erscheinung und kann durch *Frustrationen,* durch *Angst* und durch *Beispiele,* besonders durch solche erfolgreicher Aggression, extrem gesteigert werden.
Verbale Aggression wirkt in derselben Weise verstärkend auf aggressives Verhalten wie beobachtete Aggression.

*Abbildung 23*
Aggression ist eine triebhaft angelegte Erbkonstellation.

### 3.4 Geschwistereifersucht

Rangpositionskämpfe gibt es in jeder Gruppe von Menschen, die längere Zeit zusammen leben oder zusammen arbeiten. Sie treten sehr verschieden in Erscheinung, angefangen von der primitivsten Form der tätlichen Auseinandersetzung bis zu den subtilsten Formen des Wettbewerbs. In der Familie erhält der Machtkampf der Geschwister einen besonderen Akzent durch die Tatsache, dass jedes der Kinder in besonderer Weise an die Eltern, insbesondere an die Mutter, gebunden ist und sie für sich allein besitzen möchte. In dieser Liebesbeziehung, die, wie jede im Leben, den Anspruch auf Alleinbesitz erhebt, bildet das Geschwister einen Störfaktor.

Der Ausdruck dieses emotionalen Konflikts ist die Geschwistereifersucht, eine völlig normale Erscheinung, die man jedoch weder ignorieren noch dramatisieren, aber auch ja nicht durch Erziehungsfehler verstärken darf (Abbildung 24). Meistens wird das ältere Kind gleich nach der Geburt eines Geschwisters schwierig, und am stärksten ist die Eifersucht bei Erstgeborenen, die längere Zeit allein im Mittelpunkt der familiären Aufmerksamkeit standen. Das Kind wehrt sich gegen den Nachkommenden, denn die Beachtung, die nun begreiflicherweise dem Neugeborenen geschenkt wird, lässt es befürchten, dass es nun die Liebe der Eltern verloren habe. Je nach Temperament kann die Eifersucht sehr verschieden zum Ausdruck kommen. Es gibt Kinder, die offene Aggression gegen das Jüngere zeigen, es zwicken, schlagen, die immer wieder fragen, ob man es nicht zurückgeben könne, und die Sachen zerstören oder verstecken, die für das Kind gebraucht werden. Und manche Kinder fordern die Beachtung der Mutter energisch gerade dann, wenn sie am intensivsten mit dem Baby beschäftigt ist. Ich kannte ein Kind,

*Abbildung 24*
Geschwistereifersucht kann zu Aggressionen führen.

das brachte jedesmal, wenn die Mutter sein Brüderchen stillen wollte, sein Bilderbuch, legte es auf den Säugling und quälte die Mutter, ihm vorzulesen. Andere Kinder wieder „regredieren", das heißt, sie fallen auf Entwicklungsstufen zurück, die sie bereits überwunden haben. Sie nässen und koten, sie lutschen, sie klammern sich an die Mutter, sie möchten am liebsten wieder von der Brust oder aus der Flasche trinken. In anderen Fällen zeigt sich die Eifersucht des Kindes nicht in Aktionen gegen das Baby und ist daher für die Eltern oft nicht als solche zu erkennen. Das sind die Kinder, die einfach schlimm werden. Sie gehorchen nicht mehr, sie essen nicht mehr, sie wehren sich gegen das Schlafengehen, sie zerstören ihre Spielsachen. Sie werden nicht gegen das Baby aggressiv, sondern gegen die Eltern und gegen andere Kinder. Ihnen geht es vor allem darum, Beachtung um jeden Preis zu erringen, denn sie wittern die Gefahr, umso weniger beachtet zu werden, je unauffälliger sie sind. Leider wird von den Eltern sehr häufig übersehen, dass diese Verhaltensweisen nur eine aus der Sicht des Kindes verständliche Störung des seelischen Gleichgewichts zum Ausdruck bringen. Das schwierige Verhalten des Kindes wird von der Mutter, die sich ja selbst an eine neue Situation anpassen muss, als Belastung empfunden. Das Kind wird gescholten und bestraft. Man verlangt von ihm Liebe zum Geschwister, ja sogar Begeisterung über sein Vorhandensein, wenn solche Gefühle gar nicht erwartet werden können. Aber weil es nicht Liebe und Begeisterung zeigen kann, sondern das Gegenteil, wird es moralisch abgewertet, zum „bösen Kind" erklärt. Gerade diese Reaktionen der Eltern müssen das Kind aber in seiner Annahme, es sei von ihnen nun weniger geliebt als das Geschwister, bestärken und bestätigen. Auf die Bestätigung reagieren Kinder sehr verschieden. Manche verstärken nur ihre Aggressivität und bleiben feindselig. Andere erkennen, dass ihre Ablehnung des Säuglings diesen nicht aus der Welt schafft, sie selbst jedoch scheinbar um den Rest der elterlichen Zuneigung bringt. Sie passen sich daher an, ignorieren das Baby, täuschen sogar Liebe vor, zeigen ihre Aggressionen nur mehr heimlich, wenn die Eltern es nicht sehen, oder ergreifen Zuflucht zur Reaktionsbildung (siehe S. 120) und verwandeln die Ablehnung des Geschwisters in Geschwisterliebe. Die Reaktionsbildung kommt nur bei Kindern vor, denen man ein besonders strenges Gewissen anerzogen hat, was zur Folge hat, dass ihre unfreundlichen Gedanken gegenüber dem Geschwister heftige peinigende Schuldgefühle hervorrufen und verdrängt werden.

### Pädagogischer Teil

*Angst*

Ganz ohne Angst kann man Kinder nicht erziehen. Sie *müssen Angst haben* vor unvorsichtigem Überqueren der Straße, vor fremden Menschen, die Geschenke anbieten oder zum Mitgehen oder Mitfahren überreden wollen, vor fremden Hunden, die man lieber

nicht streicheln sollte, vor dem Öffnen eines Gashahnes oder vor dem Spiel mit Zündern, vor dem Hinausbeugen aus einem offenen Fenster, vor dem Herumklettern auf Geländern, vor dem Spielen in zu großer Nähe eines Wasserrandes. Es gibt viele Gefahren, vor denen man schon ein kleines Kind warnen muss.
Strafen und Bedrohungen, die das Kind in Angst versetzen, müssen jedoch vermieden werden (siehe auch S. 97)!
Die physiognomische Umwelt kann man nicht abschaffen, aber man sollte sie für das Kind erfreulich gestalten, indem man es vor Situationen bewahrt, in denen es seelische Beeinträchtigungen erlebt, sich verlassen, überfordert, ungeliebt fühlen muss. Je geborgener und sicherer sich ein Kind in seiner dinglichen und emotionalen Umwelt fühlen kann, desto freundlicher wird ihr Antlitz sein, desto geringer die Angst des Kindes.
Hat sich die „frei flottierende" Angst auf ein bestimmtes Objekt, eine Situation, einen Menschen oder ein Tier fixiert, sollte das Kind *nie gezwungen werden,* diesem angstbesetzten Element seiner Umwelt zu begegnen, zumindest nicht ohne den Schutz des Erwachsenen. Es muss es vermeiden dürfen, ohne Spott oder Abwertung zu erleben. Wenn ein Lichtlein im Zimmer die Angst vor Finsternis bannen kann, soll es gewährt werden. Die Neigung zu magischen Ängsten sollte keineswegs ausgenützt werden. Ein besonderes Problem bildet hier das Märchen. Die Volksmärchen, gesammelt von den Brüdern Grimm, sind uraltes Volksgut. Sie waren ursprünglich nicht für Kinder bestimmt, sondern sind der dichterische Niederschlag des Denkens und Fühlens von Menschen auf einer weiter zurück liegenden Stufe der Menschheitsentwicklung. Das Weltbild primitiver Menschen war dem unserer Kleinkinder sehr ähnlich. Deshalb entspricht auch das Volksmärchen in hohem Maße dieser Altersstufe. Es gibt dem Kleinkind und dem jüngeren Schulkind sprachliche, intellektuelle und fantasiemäßige Anregungen, erweitert seinen Vorstellungskreis und bereichert sein Gefühlsleben. Trotzdem gibt es heute Einwände gegen das Märchen, und zwar besonders gegen die oft außerordentliche Grausamkeit der darin beschriebenen Bestrafungen. Bedenklich ist auch die Gestalt der Stiefmutter, ein oft wiederkehrendes Thema des Volksmärchens, und zwar nicht nur für die zahlreichen Kinder, die von Stief- und Pflegemüttern erzogen werden. Denn in Konfliktsituationen kann in der Fantasie eines jeden Kindes auch die eigene Mutter zur „bösen Stiefmutter" werden! Die magischen Gestalten der Hexen, Riesen und Zauberer versetzen jedes Kind in ängstliche Spannung, die aber meist als „leichtes Gruseln" lustvoll erlebt wird. Unter bestimmten Umständen kann jedoch aus diesem Gruseln Angst werden, und zwar dann, wenn ein an sich ängstliches Kind einen Analogieschluss zieht – „Wenn Hänsel und Gretel von den Eltern verstoßen wurden, könnte mir das doch auch passieren" – oder wenn der Erwachsene den Fehler begeht, die Angst erregende Märchenfigur aus der Sphäre des Märchens in das reale Leben des Kindes hineinzuziehen: „Wenn du nicht brav bist, kommt die Hexe."
Daraus ergeben sich vier pädagogische Gesichtspunkte für das Märchen in der Kinderstube, aus der wir es keineswegs ganz verbannen wollen:

1. Dem vorschulpflichtigen Kind soll das Märchen immer erzählt werden, und zwar bedarf es als wichtigsten Schutz gegen die Angst des Gefühls der körperlichen und seelischen Geborgenheit. Die Zahl der Kinder, die, auf dem Schoß der Mutter oder Großmutter sitzend, eng umschlungen, das Märchen erleben dürfen, wird immer geringer.
2. Gewisse Abänderungen des traditionellen Märchengutes sind wohl mit Rücksicht auf die erhöhte Sensibilität und Angstbereitschaft vieler Kinder notwendig. So wird das Märchen von „Hänsel und Gretel" kaum etwas von seiner Schönheit verlieren, wenn

Hänsel und Gretel nicht als von den Eltern Verstoßene im Wald umherirren, sondern sich einfach verlaufen haben und zu Hause wieder mit Freuden empfangen werden.
3. Der besondere Akzent beim Märchenerzählen soll immer auf dem „Es war einmal …“ liegen. Das Märchen muss deutlich von der Wirklichkeit des kindlichen Lebens abgegrenzt werden, und besonders in den Stiefmuttergeschichten braucht das Kind einen deutlichen Hinweis, dass es solche böse Stiefmütter nicht mehr gibt.
4. Das Vorlesen von Märchen und besonders die unpersönlichste Art der Darbietung, die Märchenschallplatte, eignen sich besser für das sechs- und siebenjährige Schulkind als für das Kleinkind.

Wie wir schon sagten, müssen Kleinkinderängste nicht immer mit konkreten Erlebnissen zusammenhängen. Sie können der Fantasie entspringen oder aus der Dynamik der „frei flottierenden“ Angst entstehen. Aber sehr oft sind Ängste doch auch erklärbar aus Mangel an Geborgenheit, aus zu hochgespannten Erwartungen, aus Strafdrohungen, aus Gewissensnöten, aus Konflikten mit anderen Kindern. Man sollte versuchen, die Ursachen zu finden und das Kind mit seinen Nöten nicht allein zu lassen. Bei einem beunruhigenden Maß an Vermeidungen, Ängstlichkeit, Schüchternheit, Mutlosigkeit, Kontakt- und Schlafschwierigkeiten wird man die Hilfe eines Kinderpsychologen oder Kinderpsychiaters in Anspruch nehmen müssen.

*Trotz*

Die *Häufigkeit von Trotzreaktionen* hängt einerseits von der Vitalität des Kindes ab, andererseits von der *Erziehungstüchtigkeit* der Mutter. Es ist sehr bezeichnend, dass es im Kindergarten fast nie zu Trotzreaktionen kommt. Reagiert der Erzieher richtig auf die ersten Anzeichen der persönlichen Autonomie, dann lernt das Kind bald, seine eigenen Wünsche mit den Forderungen der Umwelt in Einklang zu bringen. Seine Frustrationstoleranz nimmt zu. Im Allgemeinen klingt die Neigung, bei Versagung von Wünschen mit gesteigerter Aggressivität zu reagieren, nach wenigen Monaten ab.

Unter den bei uns herrschenden Erziehungsbedingungen werden in der Periode der ersten Ich-Abhebung allerdings oft schwerwiegende Erziehungsfehler gemacht. Nicht sehr viele Eltern sind sich darüber im Klaren, dass das *erste Wollen und Planen,* sei es noch so absurd, der erste und wichtigste Schritt in der Entwicklung der *menschlichen Selbststeuerung* ist. Sie fürchten, die Eigenwilligkeit des Kindes werde mit ihm wachsen und einen zunehmenden Autoritätsverlust mit sich bringen. Daher neigen sie dazu, mit strengen Erziehungsmaßnahmen und mit Unnachgiebigkeit den Willen des Kindes zu brechen. Diese Haltung wird vom Kind als Ablehnung und völliger Liebesverlust erlebt. Durch eine solche Haltung können schwerste Störungen der kindlichen Persönlichkeitsentwicklung entstehen.

Ein ebenso großer Fehler liegt jedoch in der völligen Nachgiebigkeit. Um Konflikte zu vermeiden, oft aus Angst vor den Nachbarn, wird den kindlichen Wünschen bedingungslos nachgegeben und die Tagesroutine aufgegeben. Das Kind macht sehr bald die Erfahrung, dass es nur zu schreien braucht, um alles zu erreichen, was es will. Solche Kinder wachsen den Eltern wirklich über den Kopf. Die Erziehung in diesem Alter erfordert einiges Geschick, vor allem Voraussicht, denn es ist wichtiger, *einem Trotzanfall vorzubeugen,* als ihn nachträglich zu bestrafen. Alle Veränderungen, besonders aber Unterbrechungen des Spiels, sollen dem Kind vorher angekündigt werden, damit es sich darauf vorbereiten und damit auseinandersetzen kann. Auch darf der Erwachsene es nie zu Kraftproben zwischen sich und dem Kind kommen lassen. Harmlose Pläne, auch wenn sie dem Erwachsenen sinnlos erscheinen, sollten keineswegs durchkreuzt werden.

Das so häufige Verbieten um des Verbietens willen, nur um den Willen des Kindes zu brechen, zerbricht seine Persönlichkeit.
Ein gesteigertes Trotzverhalten deutet, vorausgesetzt, dass keine organische Schädigung des Kindes vorliegt, auf ein falsches emotionales Zusammenspiel zwischen Mutter und Kind. Verständnislose Behandlung des Kindes in dieser Zeit, vor allem Aggressivität von Seiten des Erwachsenen, kann zu einem fixierten Negativismus führen. Konflikte aus dieser Periode sind nicht selten die Ursache schwerer Neurosen.
Vital schwache Kinder, die auch später wenige Anzeichen aktiver Selbststeuerung erkennen lassen, reagieren eher mit „Schmollen" als mit Trotz. Der „Ausfall" des Trotzalters kann die Folge einer überlegenen erzieherischen Führung sein.
Die Erregungsphase des zweiten und dritten Lebensjahres ist gekennzeichnet durch eine *starke Ambivalenz der Gefühle.* Die Liebe zu den Eltern schlägt bei Konflikten sehr rasch in Ablehnung um, aber solche negativen Gefühle rufen intensive Schuldgefühle hervor. Diese Schuldgefühle veranlassen das Kind einerseits dazu, sich erneut der Liebe der Eltern zu versichern („Hast du mich noch lieb?"), andererseits drängen sie auch nach Entsühnung durch Strafe. Diese sucht das Kind herbeizuführen, indem es durch besondere Widersetzlichkeit provoziert. Die Gefühlslage ist voll von Widersprüchen, denen das Kind ohne ruhige, überlegene Führung und ohne echte Geborgenheit nicht gewachsen ist.

*Aggression*

Wir sagten schon, dass Aggression zwar in jedem von uns „steckt", aber durch Vorbildwirkung ausgelöst werden kann, und zwar sowohl durch tätliche wie auch durch verbale Vorbilder. Diese findet das Kind am häufigsten in der Familie. Die vielen geprügelten Kinder erleben sie als gegen sie selbst gerichtet und geben sie weiter. Und auch der Anblick der meist gegen die Mutter gerichteten Tätlichkeiten bereitet den Boden für die vielen brutalen Akte junger Menschen.
Verbale Aggression, wie die in der Geschichte des auf Seite 106 geschilderten Versuches, hat nur kurze Wirkung. Aber wenn ein Kind Tag für Tag verbale Aggressionen in seiner nächsten Umwelt erlebt, kann die prägende Wirkung nicht ausbleiben.
Zwar gibt es im österreichischen Fernsehen viel weniger Brutalität als in den Programmen anderer Länder, und das Jugendprogramm ist sorgfältig davon ausgenommen, aber in vielen Familien sehen schon Kleinkinder unkontrolliert an, was nur für Erwachsene bestimmt ist. Auch von da können Aggressionsmodelle übernommen werden – umso schädlicher, da völlig unverstanden.
Da so viele Familien Beispiele aggressiven Verhaltens liefern – auch in den Geschwistersituationen –, ist es nicht verwunderlich, dass es in jeder Kindergartengruppe einige gibt, die auf Kosten der Kameraden ihre „Modelle" nachahmen und damit gleichzeitig zu Modellen werden.
Eine friedliche Welt könnte nur in der friedlichen Familie ihren Anfang nehmen. Das sollten zumindest jene zur Kenntnis nehmen, die in der Lage sind, die Zusammenhänge zu erkennen und sich selbst und ihr Erzieherverhalten unter Kontrolle zu halten.

*Geschwistereifersucht*

Ein Kind sollte nie unvorbereitet mit einem Geschwister konfrontiert werden. Es sollte wissen, dass es kommt und woher es kommt. Es sollte seine Bewegungen im Leib der Mutter spüren. Und man sollte ihm erklären, wie das Baby sein würde – vor allem vorerst kein Spielkamerad! –, was man alles mit ihm machen müsse, wie viel Arbeit es nun geben werde und wie das „große" Kind dabei helfen könne. Aber das alles schützt nicht unbedingt gegen Geschwistereifersucht. Es gibt nur ein Mittel, und selbst das hilft nicht immer: Das ältere Kind muss erhöhte Beachtung erfahren, und wir müssen ihm immer wieder versichern, dass es ebenso geliebt werde wie das kleine. Es soll teilnehmen an der Fürsorge und Pflege für das Kind, das auch „sein Baby“ ist. Ältere Kinder kann man über ihr eigenes Verhalten aufklären: „Du machst das, weil du glaubst, dass wir dich jetzt weniger lieb haben, aber du irrst dich, wir haben dich immer gleich lieb.“

*Literaturverzeichnis*


1 *BANDURA, A.:* Social Learning through Imitation in *JONES, M. R.* (Hrsg.): Nebraska Symposium on Motivation. 1962.

2 *KEMMLER, L.:* Untersuchung über den frühkindlichen Trotz. Psychol. Forschung 25, 1957.

3 *LORENZ, K.:* Das sogenannte Böse. Zur Naturgeschichte der Aggression. 16. Aufl., Wien 1965.

4 *PASS, H.:* Nachahmung von verbal übermittelten Modellen aggressiver und prosozialer Interaktionen. Psychologie in Erziehung und Unterricht, 30. Jg., I. Quartal, 1983.

5 *SCHENK-DANZINGER, L.:* Entwicklungspsychologie. 15. Aufl., Wien 1981.

6 *TAUSCH, A., BARTHEL, A., FITTKAU, B.,* und *HÜBSCH, H.:* Variablen und Zusammenhänge der sozialen Interaktion im Kindergarten. Zt. Psychologische Rundschau, Heft 4, 1968.

7 *TOMAN, W.:* Familienkonstellationen. München 1965.

8 *WATSON, J. B.,* und *RAPNER, R.:* Conditioned Emotional Reactions. Zt. für experimentelle und angewandte Psychologie, Heft 3, 1920.

9 *ZULLIGER, H.:* Die Angst des Kindes. Fischer-Bücherei des Wissens Nr. 984.

# *IV Die Sozialisation*

> Wer denkt, wenn er in die „Freuden“ seiner Kinderjahre zurückblickt, daran, dass seine Eltern auf dem Kampfplatz waren? Auf dem Kampfplatz in der bittersten, bösesten Bedeutung des Wortes!
>
> *Wilhelm Raabe*

Der Mensch hat nur eine schmale Instinktbasis. Anders als das Tier, dessen soziale Verhaltensweisen überwiegend angeboren sind – so wird zum Beispiel der *Aggressionstrieb* durch eine angeborene, von der *Demutsgebärde* des unterlegenen Partners ausgelösten Tötungshemmung eingedämmt –, sind beim Menschen nur wenige Erbkonstellationen wirksam. Die meisten sozialen Verhaltensweisen muss der Mensch *lernen*. Während das Zusammenleben der Tiere primär durch *angeborene Verhaltensmuster* gesteuert wird, in die im Sozialkontakt „Gelerntes“ eingebettet sein kann (etwa das sich gegenseitige Putzen der Affen, das nicht auftritt, wenn das Junge es nicht bei der Mutter gelernt hat), verhält es sich beim Menschen umgekehrt. Er hat *vereinzelte Erbkonstellationen*, die immer wieder in Erscheinung treten (etwa in der Tendenz, in jeder Gruppe hierarchische Ordnungen des sozialen Ansehens zu bilden), im Übrigen aber muss er *lernen*, mit seinen Mitmenschen zusammenzuleben, und dieses Lernen nennt man *Sozialisation. Fend* (5) definiert Sozialisation als ein *Lernen von Normen, Werten, Verhaltensweisen* und *Rollenerwartungen*, die in der *Bezugsgruppe* eines Kindes Geltung haben. Er meint, man könne auch sagen: „Sozialisierung ist der Prozess des Lernens normkonformen Verhaltens“, wobei er Konformität in einer wertfreien Bedeutung als die Übereinstimmung des Verhaltens von Individuen mit den Normen ihrer Gruppe und der Gesellschaft, in der sie leben, verstanden wissen will.

*Dahrendorf* (3) bezieht sich in seiner Definition auch auf das *Wie* dieses Vorganges. Er sagt: „Sozialisierung wird als *Vorgang der Führung, Betreuung und Prägung des Menschen durch Verhaltenserwartungen und Verhaltenskontrollen seiner Beziehungspartner verstanden. Die Gesellschaft* (im Falle des Kleinkindes vertreten durch Eltern und Zweiterzieher) *tritt dem Kind mehr oder weniger fordernd, belohnend oder strafend entgegen und übt einen mehr oder weniger unvermeidlichen Anpassungszwang aus.*“

## 4.1 Verschiedene Formen der Konditionierung

Einen wic[illegible] Verständnis des Lernens von Verhaltensweisen hat *Skinner* ( [illegible] uerst im Tierexperiment, dass *belohntes Verhalte*[illegible] *alten unterdrückt, ignoriertes Verhalten gelöscht* [illegible] des Lernens *instrumentale Konditionierung*. [illegible] einkindes besteht darin, dass es die *Forderungen* [illegible] Lebensjahres gestellt werden, intellektuell nicht [illegible] es sich immer um Triebverzicht, vor allem bei d[illegible] ei der Beschränkung des Bewegungsbedürfniss[illegible] plorationsverhaltens. Einem fünfzehn Monate alt[illegible] en, warum es nicht am Gashahn drehen, nicht au[illegible] heißen Ofen nicht berühren darf. Und doch m[illegible] bote zu befolgen. Hier hilft die in diesem Alter b[illegible] *eziehung* zur Mutter. Im Prozess des frühen sozi[illegible] ung des *ersten Gebots- und Verbotsgehorsams,* ist *Liebe*[illegible] iehungsweise *Verstärkung, Liebesentzug Bestrafung. Über die* [illegible] *notionalen Bindung an die Mutter lernt das Kind, den von ihr gesetzten Verhaltenserwartungen zu entsprechen.*

Die Psychoanalyse (9) hat angenommen, dass sich die Sozialisation primär unter *negativem Aspekt* vollzieht. Das Kind möchte nach dem *Lustprinzip* leben, sein Sinnen und Trachten ist auf Triebbefriedigung gerichtet. Diesen Bestrebungen werden durch die Umwelt, die sich dadurch beeinträchtigt fühlt, Schranken gesetzt. Sie „bestraft" das Kind so lange, bis es gelernt hat, nach dem *Realitätsprinzip* zu leben, das heißt, bis es als Reaktion auf unangenehme, frustrierende Erlebnisse seine Triebansprüche teilweise aufgegeben hat und zum Zweck der Strafvermeidung bereit ist, sich den Normen der Gesellschaft anzupassen. Es handelt sich um ein *„Vermeidungslernen"*, das von Furcht gesteuert ist.

Alfred *Adler* (1) dagegen glaubte an eine anlagemäßig vorgegebene *Disposition zum Sozialen*, an ein angeborenes *Gemeinschaftsgefühl*, das durch Erziehung gefördert und entwickelt werden kann. Er vertrat damit nach heutiger Auffassung jene Variante der *instrumentalen Konditionierung*, die ihren Schwerpunkt in Belohnung und Verstärkung erwünschten Verhaltens hat. Man spricht vom *Annäherungslernen*, da Belohnungen das Individuum ja dazu veranlassen, sich – geleitet von der Hoffnung auf weitere Belohnungen – dem „Sollwert", dem gewünschten Verhalten, anzunähern beziehungsweise es zu wiederholen. *Da das Kind in den Anfängen des Sozialisationsprozesses vor allem den Liebesbezug zur ständigen Pflegeperson aufrechterhalten will, kann man darin durchaus eine Disposition zum Sozialen sehen.*

Je nach dem Erziehungsstil des Erwachsenen kann der Akzent des „Sozial-

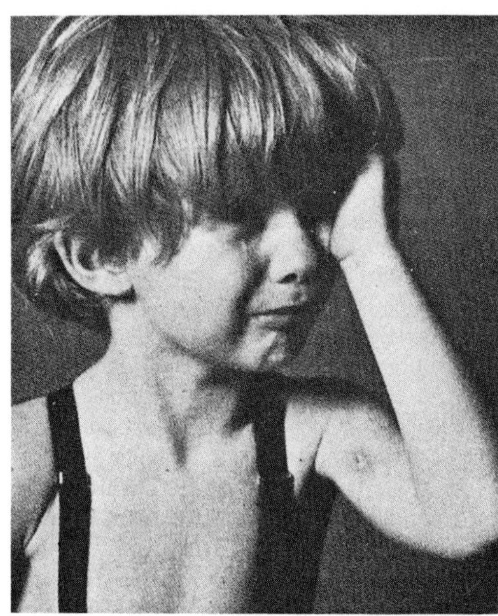

*Abbildung 25*
Prügelstrafen schaden der emotionalen Entwicklung.

machens" auf der *Belohnung* oder auf der *Bestrafung* liegen. Manche Mütter – auf die schichtenspezifischen Unterschiede werden wir noch zu sprechen kommen – *belohnen erwünschtes Verhalten mit Zärtlichkeit, Lob, Anerkennung, Vergünstigungen*, während sie unerwünschtes Verhalten nur *milde rügen, geringfügig bestrafen oder ignorieren.* In diesen Fällen wird sich das Verhalten des Kindes in einer emotional sehr positiven Atmosphäre, vor allem auf der *Basis der Verstärkung,* allmählich aufbauen. Andere Mütter neigen dazu, *erwünschtes Verhalten* als selbstverständlich anzusehen und daher *kaum zu beachten*, unerwünschtes Verhalten dagegen mit *großer Strenge zu sanktionieren. Schlagen, Schimpfen, Strafen* ist dann an der Tagesordnung (Abbildung 25). Hier kommt es unter starken emotionalen Spannungen zu einem Lernen, das überwiegend auf der *Strafvermeidung* basiert. Die emotionale Beziehung zur Mutter wird einer starken Belastungsprobe ausgesetzt, sie gewinnt in der Regel einen höchst *ambivalenten Charakter.*

## 4.2 Soziales Lernen durch Nachahmung und Identifikation

Soziales Lernen vollzieht sich auch durch Nachahmung. Wir sprechen dann von *Imitationslernen.* Beim Menschen spielt einfache Nachahmung in der frühen Kindheit eine besondere Rolle, wenn fremdes Verhalten für die Akti-

vierung von eben durch Reifung ermöglichtem eigenem Verhalten wirksam wird, etwa für Bewegungsformen, für die Sprache, für gegenseitige Spielanregungen. Je *jünger* das Kind ist, desto *unbewusster* ahmt es nach, je älter es wird, desto bewusster werden schon im Kindergarten Ausdrücke, Spielformen, Turnübungen nachgeahmt.
Während wir auch im Tierreich Lernen durch Konditionierung und Nachahmung finden, ist eine Form des Lernens dem Menschen vorbehalten: *das Lernen durch Identifikation.* Unter Identifikation verstehen wir die *bewusste oder unbewusste Übernahme von Werten, Normen, Haltungen, Einstellungen* oder *Verhaltensweisen* von Personen, zu denen eine positive Beziehung besteht, bei denen es sich also um geliebte oder um bewunderte Personen handelt. Die Belohnung liegt hier in der Erfüllung eines mehr oder weniger bewussten Wunsches, der geliebten oder bewunderten Person ähnlich zu werden. Lernen durch Identifikation vollzieht sich im Kleinkinderalter vorwiegend in der Familie, wobei *unbeabsichtigte Vorbildwirkung der Eltern* wichtiger ist als alle intendierten Erziehungsmaßnahmen. Schon im Vorschulalter können Bewegungen, Ausdrucksweisen und Neigungen, häufig auch der Tonfall der Rede, durch unbewusste Identifikation von den Eltern übernommen werden, aber auch deren *Ängste* und *Abneigungen.* Es gibt viele Beispiele, die zeigen, dass sich auch schon Kleinkinder mit bewunderten Altersgenossen identifizieren können.

## 4.3 Die erste Gewissensbildung

### *4.3.1 Der Identifikationsprozess*

Um einen Identifikationsprozess handelt es sich letztlich auch bei der *Gewissensbildung.* Verhaltensweisen, die nur auf Grund von *Konditionierungen* aufgebaut wurden, laufen Gefahr, beim Ausbleiben von Belohnungen oder Bestrafungen, die ja nicht endlos fortgesetzt werden können, der *Löschung* zu unterliegen. Wie kommt es nun, dass Normen, Werte und Verhaltensmuster auch ohne elterliche Kontrolle wirksam werden? Die Antwort auf diese Frage verdanken wir der Psychoanalyse.
Der Gebots- und Verbotsgehorsam des Kindes ist vorerst an die Anwesenheit des Erwachsenen und an die unmittelbar erlebten Belohnungen und Bestrafungen gebunden. Eines Tages beobachten wir, dass das Kind die *geforderten Verhaltensmuster bejaht.* Es hat sich die Werturteile seines Erziehers hinsichtlich „brav" und „schlimm", „gut" und „böse", „erlaubt" und „verboten" zu eigen gemacht. Anna *Freud* (8, S. 112 f.) sagt:

Der Weg geht von der Liebe zum Objekt zur Identifizierung mit dem Objekt. Das Kind muss das Liebesobjekt wenigstens teilweise in sich aufnehmen, es muss sich selber so umwandeln, dass es dieser Mutter oder diesem Vater ähnlich wird. Und merkwürdigerweise nimmt das Kind von dem Objekt das auf, was ihm am Objekt am unangenehmsten, am störendsten war, es nimmt die Verbote und Gebote auf. Es entsteht der Zustand, dass wir gegen Ende der Ödipus-Situation ein Kind vor uns haben, das wohl in einem Teil das Objekt, den Erzieher selbst, in sich trägt. Der Erzieher im Kind, also dieses einverleibte Stück – wir sagen, das Stück, mit dem das Kind sich identifiziert hat –, spielt jetzt dem übrigen Kind gegenüber innerlich dieselbe Rolle, wie sie das Elternobjekt in der Außenwelt dem ganzen Kind gegenüber gespielt hat. Es bekommt eine so überragende, überwältigende Stellung im Kind eingeräumt, dass wir ihm auch in der Psychoanalyse einen eigenen Namen gegeben haben. Wir nennen es das Über-Ich. Es beherrscht das Ich des Kindes so, wie der Erzieher früher das Kind selbst beherrscht hat.

Damit ist das Gewissen entstanden, eine autonome verhaltensregulierende Instanz. Das Kind ist zwar von da ab nicht immer brav, aber es weiß, wann es „schlimm" war. *Erikson* (4) nennt die erste Gewissensbildung die Vertreibung aus dem Paradies: *Sie wußten nun, was gut und böse war.* Jedes Zuwiderhandeln gegen interiorisierte Werte bestraft das Gewissen nun automatisch mit Schuldgefühl oder Gewissensbissen, vor dieser Art der Bestrafung gibt es kein Entrinnen. Mit der Ausbildung des Gewissens vollzieht sich eine teilweise äußere Ablösung von den Eltern, insofern, als die Erfüllung von Verhaltenserwartungen nicht mehr an deren Anwesenheit gebunden ist. Diese äußere Ablösung wird jedoch durch die innere Verbundenheit in der Tiefenschicht ersetzt. Das Kind hat die Eltern, repräsentiert durch die von ihnen gesetzten Werte, in sich aufgenommen, ihre Stimme ist zur Stimme des Gewissens geworden.

### *4.3.2 Erziehungsform und Gewissensbildung*

Die Art, in der Normen, Werte und Verhaltensmuster an das Kind herangetragen werden, hat wesentlichen Einfluss auf seine Anpassung an die Gesellschaft und auf sein seelisches Gleichgewicht. Eine *zu strenge Erziehung* schafft ein zu strenges Gewissen, das ein Kind mit einem Übermaß an Schuldgefühlen, Ängsten und Hemmungen belasten kann. Eine *vernachlässigende Erziehung* verwehrt dem Kind jene Geborgenheit, die aus der sicheren Kenntnis von Verhaltenserwartungen und von eindeutig gesetzten Grenzen erwächst. Es hat keine Orientierungspunkte, weiß nicht, wie es sich verhalten soll, weiß nicht, welche Konsequenzen sein Verhalten haben kann und lernt weder *Triebverzicht* noch *Triebhemmung*. Die Ansätze der Gewissensbildung bleiben rudimentär und erweisen sich als nicht genügend tragfähig zur Bewältigung von Entscheidungen und Konflikten. Eine *inkonsequente* Erziehung, die oft auch eine vernachlässigende ist, schafft eine ähnliche Situation. Belohnungen und Bestrafungen erfolgen nicht im Zusammenhang mit einem zugrunde liegenden Erziehungskonzept, sondern sind oft die Folge augenblicklicher Stimmungen und Launen. Eine Erziehung, die zwischen über-

mäßiger Strenge und unbegründeter Nachgiebigkeit schwankt, führt zu falschen Konditionierungen, zu Enttäuschungen bei erwartetem Liebesgewinn und meist zum *Überwiegen des Liebesverlustes gegenüber dem Liebesgewinn*, was *Angstkonditionierungen* auslösen muss. Hier entsteht weder Vertrauen noch Geborgenheit, sondern Unsicherheit in der Umweltorientierung.
Nicht vergessen dürfen wir auch die *früh Verwahrlosten*, die keine Liebesbeziehung zu einer einzelnen Pflegeperson aufbauen konnten. *Ohne emotionale Bindung gibt es keine Gewissensbildung, und so bleiben diese Kinder ohne autonome, zwingende Verhaltensregelung aus der Tiefenschicht.* Steuerung des Verhaltens auf rationaler Basis ist bis zu einem gewissen Grad möglich. Der Bindungslose vermeidet bestimmte Verhaltensweisen, weil er weiß, dass er dafür bestraft werden kann. Besteht keine Gefahr einer Bestrafung, wird er ohne Skrupel auch eine verbotene Tat vollbringen, die den Normen der Gesellschaft widerspricht. Sie wird auch dann gesetzt, wenn Affekte oder Triebwünsche sich als stärker erweisen als rationale Überlegungen. Daher finden wir unter den früh Verwahrlosten viele Kriminelle.

## 4.4 Die Abwehrmechanismen

Nicht nur die oben vorgestellte, sehr einleuchtende Theorie über die *Gewissensbildung* verdanken wir der Psychoanalyse, sondern auch das Verständnis für weitere dynamische Prozesse, die das „Triebwesen" Kind in ein Sozialwesen verwandeln.
Einleitend muss an die von der Psychoanalyse postulierte Dreiteilung des Seelenlebens erinnert werden. Die Psycholanalyse unterscheidet das *„Es"* als die Instanz des Triebhaften und Instinktiven, den *eigentlichen „Ort" des Unterbewusstseins*, das *„Ich"*, das unser *bewusstes Leben*, alle kognitiven Prozesse, das Denken und Handeln, das Planen, Wählen und Werten, kurz, die *Auseinandersetzung der Person mit der Umwelt*, steuert, und schließlich das *„Über-Ich"*, das wir mit dem *Gewissen* gleichsetzen können, dem *Träger unseres Wertesystems*, das bestrebt ist, unser Verhalten an diesem zu orientieren, und das jedes *Zuwiderhandeln*, wie schon erwähnt, mit Sanktionen, das heißt mit *Schuldgefühlen und Gewissensbissen*, bestraft.
Das Kleinkind ist von Vornherein ein reines *Triebwesen*, das nach dem *Lustprinzip* leben möchte. Die Beschränkung und die Eindämmung dieser Triebhaftigkeit ist ein komplizierter Prozess, der sich nach psychoanalytischer Theorie *über die Gewissensbildung* (Über-Ich) und mit *Hilfe von Abwehrmechanismen* vollzieht. Diese sichern das „Ich" vor dem Durchbruch der Triebansprüche ab und dienen in diesem Sinne der *Sozialisation*. Hier sollen vor allem jene Abwehrmechanismen besprochen werden, die eine besondere Be-

deutung für eben diesen Vorgang haben. Es handelt sich dabei um *unbewusst verlaufende, dynamische, seelische Prozesse*.
Das Gewissen – das Über-Ich, das eine verhaltensregulierende Funktion ausübt und alles *zensuriert* und *verbietet*, was dem jeweils etablierten Wertsystem zuwiderläuft – scheint zur Absicherung gegen unerlaubte Wünsche, unerlaubte Triebansprüche, Gedanken, Fantasien und Handlungen *nicht auszureichen*. Um das *Ich* gegen das Wiederauftauchen des Unerlaubten abzusichern, entwickelt es die sogenannten *Abwehrmechanismen* (7).

### *4.4.1 Die Verdrängung*

Unter *Verdrängung* versteht man das *Ausstoßen von Triebansprüchen, Affekten, Gedanken* und *Wünschen*, die der „Zensur" des Über-Ichs zum Opfer fallen, *aus dem Bewusstsein*. So müssen etwa die Todeswünsche gegen die Mutter oder gegenüber Geschwistern verdrängt, aber auch peinliche Erlebnisse aus der Erinnerung herausgenommen werden. Das Verdrängte „wandert" ins Unterbewusstsein, es bildet einen Teil des Es. Bestimmte Techniken der psychoanalytischen Behandlung können Verdrängtes wieder ins Bewusstsein heben. Aber auch ohne solche Hilfen ist Verdrängtes nie „ganz weg". Es kann sich in Tag- und Nachtträumen, in Fantasien, in den Kinderspielen, in Fehlleistungen und Versprechern, in direkter oder symbolischer Form bemerkbar machen und beeinflusst oft unser Verhalten, ohne dass wir es merken (10).

### *4.4.2 Die Reaktionsbildung*

Um das „Wiederauftauchen" von Verdrängtem zu verhindern, kann *das Gegenteil* der unerwünschten Gedanken, Wünsche oder Affekte im *Bewusstsein fixiert werden*. Diesen Prozess nennt man *Reaktionsbildung*. Für die Sozialisation von Bedeutung ist vor allem die Entstehung von *Ekel* und *Scham*. In der analen Phase, von der wir schon sprachen, kennt das Kind keine Scheu vor dem Spiel mit seinen Exkrementen, ein Verhalten, das von der Umwelt – und damit in späterer Folge auch vom Über-Ich – nicht geduldet wird. Dieser Triebanspruch muss verdrängt werden, und um diese Verdrängung abzusichern, *entsteht im Bewusstsein Ekel: das Gegenteil der Freude an Exkrementen*. Zu diesem Zeitpunkt wird sich das Kind auch des üblen Geruchs bewusst (ein Zusammenbruch dieser Reaktionsbildung findet sich manchmal im Zustand des Altersschwachsinns im Zusammenhang mit einem generellen Abbau der Ich-Funktionen).
Auch der kindliche *Exhibitionismus*, von den Erwachsenen in der Regel mehr oder weniger energisch tabuisiert, verwandelt sich nach der psychoanalyti-

schen Theorie in sein Gegenteil, in *Scham*. Man kann den Zeitpunkt dieser Reaktionsbildung oft genau feststellen:

Viele fünfjährige Knaben, die sich bis dahin noch ganz unbefangen und offensichtlich mit Freude entkleideten, wollen sich nach dem Einsetzen der Reaktionsbildung plötzlich nicht einmal mehr vor ihren Müttern ausziehen. Manche „verstecken" ihr Organ, indem sie es im Bad zwischen die Beine klemmen, andere weigern sich, es zum Zweck der Reinigung berühren zu lassen. Mädchen ziehen sich vor Familienmitgliedern weiterhin unbefangen aus, wenn es die Körperpflege erfordert, aber ab etwa fünf Jahren laufen sie nicht mehr nackt herum, weder in der Wohnung noch im Schwimmbad, wie sie es früher gerne taten.

Während die Scham des Sohnes vor der Mutter vorerst (bis zur Vorpubertät) vorübergeht, bleibt sie im Sinne der in *unserer Kultur üblichen Sozialisation von da ab erhalten*. Im weiteren Verlauf hängt die Stärke dieser Reaktionsbildung einerseits davon ab, wie sehr die Eltern den nackten Körper tabuisieren, andererseits ist sie auch zeitbedingt. So war früher das Schamgefühl selbst unter Ehegatten stärker ausgeprägt, als es heute der Fall ist, nachdem Freikörperkultur und Enttabuisierung der Sexualität viele Breschen geschlagen haben. *Exhibitionismus im engeren Sinne wird jedoch immer als sexuelle Fehlhaltung bewertet.*

Eine Reaktionsbildung liegt nach psychoanalytischer Auffassung auch vor, wenn Hassgefühle gegenüber einem Geschwister verdrängt und in besondere Zärtlichkeit und Fürsorge umgewandelt werden. Während sich jedoch Ekel und Scham bei allen normalen Kindern entwickeln, kommt es zu der Reaktionsbildung in Form von übertriebener Fürsorge und Zärtlichkeit gegen primär abgelehnte Geschwister nur dann, wenn die Manifestation der Geschwistereifersucht durch die Eltern besonders streng bestraft und als böse und sündhaft hingestellt wurde, sodass sich in dieser Hinsicht ein sehr strenges Über-Ich entwickeln musste. Tolerant erzogene Kinder zeigen ihre Ablehnung gegenüber Geschwistern ganz offen. Streng erzogene wagen dies nicht, empfinden Schuldgefühle in Bezug auf ihre Ablehnung der Geschwister, verdrängen diese und sichern die Verdrängung durch die Fixierung des Gegenteils ab, durch extreme Fürsorge, Zärtlichkeit und auch Ängstlichkeit. Kinder, die Angst haben, dass ihre Geschwister sterben könnten, in der Nacht ängstlich horchen, ob sie noch atmen, fürchten sich nach psychoanalytischer Auffassung vor der Verwirklichung ihrer Todeswünsche.

### *4.4.3 Die Sublimierung*

Die Sublimierung spielt eine besondere Rolle im Sozialisationsprozess. Hier handelt es sich um *Verzicht auf eine triebhafte Befriedigung* zugunsten von *Leistungen, die sozial geduldet und/oder sogar höher bewertet werden*. Von Sublimierung auf dem Niveau des Vorschulkindes kann man sprechen, wenn die Freude an der *Beschäftigung mit Exkrementen* umgewandelt wird in die Lust am *Spielen mit Sand und Wasser* oder am *Malen mit Fingerfarben*. *Zulliger* (20) bringt ein interessantes Beispiel einer Sublimierung:

Ein kleines Mädchen, das bereits kriechen konnte, besaß einen mittelgroßen roten Gummiball. Es ließ ihn rollen, und dann gab es Laute von sich, die deutlich das Bedauern und die Sorge ausdrückten. Hierauf kroch es dem Ball nach, und wenn es ihn gefasst hatte, ließ es jauchzende Laute erschallen, fing an zu geifern, biss in den Ball, sog schmatzend daran. Dann warf es den Ball wieder von sich, und das Spiel begann von vorn. Es konnte stundenlang wiederholt werden. Das Kind spielte Verlieren und Wiederfinden der Mutterbrust – es übte das Verzichten auf die Mutterbrust ein –, es verarbeitete das „Trauma der Entwöhnung". Und erst dann verlor das Ballspiel an Bedeutung, als die Kleine sich mehr und mehr für Erdspiele, für solche mit Lehm, Wasser, Sand, Plastilin u. dgl., zu interessieren begann.

### *4.4.4 Die Neutralisierung*

Diesem Abwehrmechanismus kommt große Bedeutung in der Sozialisation von *Behinderten* zu. Hier handelt es sich darum, *peinliche Zustände, Frustrationen* und *Erlebnisse* dadurch zu entschärfen und erträglich zu machen, dass man sich *emotional von ihnen distanziert*, die *Gefühlskomponente verdrängt,* sodass man leben kann, ohne sich durch die Behinderung permanent belastet zu fühlen. Dieser Abwehrmechanismus kann sich nicht hundertprozentig sicher etablieren, und alles hängt letztlich vom Verhalten der Umwelt ab. In der *Behindertenpädagogik* versucht man, ihn bewusst herbeizuführen. Der Behinderte soll offen über seine Behinderung sprechen, soll lernen, mit seinem Defekt zu leben, und sich auch innerlich so verhalten, als mache ihm die Benachteiligung nichts aus.

Als ich mit Studenten eine Körperbehindertenschule besuchte, war ich peinlich berührt von der Tatsache, dass man die Kinder einzeln vortreten und über ihr Leiden, dessen Entstehungsgeschichte und die Möglichkeit der „Bewältigung" erzählen ließ. Erst viel später verstand ich, dass diese „Exhibition" der Versachlichung des Problems und damit der Verdrängung der emotionalen Komponente dienen sollte.

### *4.4.5 Die Regression*

Unter *Regression* versteht man das *Zurückfallen auf Entwicklungsstufen der Triebentwicklung*, die schon überwunden waren. Der Grund, weshalb man auch Regressionen zu den *der Sozialisation dienenden Abwehrmechanismen* rechnen kann, ist der, dass die Befriedigung der frühen Kindheit im oralen und analen Bereich eine gewisse Bedeutung für die Stabilisierung des seelischen Gleichgewichts haben kann. *Das Kind zieht sich auf sie zurück, wenn die reale Situation eine besondere Belastung darstellt.* Es regrediert. So kommt es vor, dass Kinder nach der Geburt eines Geschwisters wieder zu lutschen oder zu nässen beginnen, nachdem sie längst rein waren, bei schulischer Überforderung plötzlich ihre Bleistifte kauen, bei Milieuwechsel, bei Spitalsaufenthalten, bei Verlust eines Elternteiles oder bei drohender Scheidung der Eltern sogar wieder einkoten, nachdem sie schon jahrelang sauber waren. Manche Kinder, die starken Belas-

tungen ausgesetzt sind, zum Beispiel permanenten schulischen Misserfolgen, fallen zurück in das fordernde, sekkierende, sich anklammernde Verhalten eines Kleinkindes. Alte, schon überwundene Ängste kehren zurück. Auch frühe Formen der Aggressivität, wie Beißen, Stoßen, Zerstören, können wieder aufleben. Wiederauftreten des Masturbierens muss ebenfalls in diesem Sinne und nicht als sexuelle Fehlhaltung verstanden werden.
In manchen Situationen können *Regressionen im Triebbereich* gekoppelt sein mit *Regressionen im Ich-Bereich.* Dies finden wir besonders bei *Krankheiten,* bei *Fieber, körperlichem Unbehagen,* bei *Schmerzen.* Kranke Kinder können in allen Bereichen regredieren, beim Essen, in der Reinlichkeitsgewöhnung, bei den Schlafgewohnheiten, in ihren Spielen und sonstigen Anpassungen. *Das altersentsprechende Verhalten in allen Bereichen ist meistens für die Dauer der Krankheit suspendiert.*
Über Regressionen im Zusammenhang mit Spitalsaufenthalten wurde schon in Kapitel II (S. 65, 86) gesprochen.
Dass man Einnässen, Lutschen u.Ä. als Hilfe im Sozialisationsprozess bezeichnet, mag absurd erscheinen. Solche Verhaltensweisen können auch tatsächlich nur *dann eine Hilfe sein, wenn der Erziehende weiß, um was es sich dabei handelt und warum sie auftreten.* Meist ist das nicht der Fall, und das Kind gerät in einen Teufelskreis. Die augenblickliche Erleichterung, die das Zurückgreifen auf die gesicherten Befriedigungen der frühen Kindheit bietet, ist immer nur von kurzer Dauer, denn die *Reaktion der Erwachsenen* verschärfen die belastende Situation. Trotzdem – Regressionen sind ein normaler Prozess. Eine Hilfe für die Stabilisierung des seelischen Gleichgewichtes ist jedoch nur dann gegeben, wenn sie auf Verständnis stoßen und wenn sie *vorübergehend und reparabel* sind – wenn sie zusammen mit ihren Ursachen, der Müdigkeit, der Krankheit, dem Misserfolg, verschwinden und das frühere Niveau des Funktionierens wieder erreicht wird. *Oft allerdings sind infolge schwerer oder lange anhaltender Belastungen Regressionen nicht mehr reparabel.*

## 4.5 Schichtenspezifische Sozialisation

### *4.5.1 Unterschiedliche Erziehungsstile*

Bis *nach dem Ersten Weltkrieg* war die Erziehung allgemein sehr *autoritär* und *repressiv.* Körperstrafen, Hausarrest, Nahrungsentzug, strenge Tabus verschiedenster Art waren in allen Schichten der Bevölkerung die Regel. Erkenntnisse der Individualpsychologie, der Psychoanalyse und der Entwicklungspsychologie, wie sie in popularisierter Form an die Eltern herangebracht wurden, haben vor allem Eltern der Mittel- und Oberschicht beeindruckt und sie zu einer Veränderung ihres Erziehungsstils veranlasst. Unbeeinflusst blieb die soziale Grundschicht. Untersuchungen in Amerika, Deutschland und Österreich haben gezeigt, dass hier nach wie vor autoritär und aggressiv erzogen wird.

Dass sich die Erziehungshaltung der Grundschicht dem Trend zur Liberalisierung und Demokratisierung entziehen musste, darf den Eltern nicht zum Vorwurf gemacht werden. Sie wird verständlich, wenn man sie in Zusammenhang mit den Arbeitsbedingungen der Grundschichteltern betrachtet. An ihrem Arbeitsplatz erleben sie ständig eine autoritätsabhängige Situation. Diese verlangt autoritätsabhängiges konformes Verhalten ohne Entscheidungsfreiheit. Verhalten und Ergebnisse am Arbeitsplatz unterliegen starken Kontrollen. Es besteht eine autoritäre Rollenbeziehung zu den Vorgesetzten. Anpassung an das Vorgegebene ist vorrangig und garantiert den besten Arbeitsertrag. Diese Situation bestimmt nun auch die Werthaltungen der Eltern, und über diese deren Erziehungsverhalten. Es hat tiefgreifende Folgen für den Sozialisationsprozess der Kinder.

Die Werthaltungen bestimmen die Erziehungsziele. In der Tat ist *Gehorsam* bei Arbeitern und Bauern nach wie vor das *wichtigste Erziehungsziel.* Dies zeigt eine Untersuchung der IMAS in Linz (14). 1450 Personen wurden über Erziehungsziele befragt, und zwar sollten sie unter anderem angeben, welches Erziehungsziel in ihrer eigenen Jugend an erster Stelle stand und welches sie selbst heute für das wichtigste halten. Hier die Werte in Bezug auf Gehorsam in Prozenten:

| | Gehorsam an erster Stelle in der eigenen Jugend | Gehorsam an erster Stelle heute |
|---|---|---|
| Landwirte | 63 % | 62 % |
| Arbeiter | 59 % | 50 % |
| Beamte | 70 % | 39 % |
| freie Berufe | 58 % | 45 % |

Wir sehen, dass sich der größte Wandel bei den Beamten, die die Mittelschicht repräsentieren, vollzogen hat. Landwirte und Arbeiter sind konservativ in ihren Erziehungszielen. Die Oberschicht verändert ihre Erziehungswerte etwas langsamer als die Mittelschicht. *Eltern der Mittel- und Oberschicht* halten *Initiative, Neugierde, Wissbegierde* und *Selbständigkeit des Denkens* und der *Entscheidung* für wichtiger als Gehorsam.

Für die Eltern der Grundschicht ist vor allem Gehorsam, „Bravsein" (Anpassung) und Sauberkeit wichtig. Das Kind soll ordentlich sein, nichts kaputtmachen, nichts schmutzig machen, sich ruhig verhalten, ja nichts angreifen, was ihm nicht gehört. *Die Strafen sind streng*, richten sich nur nach dem verursachten Schaden, nicht nach der Schädigungsabsicht des Kindes, die meist gar nicht besteht. Die *Steuerung des Kindes* in der sozialen Grundschicht ist *autoritär*, sein Wille wird *kaum beachtet, Gründe für Befehle werden* nicht genannt. *Ag-*

*gression* ist oft die *einzige Form der Konfliktbewältigung* zwischen Eltern und Kindern, und dies wirkt sich besonders verhängnisvoll während des „Trotzalters" aus. Ein Viertel aller Misshandlungsfälle fallen in diese Altersstufe.
Die Bedeutung, die Eltern der Unterschicht dem blinden Gehorsam, dem Bravsein und dem Saubersein beimessen, kann zur Folge haben, dass schon im zweiten Lebensjahr eine der wichtigsten biologischen Grundlagen des Lernens, nämlich das *Neugierdeverhalten*, weitgehend unterbunden wird. Das Kind soll nichts angreifen, soll nichts näher untersuchen, soll nichts zerlegen. Was immer das Kind tut, um sich mit einem unbekannten Objekt bekannt zu machen, wird bestraft, oft aus Prinzip. Viele Grundschichtmütter machen keinen Unterschied zwischen Verhaltensweisen, die *verboten werden müssen*, weil wertvolle Dinge zerstört werden oder das Kind selbst Schaden erleiden könnte, und *solchen, die notwendig sind, um den geistigen Horizont des Kindes zu erweitern*. Teures Spielzeug, das oft gekauft wird, um das Sozialprestige zu befriedigen, darf gar nicht berührt werden. Strenge Strafen folgen auf die Zerstörung oder Beschädigung dieser oft völlig ungeeigneten Spielsachen. Viele Kinder haben auch im Schulalter noch Schuldgefühle, wann immer sie etwas berühren. Die natürliche Neugierde, auf der der Unterricht aufbauen sollte, ist ihnen längst ausgetrieben worden.

In einer großen amerikanischen Untersuchung über frühe Erfahrung und Sozialisation befragten R. D. *Hess* und V. *Shipmann* (13) Negermütter aus verschiedenen Sozialschichten darüber, wie sie ihr Kind auf den ersten Schultag vorbereiten würden. Die Autoren unterscheiden bei den Antworten der Mütter *personal-subjektive** Äußerungen, die auf positive Motivierung des Kindes abzielen, und *imperativ-normative***, die das Kind auf die Autorität der regelbestimmenden Personen oder Gepflogenheiten hinweisen. Hier je ein Beispiel:

1. „Ich würde mit ihm die neue Schule ansehen, wir würden uns über das Gebäude unterhalten, und nachdem wir die Schule gesehen haben, würde ich ihm erzählen, dass er neue Kinder kennen lernen wird, die seine Freunde werden; und dass er mit ihnen arbeiten und spielen wird. Ich würde ihm erklären, dass der Lehrer sein Freund sein wird, der ihm helfen und in der Schule anleiten wird, und dass er das tun soll, was der Lehrer ihm sagt. Dass die Lehrerin seine Mutter sein wird, so lange er nicht zu Hause ist."
2. „Ja, ich würde ihm sagen, er geht zur Schule und soll sich setzen und auf den Lehrer hören und ein artiger Junge sein, und ich zeig' ihm, wie, wenn sie ihm Milch geben – wie er den Strohhalm halten soll und nichts auf die Erde kippen soll und so, wenn er fertig ist."

Je *höher die Sozialschicht*, desto höher war der Prozentsatz an *Personen-orientierten Antworten* auf die Frage nach der Vorbereitung auf den ersten Schultag, je *niedriger die Sozialschicht*, desto höher der Anteil *der befehlen-*

---

* Auf die Individualität des Kindes eingehend.
** Auf Befehle und geltende Normen hinweisend.

*den und regelbetonenden Antworten.* Befehlen ist offenbar eine Form der Kommunikation mit Kindern, die eher der Grundschicht entspricht, Belehren, Helfen und Vorbereiten eher die der Mittelschicht.

### *4.5.2 Zusammenhänge zwischen Erziehungsstil und dem Ergebnis der Sozialisation*

Interessante und, wie mir scheint, sehr bedeutsame Einblicke in die Zusammenhänge zwischen Erziehungsstilen und den Ergebnissen der Sozialisation zeigt eine Untersuchung von Gertrud *Beck* über Autorität im Vorschulalter (2). Es wurden sechsjährige Kinder interviewt, und zwar in der Form, dass ihnen jeweils drei Statements vorgegeben wurden. Die Kinder sollten sagen, welches von den drei Statements auf ihre eigene Situation am ehesten zuträfe. Die Mütter mussten aus ähnlichen Statements jene auswählen, welche sie für richtig hielten.

Von den drei Statements die den Kindern vorgelegt wurden, formulierte eines einen *breiten Spielraum für die Aktivität und Entscheidungsfreiheit* des Kindes bei minimaler Elternkontrolle, eines *starke Lenkung* durch die Eltern und eines eine *Zwischenform.*

Den Müttern wurden jeweils zwei Statements vorgelegt, von denen eines einem *„liberalen"*, das andere einem *„rigiden"* Erziehungsstil entsprach.

*Als Beispiel:*

Statements für Kinder:
*Petra sagt:* „Wenn ich spiele, ruft Mutter mich nie" (Freiheit für das Kind).
*Ute sagt:* „Wenn ich spiele, ruft Mutter mich nur, wenn sie mir was Wichtiges zu sagen hat" (Zwischenform).
*Gabi sagt:* „Wenn ich spiele, ruft Mutter mich oft, weil sie wissen will, was ich mache" (starke Kontrolle).
Was stimmt für dich?

Mütter:
*Liberaler Erziehungsstil:* „Wenn Kinder beim Spielen sind, sollte man sie nicht stören."
*Rigider Erziehungsstil:* „Wenn Kinder beim Spielen sind, muss man öfters einmal rufen, damit man weiß, was sie machen."

Die Befragung bezog sich einerseits auf *Selbständigkeit und Entscheidungsfreiheit des Kindes* bei Fernsehen, Spielsachen-Wegräumen, Auswahl von Spielkameraden, Auswahl des Essens, der Kleidung, Verfügung über Taschengeld u.Ä., andererseits auf *Verhaltensnormen* und *Anerkennung von*

*Autoritätspersonen* außerhalb der Familie (Pünktlichkeit in der Schule, Respekt vor dem Lehrer, Einhaltung von Regeln in der Schule, Wissen über die Rolle des Polizisten). Was das *Gefühl der Freiheit* betrifft, zeigte sich ein deutlicher Unterschied zwischen Unter- und Mittelschichtkindern *nur in Spielsituationen*, und auch hier ist der Unterschied nur zwischen den Extremgruppen – obere Mittelschicht und untere Unterschicht – statistisch signifikant. 89 Prozent der OM-K*, aber nur 60 Prozent der U-K** sagen, dass sie nie oder nur bei wichtigen Anlässen vom Spiel weggerufen würden.
Was das Fernsehen, das Mitbringen von Spielkameraden, die Auswahl von Speisen und Kleidern, das Schlafengehen u. dgl. betrifft, finden wir im Bewusstsein der Kinder verschiedener Schichten keine Unterschiede. Die Wünsche der Mütter sind Befehl. Hier gelten offenbar für alle Mütter Sachzwänge (Kälteschutz, richtige Ernährung, ausreichender Schlaf u.Ä.), die den Spielraum auch der Mittelstandskinder einschränken und ihnen das Erlebnis des „Sofort-folgen-Müssens" oder des „Gelenktwerdens" vermitteln.
Aber die Antworten zeigen, dass die *Mittelstandsmutter* bei ihrem Kind normenkonformes Verhalten mit *anderen Mitteln* als die *Unterschichtmutter* zu erreichen versucht. Sie tut es auf *indirekte Art*, mit Überredung und Erklärungen. Wesentlich sind Gespräche, die dem Kind Sinn und Zweck des Gebotes oder Verbotes, aber auch die *emotionale Einstellung der Mutter* zu deren Erfüllung beziehungsweise Nichterfüllung offenbaren. *Diese Taktik ermöglicht es dem Kind, sich mit ihr zu identifizieren, die von ihr gesetzten Normen und Werte zu interiorisieren, zu den eigenen zu machen.*
Die Unterschichtmutter dagegen verwendet in der Erziehung eher *„direkte"* Methoden – Strafen, auch häufig körperliche, Schreien, Drohungen. *Diese rufen Angst hervor, führen zu einem erzwungenen Konformismus, aber nicht zur aktiven Bejahung der Forderungen.*
Die Erziehungsmethoden der Mütter wurden auch mit Hilfe von kurz geschilderten Erziehungsproblemen erhoben, zu deren Bewältigung sie einen Rat geben sollten, etwa: „Ein sechsjähriges Kind macht seit einiger Zeit fast jede Nacht das Bett nass. Eine Erkrankung scheint nicht vorzuliegen."

Es empfahlen die Mütter in Prozent der Aussagen:

| | OM | UM | OU | UU |
|---|---|---|---|---|
| Indirekte Praktiken | 80,0 | 72,7 | 46,4 | 13,3 |
| Direkte Praktiken | 20,0 | 27,3 | 53,6 | 86,7 |

OM = obere Mittelschicht, UM = untere Mittelschicht, OU = obere Unterschicht, UU = untere Unterschicht.

* OM-K = Kinder der oberen Mittelschicht.
** U-K = Kinder der Unterschicht.

Hier einige Antworten: Mittelstandsmütter:
„... der Sache auf den Grund gehen, nachforschen, wo die Ursachen liegen." „... wenn's nicht krankhaft ist, liegt's bestimmt an der Mutter." „... mit dem Kind sprechen und versuchen, hinter seine Probleme zu kommen." „... liebevoll und mit Geduld auf das Kind eingehen."
Unterschichtmütter:
„... erklären, dass es so nicht geht, dass das Bequemlichkeit oder Faulheit ist." „Wenn nach einer Belehrung keine Besserung eintritt, dann sollte man das Kind bestrafen." „Das ist Faulheit, deshalb wecken und Prügel." „... das Kind nachts wecken und auf die Toilette setzen, bei Eigensinn bestrafen."

Der Anteil von direkten und indirekten Praktiken ist natürlich auch vom Problem abhängig. Bei kindlichen Wutanfällen neigen auch relativ viele Mittelstandsmütter zu direkten Praktiken, aber die der Unterschichtmütter sind wesentlich aggressiver, wie die folgenden Äußerungen zeigen:

„Ich würde ihm eine knallen." „... Hintern versohlen und ins Bett stecken." „Da gäb's einen Abzug." „Es gäbe eine Tracht Prügel." „... Dresche, dass es nur so kracht." „Es gehört ihm eine ausgiebige Wichs." „Das Kind bekäme ordentlich Schläge." „Erst mal verhauen, dann ins Bett." „... eine Tracht Prügel."

Die Mittelstandsmutter ist in der Tat in ihrer Erziehung viel weniger streng (rigid) als die Unterschichtmutter, hat aber die *stärker normengebundenen Kinder*, wie das folgende Beispiel zeigt:

| | OM | UM | OU | UU |
|---|---|---|---|---|
| *Kinder: „Ja" zum Statement:* „Ich darf nur Kinder zum Spielen nach Hause bringen, die nett und ordentlich sind." | 66,7 | 60,0 | 65,1 | 38,5 |
| *Mütter: „Ja" zum Statement:* „Mein Kind darf nur solche Kinder zum Spielen mit in die Wohnung bringen, die einen netten und ordentlichen Eindruck machen." | 20,0 | 66,7 | 76,2 | 80,0 |

Auch wenn man annehmen muss, dass die Antworten mancher Mittelstandsmütter mehr ihrem Wissen über „richtige Erziehung" als ihrem tatsächlichen Erziehungsverhalten entsprechen, während die Unterschichtmütter eher das bejahen, was sie auch wirklich tun, so besteht doch eine *beachtliche Diskrepanz zwischen der Normengebundenheit der Kinder und dem Erziehungsstil der Mütter.* Dies gilt besonders für die Extremgruppen (OM–UU). Obwohl nur ein geringer Prozentsatz der Mütter aus der oberen Mittelschicht rigiden Erziehungsgrundsätzen zu huldigen scheint, fühlt sich ein *hoher Prozentsatz ihrer Kinder an die von ihnen gesetzten Normen gebunden.* Im Gegensatz dazu huldigt die überwiegende Mehrzahl der Unterschichtmütter strengen Erziehungsgrundsätzen, während sich die Kinder an die entsprechenden Forderungen *viel weniger gebunden fühlen.*

Sehr deutlich treten die Unterschiede in der Normengebundenheit von Kindern verschiedener Sozialschichten bei Fragen in Erscheinung, die *Regeln und Autoritäten* außerhalb der Familie betreffen. So sind 90 Prozent der Kinder aus der oberen Mittelschicht, aber nur 41 Prozent der Kinder aus der unteren Unterschicht der Meinung, man müsse in der Schule pünktlich sein. Wieder sehen wir einen deutlichen Gegensatz zwischen dem Grad des Normenkonformismus und der „Intensität", mit der diese Normen vermittelt werden. Hier einige Beispiele:

| | OM | UM | OU | UU |
|---|---|---|---|---|
| *Kinder: „Ja" zum Statement:* „Was der Lehrer den Kindern sagt, ist immer richtig." | 70,0 | 57,1 | 57,1 | 33,3 |
| *Mütter: „Ja" zum Statement:* „Mein Kind, das in die Schule kommt, sollte wissen: Was der Lehrer sagt, ist immer richtig." | 40,0 | 43,1 | 45,2 | 68,0 |
| *Kinder: „Ja" zum Statement:* „In der Schule muss man immer pünktlich sein, sonst wird man bestraft." | 90,0 | 56,6 | 57,4 | 40,9 |
| *Mütter: „Ja" zum Statement:* „Ein Kind, das in die Schule kommt, sollte wissen: Ich muss immer pünktlich sein, sonst werde ich bestraft." | 70,0 | 65,3 | 83,9 | 84,0 |
| *Kinder: „Ja" zum Statement:* „Wenn man in der Schule aufs Klo muss, dann muss man warten, bis Pause ist." | 55,5 | 49,3 | 46,0 | 36,0 |
| *Mütter: „Ja" zum Statement:* „Ein Kind, das in die Schule kommt, soll wissen: Wenn ich während des Unterrichts aufs Klo muss, dann muss ich warten, bis Pause ist." | 10,0 | 18,1 | 19,0 | 24,0 |

Wir sehen aus den angeführten Beispielen, dass *signifikante Unterschiede nur zwischen den Extremgruppen bestehen*, nämlich zwischen den Müttern der oberen Mittelschicht und denen der unteren Unterschicht. Keine oder sehr geringe Unterschiede bestehen im Erziehungsstil der Mütter aus der unteren Mittelschicht und dem der Mütter aus der oberen Unterschicht. In diesen Gruppen kommt es ja bekanntlich auch, was Einkommen, Lebensstil und Konsumgewohnheiten betrifft, zu einer immer größeren Annäherung. Viele Familien, die der unteren Mittelschicht zugerechnet werden, sind sogenannte Aufsteigerfamilien. Die Eltern stammten aus der Unterschicht, der Vater konnte durch Schulbildung oder Berufsbewährung ein Angestelltenverhältnis erreichen, aber die Mutter hat deshalb noch lange nicht den Erziehungsstil der Unterschicht aufgegeben. Es gibt auch in beiden Mittelgruppen Eltern, die sich über Erziehung informieren wollen (vor allem durch die Lektüre der Zeitschrift „Eltern", die immerhin von 30 bis 40 Prozent der UM- und der OU-Mütter gelesen wird, aber nur von 23 Prozent der UU-Mütter), wodurch eine „Entschärfung" der Rigidität der Erziehung eintreten kann.

Bei der Sozialisation des Kleinkindes treffen die Umweltreize – in diesem Fall die von den Eltern gesetzen Normen und Werte – auf ein infolge *starken*

*Triebdruckes, sozialer Unerfahrenheit* und *biologisch* und *emotional bedingter Abhängigkeit* noch sehr *unsicheres, labiles System,* das dringend *fester Orientierungshilfen, deutlich abgegrenzter Freiheitsräume, gut verständlicher Richtlinien* für *akzeptables* und *nicht abkzeptables Verhalten* bedarf. Kommt es nun, wie im Falle des Mittelstandskindes, zu einer eher positiven, das heißt *angstfreien Konditionierung* mit Hilfe von Erklärungen der Verbote, Ermutigung zur Selbständigkeit, Entscheidungsfreiheit zwischen verschiedenen Möglichkeiten und emotionaler Zuwendung als Belohnung für konformes Verhalten, so hat das Kind die Möglichkeit, die von den Eltern präsentierten Normen zu *interiorisieren,* sie zu seinen eigenen zu machen. Sein Verhalten ist in der Folge *normenorientiert.*
Vollzieht sich die Sozialisation – wie im Falle des Unterschichtkindes – eher auf der Basis der *negativen Konditionierung* mit Hilfe von Angst erregenden Strafen, lauten Szenen und Drohungen, dann besteht keine Möglichkeit, die Normen zu interiorisieren, weil die Strenge der Eltern Opposition und ein verstärktes Autonomiebestreben hervorruft. Das Verhalten ist in der Folge *personorientiert* – „weil die Mutter es nicht erlaubt."

„Alle Einschränkungen bedeuten ja Repressionen von triebhaften Bedürfnissen, die Affektspannungen hervorrufen. Aber das Mittelschichtkind kann diese Affektspannungen dadurch beherrschen, dass es die Normen interiorisiert und zu seinen eigenen macht. Es entwickelt ein strenges Regelbewusstsein. Der Triebverzicht wird kompensiert respektive belohnt durch das Bewusstsein des ‚Bravseins'. Das Einhalten von Normen wird zum Bedürfnis (2, S. 84)."

Das Unterschichtkind kann infolge der Strenge der Eltern die Affektspannung nicht beherrschen. Es reagiert hilflos, impulsiv, oft ungesteuert, es kann Reaktionen auf sein Verhalten nicht voraussehen, und es versteht sie nicht, denn die *Begründung der Forderungen von Seiten der Autoritätsperson wurde ihm verwehrt. Das Kleinkind der Mittelschicht dagegen bekommt durch die ihm gebotene Form der Sozialisation genau das, was der Strukturstufe dieses Alters entspricht* und was es am nötigsten braucht, um seine Unsicherheit in der Bewältigung der Umwelt zu überwinden – *feste Orientierungshilfen*, die allmählich *von innen wirken* und *daher immer weniger kontrolliert werden müssen.* Die Kontrolle von innen erlaubt ihm ein rasches Reagieren in der entsprechenden Situation, während das Unterschichtkind unsicher ist. Das Mittelschichtkind wird ob seiner guten Anpassung gelobt, anerkannt, akzeptiert, das Unterschichtkind gerät ob seiner Unsicherheit in Konflikte. Da die Einstellung des Unterschichtkindes durch *personale Autorität* bestimmt ist, lebt es ständig im Konflikt zwischen den eigenen Antrieben und der *Angst vor den Eltern*, die diese Antriebe zu unterdrücken suchen und eine starke Kontrolle ausüben.
Die Vertreter der antiautoritären Erziehung sind der Meinung, die Mittelschicht habe nur raffiniertere Methoden zur Unterdrückung ihrer Kinder entwickelt als die Unterschicht. Als Ausgangslage für die weitere Entwickung

sei der geringe Konformismus des Arbeiterkindes ein besserer Garant für dessen kritische Haltung gegenüber den Mängeln der Arbeitswelt und der Gesellschaft im Allgemeinen, während die Erziehung des Mittelstandskindes zur Verfestigung der gegebenen Verhältnisse beitrage.

Diese Meinung lässt entwicklungspsychologische Tatsachen ebenso unberücksichtigt wie die Erfahrungen des Alltags. Die durch Interiorisation der Normen von Autoritätspersonen entstandene Moral des Vier- bis Siebenjährigen wandelt sich allmählich zur *autonomen* (auf eigener Einsicht beruhenden) *Moral* in dem Maße, als das Kind Erfahrungen sammelt und sich innerlich und äußerlich von den Eltern löst. Die Einstellung zu den von den Eltern übernommenen Normen wird flexibler und kritischer. Mittelschichtkinder machen diesen Wandel jedoch *viel früher durch* als Unterschichtkinder, die oft noch bis in die Pubertät deutliche Merkmale einer völlig unreflektierten fremdgesteuerten Moral zeigen (15).

Das emanzipatorisch erzogene Kind der Mittelschicht hat zwar in der Strukturstufe des Kleinkindalters, als es noch unsicher und abhängig war, eine starre Normenorientierung integriert, es hat aber auch gelernt, dass *Gebote und Verbote begründet* wurden und man nach Gründen fragen konnte, dass es *wählen und entscheiden durfte*, dass es bei den meisten Problemen und Konflikten verschiedene Lösungen gibt. *Mit der Änderung der Denkstruktur von der Stufe des vorbegrifflichen und anschaulichen Denkens zum Realismus des konkreten und formalen Denkens kommen diese Erfahrungen zum Tragen.* Denn jene kritischen Denker, die gegebene Verhältnisse nur als eine von vielen Möglichkeiten sehen, die sie ändern wollen, sie „hinterfragen" und „problematisieren", kommen alle aus der Mittel- und Oberschicht! Es sind die ehemals „braven" Kleinkinder, die die frühere Normengebundenheit, die sie damals brauchten, gründlich abgestreift haben, aber nicht die Selbstsicherheit, die ihnen diese Orientierungshilfen gaben und auch nicht den Anspruch auf Begründung und Kritik von Gefordertem.

*Das Kind der Unterschicht in geordneten häuslichen Verhältnissen* kommt aus der Unsicherheit seiner frühen Jahre zu einem starren und kritiklosen Akzeptieren der in seiner Arbeits- und Sozialwelt geltenden Normen.

Wirken *ungeordnete häusliche Verhältnisse* mit *autoritärer* oder *vernachlässigender* Sozialisation zusammen, misslingt die Normenbildung oft, was einer Verwahrlosung gleichkommt.

**Zusammenfassung**

Der *Erziehungsstil* ist *schichtabhängig*. In der Mittelschicht ist ein liberaler, in der Unterschicht ein strenger, rigider Erziehungsstil üblich. Als liberal gilt ein Erziehungsstil, wenn das Kind mit Hilfe von Begründungen und Erklärungen indirekt beeinflusst wird, als rigid, wenn „direkte" Methoden eingesetzt werden (Schreien, körperliche Strafen):

Der liberale Erziehungsstil ermöglicht eine Identifikation mit der Bezugsperson und führt zu einer guten Normeninteriorisation, der rigide führt zur Ablehnung, zumindest zur Opposition gegen die Bezugsperson und damit zu Unsicherheit in der Normeninteriorisation und in der Umweltorientierung.

### *4.5.3 Zum Problem der antiautoritären Erziehung*

Die antiautoritäre Erziehungsform, die das Kind von allen Zwängen befreien will, hatte in den Sechziger- und Siebzigerjahren viele Anhänger. Die Bewegung ist zwar im Wesentlichen abgeklungen, ihre Grundsätze wirken jedoch noch heute verunsichernd auf viele Eltern und Erzieher.

Es gibt tatsächlich, wie wir in 4.1 gesehen haben, Sozialisationsformen, die das Kind Zwängen und Einschränkungen unterwerfen, die seine emotionale, affektive und kognitive Entwicklung beeinträchtigen, eine altersgemäße Selbständigkeit und Entscheidungsfreiheit verhindern, seine Kreativität unterbinden.

Auf diese Zwänge hingewiesen zu haben ist zweifellos ein Verdienst der Vertreter der antiautoritären Erziehung, und in der Folge hat ein Überdenken und vielfach eine Revision des Erziehungsstils, auch im Bereich der institutionalisierten Vorschulerziehung, stattgefunden. Es geht gegen einen bedenkenlosen und schädlichen Autoritätsdruck des Erwachsenen auf das letztlich, trotz aller gelegentlichen Abwehr, doch unterlegene Kind.

Aber viele Verfechter der antiautoritären Erziehung vergessen, dass kleine Kinder, im Unterschied zu Tieren, keine angeborenen, instinktgesicherten Verhaltensmuster mitbringen. Die gesamte Orientierung in der gegenständlichen und sozialen Welt muss gelernt werden, und zwar auch schon in einem Alter, in dem eine intellektuelle Bewältigung der Situationen nicht möglich ist. Das Kind ist auf Erziehung angewiesen, es braucht Führung, die es auf Grund der elterlichen Autorität in den ersten drei Lebensjahren annehmen muss. Es braucht feste Orientierungshilfen in Form von Geboten und Verboten und regelmäßig sich wiederholende Tagesabläufe, die ihm als Bezugssysteme Sicherheit geben, ohne die es Angst hat. Es braucht auch Hilfe von außen zur Bewältigung seiner Triebhaftigkeit und zum Aufbau jener Abwehrmechanismen, die aus einem Triebwesen ein „zivilisiertes" Wesen machen (siehe S. 119 ff.).

Das Lernen von Verhaltensweisen vollzieht sich ja entsprechend der emotionalen Abhängigkeit des Kindes von der Mutter vorerst nicht über den Verstand, sondern über Liebesgewinn oder Liebesverlust als Belohnung respektive Bestrafung und führt zur Interiorisation der von den ersten Liebesobjekten gesetzten Werte und Normen.

Die Frage ist nur: Welche Verhaltensnormen sind unerlässlich, um Gefahren auszuschalten, dem Kind Sicherheit zu geben, die soziale Eingliederung an-

zubahnen und dabei einen entsprechenden Freiheitsraum zur notwendigen Triebbefriedigung und kognitiven Entfaltung zu gewährleisten? Welche Formen der Konditionierung ermöglichen die Verhaltensorientierung des Kindes mit einem Minimum an Angst und Schuldgefühlen und ohne das frustrierende Erlebnis des Gezwungenwerdens? Wann kann eine Versachlichung der Forderungen eintreten, das heißt, wann kann man beginnen, sie zu erklären? Wie steht es um die Hierarchie der Erziehungswerte? Ist Gehorsam wichtiger als Durchsetzungsvermögen? Ist peinliche Sauberkeit wichtiger als Bewegungsfreiheit und Kreativität? – um nur einige der häufigsten Erziehungswerte zu erwähnen.
Die richtigen Entscheidungen zu treffen zwischen den nötigen Einschränkungen des Freiheitsraumes und dem für eine optimale Entwicklung notwendigen und jeweils möglichen Maß an Freiheit ist die Kunst der Erziehung. Es geht dabei nicht nur um Gewährenlassen, sondern auch um Ermutigung zur Kommunikation, zur Exploration, zur Selbständigkeit, zu aktivem Konflikt- und Problemlösen.

**Pädagogischer Teil**

Ein wesentlicher Schritt in der Sozialisation ist die *Gewissensbildung*. Sie erfolgt durch Interiorisation von Normen und Werten über die Identifikation mit Personen, zu denen eine positive emotionale Beziehung besteht – beim Kleinkind sind dies die Eltern. Die Stimme der Eltern wird zur Stimme des Gewissens. Das menschliche Gewissen ist zwar als Disposition gegeben, es kann sich aber nur durch Lernprozesse entwickeln. Vom pädagogischen Geschick der Eltern hängt es ab, wie gut Normen und Werte interiorisiert werden und ob dadurch die persönliche Entwicklung beeinträchtigt wird oder nicht. Liegt der Akzent des Führungsstils auf der *Belohnung*, verläuft die Sozialisation in der Regel positiv: klare Gewissensbildung, sichere Umweltorientierung. Liegt der Akzent auf *Bestrafung* und Strenge, entwickeln sich seelische Spannungen: Die Beziehung zum Erzieher wird ambivalent, das soziale Lernen besteht vorwiegend in einem Vermeidungsverhalten. Auch *Inkonsequenz, Vernachlässigung* oder der *Mangel an emotionaler Bindung* an eine Bezugsperson haben negative Folgen für die Gewissensbildung, den gesamten Sozialisationsprozess und die weitere Persönlichkeitsentwicklung.
Das entgegengesetzte Extrem zum rigiden, autoritären Erziehungsstil ist die *antiautoritäre Erziehung*. Sie lässt dem Kind ein Maximum an Freiheit, trägt aber seinem Bedürfnis nach Orientierungshilfen zu wenig Rechnung. Triebbeherrschung und Gewissensbildung werden dadurch erschwert, und das Kind wird oft zu früh vor Entscheidungen gestellt, denen es nicht gewachsen ist. Die Folge sind oft – ähnlich wie bei den autoritär erzogenen Unterschichtkindern – Unsicherheit und mangelhafte Orientierung in der Umwelt.
*Abwehrmechanismen* sind notwendig, um aus einem reinen Triebwesen ein zivilisiertes Wesen zu machen. Zu ihrer Entstehung bedarf es jedoch *keines massiven Erziehungsdruckes*. Schon das *Ignorieren von Verhaltensweisen*, das dem Kind deren Unerwünschtheit deutlich macht, *milde Sanktionen*, vor allem kurzfristiger *Liebesentzug*, die *Beobachtung von Verhaltenskonventionen*, lassen sie entstehen. Massiver Erziehungsdruck,

vor allem Maßnahmen, die auf den Aufbau von *starkem Schuldgefühl* abzielen, führen zur Ausbildung eines sehr *strengen Über-Ichs* und zu extrem *starken Abwehrmechanismen.* Diese verhindern die natürliche, notwendige und gesunde Triebbefriedigung. Zu strenge Abwehrmechanismen führen unweigerlich entweder zu einer starken Einengung des sozialen Aktionsradius oder zu starker Konfliktbereitschaft mit sich und der Umwelt. Sie bedeuten immer eine *erhöhte Disposition zur Neurosenbildung*. Für die Erziehung im Kleinkindalter ist es von entscheidender Bedeutung, dass der Erzieher das richtige Maß findet zwischen *Anpassungsforderungen* und *geduldeter Triebbefriedigung.* Uneingeschränkte Triebbefriedigung führt ebenso zu Fehlentwicklungen wie eine Überforderung in Bezug auf Angepasstheit des Verhaltens.

*Regressionsphänomene*, das heißt Verhaltensweisen, die einer früheren Entwicklungsstufe zugehören und schon überwunden waren, sind immer Notsignale. Sie müssen als Reaktionen auf eine *zu starke emotionale Belastung* erkannt und dürfen *nie bestraft werden.* Wenn sie nach der Geburt eines Geschwisters oder nach einer Trennung auftreten, braucht das Kind besonders viel Liebe und Zuwendung. Wenn die Ursachen unklar sind, sollte man, statt zu strafen, nach diesen forschen und sie nach Möglichkeit aus der Welt schaffen.

### *Lob und Tadel*

Lob und Tadel sind außerordentlich wirksame Erziehungsmittel. Wir berücksichtigen hier besonders die Situation des Vorschulkindes, die ja sehr verschieden ist von der älterer Kinder, besonders im Alter von zwei bis drei Jahren. Im Alter von zwölf bis fünfzehn Monaten haben weder Lob noch Tadel irgendeine verhaltensbezogene Bedeutung, da das Kind sein Verhalten noch nicht als von ihm selbst bewirkt erkennt. Lob, das liebende Eltern trotzdem spenden, zum Beispiel, wenn das Kind Fortschritte in der Körperbeherrschung zeigt oder brav gegessen hat, oder Tadel, wenn Letzteres nicht der Fall war, wenn man nachts geschrien hat oder sein Spielzeug mit großer Ausdauer aus dem Bett wirft, werden vom Kind als *Liebesgewinn* beziehungsweise *Liebesverlust* registriert, aber nicht auf sein Verhalten bezogen.

Erst in der Mitte des zweiten Lebensjahres versteht das Kind Gebote und Verbote, wenn auch erst nach vielen Wiederholungen. Wenn man ein Kind mehrmals mit deutlichem „Nein! Nein!" davon abgehalten hat, an der Stehlampe zu rütteln oder die Erde des Blumentopfes auszuräumen, dreht es sich vor einem neuerlichen Versuch nach der Mutter um, zögert, und wenn ein neuerliches „Nein! Nein!" ertönt, lässt es von seinem Vorhaben ab. Dann ist ein deutliches Lob fällig! Dies ist das Alter, in dem das Kind, ohne Verbote und Gebote noch irgendwie verstehen zu können, erste Grenzen erleben muss, um sich in seinem triebhaften Neugierdeverhalten nicht zu gefährden, und weil man auch verhindern muss, dass Pflanzen, Tiere oder wertvolle Gegenstände beschädigt werden. Doch darf die Umwelt nicht aus lauter Verboten bestehen.

Auf Verbote, die nicht eingehalten werden, muss ein Tadel erfolgen und, wenn es sich um Verhaltensweisen des Kindes handelt, die eine akute Gefahr in sich bergen – etwa das Drehen des Gashahnes, das Erklettern eines wackligen Stuhles, die Inbesitznahme eines Messers –, sollte ein stärkerer Akzent gesetzt werden, der eine negative Konditionierung bewirkt, etwa durch eine „richtig böse Stimme", „ein böses Gesicht" oder gar – und dies ist vielleicht die einzig erlaubte Gelegenheit für eine körperliche Strafe – durch einen Klaps auf die Hand. Das Kind muss sein Verhalten mit einem deutlich negativen Erlebnis verbinden, um es in Zukunft vermeiden zu wollen (Abbildung 26).

Im Allgemeinen wird man mit viel Lob, möglichst wenigen, aber unvermeidlichen und

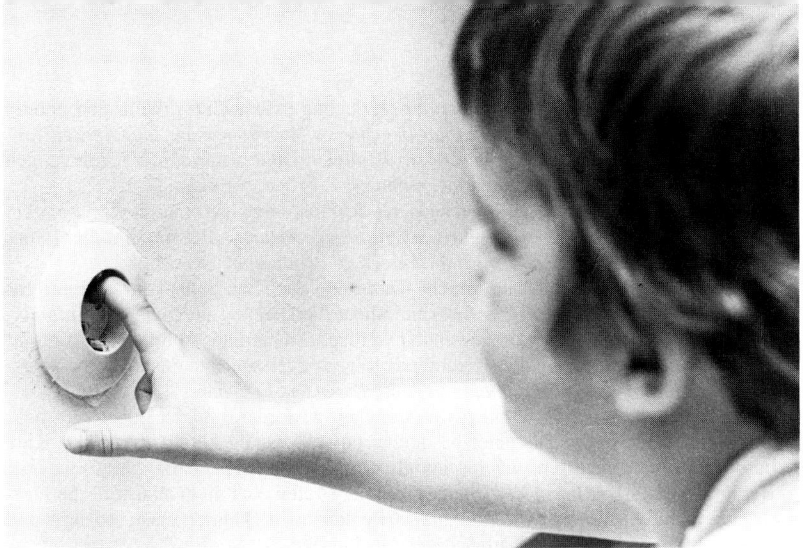

*Abbildung 26*
Es gibt auch Verhaltensweisen, die verboten werden müssen!

konsequenten Verboten, mit Tadel und bei Gefahr auch mit etwas eindringlicheren Mitteln erreichen, dass sich Verbots- und Gebotsgehorsam entwickelt.

Lob wird vom Kind als Liebesgewinn, Tadel, böse Stimme, böses Gesicht und gar ein Klaps werden als Liebesverlust erlebt. Das Kind versteht zwar nicht, warum es manches tun und anderes unterlassen soll, aber es will Liebesgewinn sichern und Liebesverlust vermeiden. Und über die Brücke der Liebesbeziehung zur Mutter kommt es schließlich über den Gebots- und Verbotsgehorsam zur späteren Interiorisation der von den Eltern gesetzten Gebote, Verbote, Verhaltensnormen und Verhaltensbewertungen und damit zur Gewissensbildung.

Hier noch einige Grundregeln für pädagogisch sinnvolle Anwendung von Lob und Tadel:

- Eine wichtige Grundregel: Bei Verhaltensformen, die erst erlernt werden, also vor allem beim Sauberwerden, beim Gehorchen, beim selbständigen Essen, Anziehen, Spielen, Händewaschen usf., muss *jeder Fortschritt gelobt* und jeder Misserfolg ignoriert werden.
- Es ist ein Fehler, zu glauben, dass es genügt, das Kind einmal zu loben und anzunehmen, das Kind wisse nun schon, was es zu tun habe. Kinder „funktionieren" vielmehr lange Zeit um des Lobes willen, das sie als Liebesgewinn erleben und das ihr Selbstvertrauen stärkt. Nehmen wir folgendes Beispiel:
  Ein Kind soll lernen, ein bestimmtes Gebot zu befolgen. Es befolgt es tatsächlich – vielleicht zum ersten Mal – und wird dafür gelobt. Dies ist ihm Anlass genug, das Gebot auch das nächste Mal zu befolgen. Es erwartet ein neuerliches Lob, aber der Erwachsene meint, das Kind müsse nun schon wissen, was es zu tun habe. Er versagt die Belohnung, die ja nur ein Wort der Anerkennung sein müsste. Enttäuscht in seiner Erwartung einer Verstärkung gibt das Kind sein angepasstes Verhalten wieder auf, was eine Bestrafung zur Folge hat.

Daraus ergibt sich sowohl für die Familienerziehung (wie auch für die institutionelle) eine allgemeine Regel: *Ein im Aufbau begriffenes Verhalten muss längere Zeit hindurch regelmäßig verstärkt werden.* Nur *allmählich* kann man von der regelmäßigen zur intermittierenden Verstärkung übergehen.

- *Nur wenn ein Verhalten, das Schwierigkeiten bereitet, neu gelernt wird oder wenn ein Kind besondere Anpassungsschwierigkeiten in der Leistung oder im Verhalten zeigt, bedarf es der ununterbrochenen Verstärkung des „Hinauflobens".*
- Nachdem ein gewisses Niveau erreicht wurde und das Kind Selbstvertrauen und Sicherheit gewonnen hat, muss die kontinuierliche Verstärkung *vorsichtig* und *allmählich* in eine intermittierende umgewandelt werden. Ein abrupter Abbruch der kontinuierlichen Verstärkung kann die erreichten Erfolge wieder zunichte machen.
  *In der Dosierung der Verstärkungen liegt die Kunst des Erziehers.*
- Bei Verhaltensweisen, die schon zur Gewohnheit geworden sind, ist Loben nur mehr gelegentlich und angesichts einer besonders guten Leistung nötig – wenn das Kind besonders sauber gegessen, sich rascher als sonst angezogen hat u. dgl. m.
- Bei im Aufbau begriffenen Verhaltensweisen zu strafen oder zu tadeln, weil die Fortschritte nicht rasch genug sind, ist ein schwerer Fehler. Dadurch entsteht Angst und Unsicherheit, und die Fortschritte werden blockiert!
  Tadel für eine unvollkommene Leistung, die das Kind einfach noch nicht beherrscht, ist sinnlos und ungerecht. Noch viel schlimmer, weil Angst erzeugend, sind Strafen. Das gilt auch für Verhaltensweisen, die entwicklungsbedingt sind, wie das Herauswerfen von Spielsachen, das Ausräumen von Behältern u.Ä. Ohne Tadel oder Strafen müssen herausgeworfene Spielsachen wieder aufgehoben, Behälter wieder eingeräumt werden.
- Tadel somit – wenn überhaupt – nur dann, wenn eine Leistung verfehlt wurde, *obwohl* sie schon beherrscht wird. Und auch dann muss der Tadel milde, scherzhaft („Heute haben wir aber ein Paar ungeschickte Hände, die Finger sind noch nicht ausgeschlafen!") und verständnisvoll sein („Ich kann schon verstehen, dass du lieber mit der Puppe spielst, aber ein Kind, das schon in den Kindergarten geht, sollte sich ein bisschen rascher anziehen!"). *Tadel soll sich nie auf das Kind als Ganzes beziehen*, sondern nur auf das, was passiert ist. Also nicht: „Du bist ein dummes, unartiges Kind und machst mir nur Arbeit!", sondern: „Bausteine darf man nicht vom Balkon hinunterwerfen, die können jemanden auf den Kopf treffen."
  Tadel darf nicht verletzen, nicht demütigen, nicht lächerlich machen. Und er muss sich nicht nur nach der Tat, sondern auch nach der Absicht orientieren. Bei einem Versehen oder einem Fehlverhalten, das aus Ungeschicklichkeit oder aus Unwissenheit geschah, ist es besser, zu helfen und aufzuklären, als zu tadeln, denn Tadel muss in einem solchen Fall das Gefühl der Hilflosigkeit hervorrufen. Den Begriff der Ungerechtigkeit kennt das Vorschulkind noch nicht.
- Wir dürfen nie vergessen, dass Lob das Selbstwertgefühl hebt und Tadel das Selbstwertgefühl erniedrigt, die Person des Kindes verletzt. Wir sollen weder so loben, dass sich das Kind für die herrlichste Person der Welt hält, noch so tadeln, dass es sich für wertlos, für unnütz, für ungeliebt halten muss.
- Es ist leider eine weit verbreitete „Erziehungspraxis", beim Kind mehr auf das zu achten, was es falsch macht, und es dafür zu tadeln, als auf das, was es gut und richtig macht, und es dafür zu loben. Wenn man den Versuch macht, unerwünschtes Verhalten zu ignorieren und dafür erwünschtes Verhalten zu loben, wird man bald merken, dass auch eine recht gespannte Situation sich entschärft und die erwünschten Verhaltensweisen bald die Oberhand gewinnen.

- Und schließlich ein letzter Hinweis zu Lob und Tadel. Lob muss *sich an den relativen Fortschritten orientieren.* Ein schlecht essendes Kind sollte nicht erst gelobt werden, wenn es den ganzen – vielleicht zu vollen Teller – leergegessen hat, sondern, wenn es einige wenige Löffel mehr gegessen hat als sonst. Geizen wir im Allgemeinen nicht mit Lob – niemand kann ohne Anerkennung sein Selbstwertgefühl behaupten, am wenigsten ein Kind, bei dem dieses erst im Entstehen begriffen ist und ganz und gar abhängt vom Ausmaß der Bestätigung, die es von den Eltern erfährt. Es gibt Kinder, deren Selbstbewusstsein nie richtig zur Entfaltung kommen konnte, weil sie ständig dem Tadel und der Kritik ausgesetzt waren. Solche Kinder werden entweder total entmutigt oder hochgradig aggressive Menschen.
  *Auch wenn man mit einem Kind unzufrieden ist, muss es spüren, dass man es liebt, dass es ein Wert an sich ist, trotz seiner Unvollkommenheiten.*

*Das Problem der Strafe*

Ob Strafen in der Erziehung überhaupt notwendig sind, ist ein kontroverses Thema. Es gibt Pädagogen, die meinen, es müsse auch ohne Strafen möglich sein, ein Kind zur Mündigkeit und verantwortlichen Entscheidungsfähigkeit zu erziehen – und es gibt auch viele Beispiele, die diese Annahme bestätigen.
Andere Pädagogen meinen, Strafe müsse sein, weil wichtige Regeln des Zusammenlebens von vielen nicht anders als über Strafe und Strafandrohung zur Kenntnis genommen werden und weil bei vielen Kindern ein Strafbedürfnis bestehe. Wir können dieses Problem hier nicht entscheiden – zu viel hängt dabei vom Kind selbst und auch von der Erziehungstüchtigkeit der Eltern ab. Einige Grundsätze seien jedoch festgehalten:

- Körperliche Strafen sind unter allen Umständen zu vermeiden – und weil wir uns hier ja besonders mit dem Kleinkind beschäftigen, ganz unbedingt während der Trotzphase und überhaupt während der ganzen Vorschulzeit! Prügelstrafe verhärtet das Kind, macht es aggressiv, unglücklich, hilflos. Es fühlt sich ungeliebt, ausgeliefert, wertlos. Es verliert den Lebensmut und die Selbstachtung. Es gerät in einen schweren emotionalen Konflikt zwischen Liebe und Hass gegenüber dem Erzieher. Und es lebt in Angst. Das Verhalten des geprügelten Kindes mag sich vorübergehend ändern, aber nur an der Oberfläche, und der scheinbare Erfolg kann niemals die charakterlichen und emotionalen Schäden kompensieren, die körperliche Züchtigung besonders bei einem jüngeren Kind hervorruft.
  Prügelstrafe und demütigende Strafen schaden der emotionalen Entwicklung des Kindes: Es fühlt sich ausgeliefert, unverstanden und gerät in eine konfliktgeladene misstrauische Haltung gegenüber dem Erzieher.
- Demütigende, frustrierende, einschüchternde, auf Rache und Vergeltung abzielende Strafen können ebenso verheerende Folgen für die Charakterentwicklung haben wie die Prügelstrafe.
- Gestraft soll nie werden – hier gilt dasselbe wie beim Tadel –, wenn eine Tat ohne böse Absicht geschah. Wenn dies jedoch nachweislich der Fall war, und man hält eine Strafe für notwendig, muss sie gleich verhängt werden.
- Eine Strafe ist nur dann sinnvoll, wenn das Kind sie versteht und Einsicht in sein Fehlverhalten zeigt. Man darf nie im Zorn oder im Ärger strafen oder aus schlechter Laune oder weil man selbst eine Frustration erlebt hat und die daraus entstandenen Spannungen nun an einem Ort des geringsten Widerstandes – am Kind – entladen will.

- Es sollte niemals Strafgerichte geben, schon gar nicht vorher angekündigte, denen dann viele Stunden der Angst vorausgehen („Warte, bis der Vater nach Hause kommt!").
- Es gibt Kinder, die eine Strafe nach der anderen heraufbeschwören. In so einer Situation muss der Kinderpsychologe oder Kinderpsychiater konsultiert werden, denn wichtiger als das Strafen ist es, die Ursachen des unangepassten Verhaltens kennen zu lernen und Ratschläge für die Behandlung des Kindes zu bekommen.
- Kollektivstrafen bei Geschwistern müssen unbedingt vermieden werden. Sie züchten Hass unter den Kindern oder Hass gegen die Eltern.
- Strafen, die vom pädagogischen Standpunkt aus akzeptiert werden können, sind lediglich: *zeitweiliger Liebesentzug, zeitweiliger oder einmaliger Entzug von Vergünstigungen* (zum Beispiel Fernsehen), *zeitweilige Isolierung* (zum Beispiel Essen in der Küche bei besonders schlechtem Benehmen bei Tisch), *Wiedergutmachung von angerichteten Schäden* (zum Beispiel einem Kind, dem man ein Spielzeug absichtlich zerstört hat, eines von den eigenen Spielsachen geben).
- Wenn eine Strafe vorbei ist, muss alles vergessen sein und das Kind wieder voll akzeptiert werden (Abbildung 27). Es darf kein Nachtragen geben.
- Strafe und Tadel kann nur dann wirksam werden, wenn unerwünschtes Verhalten vermieden werden soll, niemals dort, wo erwünschte Verhaltensweisen aufgebaut werden sollen. Ein Kind kann gestraft werden, wenn es Löcher in seine Strümpfe schneidet,

*Abbildung 27*
Wenn eine Strafe vorbei ist, muss alles vergessen sein!

aber es sollte nicht gestraft werden, wenn es die Strümpfe langsam und verkehrt anzieht. Die Technik des Sichanziehens kann nur durch Lob kleinster Fortschritte verbessert werden.
(Im Fall der zerschnittenen Strümpfe wird man sich aber mit einer *kleinen* Strafe *nicht* begnügen. Hier ist die *Hilfe eines Kinderpsychiaters* oder *eines Kinderpsychologen* angezeigt.)

*Literaturverzeichnis*


1 *ADLER, A.:* Menschenkenntnis. 5. Aufl., Zürich 1947.
2 *BECK, G.:* Autorität im Vorschulalter. Weinheim–Basel 1973.
3 *DAHRENDORF, R.:* Homo Sociologicus. Köln–Opladen 1960.
4 *ERIKSON, E.:* Kind und Gesellschaft. Stuttgart 1965.
5 *FEND, H.:* Sozialisierung und Erziehung. 5. Aufl., Weinheim 1972.
6 *FLITNER, A.:* Konrad, sprach die Frau Mama ... über Erziehung und Nicht-Erziehung. Berlin 1982.
7 *FREUD, A.:* Das Ich und die Abwehrmechanismen. London 1946.
8 *FREUD, A.:* Erziehung des Kleinkindes vom psychoanalytischen Standpunkt aus in *MENG, H.* (Hrsg.): Psychoanalytische Pädagogik des Kleinkindes. München–Basel 1973.
9 *FREUD, S.:* Jenseits des Lustprinzips. Std. III, S. 213–272, Frankfurt 1972.
10 *FREUD, S.:* Zur Psychopathologie des Alltagslebens. Fischer, Bd. 68. Frankfurt 1964.
11 *GROSSMANN, K.* (Hrsg.): Entwicklung der Lernfähigkeit in der sozialen Umwelt. Geist und Psyche. München 1977.
12 *HESS* und *BEAR* (Hrsg.): Frühkindliche Erziehung. Weinheim–Basel 1972.
13 *HESS, R. D.,* und *SHIPMAN, F.:* Die Beeinflussung frühen Lernens durch die Mutter in *HESS* und *BEAR* (Hrsg.): Frühkindliche Erziehung. Weinheim–Basel 1972.
14 *IMAS*-Report Nr. 7: Erziehungsgrundsätze. Linz 1973.
15 *KEMMLER, L., WINDHEUSER, H. J.,* und *MORGENSTERN, F.:* Gruppenanwendung von „Piaget"-Geschichten zum moralischen Urteil bei 8- bis 9-jährigen Knaben im Vergleich mit einigen anderen Variablen. Zt. für Entwickungspsychologie und pädagogische Psychologie, Heft 2, 1970.
16 *LUKESCH, H., PERREZ, M.,* und *SCHNEEWIND, K. A.* (Hrsg.): Familiäre Sozialisation und Interaktion. Bern 1980.
17 *NICKEL, H., SCHENK, M.,* und *UNGELENK, B.:* Erzieher- und Elternverhalten im Vorschulbereich – Empirische Untersuchungen in Kindergärten und Initiativgruppen. München–Basel 1980.
18 *SCHINDLER, S.:* Jugendkriminalität. Struktur und Trend in Österreich 1946–1965. Wien–München 1968.
19 *SKINNER, B. F.,* und *CORRELL, W.:* Denken und Lernen, Beitrag der Lernforschung zur Methodik des Unterrichts. 2. Aufl., Braunschweig 1969.
20 *ZULLIGER, H.:* Das Kind in der Entwicklung. Bern–Stuttgart 1969.

# *V Die kognitive Entwicklung*

Ein Kind ist kein Gefäß, das gefüllt, sondern ein Feuer, das entzündet werden will.

*François Rabelais*

Unter kognitiven Leistungen versteht man jene Fähigkeiten, die dem *Erwerb*, der *Speicherung* und der *Verarbeitung* von *Umweltinformationen* dienen. Wir haben uns also mit der *Wahrnehmung* und dem *Lernen* (Erwerb), dem *Gedächtnis* (Speicherung) und der *Intelligenz* (Verarbeitung) zu beschäftigen. Vorerst aber müssen wir uns der *Voraussetzung* aller dieser Funktionen zuwenden, der *Gehirnentwicklung*, sowie der Frage, welchen Anteil – soweit man es heute beurteilen kann – die *Anlage* und welchen die *Umwelt* an dieser hat.

## 5.1 Die frühe Gehirnentwicklung

Das menschliche Gehirn macht schon im vorgeburtlichen Stadium eine rasante Entwicklung durch. Abbildung 28 zeigt die verschiedenen Stadien im dritten, sechsten, achten und zehnten Schwangerschaftsmonat. Schon am Ende des dritten Schwangerschaftsmonats sind Großhirn, Mittelhirn und Kleinhirn klar zu unterscheiden. Die Entstehung der Gehirnzellen durch fortwährende Teilungsvorgänge vollzieht sich noch im vorgeburtlichen Stadium und ist nach der zweiundzwanzigsten Schwangerschaftswoche so gut wie abgeschlossen. Danach vermehrt sich die Zahl der Nervenzellen nicht mehr. Das hat zu bedeuten, dass zerstörtes Nervengewebe nicht ersetzt werden kann*. Es bedeutet aber auch, dass die Neuronen beginnen können, sich zu differenzieren und die *Verbindungen untereinander* zu entwickeln. Die Verknüpfungen der Gehirnzellen sind aber die Grundlage aller Wahrnehmungs-, Denk- und Gedächtnisleistungen. Abbildung 29 zeigt die Entwicklung einer Zelle im vorgeburtlichen Stadium (A–G), bei der Geburt (H), im Alter von elf Monaten (I) und beim Erwachsenen (J).

---

* Daher die intensiven Bemühungen der Ärzte, die Lungenatmung nach der Geburt sofort in Gang zu setzen, denn wenn das Gehirn mehr als acht Minuten ohne Sauerstoff bleibt, werden Gehirnzellen zerstört, und das ist irreparabel.

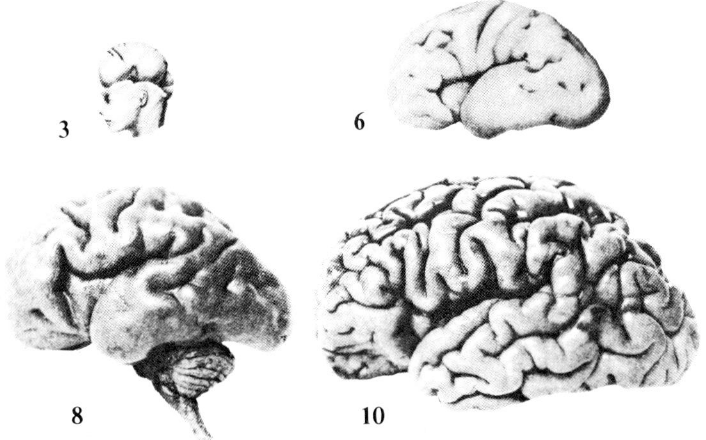


*Abbildung 28*
*Die Entwicklung des menschlichen Gehirns.* Die Zahlen bedeuten Alter nach Schwangerschaftsmonaten. Man beachte die klare Gestaltung (Großhirn, Mittelhirn und Kleinhirn) am Ende des dritten Schwangerschaftsmonates (*Akert*, 2).

*Abbildung 29*
Reifestadien einer Zelle des menschlichen Kleinhirns im vorgeburtlichen Stadium (A–G), bei der Geburt (H), im Alter von elf Monaten (I) und beim Erwachsenen (J) (*Akert*, 2).

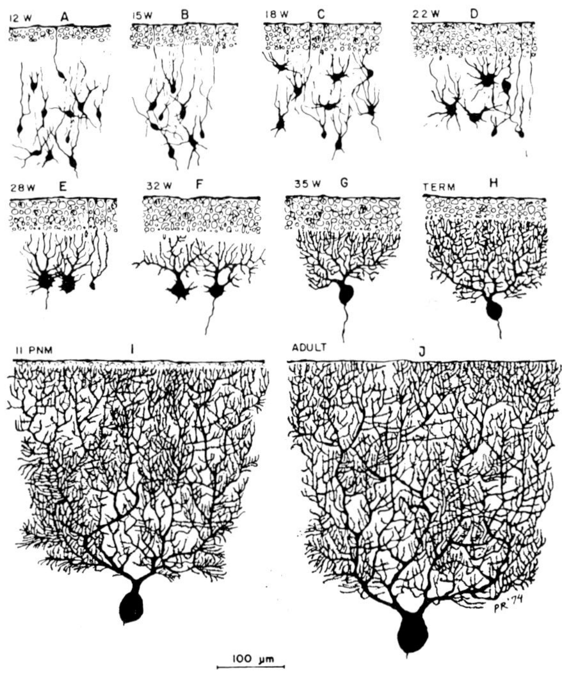

Die *Verdrahtungen*, das heißt die Vermehrung der Dendriten*, die die Nervenzellen miteinander verbinden, setzen sich bis ins Erwachsenenalter fort und können durch *Außenweltreize beeinflusst werden*, insofern, als das *Fehlen von Reizen* eine Einschränkung der Synapsenbildung**, ein *reichliches Reizangebot* eine Vermehrung bedeutet. Je mehr Verbindungen zwischen den Zellen, desto rascher und differenzierter arbeitet das Gehirn.
Was wir über den Einfluss der Umwelt auf die Gehirnentwicklung wissen, stammt zum größten Teil aus Tierexperimenten. Aus Tierexperimenten mit Katzen weiß man, dass die *dendritischen Verzweigungen* und die *Synapsenendungen* zunehmen, und zwar nicht als entwicklungsbedingte Veränderungen, sondern als Reaktion auf *„Reizzufuhren"*. Wird ein Sinnesgebiet künstlich ausgeschaltet, so treten in der entsprechenden Hirnregion nur geringe Strukturveränderungen auf.
In Rattenversuchen konnte festgestellt werden, dass *Lernprozesse quantitative Veränderungen* in der Zusammensetzung der in den Zellkernen enthaltenen Ribonukleinsäuren (RNS) bewirken. Durch diese Veränderungen entsteht in der Zelle eine erhöhte Bereitschaft zur Reizweiterleitung.
Bei anderen Rattenversuchen ergab sich, dass sich das Gehirngewicht von Tieren, die in reich gegliederten, mit vielfältigem „Spielzeug" ausgestatteten, daher zu Lernprozessen anregenden Käfigen gehalten wurden, vergrößerte; und zwar nahm die Dicke der Hirnrinde um zehn bis fünfzehn Prozent gegenüber der Hirnrinde von Ratten, die in anregungsarmen Käfigen ohne Lernangebote gehalten wurden, zu. Die Veränderungen waren weder auf eine Veränderung in der Zahl der Nervenzellen noch auf eine solche im Körpergewicht zurückzuführen, sondern auf eine Vermehrung der sogenannten Gliazellen, die rund um die Nervenzellen angeordnet sind. Diese wurden lange als bloße Stützzellen angesehen, spielen jedoch, wie man heute weiß, eine bedeutende Rolle bei jenen biochemischen Veränderungen, die die Lernprozesse begleiten (10).
Was von Umweltreizen eigentlich beeinflusst wird, scheint die Entwicklung der *Dornen* entlang der *Dendriten* (siehe Abbildung 30) zu sein. Diese Dornen sind die Ansatzstellen der synaptischen Kontakte. Bei Rattenversuchen, von denen *Akert* (2) berichtet, zeigte sich, dass die dendritischen Dornen eine sehr *unterschiedliche Ausbildung* aufwiesen, je nachdem, ob die Tiere bei *Dunkelheit*, in *normaler Umgebung* oder bei *Reizüberflutung* gehalten worden waren. Im letzteren Fall waren die Dornen sehr zahlreich, im ersteren sehr spärlich. Allerdings blieben sie auch bei Reizentzug nicht völlig aus, mehr als die Hälfte der normalen Anzahl entwickelte sich trotzdem. Bei ei-

---

* Dendriten: fein verästelte Fortsetzungen der Nervenzellen.

** Synapse: Kontaktverbindung zum Überspringen einer Erregung von einem Neuron auf ein anderes.

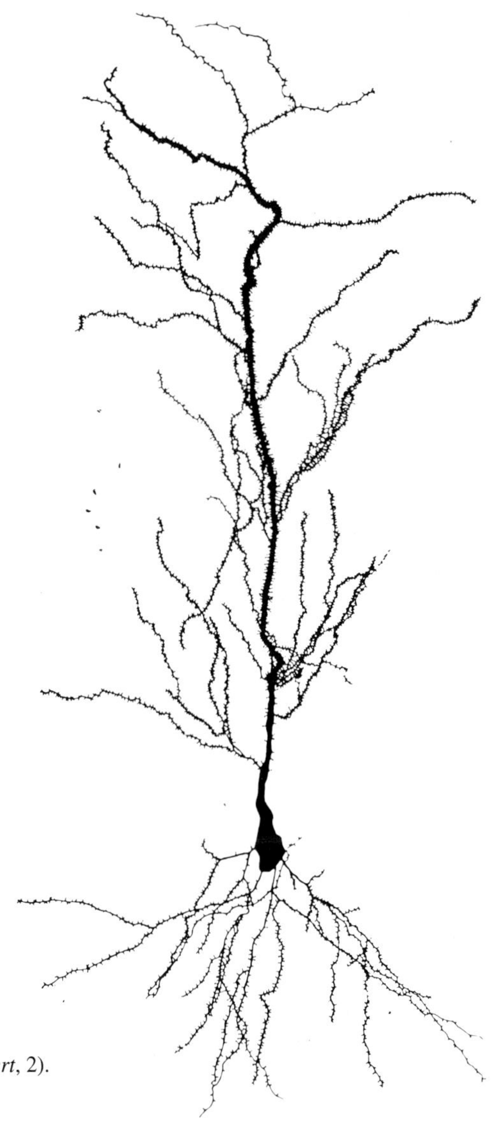

*Abbildung 30*
Dornen entlang der Dendriten (*Akert*, 2).

nem ähnlichen Mäuseversuch, bei dem die Mäuse im Dunkeln gehalten wurden, zeigten sich drei Arten von Dornen:

1. solche, die sich *auf jeden Fall entwickelten*,
2. solche, die *ausblieben*, wenn die Augen künstlich verschlossen gehalten

wurden und sich *nicht nachbildeten*, nachdem der Reizentzug aufgehoben worden war,
3. solche, die bei Reizentzug ausblieben, sich jedoch nach Beendigung des Reizentzuges *nachbildeten.*
Es gibt somit Bereiche des Gehirns, die sich *nur unter bestimmten Umweltbedingungen entwickeln*, und unter diesen wieder solche, die sich nur in einer *„kritischen Phase"* entwickeln und nicht nachgebildet werden können. Andere haben Nachholmöglichkeiten. *Akert* entwirft in Analogie zu den Ergebnissen der Tierversuche ein hypothetisches Modell, das in Abbildung 31 dargestellt ist. Danach entsteht ein Teil der Gehirnstruktur auf Grund des angeborenen Bauplanes (Gen-Instruktion) *unabhängig von der Umwelt.* Ein Teil realisiert sich zwar entsprechend *dem genetischen Bauplan,* aber *nur unter bestimmten Umweltbedingungen*, das heißt bei entsprechender Reizzufuhr, wobei es in diesem Bereich auch Anteile gibt, die irreversibel verloren gehen, wenn das Reizangebot zu spät kommt. Ein weiterer Anteil entwickelt sich zusätzlich, außerhalb des Bauplanes, sozusagen als Fleißaufgabe, bei *besonderen Reizangeboten*, und *Akert* lässt auch die Möglichkeit zufälliger Differenzierungen offen.

#### Zusammenfassung

Die Neuronen vermehren sich nach der Geburt nicht mehr, sie werden durch *Reizangebote* erst zum Funktionieren angeregt. *Lernprozesse*, die durch Reizangebote in Gang gesetzt werden, können *verschiedene Arten der Reizleitungen zwischen den Neuronen vermehren* und auf diese Art die Feinstruktur der Gehirnrinde in einer Weise verändern, dass *höhere kognitive Leistungen* ermöglicht werden. Ein *Mangel an Reizangeboten* in der Umwelt *vermindert* nicht nur die *Reaktionsbereitschaft* der Neuronen, sondern kann auch – wie wir aus Beispielen völliger Isolierung wissen – die Entstehung von Reizleitungen verhindern. Eine reizarme Umwelt erschwert alle kognitiven Prozesse, deren biologische Korrelate in den Schaltvorgängen zwischen den Neuronen zu suchen sind.

## 5.2 Die Intelligenz

Intelligenz wird immer noch am besten definiert als „die Fähigkeit zum Erfassen und Herstellen von Bedeutungen, Beziehungen und Sinnzusammenhängen" (33). Diese Definition umfasst Intelligenzleistungen der einfachsten Art, wie etwa das Heranziehen eines Spielzeugs mit Hilfe einer Schnur, ebenso wie die der höchsten, etwa die Konstruktion eines Computers. Sie umfasst sprachliche wie nichtsprachliche Leistungen im Erfassen von Beziehungen und Zusammenhängen. Sie lässt sich auch anwenden auf jenes Verhalten, das vielfach als Merkmal der Intelligenz bezeichnet wird, nämlich auf die Fähigkeit zur *Anpassung des Individuums an neue Situationen*, ebenso wie auf die

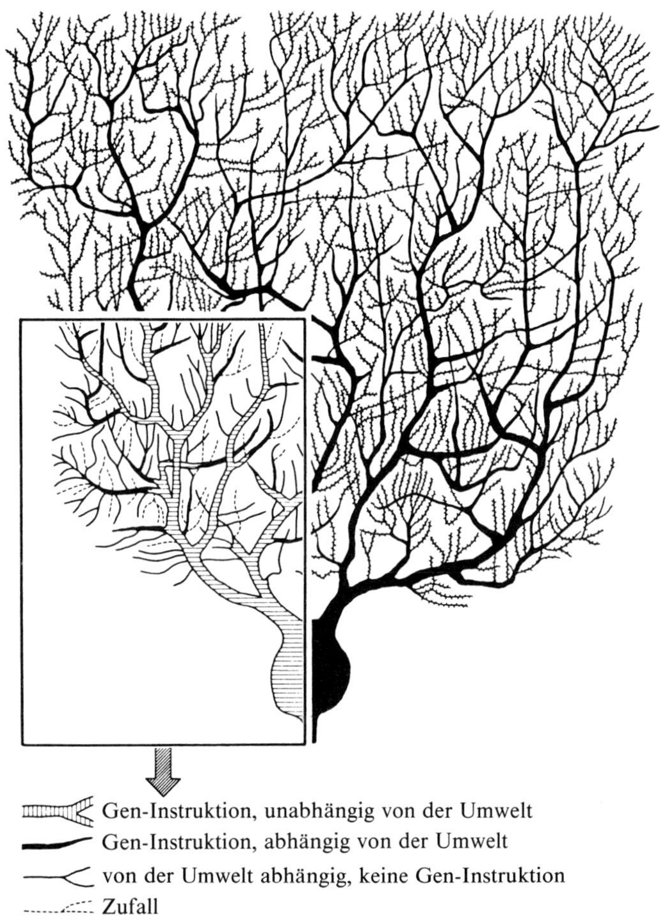


*Abbildung 31*
Anlage und Umwelt bei der Differenzierung der Nervenzelle. Hypothetisches Schema. Ein Teil des Vorganges ist rein genetisch bedingt und vollzieht sich unabhängig von Umwelteinflüssen. Ein bedeutender Anteil hängt jedoch von der Realisierung von Umwelteinflüssen (zum Teil noch beschränkt auf „kritische Phasen“) ab. Ob es daneben noch individuelle Differenzierungen der Zelle gibt, welche im genetischen Bauplan „offen gelassen“ wurden, und inwieweit auch zufällige Differenzierungen vorkommen, entzieht sich vorläufig unserer Kenntnis. Im Schema sind diese Möglichkeiten absichtlich auch berücksichtigt (*Akert*, 2).

wichtigste Aufgabe, die *McCall* (15) der Intelligenz zuschreibt: *Einfluss auf die Umwelt zu nehmen.* In beiden Fällen geht es darum, die Beziehung der *Elemente der Umwelt zueinander und zu sich selbst zu erfassen.* Voraussetzungen von Intelligenzleistungen bilden kognitive Stützfunktionen: Wahrnehmung, Gedächtnisleistungen und Sprachbeherrschung, wenn es sich um verbale Leistungen handelt.

### *5.2.1 Genotyp und Phänotyp*

Unter *Genotyp* versteht man die *angeborene Ausstattung* eines Individuums, unter *Phänotyp* die Summe aller beobachtbaren Merkmale einer Person, die sich als *Ergebnis der Interaktion des Genotyps mit der Umwelt* entwickelt haben. Dem Genotyp können wir nie in reiner Form begegnen, denn schon ein sehr kleines Kind ist ein Phänotyp, das heißt, es ist von seiner Umwelt bis zu einem gewissen Grad „geformt". Wir wissen nicht, was unter anderen Lebensbedingungen aus ihm geworden wäre, zu welchem Phänotyp sich sein Genotyp entwickelt hätte.

Wieder aus Tierexperimenten wissen wir, dass die *Höhe des ererbten Potentials** wenig Einfluss hat auf die Wirkung, die von einer anregungsarmen *Umwelt* ausgeht. In einem Rattenexperiment (9) wurden durch längere Zeit einerseits Tiere gepaart, die in einem Labyrinthversuch besonders wenig Fehler gemacht hatten, und andererseits Tiere, die besonders viele Fehler gemacht hatten. Es entstand auf diese Art ein „kluger" und ein „dummer" Stamm. Nun wurden Jungtiere dieser beiden Stämme verschiedenen „Umwelten" ausgesetzt, einer mit Reizen angereicherten, einer normalen und einer besonders reizarmen Umwelt. Als die Tiere dann ihre „Intelligenzleistung", die Orientierung im Labyrinth, vollbringen mussten, zeigte sich, dass Mitglieder des *„dummen" Stammes,* die in der *angereicherten Umwelt* aufgezogen worden waren, nur unwesentlich mehr Fehler machten als die Mitglieder des klugen Stammes, nämlich 119,7 gegenüber 112,2. Das Umweltangebot hatte die „angeborene" Schwäche fast völlig kompensiert. In der *normalen Umwelt* dagegen war die Fehlerzahl des „dummen" Stammes wesentlich *höher* (164 gegen 117 Fehler des klugen Stammes).

Wie Abbildung 32 zeigt, beeinträchtigt eine reizarme Umwelt die Klugen ebenso wie die Dummen. Beide Gruppen machten gleich viele Fehler! *In der reizarmen Umwelt waren die Gehirne beider Gruppen in gleicher Weise an der Entwicklung behindert worden.*

Wenn auch beim Menschen Experimente dieser Art aus vielen – vor allem ethischen – Gründen nicht möglich sind, lässt sich doch abschätzen, in wel-

---

* Unter Potential versteht man die Summe der durch Vererbung angelegten Entwicklungsmöglichkeiten.

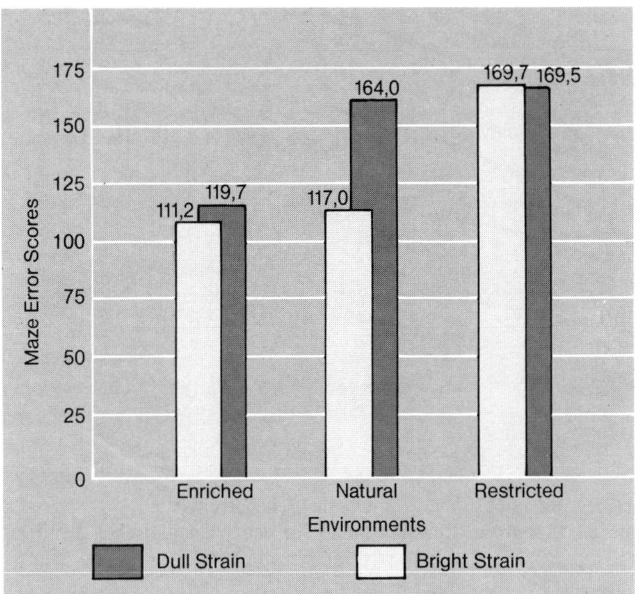


*Abbildung 32*
Fehlerzahlen im Labyrinth eines genetisch „dummen Stammes“ (dull strain) und eines genetisch „klugen Stammes“ (bright strain) von Ratten in angereicherter (enriched), natürlicher und reizarmer (restricted) Umwelt (nach *Gottesmann*, 9).

cher Weise verschiedene Genotypen durch extrem ungünstige beziehungsweise extrem günstige Umweltbedingungen beeinflusst werden können. Dabei darf nicht übersehen werden, dass das Konzept der „natürlichen Umwelt“ problematisch ist. Wenn auch extremste Formen von Entbehrungen – schwerer Hospitalismus oder die Kaspar-Hauser-Situation – zum Glück selten sind, so gibt es doch in *sozialen Randschichten*, in den *Notstandsgebieten der Dritten Welt, in Flüchtlingslagern,* in den *Slums der nord- und südamerikanischen Großstädte* Mangelzustände, bei denen auch die „natürliche Umwelt“ einem „reizarmen“ Zustand gleichkommen kann. Andererseits kann die natürliche Umwelt vieler Mittel- und Oberschichtkinder durchaus als angereicherte Umwelt gelten.

Abbildung 33 zeigt die geschätzten Veränderungen, die durch angereicherte respektive deprivierende Umwelt hervorgerufen werden. Bei Menschen, die in ihrer „natürlichen Umwelt“ einen sehr niedrigen IQ* von 25 (Genotyp A)

---

* Intelligenzquotient.

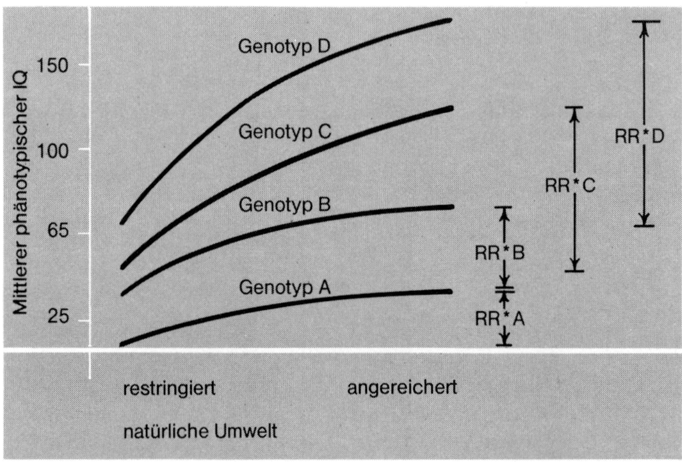


*Abbildung 33*
Schema des Konzeptes „Reaktionsbreite“ für hypothetische Genotypen.
RR bezeichnet die angenommene Reaktionsbreite für den phänotypischen IQ (nach *Gottesmann*, 9).

haben, ist die Reaktionsbreite* gering. Sie beträgt etwa 5 IQ-Punkte nach oben und unten. Auch eine sehr anregende Umwelt kann ihr Niveau nur geringfügig anheben. Genotyp B hätte in normaler Umwelt einen IQ von etwa 65, könnte durch gute Umwelt etwa 15 IQ-Punkte gewinnen, durch extrem ungünstige jedoch etwa 30 Punkte verlieren. Genotyp C mit IQ 100 in normaler Umwelt – das entspricht dem Durchschnitt – könnte in besonders guter Umwelt etwa 20 IQ-Punkte gewinnen, in anregungsarmer Umwelt jedoch bis zu 35 Punkte verlieren. Ein Hochbegabter, der schon in der normalen Umwelt (die oft allerdings schon eine angereicherte ist) einen IQ von 150 aufweist, kann in sehr guter Umwelt eine weitere geringe Steigerung erfahren, *bei extrem schlechten Umweltverhältnissen jedoch einen Verlust von bis zu 80 Punkten – bis an die Grenze der Debilität – erleiden* (9).

Diese Schätzung soll deutlich machen,
- dass Verluste durch schlechtes Milieu immer größer sind als Gewinne durch angereichertes Milieu, wenn man von Imbezillen (Genotyp A), die sehr geringe Spielräume haben, absieht;
- dass Beeinträchtigungen durch krasse Milieumängel umso größer sein dürften, je besser die natürliche Ausstattung eines Menschen ist.

---

* Reaktionsbreite = Spielraum der Beeinflussbarkeit im positiven und im negativen Sinn.

### 5.2.2 Potentielle und aktualisierte Intelligenz

Zu den individuell-genetischen Anlagen, die als Möglichkeiten, als Dispositionen, angelegt sind, gehört die *potentielle Intelligenz. Als solche bezeichnen wir die obere Grenze des individuellen intellektuellen Entfaltungspotentials.* Wir können es nicht messen, nur schätzen. Es entspricht dem Genotyp.
*Die aktualisierte Intelligenz ist das, was sich uns als Ergebnis der Herausforderung der potentiellen Intelligenz durch die Umwelt präsentiert* (Phänotyp).

Die Intelligenz, die wir bei einem einzelnen Menschen mit Hilfe von Intelligenztests messen oder auf Grund seines Verhaltens zu erkennen glauben, gestattet keine Rückschlüsse auf seine Anlage, denn wir wissen ja nicht, wie er sich entwickelt hätte, wenn er unter anderen Bedingungen erzogen worden wäre. Am ehesten ist eine Beurteilung des „verfügbaren" Potentials in Extremfällen möglich, nämlich bei sehr zurückgebliebenen Personen, die unter guten Bedingungen, und bei sehr begabten, die unter schlechteren Bedingungen aufwuchsen. Im ersteren Fall waren die Entfaltungsmöglichkeiten begrenzt – seltener auf Grund von Vererbung, häufiger infolge einer erworbenen Hirn- oder Genschädigung –, im letzteren Fall war das Potential so hoch, dass es sich auch unter weniger förderlichen Bedingungen durchsetzen konnte.

Jeder kennt Menschen, die unter ungünstigen Bedingungen aufwuchsen und trotzdem beachtliche Leistungen im Leben zu erbringen vermochten. Andererseits wissen wir, dass die mit geringerem Intelligenzpotential Ausgestatteten auch unter besten Umweltbedingungen eine gewisse Leistungsgrenze nicht überschreiten können.

### 5.2.3 Der Anteil von Erbe und Umwelt

Die Frage, welcher Anteil an der Intelligenzentwicklung der *Vererbung* und welcher Anteil der *Umwelt* zufällt, wird derzeit verschieden beantwortet. Die Intelligenz eines Kindes, die wir testmäßig erfassen oder in seinem Verhalten beobachten können, ist ja bereits das Ergebnis der Herausforderung seiner potentiellen Intelligenz durch die Umwelt. Diese *potentielle Intelligenz* wird sicher *nicht bei allen Kindern voll „ausgeschöpft"*, wobei die Erreichung der genetisch festgelegten Obergrenze der Entfaltbarkeit nicht nur von den *Lernmöglichkeiten*, sondern auch von der *emotionalen Situation des Kindes* und vom *Erziehungsstil* der Eltern wesentlich beeinflusst wird (siehe S. 50 ff. und S. 125). Viele Forscher nehmen auf Grund von *Zwillingsuntersuchungen* an, dass der Anteil der Vererbung an den Intelligenzunterschieden in einer Bevölkerung mit 60 bis 80 Prozent zu veranschlagen ist. Auch das hypothetische Modell von *Akert* (Abbildung 31) weist in diese Richtung.
Sicher ist, dass eine *besonders anregungsarme* Umwelt eine Einschränkung der Intelligenzentwicklung von mehr als 30 Prozent bewirken kann – zum Beispiel einen IQ von 70 (Debilität) statt von 100 (normaler Durchschnitt).

Dagegen kann eine Umwelt, die schon einem Säugling *viele Anregungen bietet*, dessen Anlagen zur maximalen Entfaltung bringen.
Wir fassen dieses schwierige Thema am besten in drei Punkte zusammen, wie sie *Roth, Oswald* und *Daumenlang* (25) formuliert haben:

- Es ist nicht mehr bezweifelbar, dass Intelligenzleistungen sowohl genetisch bedingt als auch von Umwelteinflüssen abhängig sind. Wechselwirkungen zwischen beiden Determinanten müssen angenommen werden, wurden aber bisher nicht in allen Bereichen systematisch untersucht.
- Auf Grund verschiedener Untersuchungen wird von manchen Genetikern der Anteil der genetisch bedingten Intelligenzleistung mit 60 bis 80 Prozent veranschlagt. Die Zahlen sind umstritten. Aber selbst wenn der Spielraum der Milieueinwirkung nicht mehr als 20 Prozent betrüge, dürfte nicht versäumt werden, diesen Spielraum durch Lernangebote auszuschöpfen.
- Unabhängig vom Anteil, welcher im Endeffekt der Vererbung zukommt, ist die genetische Ausstattung eines Individuums zunächst nichts als eine Potenz, die in der und durch die Umwelt aktualisiert werden muss. Fraglich ist nur die Variationsbreite, die bei gegebener genetischer Ausstattung durch Umwelteinwirkungen möglich ist.

### *5.2.4 Wie steht es um die Aufholmöglichkeiten nach Deprivation?*

Aus verschiedenen Versuchen, Nachfolgeuntersuchungen und Einzelfällen kann man ein annäherndes Bild von den *Aufholmöglichkeiten* nach Deprivationszuständen* gewinnen. Dabei muss beachtet werden, dass die Kinder, von denen wir im Folgenden berichten werden, Deprivationszuständen sehr verschiedener Art und Dauer ausgesetzt waren.

#### 5.2.4.1 Zeitliche Spielräume

Auf Grund der neurophysiologischen Reifung werden in den ersten Lebensjahren zu verschiedenen Zeiten Verhaltensänderungen möglich (Greifen, Laufen, Sprechen, Erfassen von Gestalten u.A.). Diese Veränderungen können durch *äußere Bedingungen beschleunigt oder verzögert* werden. Es scheint in der Tat, als ob sich jede reifungsbedingte Veränderung *innerhalb eines zeitlichen Spielraumes* vollziehen könne, der ein „frühestes" und ein „späteres" Auftreten gestattet. Durch Betätigungsmöglichkeiten, durch Reizangebote, durch Motivierung sowie durch Vorbildwirkung, wie dies bei Geschwistern oft zu beobachten ist, können sich Verhaltensänderungen zum *frühestmögli-*

---

* Unter Deprivation versteht man schwere Entbehrungen.

*chen Zeitpunkt* realisieren, durch *unzureichende Herausforderung* und *Einschränkungen der Aktionsfreiheit* können *Verzögerungen* eintreten.

Hier ein Beispiel:

Beobachtungen und Experimente von *White* (34) mit Anstaltskindern in reizarmer Umgebung zeigten, dass diese Kinder in Ermangelung anderer Reize ihre eigenen Hände schon mit acht Wochen „entdeckten", während dies bei Kindern in normaler Umwelt in der Regel erst mit zwölf Wochen der Fall ist. Trotzdem erlernten sie das Greifen viel später. Zu Versuchszwecken wurde das Milieu von achtzehn dieser Anstaltskinder vom 34. bis zum 124. Tag stark angereichert, während die Kontrollgruppe in ihrer reizarmen Umwelt verblieb. Den Kindern der Versuchsgruppe wurden bunte Mobiles über den Köpfen aufgehängt, Vorhänge von den Betten entfernt, statt weißer wurde farbige Bettwäsche verwendet. Auch wurden die Kinder dreimal täglich für fünfzehn Minuten auf den Bauch gelegt, sie erhielten größere Bewegungsfreiheit und mehr Kontaktmöglichkeiten mit den Pflegepersonen. *Diese Kinder konnten um sechseinhalb Wochen früher greifen als die Kontrollgruppe!*
Bei einem zweiten Versuch mit anderen Kindern wurde – vorerst als einzige Variation der gewohnten Umgebung – vom 37. bis zum 68. Tag an jeder Seite der Betten in Reichweite ein Objekt in Form eines großen Schnullers angebracht, das sich mit einem rot-weißen Muster von der Umgebung abhob. Erst danach wurden die Kinder in Betten gelegt, über denen sich Mobiles befanden. Man nahm an, dass die leichte Erreichbarkeit der auffallenden Objekte die Entwicklung des Greifens noch mehr beschleunigen würde. Dies war auch tatsächlich der Fall. Diese Gruppe konnte noch früher als die des ersten Versuches greifen, nämlich schon vor Ende des dritten Monats. Die Versuchsanordnung des zweiten Versuches eignete sich offenbar besonders zur Förderung im zweiten Monat.

Die Untersuchung zeigt, dass die Zeit zwischen eineinhalb und fünf Monaten für die Entwicklung der sensomotorischen Koordination von größter Bedeutung ist und dass diese Entwicklung durch Reizangebote in der Umgebung gefördert, ja sogar beschleunigt, durch Mangel an Betätigungsmöglichkeit stark verzögert werden kann.

### 5.2.4.2 Das Phänomen der „latenten" Reifung

Verschiedene Erfahrungen beweisen, dass es sowohl im motorischen wie im kognitiven Bereich einen *relativ großen Spielraum für das Aufholen auch nach länger dauernden Deprivationszuständen gibt.* Als Beispiel sei eine Untersuchung an albanischen Säuglingen beschrieben, die in einer damals für den mohammedanischen Kulturkreis typischen – heute in Albanien wahrscheinlich nicht mehr praktizierten – Weise aufgezogen wurden.

Im Jahre 1931 hatten meine Kollegin Lieselotte *Frankl* (4) und ich Gelegenheit, albanische Säuglinge zu untersuchen, die der damaligen Landessitte gemäß während des ganzen ersten Lebensjahres in ihren Wiegen festgebunden wurden und damit jeder körperlichen Bewegungsmöglichkeit verlustig gingen. Während des ersten Halbjahres wurden sie im Dunkel der fensterlosen Hütten gehalten, und das Gesicht war meist mit einem Tuch verdeckt. Sie entbehrten somit nicht nur jeder Bewegungsmöglichkeit, sondern auch aller optischen Eindrücke. Hingegen hatten sie menschlichen Kontakt. Die Erwachsenen beugten sich über sie, sprachen zu ihnen. Zum Stillen beugte sich die Mutter über die Wiege.

Einmal täglich wurden die Kinder zur Reinigung aus der Wiege genommen. Kinder, die älter als vier Monate waren, genossen diese kurze Frist der Bewegungsfreiheit beim Reinigen sichtlich und reagierten auf jedes neuerliche Festgebundenwerden mit heftigem Schreien, was die Mutter veranlasste, das Gesicht des Kindes mit einem Tuch zu bedecken und die Wiege mit dem Fuß so lange zu schaukeln, bis das Kind endlich verstummte. Mit Hilfe amerikanischer Freunde, die in Albanien lebten und die Landessprache beherrschten, gelang es uns, zehn Mütter von Säuglingen dazu zu bewegen, ihre Kinder loszubinden, sodass sie mit den Wiener Säuglingstests auf ihren Entwicklungsstand untersucht werden konnten. In allen motorischen Leistungen, besonders natürlich im Greifen, waren vorerst große Rückstände zu verzeichnen. Die Arme hingen schlaff, die Finger waren ausgestreckt und nicht zu Fäusten geballt, es bestand praktisch kein intentionaler Objektbezug, keine raumgreifende Bewegung, keine Aktivität, keine sensomotorische Koordination. Abbildung 34 zeigt ein solches Kind.

*Abbildung 34*
Ein etwa acht Monate altes albanisches Kind kurz nach der Befreiung aus der Wiege.

Doch dies galt alles nur für den Beginn der Untersuchungen. In einigen Fällen gelang es nämlich, Mütter dazu zu überreden, ihre Kinder längere Zeit außerhalb der Wiege zu halten, sodass wir ihnen das Spielmaterial öfter anbieten und länger überlassen konnten. Und da zeigte sich nun, dass innerhalb von zwei Stunden Rückstände von mehreren Monaten aufgeholt werden konnten. Es muss erwähnt werden, dass die Säuglinge keine Angst- oder Fremdheitsreaktionen zeigten, sondern zu Beginn der Untersuchung lediglich völlige Passivität, die innerhalb einer Zeitspanne von zwei Stunden weitgehend überwunden werden konnte. Der Entwicklungsquotient eines etwa zehn Monate alten Kindes stieg innerhalb von wenigen Stunden von 61 auf 91.

Diese raschen Fortschritte der albanischen Säuglinge können als eindeutiger Beweis für das Vorhandensein einer *latenten Reifung* angesehen werden, ebenso wie die Tatsache, dass das Gehen bald erlernt wurde, nachdem die Kinder am Ende des ersten Lebensjahres aus ihren Wiegen befreit wurden.

Die Beobachtungen an diesen Kindern lassen natürlich die Frage offen, wie lange eine solche Behandlung hätte fortgesetzt werden können, ohne Dauerschäden zu verursachen, wo die Grenze des Spielraumes liegt, innerhalb dessen ein „Nachvollzug" eben noch möglich ist, und zwar bei motorischen, sprachlichen und kognitiven Leistungen.

Auch eine Untersuchung an vierunddreißig schwer hospitalisierten Kindern (27), die sich seit ihrer Geburt in einem sehr schlecht geführten (inzwischen völlig modernisierten) Kinderheim befanden, aber noch während ihrer Vorschulzeit in Familienpflege übernommen worden waren, zeigte, dass die motorischen und kognitiven Funktionen einen relativ großen Determinationsspielraum haben. Die Kinder hatten im Heim keine Bewegungsfreiheit außerhalb ihrer Betten, keine persönliche Ansprache, kein Spielzeug, sie sahen nichts als weiße Wände und weiß gekleidete Menschen, zu denen sie jedoch keine Kontakte herstellen konnten.

Bei ihrer Entlassung aus dem Heim war ihr Zustand von einer echten Debilität nicht zu unterscheiden. Nach kurzer Zeit in der Familie erreichten die meisten von ihnen jedoch einen normalen Entwicklungsstand mit einem EQ zwischen 90 und 109.

Bei Kindern, die über vier Jahre im Heim verbracht haben, waren die ersten Ansätze der Sprache bereits vorhanden, solche, die bis zu vier Jahre im Heim geblieben waren, lernten erst nach ihrer Entlassung sprechen.

Die raschen Entwicklungsfortschritte nach der Entlassung aus der Anstalt zeigt die Längsschnittuntersuchung von Günther F. (Abbildung 35).

Günther wurde von seiner prospektiven Adoptivmutter im Alter von vier Jahren zur Testung gebracht. Der Quotient war 69, und das Kind machte auch in seinem gesamten Habitus den Eindruck eines Debilen. Schon ein Jahr später hatte er einen normalen durchschnittlichen EQ von 94 erreicht, der sich nicht mehr ändern sollte. Als der Knabe mit fünfzehn Jahren das letzte Mal zwecks Entscheidung über einen weiteren Schulbesuch getestet wurde, hatte er einen IQ nach Amthauer von 100.

In einem testmäßig nicht erfassbaren Bereich jedoch bleiben schwere und, soweit man

*Abbildung 35*
Entwicklungsprofile von Günther F.

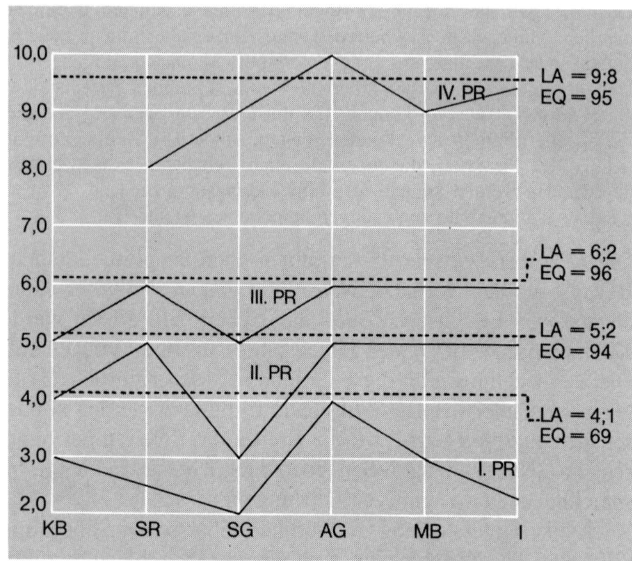


LA = Lebensalter, EQ = Entwicklungsquotient, KB = Körperbeherrschung, SR = Soziale Reaktion, SG = Sprachliches Gedächtnis, AG = Anschauliches Gedächtnis, MB = Materialbeherrschung, I = Intelligenz.

es bis heute beurteilen kann, *nicht korrigierbare Störungen* zurück, nämlich in der *Anpassung an die Gemeinschaft*.
Die erste Entwicklungsprüfung, die gleich nach der Entlassung aus der Anstalt durchgeführt wurde, ergab einen Quotienten von 69. Günther konnte noch nicht sprechen. Ein Jahr später hatte das Kind bereits so weit aufgeholt, dass sein Quotient 94 betrug. Damit hatte es den Stand erreicht, den es behalten sollte. Es trat mit einer Verspätung von einem Jahr in die Schule ein und konnte sich lernmäßig durchaus bewähren. Auffällig war es lediglich im Verhalten (Schenk-Danzinger, 27).

Auch die Untersuchung von M. *Meierhofer* zeigen ein erstaunliches Maß an Nachholfähigkeit im kognitiven Bereich. Die Ein- bis Zweijährigen, die sie in Züricher Heimen untersuchte, hatten gegenüber den zum Vergleich herangezogenen Familienkindern gewaltige Entwicklungsrückstände. Als sie dieselben Kinder im Alter von fünfzehn Jahren wieder testete, entsprachen die Intelligenzquotienten nach HAWIK* der Normalverteilung (17)!
Unsere Beispiele von hospitalisierten Kindern, die noch im Vorschulalter das anregungsarme und emotional frustrierende Milieu verlassen konnten und in normaler Umgebung rasch aufholten, zeigen, dass hier Bereitschaften zur Aufnahme von Umweltreizen brach lagen. Untersuchungen an Kindern debi-

* Hamburg-Wechsler-Intelligenztest für Kinder.

ler Mütter (31), die früh in gute Pflege- oder Adoptivverhältnisse kamen, haben ergeben, dass sich das Intelligenzniveau dieser Kinder dem der Ersatzfamilie annäherte, während Kinder, die in ihrem debilen Ursprungsmilieu verblieben, sich diesem umso stärker anglichen, je älter sie wurden. Bei *Daueraufenthalt im deprivierenden Milieu* entstehen, wie die Untersuchung von *Skeels* (30) gezeigt hat, *irreparable Schäden.* Bis zu welchem Alter verspätete Reizzufuhr noch wirksam werden kann und ab welchem Alter Lernmöglichkeiten gelöscht werden, wissen wir nicht. Eine kritische Grenze dürfte mit dem Ende des Vorschulalters gegeben sein.

Die relativ guten Aufholmöglichkeiten im kognitiven Bereich beim rechtzeitigen Übergang von einem deprivierenden in ein normales Milieu *sollen ja nicht dazu verleiten*, den Zustand der Deprivation auf die leichte Schulter zu nehmen! Denn erstens gibt es, wie wir schon im Kapitel II dargestellt haben, *Aufholmöglichkeiten nur im kognitiven Bereich, nicht im Bereich der Persönlichkeitsentwicklung*, und das ist eine schwerwiegende Tatsache. Zweitens wissen wir nicht, *wie „gut" aufgeholt wird.* Ist das Niveau, auf dem ein Kind nach einer „Latenzperiode" funktioniert, so hoch, wie wenn die gereifte Funktion gleich auf entsprechende lernmäßige Herausforderung gestoßen wäre? Wenn nicht, wie groß sind die Unterschiede?

Wir müssen annehmen, dass die meisten Kinder, die sich nach einer *längeren oder kürzeren Phase verminderter Reizzufuhr* noch bis an die Grenze der Norm oder sogar bis in den Normbereich entwickeln konnten, ein *wesentlich höheres Niveau ihrer kognitiven Entfaltung erreicht hätten, wenn ihre potentielle Intelligenz zum richtigen Zeitpunkt mit den richtigen Lernimpulsen konfrontiert worden wäre. Schäden in der Persönlichkeitsentwicklung* nach Deprivationszuständen *lassen sich wahrscheinlich nur dann vermeiden, wenn die emotionalen Bedürfnisse schon vorher bis zu einem gewissen Grad befriedigt wurden.*

Das zeigte sich in der Nachfolgeuntersuchung von *Meierhofer* bei den italienischen Heimkindern, die im Unterschied zu den echten Züricher Fürsorgefällen nur wegen der Arbeitsverpflichtungen ihrer Mütter im Heim waren und ihre Familien stets hinter sich gehabt hatten. Sie waren wesentlich besser angepasst als die Züricher Kinder.

*McCall* (15) beschreibt den Fall eines Mädchens, des unehelichen Kindes einer taubstummen Mutter, das bis zum Alter von sechseinhalb Jahren mit *dieser zusammen* in einem lichtlosen Raum versteckt worden war. Das Kind war bei der Auffindung in desolatem Zustand, sowohl körperlich als auch psychisch. Es konnte nicht sprechen, befand sich auf dem Niveau einer etwa Zweijährigen und galt als hoffnungsloser Fall. Sorgfältige Pflege und Betreuung führten jedoch im Verlauf von zwei bis drei Jahren zu einer weitgehenden Normalisierung. Schon mit acht Jahren wurde Isabelle als fröhliches Kind bezeichnet. Mit vierzehn beendete sie die sechste Schulstufe. Außer diesem zweijährigen Schulrückstand wurden keine Auffälligkeiten beobachtet – keine Persönlichkeitsentwicklungsstörung. *Das Kind war ja mit der Mutter isoliert gewesen.*

### *5.2.5 Frühe Intelligenzleistungen*

#### 5.2.5.1 Der Werkzeuggebrauch

Die vorerst isoliert aufgenommenen optischen und akustischen Reize fügen sich schon im Laufe der ersten Monate zu Gestalten und Dingwahrnehmungen, zu Erlebnissen von Zusammengehörigkeiten, etwa bestimmter Geräusche mit bestimmten Gestalten oder Pflegehandlungen. Sensomotorische* Verhaltensweisen, wie Halten, Betasten, Greifen und Hantieren mit Objekten, lassen das Kind erste Materialqualitäten, wie Farben, Schwere, Glätte, „Greifbarkeit" etc., erleben (Abbildung 36).
Diese Erfahrungen sind wahrscheinlich die Voraussetzungen für das erste „Werkzeugdenken". Charlotte Bühler hat es mit Hilfe eines „klassischen Experiments" für die Psychologie entdeckt, obwohl viele Mütter natürlich schon bemerkt hatten, dass ihr etwa 10 Monate altes Kind die Decke zu sich zog, als es ein darauf liegendes Spielzeug ergreifen wollte. Und hier das Experiment: Im Bettchen saß ein etwa 12 Monate altes Kind. Vor dem Bett auf einem Stuhl stand eine Glocke, an der eine Schnur befestigt war. Diese reichte in das Bett hinein. Nachdem das Kind vergeblich versucht hatte, sich durch Ausstrecken des Armes der Glocke zu bemächtigen, hielt

---

* Unter „sensomotorisch" verstehen wir das Zusammenwirken von Bewegung und Sinnesorgan. Normalerweise wird die Bewegung primär durch das Auge gesteuert, beim Blinden durch Gehör und Tastsinn. Das erste sensomotorische Verhalten des Kindes ist das Beobachten seiner Handbewegungen, etwa mit zwölf Wochen.

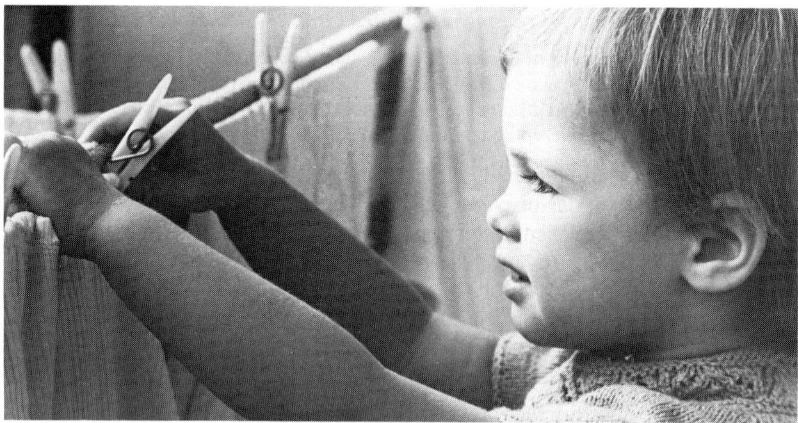

*Abbildung 36*
Sensomotorische Erfahrungen: „Begreifen durch Begreifen."

es einen Augenblick inne; dann erfasste es die Schnur und zog die Glocke zu sich ins Bett.

Von nun an gelingt einem Kind das Heranziehen eines Gegenstandes mit Hilfe einer daran befestigten Schnur, das Verwenden eines Stockes, um eine Sache näher heranzubringen, das Heranziehen eines Stuhles, auf den man klettern kann, um etwas vom Tisch zu ergattern. Da das Kind sich dabei jedesmal eines *„Mittels zum Zweck“* bedient, spricht man auch vom *Werkzeugdenken*. Ähnlicher Leistungen sind auch Schimpansen fähig. Was beim Tier jedoch den Höhepunkt der geistigen Entwickung darstellt, markiert beim Menschen gerade ihren Anfang.

Hier noch ein Beispiel einer *Problemlösung mit Hilfe der sensomotorischen Intelligenz* – eine Leistung, zu der Tiere nicht mehr fähig wären:

Ein vierjähriges Kind spielt das erstemal mit einem Matador-Baukasten. Ein Stab hat sich in einem Loch verklemmt und ist abgebrochen. Das Kind versucht auf vielerlei Arten, den schwer fassbaren Stumpf herauszubekommen und entdeckt schließlich, dass man das Problem lösen kann, indem man auf der entgegengesetzten Seite des verstopften Loches mit einem anderen Stab nachstößt. Von da ab beherrscht das Kind die Technik der Entfernung abgebrochener Stäbchen, ohne dass ein neuerliches Probierverhalten notwendig wäre. Es kann diese Technik auch auf ähnliche Probleme übertragen, zum Beispiel wenn es einen Baustein herausschieben will, der sich in einem Rohr verklemmt hat.

Neben diesem *Werkzeugdenken* – der Entdeckung von Beziehungen zwischen sich, einem angestrebten Ziel und einem Mittel zum Zweck – gibt es im zweiten Lebensjahr noch einen anderen Schwerpunkt des Beziehungs-Erfassens, nämlich eine bevorzugte Beachtung der Beziehung von Elementen, *von denen eines auf das andere oder in das andere passt.* Darauf wird im Kapitel VI im Zusammenhang mit dem explorativen Spiel näher eingegangen.

#### 5.2.5.2 Erste Begriffsbildung

*Gegenstandsmerkmale* können relativ früh unterschieden werden. Diese Unterscheidungen beruhen auf *ersten Begriffsbildungen*, das heißt auf der Abstraktion von Merkmalen, die mehreren verschiedenen Objekten gemeinsam sind: *Rot* ist der Pullover, der Ball, der Baustein, *rund* der Apfel, die Kugel, der Ball etc. Es handelt sich um eine auf sensomotorischen Erfahrungen aufbauende, *nichtsprachliche* Leistung. Das Zusammenlegen etwa von Spielplättchen nach gleicher Farbe, gleicher Gestalt, gleicher Größe ist schon bei Zweieinhalbjährigen möglich, bevor oder ohne dass die Gegenstandsmerkmale benannt werden. Einigen Vierjährigen und den meisten Fünfjährigen gelingt es auch, *nach zwei Merkmalen* (etwa Farbe und Form von Bausteinen) zu sortieren oder zu gruppieren. Wenn das Kind wählen kann zwischen Farbe und Form, bevorzugt es die Farbe.

Das *Erlernen der Namen* von Gegenstandsmerkmalen und deren Anwendung auf viele unterschiedliche Objekte ist mit dem sensomotorischen Abstraktionsprozess eng verbunden und ohne ihn nicht möglich. Durch häufiges Benennen der gleichen Merkmale an verschiedenen Gegenständen kann der Abstraktionsprozess sehr gefördert werden („Gib mir die große blaue Kugel", „Such die kleinen gelben Würfel").

### 5.2.5.3 Sprache und Begriffsbildung

Die erste Begriffsbildung ist zwar sprachfrei, eine *gleichzeitig verlaufende sprachliche Information* kann jedoch sowohl die sensomotorische Begriffsbildung als auch das Sprachverständnis fördern. Dies zeigen Versuche der russischen Psychologin *Ljublinskaya* (13).

Kinder im Alter von 1;1 bis 1;7 Jahren sollten Süßigkeiten unter roten Hüten finden. Diese Hütchen befanden sich zwischen anders gefärbten. Jedesmal, wenn das Kind ein rotes Hütchen aufhob, wurde es durch eine darunter befindliche Süßigkeit belohnt. Es gab, wie bei allen solchen Experimenten, eine Versuchsgruppe und eine Kontrollgruppe. In der Versuchsgruppe wurde jedes Mal, wenn das Kind die Süßigkeit – zuerst natürlich zufällig – unter dem richtigen Hütchen gefunden hatte, das Wort *„Rot"* gesagt, das Erfolgserlebnis wurde mit dem *Wort* gekoppelt. In der Kontrollgruppe wurde nicht gesprochen. Es zeigt sich nun, dass die Kinder der Versuchsgruppe, bei denen die *sensomotorische Erfahrung mit einem Wort verknüpft worden war*, nur neun bis fünfzehn Darbietungen brauchten, um mit Sicherheit das richtige Hütchen aufzuheben, während es in der Kontrollgruppe, die auf eine *nichtsprachliche sensomotorische Konditionierung* angewiesen war, fünfundvierzig bis fünfzig Darbietungen bedurfte, bevor die Aufgabe von den Kindern auf Anhieb gelöst wurde.
Es zeigte sich ferner, dass die durch das Wort (Rot) und die Verstärkung (Süßigkeit) erreichte Verknüpfung sehr beständig war. Nach fünf bis sieben Tagen konnten die Kinder die Aufgabe noch immer lösen, während die Kinder der Kontrollgruppe dies schon am nächsten Tag nicht mehr konnten. Die sensomotorische Erfahrung, die durch *eine Benennung* gefestigt worden war, ließ sich leicht auf andere Objekte übertragen. So fanden die Kinder der Versuchsgruppe das Bonbon auch unter einer *roten Tasse* oder einem *roten Kästchen. Sie hatten „Rot" als Begriff bereits abstrahiert!* Man fand auch, dass Kinder, die Rot mit Hilfe der Sprache als Merkmalsbegriff abstrahiert hatten, andere Farben leichter lernten als Kinder, die nur die nichtsprachliche sensomotorische Konditionierung geübt hatten. Diese Ergebnisse sind bemerkenswert, weil der Versuch, wie ja die hohe Zahl der Wiederholungen bei der Kontrollgruppe zeigt, in diesem Alter an sich zu schwierig ist und auch Farben normalerweise viel später gelernt werden.
Eine zweite Untersuchung bestand darin, dass Kinder – ihr Alter wird in der deutschen Übersetzung nicht angegeben, sie müssen aber wohl etwas älter gewesen sein als die erste Gruppe – Schmetterlingsflügel mit bestimmten Mustern unter anders gemusterten wiederfinden sollten. Es gab wieder eine Versuchs- und eine Kontrollgruppe. Zuerst bekam keine der beiden Gruppen eine verbale Hilfe, und als erstes Ergebnis zeigte sich, dass beide Gruppen nur nach der *gleichen Farbe der Flügel* suchten, aber nicht nach dem gleichen Muster. In der Versuchsgruppe bekamen die Muster daraufhin bestimmte Namen (Streifen, Punkte, Netz), und nun zeigte sich, dass die Kinder die Aufmerksamkeit von der *Farbe weg auf das Muster lenken* und ihre Wahl auch begründen konnten, indem sie sagten „Das hat auch Punkte", „Das hat auch Streifen" etc. Durch die Ein-

führung der Sprache waren den Kindern Anhaltspunkte für den Prozess des Vergleichens gegeben.
In der Kontrollgruppe konnte die Mehrzahl der Kinder die Muster der Schmetterlingsflügel nicht finden, und die seltenen richtigen Lösungen konnten nicht begründet werden.

Aus diesen Untersuchungen wird die Bedeutung der früh an das Kind herangebrachten Sprache klar ersichtlich. Nur sie kann die Beziehung zwischen den *sensomotorischen Erfahrungen* (dem Wahrnehmungswissen) und den eigentlichen *Denkakten* (in diesem Fall den Unterscheidungsleistungen) schon in einem Alter herstellen, in dem die Sprache vom Kind selbst noch nicht beherrscht wird.

#### 5.2.5.4 Symbolerfassen

Eine der frühesten Formen des Beziehungserfassens ist die Fähigkeit des Kindes, *„stellvertretende" Elemente* zu verstehen und zu akzeptieren und auch selbst *„Stellvertretungen"* zu kreieren. Gemeint sind *Symbole. Wörter* stehen für Dinge, und das Kind beginnt mit etwa einem Jahr *Wörter*, die die Dinge repräsentieren, zu verstehen und zu verwenden. Es erfasst die Beziehung zwischen den beiden. Ein dreijähriges Kind versteht, dass das Bild einer Katze am Kleiderhaken im Kindergarten ein Symbol für seinen eigenen Namen ist. Im Briefträgerspiel lernt es rasch, dass das Dreieck ein Brief „sein soll", der Kreis eine Postkarte, das Viereck ein Telegramm. Und im Rollenspiel setzt es selbst eine unendliche Fülle von Symbolen – das Gitterbett kann einmal ein Auto und einmal ein Löwenkäfig, einmal eine Zirkusarena und einmal eine Höhle sein. *Das frühe Verständnis für Symbolbeziehungen ist die Voraussetzung des Sprechenlernens.*

### *5.2.6 Das Weltbild des Kleinkindes*

Haben wir bisher die frühesten geistigen Leistungen – sensomotorische Intelligenz, Symboldenken und Abstraktion von Gegenstandsmerkmalen – beschrieben, so müssen wir nun auch die *Begrenzungen* erwähnen, die vorerst einem realistisch-naturwissenschaftlichen Erfassen der Welt entgegenstehen.

#### 5.2.6.1 Das prälogische Denken

Wenn man einem Dreijährigen erzählt, dass das Christkind den Weihnachtsbaum bringt – was ja die meisten Eltern tun – glaubt es das. Warum? Weil es noch nicht in der Lage ist, die einfache logische Überlegung anzustellen: „Wenn ich sehe, dass die Leute auf der Straße Christbäume kaufen und nach Hause tragen, dann kann sie doch nicht das Christkind bringen." Dass auch der einfache logische Schluss: „Wenn ich einer Menge weder etwas hinzufüge noch etwas wegnehme, muss sie doch gleichbleiben" – noch nicht gezogen werden kann, hat *Piaget* (24) mit seinen berühmten Experimenten nachgewiesen:

Gießt man vor den Augen des Kindes Wasser in zwei gleich große Gläser, und zwar bis zu genau der gleichen Höhe, dann wird es feststellen, dass in beiden Gläsern gleich viel ist. Schüttet man vor seinen Augen aus einem der beiden Gläser das Wasser in ein hohes schmales Messglas, sodass es höher zu stehen kommt, dann wird das Kind glauben, dass in diesem Glas nun mehr Wasser sei. Schüttet man das Wasser in ein weites Gefäß, in dem es tiefer steht, glaubt es, es sei weniger geworden.
Zwei gleich große Plastilinkugeln werden als gleich groß erkannt. Zerschneidet man eine davon in viele Stücke, dann glaubt das Kind, diese sei zu einer größeren Masse geworden.
Stellt man eine Reihe kleiner Vasen auf und legt zu jeder Vase eine Blume, so erkennt auch ein Dreijähriger, dass es gleich viele Vasen und Blumen sind; lässt man die Blumen liegen und rückt die Vasen auseinander, sodass sie sich über eine lange Strecke verteilen, dann glaubt das Kind, es gäbe nun mehr Vasen als Blumen.

Das Kind orientiert sich an einem einzigen Faktor, dem der *sichtbaren Veränderung*. Es urteilt statisch, nicht auf Grund der Einsicht in Prozesse, die die Veränderungen hervorgerufen haben könnten. Es ist noch nicht in der Lage, zur Kontrolle seines Urteiles logische Denkprozesse durchzuführen, etwa bei der Beurteilung der Menge die Beziehung zwischen Höhe und Weite des Gefäßes zu berücksichtigen, bei der Plastilinkugel eine vorstellungsmäßige Rückverwandlung der Stücke in das vorher vorhandene Ganze durchzuführen, überhaupt das *Prozesshafte der Veränderung* zu erkennen. Das Fehlen *sicherer Korrespondenzen zwischen zugeordneten Elementen*, das Fehlen des *Invarianzbegriffes der Menge** und die fehlende Möglichkeit, einen Vorgang in der Vorstellung *reversibel*** zu machen, sowie die Unfähigkeit, Faktoren einer Situation zueinander in Beziehung zu setzen, sind die *Merkmale des prälogischen Denkens*.
Auf Grund der Untersuchungen von *Piaget* wurde stets angenommen, dass der *Begriff der Konstanz der Menge* erst im achten Lebensjahr erworben wird. Er kann jedoch, wie *Aebli* (1) zeigen konnte, schon bei Fünfjährigen bestehen, wenn es sich um nicht mehr als vier Elemente handelt, die das Kind abzählen kann.
Im Zusammenhang mit den Bestrebungen zur Anhebung der Intelligenz durch besondere Förderung im Kindergarten wurde die Frage gestellt, ob sich Leistungen, die man durch viele Jahre einem bestimmten Alter (im Falle des Invarianzbegriffes dem achten Lebensjahr) zugeschrieben hatte, nicht *durch Training vorverlegen könne*. *Schmalohr* (28) hat zur Klärung dieser Frage den sogenannten Perlenversuch verwendet.

---

* Invarianz = Unveränderlichkeit.
** Reversibel = rückführbar in den alten Zustand.

Vierzig grüne und rote Holzperlen werden vom Kind und dem Versuchsleiter aus einer Schachtel in gleich große Gläser befördert, und zwar füllen Kind und Erwachsener immer gleichzeitig eine Perle nach der anderen aus einer Schachtel in das entsprechende Glas, das Kind die roten, der Versuchsleiter die grünen. Nachdem festgestellt wurde, dass in beiden Gläsern die gleiche Menge von Perlen vorhanden ist, wird nun vor den Augen des Kindes der Inhalt eines Glases in ein hohes schmales Messglas geleert. Nach den bisherigen Erfahrungen glauben Kinder bis zum Alter von sieben bis acht Jahren, dass die Perlen mehr geworden seien, weil sie höher stehen. Bei vier- und fünfjährigen wurde nun versucht, durch gezielte Hilfen (Auffädeln-Lassen der Perlen in zwei gleich lange Ketten, Hinweise auf Höhe und Breite der Gläser, Zurückschütten vom Messglas in den ursprünglichen Behälter etc.) das Kind von seiner falschen Lösung abzubringen.

Tatsächlich gelang dies auch für den betreffenden Versuch. Sollte diese Fähigkeit zur Beurteilung der Invarianz der Menge jedoch auf eine *andere Aufgabe übertragen* werden, zum Beispiel auf den Versuch mit den Plastilinkugeln, dann *versagten die Kinder*. Es kann auf der prälogischen Stufe durch Training offenbar nur eine *Einzelerfahrung* gemacht und ein *aufgabenspezifisches Lösungskonzept* erlernt werden. *Die logische Operation, auf Grund deren auch andere Probleme der Mengenkonstanz gelöst werden, gelingt nicht. Das Kind erweitert sein Erfahrungswissen in einer konkreten Situation, ist jedoch noch nicht in der Lage, das zugrunde liegende logische Prinzip zu erkennen.*

#### 5.2.6.2 Der Egozentrismus

Das zentrale Problem in der Beziehung des Kindes zur Umwelt ist das seiner *Identität*. Zuerst gibt es ja keinen Unterschied zwischen innen und außen. Das Kind erlebt sich vorerst nicht als von seiner Umwelt abgehoben, lebt, wie die Psychoanalyse es bezeichnet hat, in einer Art Symbiose mit der Mutter. Manipulationen an sich selbst und die damit verbundenen sensomotorischen Erfahrungen, Manipulationen mit Gegenständen, Beobachtungen der Umwelt und schließlich auch die ersten Willensäußerungen mit den auf diese erfolgten Reaktionen führen allmählich zu einer „Eingrenzung" des „Ichs", zu einer Abhebung von der Umwelt. Das „Ich" wird wohl erst vage oder, wie *Piaget* sagt, intuitiv erlebt, wahrscheinlich erst im dritten Lebensjahr bewusst und als Konfrontation mit dem Du. Wir sprachen davon schon im Zusammenhang mit dem Trotzalter (S. 101 f.).
Immer, wenn es um die Konstituierung der Identität geht, steht das Ich notwendigerweise im Mittelpunkt. Ein ähnliches Phänomen auf anderer Ebene finden wir ja auch in der Pubertät. Dazu kommt, dass das Kind in der *Beziehung zur Umwelt* nur eine *einzige Vergleichsbasis* und einen *einzigen Bezugspunkt* hat, nämlich *sich*, seine eigenen Wünsche, Gefühle, das Erlebnis des eigenen Wollens und Bewirkens. Der Zweijährige hebt sich wohl als Person von seiner Umwelt ab, aber er kann noch einige Jahre lang nicht den nächsten

Schritt tun – aus sich „heraustreten", die Dinge von „außen" sehen. Vorerst schließt das Kind von sich auf die Umwelt, indem es ihr seine Fähigkeiten zuschreibt, was umso selbstverständlicher ist, als es auch noch kein *Kriterium* kennt für die Unterscheidung zwischen *Lebendigem und Leblosem.*

### 5.2.6.3 Der Anthropomorphismus

Die Tendenz des Kindes, die gegenständliche Umwelt mit Fähigkeiten auszustatten, ähnlich denen, über die es selbst verfügt, nennen wir *Anthropomorphismus* (Vermenschlichung). Der Tisch, an dem es sich gestoßen hat, ist ein „böser" Tisch, das Auto läuft, weil es schneller sein will als die Straßenbahn, der Tautropfen auf der Blume ist eine Träne. Hier ein Beispiel:

*Katharina*, vier Jahre alt, entdeckt auf einem Gartenbeet Regenwürmer. Interessiert beobachtet sie sie und fragt, ob sie beißen, ob sie böse seien, was sie fressen. Es wird ihr erklärt – welche Gelegenheit für eine „Naturbegegnung"! –, dass sie nicht böse seien und auch nicht beißen, sondern sehr nützlich seien, weil sie Gänge graben, die die Erde auflockern, sodass die Pflanzen besser wachsen können. Sie hört aufmerksam zu. Als ihr kleiner Bruder ihr nachgelaufen kommt, ruft sie ihm zu: „Du darfst nicht auf das Beet kommen! Da sind böse Würmer, die beißen dich, die wissen ja nicht, wie du heißt!"

Im Rollenspiel (siehe S. 201 ff.) tritt uns der Anthropomorphismus in unzähligen Abwandlungen entgegen.

### 5.2.6.4 Der Finalismus

Ein anderes Phänomen, das wir nur aus der Ich-Bezogenheit dieser Altersstufe erklären können, ist die Tendenz des Kindes, alle Erscheinungen als „bezweckt" zu erklären. Die Sonne scheint, *damit* die Blumen wachsen; es regnet, *damit* der Großvati nicht den Garten gießen muss. Das Kind erlebt selbst dauernd Zweckhandlungen an sich selbst. Man isst, damit man groß wird, man wird gebadet, damit man sauber ist etc. Und da das Kind vorerst auf seinen Erfahrungshorizont beschränkt bleibt, erlebt es Erscheinungen jeder Art als zweckbestimmt.

An einem windigen, aber klaren Tag sagt ein Dreijähriger auf die Frage, warum der Wind weht: „Der will die Wolken jagen."
„Es sind aber gar keine da!"
„Dann holt er sie. Schau, dort kommen sie schon. Und wenn er genug hat, dann lässt er sie wieder in Ruhe."

### 5.2.6.5 Das magische Denken

Der Mensch hat nur zwei Möglichkeiten, Naturerscheinungen zu erklären – die naturwissenschaftliche und die magische. Erstere steht dem Kleinkind nicht zur Verfügung, es bleibt nur die magische, die darin besteht, dass man

die Ereignisse und Erscheinungen in der Umwelt dem Wirken einer höheren Macht zuschreibt oder irgendwelchen Kräften, die den Dingen selbst innewohnen und die diese willkürlich einsetzen.
Durch Jahrtausende hat magisches Denken die Menschheit beherrscht, und immer gab es dieses *Auseinanderklaffen von Erfahrungswissen und Denkprinzip*, das wir auch im Vorschulalter beobachten.

Die Fischer im alten Griechenland taten sicher alles, was man ihrer Erfahrung nach tun musste, um einen Schiffbruch zu vermeiden, trotzdem opferten sie dem Meeresgott Poseidon, um ihn für ihre Fahrt gnädig zu stimmen. Denn das Wetter war für sie keine Erscheinung, die man naturwissenschaftlich-physikalisch erklären konnte, sondern das Ergebnis göttlicher Willkür.

Wie das bei Kindern aussehen kann, zeigt ein Beispiel, das schon in der Entwicklungspsychologie veröffentlicht wurde, das mir aber so instruktiv erscheint, dass ich es wiederholen möchte.

Ein dreijähriges Kind durfte der Kindergartenleiterin helfen, Briefumschläge zuzukleben. Zuerst versuchte es, einen Briefumschlag auf dem Weg der Machtübertragung zu verschließen. Es klopfte mehrmals auf die Klappe des Umschlages. Jedesmal, wenn sich diese wieder hob, wurde er gescholten: „Schlimmer Brief, will nicht picken bleiben!“ Die Kindergärtnerin erklärte, der Briefumschlag müsse befeuchtet werden. Das Kind beobachtete sie eine Weile, dann ahmte es das Befeuchten des Briefumschlages nach, und als er kleben blieb, fügte es lobend hinzu: „Jetzt bist du brav, jetzt bleibst du picken!“

Man hatte deutlich den Eindruck, dass das Kind zwar sein Erfahrungswissen erweitert hatte, den Erfolg jedoch der Gutwilligkeit des Briefumschlages zuschrieb.
Unser naturwissenschaftliches Weltbild ist noch nicht sehr alt. Es datiert seit Kopernikus, Kepler und Galilei – eine sehr kurze Zeit, verglichen mit den Jahrtausenden, in denen die Menschen das Walten der Natur ausschließlich guten und bösen Mächten zuschrieben. In der Beschreibung eines Pokales aus Lapislazuli aus dem Anfang des 17. Jahrhunderts heißt es:

Von dem Lapislazuli-Stein erhoffte man sich Hilfe bei den verschiedensten Krankheiten, so bei Asthma und Melancholie, bei Fieber und Herzkrämpfen. Er sollte aber auch gegen Schlaflosigkeit helfen, Warzen vertreiben und letzten Endes noch das Haar lockig machen.

Und Peter Rosegger schreibt zu Ende des vorigen Jahrhunderts in seinem Buch „Als ich noch ein Waldbauernbub war“ über seinen Paten:

Mein Pate, der Knierutscher Jochem – er ruhe in Frieden! –, war ein Mann, der alles glaubte, nur nicht das Natürliche. Das wenige von Menschenwerken, was er begreifen konnte, war ihm göttlichen Ursprungs; das viele, was er nicht begreifen konnte, war ihm Hexerei und Teufelsspuk. – Der Mensch, das Bevorzugteste der Wesen, hat zum Beispiel die Fähigkeit, das Rindsleder zu gerben und sich Stiefel daraus zu verfertigen, damit ihn nicht an die Zehen friere; diese Gnade hat er von Gott. Wenn der Mensch aber hergeht und den Blitzableiter oder gar den Telegraphen erfindet, so ist das gar nichts anderes als eine Anfechtung des Teufels. – So hielt der Jochem den lieben Gott für einen gutherzigen, einfältigen Alten (ganz wie er, der Jochem, selber war), den Teufel aber für ein listiges, abgefeimtes Kreuzköpfel, dem nicht beizukommen ist und das die Menschen und auch den lieben Gott von hinten und vorn beschwindelt.

Auch heute noch lebt bei sehr vielen einfachen Menschen das magische Denken gleich unter einer sehr dünnen Schicht von in der Schule gelernten naturwissenschaftlichen Deutungen. Es wird offenbar im Aberglauben, in Vorurteilen und Tabus, in primitiven Formen der Religionsausübung, beim Durchbruch magischer Ängste in Stresssituationen.

Das magische Denken des Kindes ist nicht, wie manchmal angenommen wird (32), einerseits eine Folge des *Informationsmangels*, andererseits der *von den Erwachsenen eingeführten magischen Gestalten* (Christkind, Osterhase, Nikolo, Märchenfiguren) in die Kinderstube. Erstens ist das Kind noch gar nicht in der Lage, naturwissenschaftliche Erklärungen zu akzeptieren (man denke nur an das Beispiel der kleinen Katharina mit dem Regenwurm), zweitens haben Kinder offenbar ein *Bedürfnis nach magischen Gestalten. Piaget* (22) berichtete, dass er die Absicht hatte, seine Kinder ohne solche aufzuziehen. Aber zu seinem Erstaunen *erfanden* sie sich welche. Es waren böse Riesenvögel, die in den Bäumen des Gartens saßen und denen man ausweichen musste.

Allerdings neigen manche Erwachsene dazu, auch noch dem Schulkind magische Deutungen anzubieten. Sie meinen es vielleicht symbolhaft, das Kind versteht es jedoch wörtlich. Der Übergang vom magischen zum naturwissenschaftlichen realistischen Denken kann dadurch erschwert werden. In einem Schulheft einer dritten Klasse fand sich folgender Text: „Der elektrische Strom ist ein großer Hexenmeister, er heizt unsere Wohnung, er kocht unser Essen, er beleuchtet unsere Räume!“

### 5.2.6.6 Raum und Zeit

Wenn auch die *Konstanz der Wahrnehmung* (siehe S. 173) schon früh entwickelt ist und das Kind sich, nachdem es laufen gelernt hat, mit zunehmender Sicherheit im Raum bewegt, hat es dennoch keine Vorstellung von den Dimensionen zueinander. Die Raumkategorien für das Kleinkind sind: *Nachbarschaft, Geschlossenheit* (etwa die des Kreises, den das Dreijährige zeichnet) und *Eingeschlossenheit* (etwa in einem Behälter, den man auch wieder öffnen kann).

Während das Kind ohne weiteres Gegenstände identifiziert, die sich ihm in verschiedenen Lagen präsentieren, ist es nicht fähig, sich vorzustellen, wie ein Gegenstand aussehen würde, wenn *es selbst eine andere Stellung einnähme.* Das Kind, noch behindert durch seinen Egozentrismus, ist nicht in der Lage, sich vorzustellen, *dass es noch etwas anderes gibt als das, was es sieht.*

Der *Zeitablauf* wird für das Kind *durch räumliche Gegebenheiten* oder andere *wahrnehmbare Veränderungen* repräsentiert. Dies haben die berühmten

Versuche von *Piaget* (23) gezeigt, die schon oft publiziert wurden, aber hier wiederholt werden sollen:

Vor den Augen des Kindes werden zwei Spielzeugautos gleichzeitig von einer Linie aus in Gang gesetzt und gleichzeitig zum Stehen gebracht. Eines wird jedoch rascher bewegt als das andere und hat daher in der gleichen Zeit einen längeren Weg zurückgelegt. Unbeschadet der Tatsache, dass die Bewegung vor dem Kind durchgeführt wurde und es beobachten konnte, wie beide Autos gleichzeitig stehen blieben, behauptet es, das Auto, das den *längeren Weg* zurückgelegt hat, sei *länger gefahren.*

Die *Länge* der Zeit wird nach dem *sichtbaren Effekt* beurteilt, in diesem Fall nach der Länge des zurückgelegten Weges.

Bei einem anderen Versuch ließ man die kleinen Versuchspersonen fünfzehn Sekunden lang Striche auf ein Papier zeichnen. Danach wurden die Kinder aufgefordert, nochmals Striche zu zeichnen, aber diesmal viel, viel schneller. Wieder nach fünfzehn Sekunden wurde der Versuch abgebrochen, und die Kinder wurden gefragt, ob sie beim ersten oder beim zweiten Mal länger gearbeitet hätten. Immer wurde die Zeit des *schnelleren Arbeitens* als die *längere* angegeben, weil ja mehr Striche gezeichnet worden waren.

*Aebli* (1) konnte zeigen, dass nicht nur der Raum die Zeit repräsentiert, sondern auch Farb- und Temperaturveränderungen.

Zwei Reagenzgläser mit sich rasch verfärbenden Flüssigkeiten wurden gleich lang über zwei Kerzen gehalten. Dabei wurde die Flüssigkeit in einem der Gläser dunkler. Die Kinder waren der Meinung, dass dieses Reagenzglas länger über die Kerze gehalten worden war. Bei einem anderen Versuch wurden ein Kupfer- und ein Aluminiumstab gleich lang erwärmt. Die Kinder mussten die Stäbe berühren und spürten die stärkere Erwärmung des Kupferstabes. Dies verführte zur Behauptung, dieser sei länger erwärmt worden.

*Alter* wird mit *Größe* gleichgesetzt. Wer größer ist, ist älter. Auch hier geht es um das Konstanzproblem. Das Kind glaubt nicht daran, dass die Geburtenfolge etwas Unabänderliches ist. Wenn man viel isst, kann man vielleicht größer werden als der Bruder, und dann ist man auch älter.
Hier ein Beispiel aus Piagets Untersuchung „Die Bildung des Zeitbegriffes beim Kinde" (23).

*Petit* (4;9). „Wie alt bist du?" – „Viereinhalb." – „Ist dein Geburtstag schon lange her?" – „Er ist noch nicht vorbei: im Juni." – „Wie alt bist du dann?" – „Acht Jahre." – „So?" – „Nein, fünf Jahre." – „Hast du Geschwister?" – „Einen großen Bruder. Er geht in die Schule Sécheron" (die „große" Schule). – „Ist er vor dir oder nach dir geboren?" – „Vorher." – „Wer ist älter?" – „Mein Bruder, weil er größer geboren wurde." – „Wie viele Jahre war dein Bruder älter als du, wie er kleiner war?" – „Zwei Jahre." – „Und jetzt?" – „Vier Jahre." – „Kann der Unterschied sich ändern?" – „Nein ... Doch, wenn ich viel Suppe esse, überhole ich ihn." – „Woher weiß man, ob jemand älter ist?" – „Weil man größer ist." – „Weißt du bei deinem Papa und deinem Großpapa, wer älter ist?" – „Beide gleich." – „Warum?" – „Weil sie gleich groß sind."

„Peter und Paul sind zwei Brüder. Peter ist vorher geboren. Weiß man, welcher älter ist?“ – „Peter.“ – „Aber jetzt ist Peter weniger gewachsen, weil er kleiner war.“ – „Dann ist Paul der Ältere, der Ältere stirbt zuerst.“

### 5.2.6.7 Die Überwindung der frühkindlichen Denkformen

Schon sehr früh steht das *anthropomorphistische Denken* des Kindes im Gegensatz zu seinem *Erfahrungswissen.* Kinder sprechen zwar so, als ob sie glauben würden, dass die leblosen Dinge der Umwelt denken, fühlen, wollen und bewirken könnten, aber sie führen ihre Bären und Puppen, wenn diese gehen sollen, sie verlassen sich keineswegs auf deren Eigenbewegung, und sie erschrecken heftig, wenn ein Spieltier, dem sie „eigentlich“ keine Eigenbewegung zugetraut haben, plötzlich infolge eines eingebauten Mechanismus zu gehen beginnt. Ein Kind sagt zwar: „Das dumme Schaukelpferd hat meine Zeichnung gefressen“, aber es wäre sehr erstaunt, wenn das Pferd das plötzlich wirklich täte.

Erfahrungwissen und Denkprinzip klaffen auseinander. Die Überwindung des Anthropomorphismus und des Zur-Deckung-Bringens des Erfahrungswissens mit einem realistischeren Weltbild gelingt erst mit der Entdeckung der *Bewegung* als *Kriterium zur Unterscheidung zwischen lebendig und leblos.*

*Schmidt* (29) berichtet über die Äußerungen des erst dreijährigen Knaben *Lib* zum Thema „tot – lebendig“, ein Thema, das das Kind stark beschäftigte:

Mit 3;4 Jahren steckt der Knabe Münzen in ein Sparschwein, streichelt es dann und sagt: „Das Schweinchen wird niemals die Augen aufmachen.“

Mit 3;7 spielt er mit einem Freund und steckt dabei einer Puppe ein Messer in den Mund. Der Freund sagt: „Was machst du denn da, du machst sie krank.“ Lib antwortet ihm: „Die kann nicht krank werden, die ist nämlich nicht wirklich, die kann den Mund nicht aufmachen und kann auch nicht laufen.“

Mit 3;9 spielt er selbst einmal Statue und bleibt lange unbewegt liegen. Als die Mutter meint, die Statue müsse jetzt aufstehen, sagt er: „Statuen können nicht aufstehen, weil ihre Beine nicht wirklich sind.“

Als er 3;11 ist, erzählt die Mutter, dass man in einem Spielzeugladen für Ostern wirkliche Hasen kaufen könne. Lib ist ganz aufgeregt: „Du meinst solche, die die Augen auf- und zumachen können und ihre Beine bewegen und laufen können?“

*Lokomotion* ist somit das erste Merkmal, mit dessen Hilfe das Kind belebt und unbelebt unterscheidet.

Eine Zeit lang, meist im fünften, oft auch erst im sechsten Lebensjahr können, als eine Art Übergang, *anthropomorphistische Deutungen* zusammen mit *realistischem Erfahrungswissen* formuliert werden, ohne dass das Kind ein Diskrepanzerlebnis hätte.

Hier zwei Beispiele:

*Alexander*, 4;9, hat eine Schmuckschachtel geschenkt bekommen, die mit Watte gefüllt ist. Er bettet sorgfältig drei kleine Plastikschweinchen hinein. Als er mit der Mutter in

einen anderen Raum gehen muss, sagt er: „Die Schweindi müssen wir mitnehmen, sie könnten sonst weinen.“ Er trägt die Schachtel sorgfältig mit sich und bringt sie wieder zurück. Dann folgt ein kleines Gespräch mit einem Erwachsenen:
„Was machen deine Schweinderln?“
„Die liegen im Bett und schlafen.“
„Sind deine Schweinderln eigentlich lebendig?“
„Nein, du siehst doch, dass sie nicht nutsch-nutsch machen.“
Ein anderes Mal: *Alexander* spielt, dass er ein Jäger ist. Er trägt den ganzen Tag einen Stock mit sich herum und „erschießt“ damit alles, was ihm in den Weg kommt. Als er das „Gewehr“ auch auf den Großvater richtet, wird ihm gesagt, dass die Jäger nur auf Tiere schießen, aber nie auf Menschen. Darauf Alexander: „Aber das ist doch ein Löwe – ein Opapa-Löwe.“

In dem Maße, in dem das *Kriterium der Bewegung* zum sicheren *Unterscheidungsmerkmal* von belebt und unbelebt wird, verringert sich die Neigung, leblosen Dingen oder Tieren menschliche Fähigkeiten und Eigenschaften zuzuschreiben und die Dinge der Umwelt willkürlich umzudeuten. Damit versiegt auch allmählich das Rollenspiel (siehe S. 205). Das Denkprinzip nähert sich dem naturwissenschaftlich-realistischen Denken des Erwachsenen. Allmählich, gegen Ende der Vorschulzeit, bahnt sich eine Übereinstimmung zwischen Erfahrungswissen und Denkprinzip an, in zunehmendem Maße kann das Erfahrungswissen generalisiert und in das realistischere Denkprinzip integriert werden.

### *5.2.7 Neue Denkformen*

Erst nach Überwindung des Anthropomorphismus haben wir es beim *Fünf- und Sechsjährigen mit einem „offeneren System“* zu tun. Drei höhere Denkprozesse werden nun möglich, und zwar:

#### 5.2.7.1 Erlernen von Begriffen

Die Entwicklung der Begriffsbildung werden wir im Zusammenhang mit der *Sprachentwicklung* (siehe Kapitel VI) diskutieren. Das Kind lernt nun, Gruppen oder Klassen von Gegenständen auf Grund gemeinsamer Merkmale zusammenzufassen. Der *Individualbegriff* wird vom *Klassen-* oder *Gattungsbegriff* abgelöst.

#### 5.2.7.2 Erlernen von Regeln

Aus der Fülle der Erfahrungen hat unser wissenschaftliches Denken *Regeln abgeleitet*, die für einfache, überschaubare, in der Realität, an Bildern oder Filmen beobachtbare Sachverhalte auch Fünf- und Sechsjährigen schon zugänglich sind – etwa: „Bei Temperaturen unter null Grad nimmt das Wasser eine feste Form an, es wird zu Eis", oder „Wenn man Wasser sehr heiß macht, bilden sich Blasen, und dann verwandelt sich das Wasser in Dampf", oder „Die Vögel bauen zuerst ein Nest, dann legt die Vogelmutter Eier, dann brütet sie sie aus, dann füttern die Vogeleltern die Jungen, dann lehren sie sie fliegen". Die Realitätszugewandtheit des Fünf- und Sechsjährigen gestattet es ihm, solche Regeln auf Grund von Beobachtungen zu „erlernen."

### 5.2.7.3 Problemlösen auf höherem Niveau

Problemlösen auf der Stufe der sensomotorischen Intelligenz dient fast ausschließlich der eigenen Bedürfnisbefriedigung, wobei das Kind dort, wo der unmittelbare Zugang zu einem angestrebten Objekt verwehrt ist, ein „Umwegverfahren" entdeckt (siehe S. 156). Problemlösen, das bei Fünf- und Sechsjährigen möglich wird, vollzieht sich auf einem höheren Abstraktionsniveau und ist nicht mehr auf die Erfüllung eigener Bedürfnisse beschränkt. Ein Beispiel:

In Gemeinschaftsarbeit zeichnen Fünfjährige einer Vorschulklasse im Zusammenhang mit dem Thema „Ferien" einen See. Um eine große, runde, blaue Fläche werden eng nebeneinander Häuser gemalt. Sie bedecken die ganze Uferfläche. Da sagt ein Kind: „Wo kann man denn da baden?" Und ein anderes Kind sagt: „Und Spazierengehen am Ufer kann man auch nicht." Es entwickelt sich ein Gespräch mit der Kindergärtnerin, und man beschließt, eine neue Zeichnung anzufertigen. Auf dieser verläuft ein Weg um den See (alles in Draufsicht), und zwischen einzelnen Häusergruppen, die hinter dem Weg angeordnet sind, gibt es mehrere öffentliche Schwimmbäder.

**Zusammenfassung**

Das Weltbild des Vorschulkindes unterscheidet sich wesentlich von dem Weltverständnis des Erwachsenen. Das Kind hat einen geringen Erfahrungsschatz und kann noch nicht logisch denken. Als einzigen Beziehungspunkt hat es sich selbst, seine Wünsche, Gefühle und Erlebnisse; die Dinge aus der Distanz sehen, sie objektiv erfassen, kann es noch nicht. Deshalb nimmt es an, dass diese mit denselben Eigenschaften und Fähigkeiten ausgestattet sind wie es selbst – *Egozentrismus*. Die leblose Welt wird vermenschlicht, sie ist nichts vom Menschen Losgelöstes – *Anthropomorphismus*. Ursache und Wirkung können in ihrem Zusammenhang noch nicht gesehen werden (mangelndes Kausaldenken). Auf die Frage „Warum?" gibt es für das kleine Kind nur die Erfüllung eines Zweckes – *Finalismus*. Alles hat seinen ganz bestimmten Zweck in der Welt des Kindes. Sein *Denken* ist *magisch*. Naturerscheinungen werden durch geheime Kräfte und höhere Mächte bewirkt. Daher der Glaube an die magischen Gestalten der Kinderstube und des Märchens. Das Denken ist ferner *prälogisch und wahrnehmungsgebunden*. Es kann nicht abstrahiert und verallgemeinert und ein Vorgang kann nicht als umkehrbar gedacht werden. Das Verständnis für Veränderungen fehlt oft, beziehungsweise ist das Urteil über Veränderungen ausschließlich an die Wahrnehmung gebunden. Egozentrismus und Anthropomorphismus bewirken eine starke emotionale Besetzung der Umwelt. Positive und negative Gefühle und Erlebnisse verbinden sich mit Personen, Gegenständen und Orten, die nur einen zufälligen Zusammenhang mit den Ereignissen haben; man spricht vom sogenannten *physiognomischen Charakter der Umwelt.* Emotionale Konditionierungen in diesem Alter können die Grundhaltung des Kindes zu seiner Umwelt entscheidend beeinflussen.

## 5.3 Die Wahrnehmung

### *5.3.1 Die Anfänge*

Die *Wahrnehmung von optischen und akustischen Gestalten* ist von *lebenswichtiger Bedeutung* für die Orientierung des Individuums in der sozialen und gegenständlichen Umwelt sowie im dreidimensionalen Raum. Daher ist sie eine der frühesten und weitgehend durch Erbkonstellationen vorprogrammierten Leistungen des psychophysischen Systems.
Wir haben schon im Zusammenhang mit der emotionalen Entwicklung kurz auf die ersten Wahrnehmungen des sozialen Partners und auf deren Bedeutung hingewiesen. Hier seien die frühen Wahrnehmungsleistungen noch einmal zusammengefasst:

Experimente haben bewiesen, dass Kinder vom ersten Tag an sehen und hören. Auf Grund der neurophysiologischen Struktur der Sinnesorgane nach der Geburt müssen wir jedoch annehmen, dass es sich um vage, vorgestaltliche, konturlose Eindrücke handelt. Reize von geringer oder auch mittlerer Intensität bleiben in den ersten zwei Lebenswochen noch unbeachtet, während starke Reize eine Schockwirkung ausüben, die mit einer generellen Erregung – Schreien und unkoordinierten Bewegungen des ganzen Körpers – eher unspezifisch beantwortet werden. Nach der zweiten Lebenswoche beobachtet man jedoch schon typische Reaktionen der Sinnesorgane auf akustische und optische Reize von geringer oder mittlerer Intensität. In dieser Zeit beruhigt sich das Kind auf besänftigenden Zuspruch der Mutter, werden die Augen von gedämpftem Licht, vom hellen Ausschnitt des Fensters oder einer abgeblendeten Glühbirne festgehalten. Es gibt sicher auch schon „figurhafte Schwerpunkte", zu denen sicher das menschliche Gesicht gehört. Im dritten Monat folgt das Kind bewegten, farbigen, leuchtenden Gegenständen mit den Augen, auch wenn sie nach rückwärts bewegt werden. Es lauscht auf Geräusche und sucht deren Quelle mit den Augen. Im vierten Monat tastet es vorgehaltene Gegenstände mit dem Blick ab, und im fünften Monat, wenn es sie schon halten kann, gibt es immer wieder Augenblicke, in denen es sie intensiv betrachtet und durch Blickwechsel vom Hintergrund abzuheben scheint.

Die Experimente von *Frantz* (6) gestatten einen tiefen Einblick in die Entwicklung der Wahrnehmung. Dreißig Säuglingen im Alter von ein bis fünfzehn Wochen wurden sechs gemusterte Scheiben vorgehalten, von denen eine ein *Gesicht darstellte*, eine zweite ein Stück *bedrucktes Papier* und eine dritte konzentrische Kreise in Form einer Zielscheibe. Drei Scheiben waren einfach gefärbt, eine rot, eine gelb und eine weiß. Die Dauer der

Fixation galt als Maßstab des Interesses. Wie aus Abbildung 37 ersichtlich ist, galt das größte Interesse besonders der jüngeren Kinder im Alter von zwei bis drei Monaten *dem Gesicht*. An zweiter Stelle kamen *gemusterte Scheiben*, während die einfarbigen am wenigsten interessant waren. Die Bevorzugung von komplexer strukturierten Wahrnehmungsobjekten gegenüber einfacher strukturierten zeigte auch ein weiteres Experiment, bei dem zum Beispiel ein *gestreiftes Muster* mehr Aufmerksamkeit auf sich zog als die Zielscheibe, ein *Schachbrettmuster* mehr Interesse fand als ein Quadrat. In einem dritten Versuch, mit Kindern von vier Tagen bis zu einem Monat, wurden ein *stilisiertes Gesicht*, ein verzerrtes Gesicht und eine ovale Form von der Größe eines Gesichtes, deren oberer Teil schwarz gefärbt war, gezeigt. Wieder wurde *das Gesicht* bevorzugt. Schließlich wurde den Kindern *eine Kugel* und ein *flacher Kreis* desselben Durchmessers zur Betrachtung angeboten. *Die Kugel*, die sich durch Schattierungen vom Kreis deutlich unterschied, wurde diesem eindeutig vorgezogen. *Frantz* deutete diese ungelernte, daher angeborene Zuwendung zum *massiven Wahrnehmungsgegenstand* als eine der Grundlagen des *angeborenen Tiefensehens*.

*Abbildung 37*
Prozent der Gesamtfixationszeit.

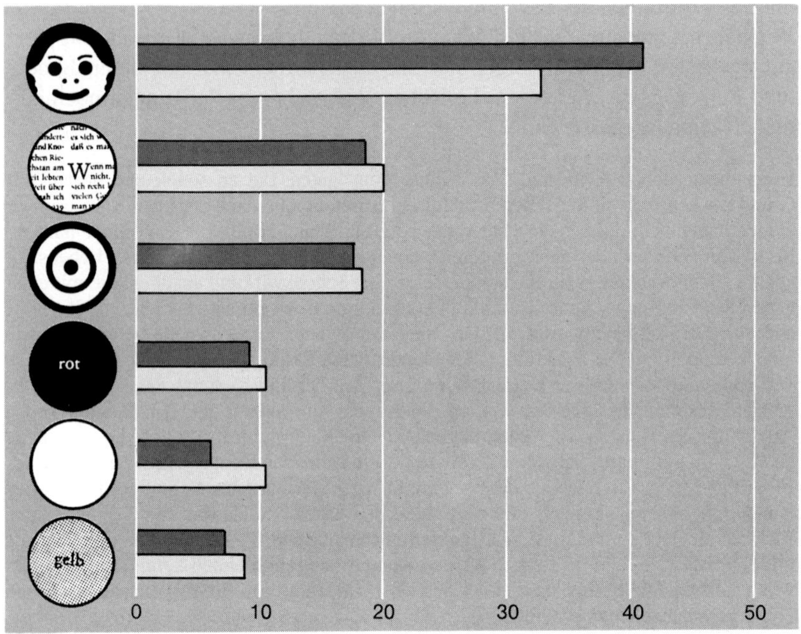


Die Bedeutung von Mustern im Vergleich zu Farbe oder Helligkeit illustriert die Reaktion der Säuglinge auf das Gesicht, ein Stück bedrucktes Papier, eine Zielscheibe, eine rote, eine weiße und eine gelbe Scheibe. Sogar die jüngsten Säuglinge bevorzugten Muster. Die dunklen Balken zeigen die Ergebnisse für Kinder im Alter von zwei bis drei Monaten, die hellen Balken die Ergebnisse für Kinder älter als drei Monate (*Frantz,* 6).

Die Bevorzugung der komplexeren Muster gegenüber einfacheren ist vorerst unspezifisch. *Frantz* sieht darin ganz allgemein einen „Nutzwert“ für das *spätere Erkennen der Wahrnehmungsobjekte*. Die Gegenstände ändern ja ihr Aussehen je nach Helligkeit, Beleuchtung, Lage, Entfernung und Blickwinkel. Das Muster, das sie bieten, die Struktur, die Anordnung der Details, die Komplexität der Konturen, hilft jedoch bei der Identifikation. *Auch hier sind wichtige Voraussetzungen für die Konstituierung der Konstanzphänomene, über die wir später sprechen werden, gegeben.*

Dass für die Entwicklung der Wahrnehmung schon früh eine *bunte, vielgestaltige, anregende Umwelt notwendig ist*, in der verschiedenartige „Muster“ ins Blickfeld treten, die zwar vorerst nicht identifizierbar sind, aber über den Gesichtsinn die Gehirnzellen anregen und das *Neugierdeverhalten aktivieren*, wird aus den Versuchen von *Frantz* evident. Dabei hebt sich die Struktur des *menschlichen Gesichts* als das bevorzugte Wahrnehmungsobjekt heraus.

Diese Bevorzugung zeigt das Kind im gleichen Alter ja auch, wenn es den menschlichen Blick mit *Lächeln*, einer ebenfalls angeborenen Reaktion, beantwortet.

Die *soziale Wahrnehmung* ist, wenn man die Hilflosigkeit des Kindes berücksichtigt, von größter Bedeutung und daher *früh als angeborene Lerndisposition* vorgegeben. Am Anfang spielen die Augen dabei wahrscheinlich die größte Rolle, und sie behalten ihre *Signalfunktion für das menschliche Gegenüber* bis zum Schulalter. Während des Trinkens kommt es schon im zweiten Monat zum

*Abbildung 38*
Das menschliche Gesicht als bevorzugtes Wahrnehmungsobjekt.

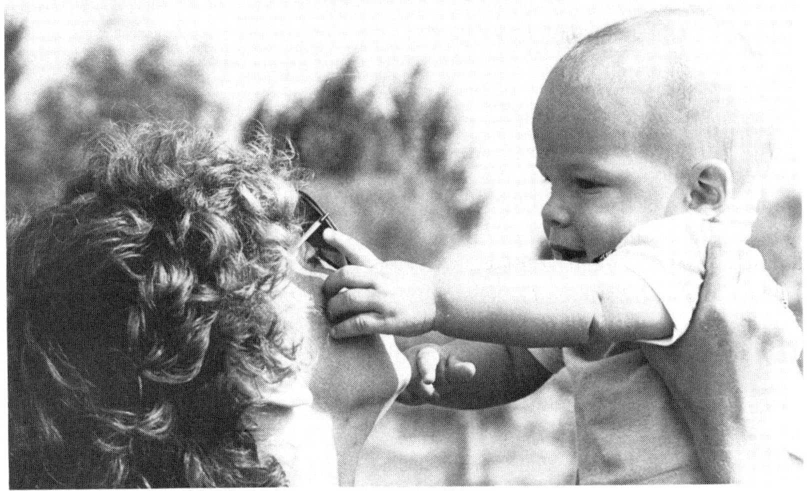

*Blickkontakt* mit der Mutter. Das Kind *lächelt* als Reaktion auf die *Konfiguration der menschlichen Augenpartie* (Abbildung 38). Wenn sich am Ende des ersten Lebensjahres das *Bildverständnis* entwickelt, greift es in die *Augen des abgebildeten Gesichts*, und wenn der Vier- und Fünfjährige sein erstes *Menschensymbol*, den „Kopffüßler" zeichnet, stattet er ihn zuerst *mit Augen* aus.

### *5.3.2 Die Dingauffassung*

Mit einem allerdings stark situationsgebundenen Experiment – bei der Reaktion des Kindes auf die Milchflasche – konnte *Frankl* (8) ein Übergangsstadium zwischen den *bedingten Reflexen* in der Ernährungssituation* und dem *Erfassen der Flasche als Gegenstand* feststellen. Im vierten und fünften Monat reagierten die Kinder mit Saugen auf das *Heranbewegen* der Flasche. Dann folgte eine Periode, in der schon auf ein *einzelnes Gegenstandsmerkmal* – auf die Spitze – reagiert wurde. Die Saugreaktion konnte nun auch von anderen konischen Gebilden hervorgerufen werden. Erst mit sechs Monaten wurde die Flasche von anderen Gebilden *als Gestalt deutlich unterschieden* und wenig später auch umgedreht, wenn sie verkehrt gereicht wurde.
Wahrscheinlich schon im fünften Monat, mit dem Beginn des Greifens, werden Objekte erkannt und wiedererkannt, nur scheint es, als ob sie für das Kind aufhörten zu existieren, wenn sie aus dem Blickfeld verschwinden. Sie sind wie Bilder, die erscheinen und wieder entschwinden. Dies ändert sich mit dem zweiten Lebenshalbjahr. Nun schaut das Kind einem verschwundenen Gegenstand nach, es sucht ihn und findet ihn auch. Objekte haben nun *Konstanz gewonnen*, sie existieren, auch wenn sie sich nicht mehr im Blickfeld befinden (siehe auch S. 187).

### *5.3.3 Verständnis für Bilder*

Gegen Ende des ersten Lebensjahres werden abgebildete Gegenstände erkannt, aber das Kind verhält sich vorerst so, als ob es wirkliche Gegenstände wären (Abbildung 39). Ist der Boden seines Laufställchens zum Beispiel mit bunten Gegenständen bedruckt, so versucht das Kind eine Zeit lang immer wieder, die *abgebildeten Gegenstände* zu *ergreifen*. Personen auf Fotografien werden im zweiten Lebensjahr erkannt, aber zumindest beim ersten Mal scheint das Kind zu glauben, dass es die wirklichen Menschen sind. Sie lernen allerdings sehr bald den Repräsentanzcharakter von Abbildungen verste-

---

* *Bedingter Reflex in der Ernährungssituation:* Das Kind reagiert schon auf ein *regelmäßig* der Nahrungsaufnahme vorangehendes Ereignis mit Saugen: auf die Trinklage, auf das Umbinden eines Lätzchens, auf das Heranbewegen der Flasche.

*Abbildung 39*
Mit etwa zwei Jahren setzt das Interesse für Bilderbücher ein.

hen. Mit zwei Jahren kann er als gegeben angesehen werden. Nur Personen, die am *Bildschirm agieren* und sprechen, werden noch von Vierjährigen als im *„Kasten"* befindlich betrachtet.

### *5.3.4 Konstanzphänomene*

Unter *Konstanzphänomenen* versteht man die Tatsache, dass wir die Größe von Gegenständen und Personen trotz unterschiedlicher Entfernung, das heißt trotz verschieden großer Bilder auf der Netzhaut richtig einschätzen, dass wir Farben bei verschiedenen Lichtverhältnissen erkennen und dass wir Gestalten in jeder Lage oder Drehung, aus jedem Blickwinkel und jeder Entfernung identifizieren. Diese Fähigkeit ist lebenswichtig. Ohne sie wäre jede Orientierung im Raum in Ermangelung einer dauerhaften Objektwelt unmöglich, daher ist sie auch als Erbkonstellation vorgegeben, muss sich aber durch *Lernvorgänge* noch wesentlich verbessern. *Konstanz der Gestaltwahrnehmung* ist sicher gegeben, wenn das Kind in der zweiten Hälfte des ersten Lebensjahres die eintretende Mutter erkennt und eine verkehrt dargebotene Flasche umdreht.

Experimentell lässt sich das Vorhandensein der *Größenkonstanz* ebenfalls in der zweiten Hälfte des ersten Lebensjahres feststellen. *Mitsumi* (19) bot einen größeren und einen kleineren Ball zunächst in gleicher Entfernung an und stellte fest, dass der größere bevorzugt wurde. Dann rückte er den größeren in eine Entfernung, die ihn auf der Netzhaut gleich groß wie den kleineren erscheinen lassen musste. Dennoch wurde von neun Monate alten Kindern der größere bevorzugt. Das Vorhandensein einer Größenkonstanz war aus der Reaktion der Kinder deutlich erkennbar.

Im Zusammenhang mit der Objektkonstanz stehen zwei Phänomene:

1. die *anfängliche Raumlageindifferenz* bei abgebildeten Objekten und Personen,
2. die bis ins Schulalter anhaltende *Raumlageindifferenz für abstrakte Zeichen.*

*Ad 1:* Das zweijährige Kind kann ein Bilderbuch auch verkehrt halten. Es benennt die abgebildeten Objekte und Personen. Dass sie auf dem Kopf stehen, stört es nicht. Wichtig ist ja zum Wiedererkennen *nur die Gestalt*, nicht die Lage. Das Kind muss ja auch in der Realität eine Tasse als Tasse erkennen, egal, ob sie aufrecht oder verkehrt steht, ob der Henkel nach rechts oder nach links gewendet ist. Erst mit der Zeit macht es Erfahrungen in Bezug auf die *vertikale* Lage. Den Dreijährigen stört es nun, wenn ein Mensch, ein Haus, ein Baum „auf dem Kopf stehend" wiedergegeben ist. Er dreht das Bild um, er macht eine Bemerkung oder bringt sich selbst in eine Lage, die es ihm ermöglicht, die Sache „richtig" zu sehen. Gibt man ihm eine ausgeschnittene Figur verkehrt in die Hand, dreht er sie um (12). Drehungen *in der Horizontalen merkt er nicht.*

*Ad 2: Abstrakte Figuren* haben im Vorschulalter für die Umweltorientierung *keinerlei Funktion.* Bedeutung gewinnen solche Zeichen erst, wenn sie – in Form von Buchstaben – gelernt werden müssen. In der Tat betrachten Kleinkinder, die sich ja nur an der Gestalt und nicht an der Lage orientieren, gestaltgleiche, aber verschieden gelagerte Zeichen, etwa ⌓ ⌓, als gleich (5). Noch Sechsjährige haben Schwierigkeiten, die Buchstaben d und b zu unterscheiden und nicht als vertauschbar zu betrachten.

Um die Gefahr der Verwechslung so gering wie möglich zu halten, wird im Wiener Leselehrgang das d schon in der achten Schulwoche, das b erst in der fünfundzwanzigsten Schulwoche an die Kinder herangebracht!

Die *Überwindung* der mit der größten und frühesten Leistung der menschlichen Wahrnehmung, der Objektkonstanz, zusammenhängenden *Lageindifferenz* bedarf der intensiven Erfahrung mit gestaltgleichen, aber unterschiedlich gelagerten und daher auch unterschiedlich zu benennenden Zeichen, wie sie das Kind im *Leseunterricht* machen muss. Dabei kommen Verwechslungen in der Vertikalen (b – p) viel seltener vor als solche in der Horizontalen (d – b). Von Kindern, die zur *Legasthenie* disponiert sind, werden die Schwierigkeiten im ersten Schuljahr nicht überwunden.
Die Unterscheidung von rechts und links am eigenen Körper, die natürlich auch von der entsprechenden Übung und Unterweisung abhängt, gelingt erst etwa 50 Prozent der Fünfjährigen.

### *5.3.5 Gegenstandsmerkmale*

Wenn man mit Dreijährigen – vor diesem Alter werden die Aufgaben nicht verstanden – *sprachfreie Versuche* macht, die sie veranlassen, *Größen, Längen, Höhen* und *Weitenunterschiede* zu markieren oder *Farben* einander zuzuordnen, gelingt dies ohne Schwierigkeiten. Einfache Unterscheidungen von Formen, Größen, Längen und Grundfarben sind offenbar für den Aufbau einer konstanten Objektwelt am wichtigsten. Daher ist *diese Fähigkeit auch relativ früh und in großer Vollkommenheit vorhanden.* Die ersten Merkmale, die unterschieden werden, sind *Größenunterschiede*, wahrscheinlich als Folge des erlebten Unterschiedes zwischen sich und den Mitmenschen.
Ein Dreijähriger kann „länger und kürzer", „höher und niedriger", „weiter und schmäler", „größer und kleiner", „heller und dunkler" auch bei relativ kleinen Differenzen gut unterscheiden. Wenn das Kind jedoch ein „Größtes", ein „Kleinstes" und ein „Mittleres" bezeichnen soll, hat es Schwierigkeiten. Es kann noch nicht nach zwei Richtungen, nach „oben" und nach „unten" vergleichen. In diesem Alter wird nur eine *Dimension der Wirklichkeit* erfasst, es bestehen Schwierigkeiten beim Vergleich nach zwei Richtungen – nach oben und nach unten. Erst Fünfjährige können Reihen bilden und Objekte nach zwei Unterscheidungsmerkmalen gruppieren, etwa nach Farbe und Höhe.
Eine andere Frage ist die *des Benennens* unterschiedlicher Merkmale. Vielen Kindern wird keine Gelegenheit geboten, die Namen der Farben oder die Benennungen von Formunterschieden (eckig – rund, weit – schmal etc.) zu erlernen. *Mängel* treten daher bei „normaler" Lebenserfahrung mit Objekten *nicht beim Erkennen von Gegenstandsmerkmalen auf*, sondern beim *Verbalisieren.*

### *5.3.6 Das teilinhaltliche Erfassen von optischen Gestalten*

Außer der Wahrnehmung von Größen- und Formunterschieden ist auch die Fähigkeit zum *teilinhaltlichen Erfassen von Gestalten wichtig* für die Bewältigung der Realität. Teilinhaltliches Erfassen bedeutet Herauslösen und Beobachten von Einzelheiten einer Gestalt. Dies gelingt mit zunehmender Differenzierung der Wahrnehmung. Erst die Fähigkeit zum teilinhaltlichen Erfassen ermöglicht das Erlernen der Kulturtechniken: das Schreiben, das Lesen und die handwerkliche Arbeit nach Vorlage.
Von den Gestaltpsychologen wurde die Auffassung vertreten, dass Kleinkinder nur über eine *globale (ganzheitliche) Gestaltauffassung* verfügen und die Fähigkeit, Teile aus dem Ganzen zu isolieren, erst relativ spät, im siebenten und achten Lebensjahr, einsetze. Diese Auffassung wirkte sich vor allem auf die Gestaltung des Leseunterrichts aus. Da man auch dem Sechsjährigen

noch jede Fähigkeit zur *Isolierung eines Schriftzeichens* aus der geschriebenen oder gedruckten Wortgestalt und eines Lautes aus der akustischen Wortgestalt absprach, propagierte man für den Beginn des Lesens die Ganz-Satz-Methode oder die Ganz-Wort-Methode. Die Lautisolierung der Buchstaben und Phoneme aus dem Wortganzen im Sinne des Lesens nach dem *alphabetischen System* wurde auf einen späteren Zeitpunkt verschoben.
Dort, wo das psychologische Denken von der Gestaltpsychologie unbeeinflusst blieb, wie etwa in der Sowjetunion, erkannte man schon früh, dass die Fähigkeit, *Teile zu erfassen, nicht ausschließlich von einem Reifungsvorgang bestimmt wird,* sondern *einerseits von der Erfahrung der Kinder mit Objekten,* die naturgemäß bei jüngeren geringer sein musste als bei älteren, *andererseits von der Bedeutung, die einem bestimmten Teil in den Augen des Kindes zukommen kann. Ljublinskaya* (14) vertritt die Auffassung, dass Kinder jeden Alters *sowohl Ganzes* als *auch Teile* erfassen können, und fordert auch entsprechende pädagogische Maßnahmen im Rahmen der Vorschulerziehung, die dazu beitragen können, *analysierende Leistungen zu steigern.*
Tatsächlich ist die Wahrnehmung des Ein- und Zweijährigen zunächst global. Aber schon im vierten Lebensjahr entwickelt sich die Fähigkeit, *Einzelheiten herauszulösen* und *losgelöst vom Ganzen zu betrachten.*
So kann man schon bei Drei- oder Vierjährigen eine beachtliche Beobachtungsgabe in Bezug auf Veränderungen von Details an wohlbekannten Personen und Objekten bemerken.

Eine neue Halskette der Mutter, eine neue Kragenfasson oder ein neues Muster am Hemd des Vaters, eine veränderte Haartracht der Kindergärtnerin, ein neuer Fernsehapparat, dessen Gestalt nur wenig von der des alten abweicht, die neue Farbe des Sekundenzeigers bei der Uhr des Farbfernsehers, das Fehlen eines Drahtes beim Eierschneider, ein neues Bild an der Wand, ein geringfügiger Unterschied zwischen dem Kofferradio zu Hause und dem einer bekannten Familie („Unserer schaut genauso aus, aber da an der Seite hat er einen Knopf") waren nur einige der Veränderungen, die ein Vierjähriger innerhalb weniger Tage bemerkte.

*Nickel* (21) hat versucht, die Fähigkeit zum differenzierenden teilinhaltlichen Erfassen mit Hilfe von zwei sehr lebensnahen Experimenten zu untersuchen. Bei einer Reihe von zehn Aufgaben, genannt „Auswahl des Gleichen", mussten vier- bis siebenjährige Kinder ein bestimmtes Bild unter vier anderen Bildern wiederfinden, von denen eines mit dem Muster identisch war, während die andern im Hinblick auf ein Merkmal Veränderungen aufwiesen. Bei der zweiten Aufgabe mussten je zwei Bilderpaare verglichen werden, die sich durch fünf Merkmale unterschieden, die gefunden werden mussten (siehe Abbildung 40).

*Nickel* konnte zeigen, dass schon Vierjährige Details isolieren und verschiedene Bilder von Objekten auf das Vorhandensein von Unterschieden untersuchen können. Das Finden von Unterschieden war dabei leichter als das Finden von Gleichem, der Vergleich von zwei Objekten leichter als der Vergleich eines Objektes mit mehreren anderen.

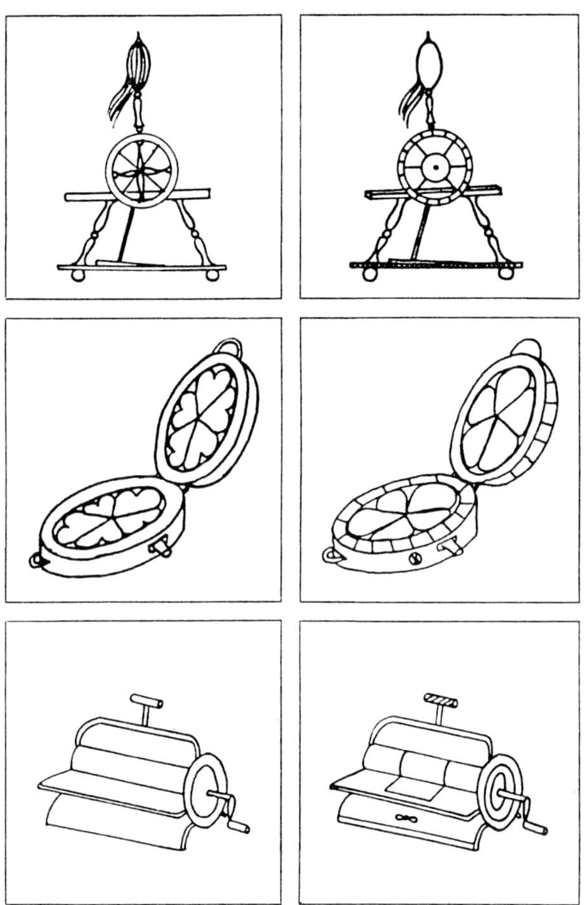

*Abbildung 40*
Die vier- bis siebenjährigen Kinder sollten fünf Merkmale finden, durch die sich die Gegenstandspaare unterscheiden (*Nickel*, 21).

Zwischen vier und fünf Jahren zeigte sich keine wesentliche Verbesserung der Leistungen. Eine solche trat jedoch *zwischen fünf und sechs Jahren* auf. *Wahrnehmungsdifferenzierung* und *Intelligenz* zeigten ab dem Alter von etwa 4;6 einen deutlichen *Zusammenhang*, sodass *das Erfassen von Beziehungen zwischen dem Ganzen und seinen Teilen* als ein *wesentlicher Faktor der Intelligenz* Vier- bis Siebenjähriger aufgefasst werden kann, weil darin sowohl die *Realitätszugewandtheit* als auch die *Fähigkeit zur willkürlichen Aufmerksamkeit* – eine wichtige Stützfunktion der Intelligenz – in Erscheinung treten.

### *5.3.7 Die akustische Gliederungsfähigkeit*

Der Impuls zu einer Untersuchung von *Schmalohr* (28) ging ebenfalls von dem Streit um die Lesemethode aus, die nach Meinung der Gestaltpsychologen ganzheitlich sein sollte, weil sechsjährige Kinder nicht nur unfähig zu optischem teilinhaltlichem Erfassen, sondern auch unfähig zu *akustischer Differenzierung* der einzelnen Laute sein sollten. Um in der Entscheidung über die geeignetste Lesemethode empirische Anhaltspunkte zu gewinnen, wurden Vier- bis Siebenjährigen die folgenden Aufgaben gestellt:

- I Von zwei verschiedenen langen Wörtern das längere erkennen, zum Beispiel Tisch – Streichholzschachtel.
- II Zwei Satzlängen vergleichen.
- III Die Zahl der Wörter in einem Satz angeben.
- IV Zusammengesetzte Wörter zerlegen, zum Beispiel „Kindergarten".
- V Bei zwei zusammengesetzten Wörtern das gleiche Wort herausfinden zum Beispiel „Türschloß" und „Haustür".
- VI Reime bilden, zum Beispiel „Hand" – „Sand" – „Land".
- VII Heraushören der Stellung der Vokale a und e aus Wörtern, zum Beispiel Lampe – a zuerst, e später.
- VIII Heraushören und Angeben der Anfangs- und Endlaute von Wörtern, zum Beispiel Abend: „a" und „d".

*Tabelle 7*
Prozentanteil der erfolgreichen Kinder in den Aufgabenreihen.

| Altersgruppen | Durchschnittsalter | Prozentanteil der Versuchspersonen mit positiver Bewertung in den Aufgabenreihen | | | | | | | | |
|---|---|---|---|---|---|---|---|---|---|---|
| | | N | I | II | III | IV | V | VI | VII | VIII |
| 4;0 – 4;11 | 4; 7 | 72 | 53 | 42 | 28 | 15 | 6 | 18 | 18 | 17 |
| 5;0 – 5;11 | 5; 5 | 80 | 82 | 82 | 76 | 56 | 31 | 60 | 60 | 69 |
| 6;0 – 6;11 | | | | | | | | | | |
| 1. Kindergarten- und Schulkinder | 6; 5 | 60 | 95 | 96 | 98 | 77 | 48 | 77 | 99 | 98 |
| 2. Schulkindergartenkinder | 6; 7 | 35 | 71 | 60 | 54 | 20 | 0 | 26 | 34 | 40 |

Die erste Aufgabe war die leichteste, auch die zweite bewältigte fast die Hälfte der Vierjährigen. Als schwerste Aufgabe erwies sich die fünfte. Sehr groß waren jedoch bei allen Aufgaben die *Fortschritte* zwischen dem *Ende des fünften und dem Ende des sechsten Lebensjahres*. Am interessantesten für das Problem der *akustischen Differenzierung*, besonders auch in Bezug auf die Voraussetzungen für das Lesenlernen, waren die Aufgaben VII und VIII. Aus den Ergebnissen bei diesen Aufgaben lässt sich erkennen, dass

1. schon eine kleine Minderheit von Vierjährigen zur akustischen Durchgliederung fähig ist,
2. diese Fähigkeit zwischen vier und fünf Jahren rasch zunimmt, sodass schon viele Fünfjährige die Voraussetzungen zum synthetischen Lesen besitzen – allerdings noch nicht so viele, dass man im Frontalunterricht Fünfjährigen das Lesen nach dem alphabetischen System beibringen könnte,
3. fast 100 Prozent der Sechsjährigen die Voraussetzungen für den synthetischen Leseakt mitbringen und daher, wie auch unsere Schulpraxis beweist, im Frontalunterricht das Lesen nach dem alphabetischen System erlernen können,
4. bei rückgestellten Kindern, die in der Schule versagen, ein besonderer Rückstand in der akustischen Gliederungsfähigkeit zu bestehen scheint. Sie waren bei diesen Versuchen schlechter als die Fünfjährigen.

**Zusammenfassung**

Die Entwicklung der Wahrnehmung als Voraussetzung unserer Umweltorientierung ist primär durch die Bedürfnisse des psychophysischen Systems bestimmt. Das hilflose Neugeborene, das auf die Interaktion mit der Pflegeperson angewiesen ist, nimmt zuerst vorzugsweise diese wahr, aber gleichzeitig erregen komplexere Konfigurationen die Aufmerksamkeit, wodurch die Sinne angeregt werden und die Entwicklung der Gehirnstruktur positiv beeinflusst wird (siehe dazu S. 144).
Von lebenswichtiger Bedeutung ist die früh anlagemäßig vorgegebene *Konstanz der Gestaltwahrnehmung,* die nach dem Ende des ersten Lebensjahres, wenn sich das Kind im Raum bewegt, durch Erfahrung gefestigt wird. Die mit dem Konstanzphänomen verbundene Raumlageindifferenz wird ebenfalls durch Erfahrung und, soweit es sich um abstrakte Zeichen handelt, durch Unterweisung im Schulunterricht korrigiert.
Die für die Umweltorientierung bedeutsamen Beurteilungen der wichtigsten Gegenstandsmerkmale wie Größe, Länge, Höhe, Farbe und Helligkeit gelingen früh, wenn es sich um den Vergleich *zweier* konkreter oder abgebildeter Objekte handelt. Mehrere Objekte können noch nicht verglichen oder gereiht werden, was aber zur Situationsbewältigung kaum jemals nötig ist. Mängel können im Bereich der Benennung von Unterschieden auftreten.
Nach anfänglich ganzheitlicher Gestaltauffassung finden wir schon ab dem vierten Lebensjahr gute Detailbeobachtungen, wenn sich das Kind für die betreffenden Objekte interessiert. Bedeutende Fortschritte, die die Schulfähigkeit allmählich einleiten, werden im *teilinhaltlichen Erfassen* sowohl optischer wie akustischer Wahrnehmungsbereiche zwischen fünf und sechs Jahren gemacht.

## 5.4 Lernen und Gedächtnisleistungen

### *5.4.1 Der Mensch – ein Lernwesen*

Wir sagten schon zu Beginn des vorigen Kapitels, dass der Mensch ein *Lernwesen* ist, und zwar vom ersten Tag an. Mit der Art, wie er lernen kann oder lernen können sollte, wollen wir uns in diesem Kapitel beschäftigen.
Wir sehen *Entwicklung* heute als eine *Wechselwirkung von Reifungsprozessen* und *Lernvorgängen,* wobei *Reifung* die Voraussetzung für viele Lernprozesse sein muss – und zwar umso eher, je jünger ein Kind ist. Jedoch zu keiner Zeit und auch in keinem einzelnen Bereich bewirken *Reifungsvorgänge allein* die in Kindheit und Jugend zu beobachtenden Verhaltens- und Einstellungsänderungen – immer stehen *Reifungsprozesse in Wechselwirkung mit Lernprozessen. Reifen und Lernen sind auf das engste verknüpft.* Auch Fertigkeiten, die primär durch Reifungsvorgänge möglich werden, werden sofort nach ihrem Auftreten durch *Lernprozesse aufgefangen* und bis zur Vollkommenheit ausgebaut. Ein Kind, das stehen gelernt hat, möchte immer nur stehen, es übt das Stehen, bis es diese Bewegung und auch das darauf folgende Sich-wieder-Hinsetzen bis zur Vollkommenheit beherrscht. Von diesem Lernvorgang, *Funktionsübung* genannt, werden wir im Kapitel VI sprechen.
Nehmen wir ein Beispiel, bei dem die Lernimpulse nicht wie beim Stehen „von innen", sondern *„von außen"* kommen müssen – *die Sprache.* Wenn ein bestimmter Reifegrad der Sprechmuskulatur und der Denkfähigkeit erreicht ist, kann das Kind zu sprechen beginnen. Ob es zu diesem Zeitpunkt *auch wirklich beginnt* oder *erst später,* wie gut und schließlich was, das heißt, *welche Sprache es sprechen wird,* hängt von den *Lernmöglichkeiten ab, die ihm seine Umwelt anbietet.*
Die wichtigsten *Anpassungs-, Kommunikations-* und *Orientierungshilfen* – nämlich Sprache, Gewissen, Kontakt- und Bindungsfähigkeit sowie Intelligenz – sind nur als *Dispositionen* vorgegeben. Sie können erst im Kontakt mit der Umwelt entfaltet und gestaltet werden. Ein Kind, zu dem niemand spricht, kann nicht sprechen lernen; ohne die emotionale Zuwendung entwickeln sich weder Kontaktfähigkeit noch Gewissen, noch soziale Anpassungsfähigkeit. Die Umwelt, ihr Anregungsgehalt und der Grad ihrer Zuwendung haben daher einen zentralen Einfluss auf die Entwicklung des Menschenkindes. Die Umwelt des Kleinkindes ist die Familie, und für den *Säugling* sollte es eine ständige Pflegeperson sein.

### *5.4.2 Verschiedene Formen des Lernens*

Die meisten Formen des Lernens haben wir mit allen höheren Tieren gemeinsam. Sie sind schon sehr früh erkennbar und „dienen" im Frühstadium offenbar dazu, der Großhirnrinde die für ihr Funktionieren nötigen Impulse zuzuführen (siehe auch S. 140 ff.).

### 5.4.2.1 Das Neugierdeverhalten

Hier müssen wir zwei Stufen unterscheiden, nämlich den *Orientierungsreflex* und das *Explorieren.* Der *Orientierungsreflex* ist eine Reaktion auf neue Reize. Schon ein Säugling von zwei oder drei Wochen, der in einen fremden Raum getragen wird, bewegt den Kopf nach allen Seiten. „Er schaut sich um." Babys reagieren auf akustische und optische Reize mit, wenn auch kurzfristiger, reaktiver Aufmerksamkeitszuwendung. Was das Kind aufnimmt, wissen wir nicht, aber der Orientierungsreflex ist deutlich erkennbar. Neue Reize werden offenbar als angenehm empfunden. Sehr deutlich zeigen sich auf dieser Stufe schon *Unterschiede der Vitalität,* die man ja als angeborene Charakterkonstante erkannt hat (18).

Der vital starke Säugling wird – wenn sich ein Hindernis zwischen ihn und einen neuen optischen Reiz stellt – Bewegungen machen, die andeuten, dass er das Hindernis zu „umgehen" trachtet.
*Vigilanz* – das heißt Wachheit, Aufmerksamkeit gegenüber optischen und akustischen Reizen, speziell auch gegenüber der menschlichen Stimme – kann positive Erwartungen hinsichtlich der Intelligenzentwicklung des Kindes rechtfertigen. Ein vital schwächeres Kind wird geringere Reaktionsbereitschaft zeigen und eher von stärkeren Reizen angesprochen werden müssen.

*Explorieren* bedeutet aktives Erkunden. Wir finden es ebenfalls bei allen höheren Tieren. Der junge Hund nähert sich unbekannten Objekten, beschnüffelt und untersucht sie. Im ersten Lebensjahr erkundet der Säugling jedes Objekt, das in die Nähe seiner Hände gerät, durch Ergreifen, In-den-Mund-Stecken, Betasten, Klopfen, Schütteln, Werfen, Fallenlassen. Dabei macht er wichtige *sensomotorische Erfahrungen* (siehe auch S. 156).
Im weiteren Verlauf der Entwicklung kommt zum hantierenden Explorieren das sprachliche: Auch die unzähligen Fragen, die das Kind stellt, um Namen und Funktionen der Objekte sowie Handlungsmotive der Menschen zu ergründen, entspringen dem angeborenen Neugierdeverhalten. Davon mehr im Kapitel „Die Sprache".

### 5.4.2.2 Funktionsübung

Da sich beim Kleinkind *wichtigste Lernprozesse,* nämlich das Lernen durch *Explorieren* und das Lernen durch *Funktionsübung,* im Spiel ereignen, haben wir diese beiden Verhaltensformen im Kapitel VI genau beschrieben.
Funktionsübung finden wir jedoch vor allem auch bei allen Fortschritten in der motorischen Entwicklung und beim Erwerb der Sprache. Greifen, Stehen, Gehen, Stiegensteigen wird auf diese Art perfektioniert.

Ein Kind, das Laufen lernt, vergisst in der Zeit zwischen den ersten Schritten und einer einigermaßen sicheren Beherrschung der Gehbewegung fast alle anderen Tätigkeiten. Es läuft, fällt, läuft wieder – bis zur Erschöpfung. Erst wenn es sicher auf den Beinen steht, wendet sich sein Interesse auch wieder anderen Aktivitäten zu.

#### 5.4.2.3 Lernen durch Nachahmung

Nachahmendes Verhalten konnte mit subtilen Beobachtungsmethoden schon sehr früh beobachtet werden. Die wichtigsten Nachahmungsleistungen des ersten Lebensjahres sind: *die Reaktion auf das Lächeln des Erwachsenen, die Lautäußerungen* als Reaktion auf die *menschliche Sprache,* das *Widerspiegeln* des *Gesichtsausdrucks* des Erwachsenen (böses Gesicht, Stirnrunzeln), die *Übernahme von Gesten* (bitte-bitte; winke-winke) und schließlich, nach Ende des ersten Lebensjahres, die *Wortsprache* und die *Reproduktion von Aktivitäten* im Rollenspiel.
Kinder können nur das Verhalten nachahmen, für das die *Reifung* des *Gehirns,* der *Nervenbahnen* und der *Muskelkoordination* bereits entsprechende Voraussetzungen geschaffen hat. Eine Mutter kann sich noch so sehr bemühen, ihrem Kind das Wort „Mama" beizubringen – so lange Sprechmuskulatur und Gehirn nicht entsprechend gereift sind, wird dies vergeblich sein. Erst wenn die Reifung genügend weit fortgeschritten ist, kann ein Vorbild zur Nachahmung anregen, es liefert „Übungsimpulse". Das gilt besonders für Bewegungsformen, für die Sprache und für Spielanregungen, vor allem im Rollenspiel. *Am bedeutsamsten ist das Vorbild im Bereich der Sprache.* Das Kind kann nur jene Sprache erlernen, die ihm vorgesprochen wird. Ein dürftiges Vorbild – geringe Kommunikationsfähigkeit oder -bereitschaft der Eltern – wird auch ein dürftiges Ergebnis der kindlichen Nachahmungsbereitschaft zeitigen.
Eine Form des Lernens, die wir schon im Zusammenhang mit der *Gewissensbildung* kennen gelernt haben, ist dem Menschen vorbehalten: die *Nachahmung durch Identifikation* (siehe S. 116 f.).
Nicht nur die Eltern, auch Zweiterzieher können Identifikationsobjekte sein, mehr noch andere Kinder in der Gruppe. Da ältere Kinder von jüngeren oft bewundert werden, können gemischtaltrige Gruppen Verhaltensimpulse für jüngere Kinder bieten, die in altersgleichen Gruppen fehlen.

#### 5.4.2.4 Lernen durch Konditionierung

Die primitivste Form der Konditionierung, nämlich der *bedingte Reflex* – die Reaktion auf ein regelmäßig erlebtes Vorsignal zu einem Ereignis –, ist uns schon im vorgeburtlichen Leben des Kindes begegnet, und wir finden sie auch schon bald nach der Geburt wieder in der Nahrungssituation (siehe

S. 16). *Instrumentale Konditionierung,* das heißt Lernen durch Erfolg und Misserfolg, durch Belobung und Bestrafung, wird erkennbar, wenn das Kind beginnt, sein Schreien gezielt einzusetzen, um die Mutter herbeizurufen. Ihr Erscheinen „belohnt" dieses Verhalten und veranlasst das Kind, seine Taktik zu wiederholen.

Wie schon der Name „instrumentale" (auch operative) Konditionierung sagt, handelt es sich um einen *aktiven Prozess.* Das Kind verwendet ein „Instrument" (im Falle des Schreiens ist es die eigene Stimme), um eine Befriedigung (in Form eines Erfolges oder einer Belohnung) zu erwirken. Es kann auf diese Art auf seine Umwelt Einfluss nehmen, kann *selbst* eine Aktion setzen, die den gewünschten Erfolg bringt.

Arrangierte Situationen lassen erkennen, dass Lernen auf der Basis der instrumentalen Konditionierung schon zwei Monate alten Kindern möglich ist. *McCall* (15, S. 119) berichtet von einem Psychologen, der Säuglingen dieses Alters einen Polster unter den Kopf schob, der mit einem über dem Bettchen befestigten Mobile in Verbindung stand. Wenn das Kind seinen Kopf in einer bestimmten Richtung bewegte, begann sich das Mobile einige Sekunden lang zu drehen, und die sich berührenden Metallteile klirrten. Die Kinder lernten sehr bald, das Mobile in Bewegung zu setzen. Sie waren dabei sehr fröhlich, lächelten (viele das erste Mal!) und lallten.

Wenn man einen Luftballon mit einer Schnur an das Handgelenk eines Babys bindet, lernt es sehr schnell, dass die Bewegung *des betreffenden Armes* den Ballon in Bewegung setzt. Schließlich ist auch die rasche Verbesserung des an sich angeborenen, aber anfangs noch sehr ungeschickten Saugverhaltens ein Lernen durch Erfolg und Misserfolg.

*McCall* betont mit Nachdruck, dass die *frühe Interaktion* mit der Umwelt, die Möglichkeit, nicht nur nach Belieben des Erwachsenen manipuliert zu werden, sondern auch selbst seine Umwelt, vor allem die Mutter, mit zunehmender Beweglichkeit aber auch die Objekte in der Umwelt *durch Eigenaktivität* zu erreichen und zu verändern, *ein wesentlicher Faktor im Aufbau einer normalen Persönlichkeit ist.* Die schweren Schäden bei hospitalisierten Kindern, vor allem deren *Hilflosigkeit,* führt er unter anderem darauf zurück, dass diese Kinder im starren Rahmen der institutionalisierten Betreuung nie die Möglichkeit hatten zu erleben: „Ich kann etwas tun, um Menschen und Dinge zu beeinflussen." „Ich kann etwas tun, um zu kriegen, was ich will." „Ich kann etwas erreichen." Da die Betreuer nicht individuell auf die Signale der Kinder eingehen, resignieren diese und entwickeln eine Grundhaltung, die besagt: „Ich kann nichts tun, um die Welt zu beeinflussen. Ich kann nichts tun, um zu bekommen, was ich will. Warum sollte ich es versuchen, es hilft nichts." Im Bereich des *sozialen Lernens* spielt die instrumentale Konditionierung eine wesentliche Rolle bei der Sozialisation des Kindes (siehe S. 115).

Konditionierungen durch Erfolg und Misserfolg bewirken aber nicht nur *Motivationen und Verhaltensveränderungen im Sozialkontakt.* Es gibt auch *sachimmanente Konditionierungen* durch Erfolg und Misserfolg im Bereich der *sensomotorischen Erfahrungen.* Solche gewinnt das Kind beim spieleri-

schen Experimentieren wie bei allen anderen Hantierungen. Entsprechende *Berücksichtigung* der *Materialqualitäten* führt zum *Erfolg, Nichtberücksichtigung* zum *Misserfolg* – etwa, wenn man beim Helfen im Haushalt der Zerbrechlichkeit von Tellern nicht genügend Beachtung schenkt.
Einfache Bewegungsabläufe wie das Greifen, Gehen, Verwenden eines Stockes oder Hammers, Knöpfeln, Masche-Binden, Schneiden und viele Handlungsabläufe werden über Gelingen oder Misslingen gelernt (man erfasst ein Spielding, man bleibt auf den Beinen, ein Schloss öffnet sich, wenn man richtig aufgesperrt hat, das Spielauto setzt sich nach dem richtigen Aufziehen in Bewegung).

**Zusammenfassung**

Die Schwerpunkte der Lernfähigkeit in den ersten vier bis fünf Lebensjahren – wenn wir hier vom emotionalen und zwischenmenschlichen Bereich absehen – sind die *Bewegungsformung,* die *Sprache* und die *sensomotorischen Wahrnehmungen* durch Beobachtung der gegenständlichen Umwelt und durch *hantierenden Umgang* mit dieser.
Das jüngere Kind lernt somit auf dem Weg über *aktives exploratives Verhalten,* das noch durch keine Zielsetzungen gesteuert wird, über spontanes *funktionales „Üben" seiner Bewegungen,* über *Nachahmung, Konditionierung* und *Problemlösungen auf sensomotorischem Niveau,* durch *Beobachten* und *Zuhören.*
Diese Lernprozesse können direkt nur im *sprachlichen Bereich,* durch Gespräche, Vorlesen, Bildinterpretation, Fragebeantwortung u. Ä. in Gang gesetzt, im Übrigen nur indirekt durch Bereitstellung entsprechender Freiheitsräume für die Begegnung mit Menschen, Tieren und Dingen, durch Betätigungsmöglichkeiten und Vorbilder, durch konsequente Verstärkungen und Gelegenheit zur selbständigen Problemlösung gefördert werden.

### *5.4.3 Gedächtnisleistungen*

Von den frühesten Manifestationen der Lernfähigkeit, dem Auftreten bedingter Reflexe in der Nahrungssituation, wurde schon gesprochen. Diese frühesten Reaktionen auf Vorreize verschwinden allerdings, sobald die Nahrungssituation als Ganzes für das Kind überschaubar wird.
Andere Gedächtnisleistungen in der ersten Hälfte des ersten Lebensjahres sind in der Reihenfolge ihres Auftretens:
*Wiedererkennen* von öfters Gesehenem;
*Anpassung* durch Gewöhnung an Routine und *Störbarkeit* bei Wechsel der Routine.

Wir konnten schon im zweiten Kapitel zeigen, dass eine gewisse Stabilität der Erscheinungen und Handlungsabläufe ein wesentliches Element der beginnenden emotionalen Bindung und des Vertrauens in die Umwelt darstellt.

*Abbildung 41*
Erwartung! Die Flasche kommt!

Verschwundenen *Gegenständen nachblicken.*

In den ersten Monaten hört ein Gegenstand, der dem Blickfeld entschwindet, auf zu existieren (Abbildung 42). Mit etwa sechs Monaten schaut das Kind in die Richtung, in die er verschwunden ist – der Beginn der Dingkonstanz.

*Erwartung,* besonders in der Nahrungs- und Pflegesituation, in der schon Gewöhnungen eingetreten sind, aber auch in anderen Situationen (Abbildung 41, siehe auch Seite 35).

*Erstaunen* bei Fremdheitseindrücken.

Erstaunen setzt Erwartung voraus und tritt immer dann ein, wenn eine Diskrepanz zwischen der erwarteten und der tatsächlichen Situation erlebt wird.

In der zweiten Hälfte des ersten Lebensjahres konstituiert sich die Objektkonstanz. Der Gegenstand existiert für das Kind, auch wenn er verschwunden ist. Es *sucht nach Verlorenem,* es *findet Verstecktes* (Abbildung 43). Es lässt abichtlich Dinge fallen, um das Verschwinden-Lassen zu üben.
Sobald die Fähigkeit zur *sprachlichen Formulierung von Vorstellungen* einsetzt, bringt das Kind mit Worten zum Ausdruck, was man vorher nur aus der Mimik, der Gestik, der Aktion, der Vokalisation erkennen konnte, nämlich *Enttäuschung* beim Ausbleiben von erwarteten Begegnungen oder Ereignissen.
*Kränkung* über einen Verlust;
*Freude* über angenehme vergangene Ereignisse;
*Wiedererkennen* von Orten, Personen, Tieren oder Dingen.

Allerdings sind die Erinnerungsspannen im zweiten Lebensjahr noch kurz, zumindest erscheint es so, wenn man in diesem Alter *Gedächtnisversuche* macht. Das Erinnerungsvermögen ist schon in diesem Alter sehr vom Interesse abhängig.

An ein Hühnchen, das aus einem Gummiball herausgesprungen ist, erinnert sich ein zweieinhalbjähriges Kind noch siebzehn Minuten lang (Testaufgabe aus *Hetzer,* H.: Entwicklungstestverfahren, 11), an ein Stück Kuchen, das es gerne isst, viel länger.

*Abbildung 42*
Für das sechs Monate alte Kind existiert ein verschwundener Gegenstand nicht mehr (*McCall,* 15)

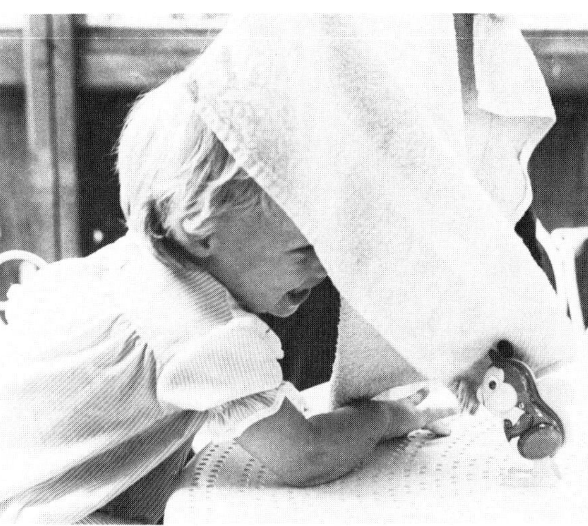

*Abbildung 43*
Mit elf Monaten sucht das Kind den Gegenstand hinter dem Handtuch, hinter dem er versteckt war, und findet ihn (*McCall,* 15).

Das Erinnerungsvermögen von Vorschulkindern ist noch sehr *labil.* Es unterliegt *Täuschungen in der Wahrnehmung,* kann durch *Suggestivfragen* und andere Arten der suggestiven Beeinflussung völlig unverlässlich werden, und es wird oft auch durch *kognitive* und *emotionale Bedürfnisse* mitbeeinflusst, wobei *Geltungsstreben* ebenso wie *bedrängende Probleme* eine große Rolle spielen können. Dadurch kommt es zu „Fantasielügen", die jedoch nicht als bewusste Irreführung bewertet und daher auch nicht geahndet werden sollten.

Dazu ein Beispiel:

*Carola,* 5;6, war mit ihrer Kindergartengruppe im Tiergarten. Sie erzählte: „Vor dem Affenkäfig hat uns ein Affe angespuckt, und dann haben wir gesehen, wie gerade ein Lamm auf die Welt gekommen ist, und dann haben wir gesehen, wie der Strauß ein riesengroßes Ei gelegt hat."
Die Mutter fragte: „Bist du sicher, dass das Lamm gerade auf die Welt gekommen ist?"
Darauf Carola: „Wir haben ja gesehen, wie es aus dem Popo vom Schaf gekommen ist."
Eine Rückfrage bei der Kindergärtnerin ergab, dass vor dem Affenkäfig wohl größere Buben versucht hatten, die Affen anzuspucken, diese sich jedoch nicht in der gleichen Weise verhalten hatten. Im Gehege der Schafe sahen die Kinder ein junges Lamm, das noch ganz feucht war, und die Kindergärtnerin erklärte, dass es vor kurzem zur Welt gekommen sei. Der Geburtsvorgang war nicht beobachtet worden. Auch der Strauß hatte kein Ei gelegt, aber es war eine Bemerkung gefallen, dass Strauße sehr große Eier legten.
Die „Fantasielügen" von Carola deuten darauf hin, dass das Kind sich gerade intensiv mit dem Geburtsvorgang beschäftigte.

Die Unverlässlichkeit des Erinnerungsvermögens von Vorschulkindern *schließt diese als Zeugen vor Gericht aus.* Denn die stark von Gefühlen bestimmte Auslese des Wahrgenommenen und auch die von Gefühlen bestimmte Interpretation von Ereignissen kann im Gerichtssaal zu verhängnisvollen Fehlleistungen führen. Auch sind jüngere Kinder nicht in der Lage, Ereignisse zeitlich zu fixieren, und verwechseln oft Früheres mit Späterem.
Bei provozierten Gedächtnisleistungen, etwa in einer Testsituation, kann die Eigenwilligkeit dieser Altersstufe eine genaue Wiedergabe verhindern.

Die *größte Gedächtnisleistung wird zweifellos im Bereich der Sprache* erbracht, die wir als Schwerpunkt der kindlichen Lernfähigkeit im Vorschulalter erkennen werden (siehe Kapitel VII).
Hier ein Beispiel für eine sprachliche Gedächtnisleistung:

Die Mutter drückt beim Zähneputzen ein etwas zu großes Stück Zahnpasta auf die Bürste.
*Alexander,* 3;10: „So viel?"
*Mutter:* „Das habe ich mir schlecht ausgerechnet."
*Alexander:* „Musst du da rechnen?"
*Mutter:* „Nein! Das war ein falsches Wort. Ich hätte sagen sollen: ‚Ich habe die Länge der Bürste nicht richtig abgeschätzt.'"
Am nächsten Tag baut Alexander aus Legosteinen ein kleines Flugzeug. Er sucht unter seinen Steinen einen passenden für den Schwanz und sagt: „Jetzt muss ich den Schwanz richtig abschätzen."

Im Bereich des Sprachlichen zeigt sich auch ein starkes, geradezu *pedantisches Übungsbedürfnis.* Märchen, Gedichte, Verse müssen bei jeder Wiederholung durch den Erwachsenen den gleichen Wortlaut haben. Variiert der Wortlaut, wird dies energisch beanstandet. Man hat den Eindruck, dass diese Rigidität (Starrheit) im Zusammenhang mit der sprachlichen Reproduktion nicht nur der

Sprachentwicklung dient, sondern, wie viele ritualisierte Handlungsabläufe dieses Alters, auch der *Stabilität des emotionalen Gleichgewichtes.*
Die faktischen Erlebnisse der ersten drei Lebensjahre verfallen bekanntlich der Amnesie*. Was man später aus dieser Zeit weiß, stammt meist aus Erzählungen der Eltern. Dass die Ereignisse der ersten drei Lebensjahre so rasch in Vergessenheit geraten, hat wahrscheinlich seinen Grund darin, dass das Kind nicht in der Lage ist, sie in Beziehung zu anderen Begebenheiten, zu Ort und Zeit zu bringen.

Die Psychoanalyse hat dafür noch eine andere Erklärung: Im Zuge der vielfachen Verdrängungen, die in diesem Alter notwendig sind, um aus dem reinen Triebwesen ein „Kulturwesen" entstehen zu lassen, werden auch „neutrale" Inhalte ins Unterbewusstsein mitgerissen. Begründet wird diese Auffassung damit, dass im Verlauf von Analysen das vergessene „Material" wieder ins Bewusstsein treten kann.

Ist das Tatsachengedächtnis des Kleinkindes kurz, so gilt dies keineswegs für das *emotionale Gedächtnis.*
*Unlustgefühle,* besonders *Angst,* die im Zusammenhang mit bestimmten Ereignissen entstanden sind, können das ganze Leben hindurch wieder auftreten, wenn ein bestimmtes *Situationselement mit* dem sonst völlig vergessenen Erlebnis identisch ist. Da das Kind die Unlust erregende Situation nicht in ihren Zusammenhängen erfassen kann, heftet sich die emotionale Erinnerung an zufällige Einzelheiten, die dadurch *angstbesetzt* werden (Abbildung 44).

*Abbildung 44*
Angst im Zusammenhang mit bestimmten unlustbetonten Erlebnissen kann immer wieder auftreten.

* Unter Amnesie versteht man vollständiges Vergessen.

Es handelt sich dabei meistens um sehr dauerhafte Konditionierungen nach dem Schema des bedingten Reflexes (siehe auch S. 182).
Das *physiognomische Weltbild* des Kindes beruht auf diesem emotionalen Gedächtnis (siehe auch S. 99).

### Zusammenfassung

Die größte Leistung des frühkindlichen Gedächtnisses liegt im Bereich der Sprache – vorausgesetzt, dass die entsprechenden Anregungen vorhanden sind. Im Übrigen erinnert sich das Kind an Erwartungen und an emotional positiv oder negativ besetzte Personen, Objekte, Ereignisse und Orte. Die Selektion aus der Fülle der auf das Kind eindringenden Reize ist mitbestimmt durch den Egozentrismus dieser Altersstufe. Ereignisse, die bis zum Alter von drei Jahren stattfanden, werden meist vergessen, doch erweist sich das emotionale Gedächtnis als sehr langlebig.

### Pädagogischer Teil

Dass ein Säugling möglichst ruhig gehalten werden soll, möglichst abgeschirmt von äußeren Reizen, ist ein pädagogischer Aberglaube, der nach den ersten vier bis sechs Lebenswochen keinerlei Berechtigung mehr hat. Sobald das Kind die postnatale Periode, in der es den überwiegenden Teil des Tages schläft, überwunden hat und längere Wachzeiten zu beobachten sind, muss es sehen und hören und greifen können.
Auch wenn es akustische und optische Reize noch in keiner Weise zu deuten vermag, dienen sie der Aktivierung seiner Sinne und auf dem Weg über die Sinnesorgane der Aktivierung der Gehirnzellen. Besonders wichtig ist es, dass das Kind neben den anderen natürlichen Geräuschen der Umwelt auch die menschliche Stimme hört. Schon ein zwei Monate altes Kind sollte einen Teil seiner wachen Perioden im Kreise der Familie verbringen. Isolierung machen den Säugling vielleicht zu einem ruhigen, „braven“ Kind, aber sicher nicht zu einem klugen.
Das Neugierdeverhalten eines Vorschulkindes sollte nicht ungebührlich eingeengt und seine Bewegungsfreiheit nicht ohne zwingenden Grund eingeschränkt werden. Bewegung im Raum ist notwendig, nicht nur zur Übung des Bewegungsapparates, sondern auch wegen der Lernimpulse für das Tiefensehen und die Größenkonstanz der Objekte. Da kleine Kinder nur begreifen durch „Begreifen“, sollten Berührungskontakte und Explorationsverhalten (Hantieren mit Gegenständen, Aus- und Einräumen, Ein- und Ausschütten usf.) in reichem Maße gestattet werden. Entsprechende Spielgelegenheiten mit Sand und Wasser, Hohlwürfeln und Zusammensetzspielen sollten die Lernmöglichkeiten in der natürlichen Umwelt ergänzen.
Zu große Einschränkungen des Erfahrungsbereiches durch Verbote, durch zu eintönige Umwelt, die keine Abwechslung bietet, oder infolge eingeschränkter zwischenmenschlicher Kommunikation können Sprachrückstände, Gleichgültigkeit, Angst vor neuen Situationen, mangelhafte Lebenserfahrung und ein Zurückbleiben der intellektuellen Entwicklung bewirken. In Fällen, in denen ein Anregungspotential zwar vorhanden wäre, dem Kind aber der Zugang zu den möglichen Erfahrungen verwehrt wird, ebenso wie in Fällen, in denen kein Anregungspotential da ist (zum Beispiel in schlechten Heimen), bleibt das angeborene Intelligenzpotential eines Kindes unentwickelt.

Die Ablösung vom kindlichen Weltbild erfolgt von selbst. Wenn man merkt, dass ein Kind nicht mehr an die magischen Gestalten der Kinderstube glaubt, soll man ihm einen solchen Glauben nicht mehr aufdrängen und keine Enttäuschung zeigen. Manche Kinder geben ja vor, noch ans Christkind zu glauben, damit die Eltern nicht enttäuscht sind! Wenn das Kind einmal zu fragen beginnt, muss die Wahrheit gesagt werden. Dadurch kann auch jedes Gefühl des Betrogenwordenseins vermieden werden. Interessanterweise fühlen sich Kinder durch die Christkindgeschichten nie betrogen, wohl aber durch falsche Informationen über die Herkunft der Babys (Klapperstorchmärchen).

Im Hinblick auf den nachhaltigen Charakter des emotionalen Gedächtnisses ist große Vorsicht notwendig, wenn man Kinder belastenden Situationen aussetzen muss. Solche sollten nach Möglichkeit vermieden werden, denn auch wenn man glaubt, dass ein Kind noch wenig versteht und alle Ereignisse rasch vergisst, bleibt der negative emotionale Charakter eines Ereignisses erhalten und generalisiert sich auf Personen, Räume und Objekte, die mit dem Ereignis selbst nur zufällig in Verbindung standen.

Eine frühe volle Entfaltung der genetisch gegebenen Fähigkeiten eines Kindes ist wahrscheinlich nur in einem generell stimulierenden, pädagogisch überlegenen und emotional warmen Milieu möglich.

*Literaturverzeichnis*


1 *AEBLI, H.:* Ein Beitrag zur Frage der genetischen Kontinuität in der kognitiven Entwicklung des Kindes, illustriert am Beispiel des Zeitbegriffs. Bericht über den 24. Kongress der Deutschen Gesellschaft für Psychologie. Wien 1964.

2 *AKERT, K.:* Probleme der Hirnreifung in LEMPP, R. (Hrsg.): Teilleistungsstörungen im Kindesalter. Bern–Stuttgart–Wien 1979.

3 *COOPER, R.,* und *ZUBEK, J.:* Effects of Enriched and Restricted Early Environments on the Learning Ability of Bright and Dull Rats. Canadian Journal of Psychology, 12, S. 159–164, 1958.

4 *DANZINGER, L.,* und *FRANKL, L.:* Zum Problem der Funktionsreifung. Zt. Kinderforschung, 43, 219–254, 1934.

5 *EDTFELDT, A. W.:* Reading Reversals and its Relation to Reading Readiness. Research Bulletins from the Institute of Education, Univ. of Stockholm. 1955.

6 *FANTZ, R. L.,* und *NEVIS, S.:* Pattern Preference and Perceptual-Cognitive Development in Early Infancy in *MUSSEN, P. H. F., CONGER, J. J.,* und *KAGAN, J.* (Hrsg.): Readings in Child Development and Personality. 2nd Ed., New York 1970.

7 *FRAIBERG, S.:* Die magischen Jahre in der Persönlichkeitsentwicklung des Vorschulkindes. Reinbek 1972.

8 *FRANKL, L.:* Die Dingauffassung der Flasche beim Säugling. Zeitschrift für Psychologie, 133, 1–71, 1933.

9 *GOTTESMAN, I. I.:* Biogenetics of Race and Class in *MUSSEN, P. H., CONGER, J. J.,* und *KAGAN, J.* (Hrsg.): Readings in Child Development and Personality. New York 1965.

10 *GUTTMANN, G.:* Einführung in die Neuropsychologie. Bern 1972.
11 *HETZER, H.:* Entwicklungstestverfahren. Lindau 1954.
12 *HUNTON, V.:* The Recognition of Inverted Pictures by Children. Journal of Genetic Psychology. 86, 1955.
13 *LJUBLINSKAYA, A. A.:* Die psychische Entwicklung des Kindes. Berlin (Ost) 1961.
14 *LJUBLINSKAYA, A. A.:* Die Entwicklung des Sprechens und Denkens beim Kinde in *BONN, H.,* und *ROHSMANITH, K.* (Hrsg.): Studien zur Entwicklung des Denkens im Kindesalter. Darmstadt 1972.
15 *McCALL, R. B.:* Infants. Cambridge, Mass.–London 1979.
16 *MEIERHOFER* und *KELLER:* Frustration im frühen Kindesalter. Bern 1970.
17 *MEIERHOFER, M., NUFER, H.,* et al.: Nachuntersuchung ehemaliger Heimkinder. Unveröffentlichter Forschungsbericht des Maria-Meierhofer-Institutes für das Kind. Zürich.
18 *MEILI, R.:* Anfänge der Charakterentwicklung. Bern–Stuttgart 1957.
19 *MISUMI, J.:* Experimental Study of the Development of Visual Size Constancy in Early Infancy. Jap. Journal of Psychology 20/1951.
20 *NICKEL, H.:* Die Bedeutung planmäßiger Übung für die Entwicklung einer differenzierenden visuellen Auffassung im Vorschulalter. Zt. für Entwicklungspsychologie und Pädagogische Psychologie, Heft 2, 1969.
21 *NICKEL, H.:* Die visuelle Wahrnehmung im Kindergarten- und Einschulungsalter. Bern–Stuttgart 1969.
22 *PIAGET, J.:* La Construction du Réel chez l'Enfant. Neuchâtel–Paris 1937.
23 *PIAGET, J.:* Die Bildung des Zeitbegriffs beim Kinde. Zürich 1955.
24 *PIAGET, J.,* und *INHELDER, B.:* Die Entwicklung des Zahlenbegriffes beim Kind. Stuttgart 1965.
25 *ROTH, E., OSWALD, W. D.,* und *DAUMENLANG, K.:* Intelligenz. Stuttgart 1972.
26 *SCHENK-DANZINGER, L.:* Latente Reifung. Die kritische Zeitspanne bei mangelnder Funktionsübung. Bericht über den 24. Kongress der Deutschen Gesellschaft für Psychologie. Göttingen 1965.
27 *SCHENK-DANZINGER, L.:* Schulprobleme von Kindern ohne frühe Mutterbindung in *SCHENK-DANZINGER, L.:* Psychologie im Dienste der Schule. Wien 1980.
28 *SCHMALOHR, E.,* und *WINKELMANN, W.:* Über den Einfluss der Übung auf die Entwicklung der Mengen- und Substanzerhaltung beim Kind. Zt. für Entwicklungspsychologie und Pädagogische Psychologie, Heft 2, 1969.
29 *SCHMIDT, W. H. O.:* „Spontane" und „nichtspontane" Bildung von naturwissenschaftlichen Begriffen bei Kindern in *BONN, H.,* und *ROHSMANITH, K.* (Hrsg.): Studien zur Entwicklung des Denkens im Kindesalter. Darmstadt 1972.
30 *SKEELS, H. M.:* Adult Status of Children with Contrasting Early Life Experience: A Follow-Up Study. Monographs of the Society for Research in Child Development, Vol. 32, No. 2. Chicago 1966.
31 *SPEER, G. S.:* The Mental Development of Children of Feeble-Minded and Normal Mothers. National Society for the Study of Education, 39th Yearbook. Bloomington 1940.
32 *VINCZE, L.,* und *VINCE, F.:* Die Erziehung zum Vorurteil. Wien 1964.
33 *WENZL, A.:* Theorie der Begabung. Leipzig 1934.
34 *WHITE, B. L.:* Informelle Erziehung während der ersten Lebensmonate in *HESS* und *BEAR* (Hrsg.): Frühkindliche Erziehung. Weinheim–Basel 1972.

# *VI Das Spiel und seine Bedeutung*

Spiel ist eine Form des aktiven Lernens.
*Irenäus Eibl-Eibesfeldt*

## 6.1 Die Universalität des Spiels als Vermittler elementarer Lernprozesse

*Piagets Theorie von der geistigen Entwicklung des Kindes*

Eine gute Ausgangsbasis für das Verständnis der Rolle des Spiels in der Entwicklung bietet die Theorie von *Piaget* (19). Nach dieser vollzieht sich die geistige Entwicklung des Kindes in einer ständigen Wechselwirkung von *Assimilation* und *Akkommodation.* Unter *Assimilation* versteht *Piaget* die Tendenz des Kindes, Gegebenheiten der Umwelt an die bestehende innere Organisation (Strukturstufe) anzupassen oder, anders ausgedrückt, die „subjektive Verwertung" oder „Interpretation" der Umwelt im Sinne der im Verlauf der neurophysiologischen Reifung gerade erreichten Strukturstufe. Unter *Akkomodation* versteht er die Anpassung des Kindes an die objektiven Gegebenheiten der Umwelt und das Lernen an ihnen, erkennbar an Verhaltensänderungen, die durch Beachtung dieser Gegebenheiten zustande kommen. Wir werden sehen, dass bestimmte Formen des Spiels primär als Assimilation, andere primär als Akkommodation verstanden werden müssen.

### *6.1.1 Spiele entsprechen fundamentalen Entwicklungsbedürfnissen*

Ein allgemein anerkanntes Merkmal des Spiels ist seine *Zweckfreiheit,* die es ja von jenen Verhaltensweisen unterscheidet, die man als Arbeit bezeichnet. Diese „Zweckfreiheit" ist jedoch nur eine scheinbare. Von der Entwicklung des Kindes her gesehen ist jede Form des Spiels ein Lernvorgang. Im Unterschied zum schulischen Lernen und vom Lernen an Hand von Lernspielen ist das „freie Spiel" ein akzidenteller, ein unsystematischer, ein *unbewusster Lernvorgang,* determiniert einerseits von den *Bedürfnissen des reifenden Organismus, andererseits von den Angeboten der Umwelt und von den Aufgaben, die diese stellt* – für die Entwicklung von ebenso großer Bedeutung wie das spätere organisierte Lernen in der Schule und dessen wichtigste Voraussetzung.
Wenn man alte Spielsachen betrachtet, etwa im berühmten Spielzeugmuseum in Edinburgh, erkennt man die bei Kindern aller Zeiten und aller Völker *gleichen,* von *der neurophysiologischen Reifung der Bewegung, des Intellekts* und der *Emotionalität diktierten Spielformen: Rassel, Ball, Kreisel, Reifen,*

*Ziehtier, Spieltier, Puppe, Schaukelpferd und Wägelchen* gibt es unter den archäologischen Funden und Überlieferungen der Völker aller Zeiten, und es gibt sie in der ganzen Welt. „Vermutlich entspricht diese Art Spielzeug sehr tief liegenden kindlichen Bedürfnissen, die vom Unterschied der Rassen und vom Zeitgeist nicht berührt werden“ (7). Dabei ist auffallend, dass diese „fundamentalen“ Spiele der frühen Kindheit eine größere Verbreitung haben, sowohl im Längsschnitt durch die Jahrtausende als auch im Querschnitt über die Länder der Welt, als die Spiele der älteren Kinder, die mehr von der Umgebung abhängen – etwa die Ritterfiguren des Mittelalters oder die Spielzeugguillotine der Französischen Revolution (die sich angeblich sogar Goethe für seinen Sohn gewünscht hatte). Je *jünger* das Kind, desto stärker wird sein Verhalten vom *Reifungsgeschehen* bestimmt – je *älter* es wird, desto mehr von *seiner Umwelt.* Daher die Zeit und Raum umfassende Verbreitung der „fundamentalen“ Spiele. Manche der Spielobjekte hatten im Übrigen *auch* kultische Bedeutung. Die Rassel zum Beispiel sollte böse Geister vertreiben, ähnlich wie heute noch unsere Osterknarren.

## 6.2 Die Spiele im Kleinkindalter

Beschäftigen wir uns nun mit den Spielen im Kleinkindalter. Es sind dies:
*Funktions- und Explorationsspiele,*
*konstruktive Spiele,* die sich aus den ersteren entwickeln können, und
*Rollen- oder Illusionsspiele.*

### *6.2.1 Funktions- und Explorationsspiele*

#### 6.2.1.1 Das materialunspezifische Funktionsspiel

Als Funktionsspiele bezeichnet man alle jene Spiele, die das Kind aus Freude an der Bewegung und an den zufällig bewirkten Veränderungen vollführt. Schon im ersten Lebensjahr lösen Funktionsspiele mit dem eigenen Körper die ungesteuerten, ruckartigen Zappelbewegungen des frühen Säuglingsalters ab. Vorerst auf Finger und Hände beschränkt, erstrecken sie sich bald auf den ganzen Körper des Kindes und verhelfen jeder neuen, als *Folge der neuromuskulären Reifung möglich gewordenen Bewegungsform* durch *spielerische Übung und der dadurch erworbenen Bewegungspräzision zur vollen Entfaltung.* Da die Bewegungen des Körpers jedoch nicht „blind“ erfolgen, sondern unter Beachtung und im *Zusammenwirken mit den Sinnesorganen,* dem Auge und dem Ohr – denken wir an das Lallen als sensomotorische Koordinationen (siehe S. 213) –, haben wir es hier schon in gewisser Hinsicht mit *explorativem Verhalten zu tun,* mit einem Erproben, was alles man mit dem eigenen

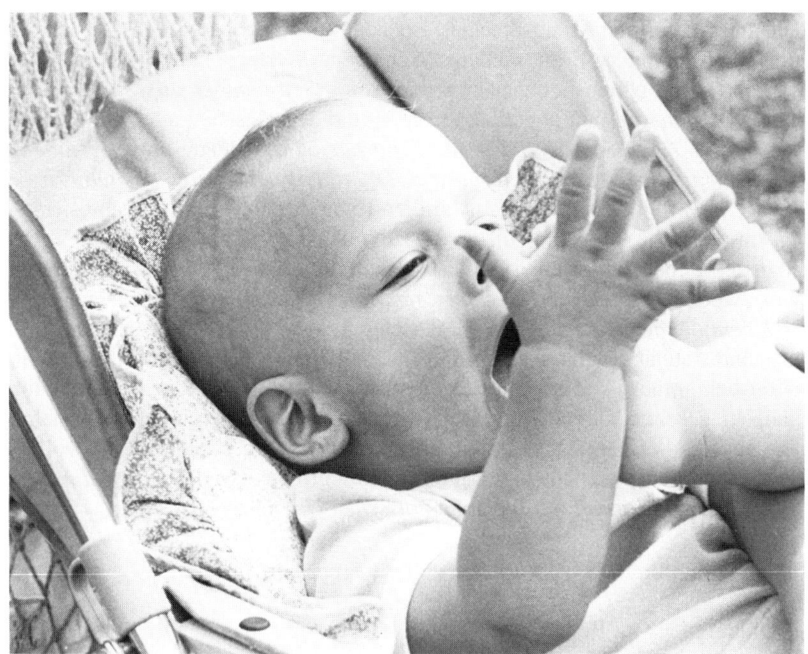

*Abbildung 45*
Fingerspiele – die ersten gesteuerten Bewegungen.

Körper tun kann. Eine besondere Bedeutung kommt dabei den „Fingerspielen“ zu (Abbildung 45). Sie gehören zu den ersten gesteuerten Bewegungen. Etwa im vierten Monat kann man beobachten, dass das Kind seine Fingerchen langsam in Augenhöhe bewegt und diese Bewegungen mit den Augen verfolgt. Wir finden hier die ersten Ansätze der sensomotorischen Koordination, den Anfang allen Handelns überhaupt.

Aus diesen Experimentierbewegungen entwickelt sich das Greifen. Dabei spielt die „ewige“ Klapper eine besondere Rolle, denn ihre Form kommt nicht nur der Greifbewegung entgegen, sie vermittelt auch *akustische* und *optische* Erfahrungen. Das Kind führt allerdings mit einer Uhr, einem Kamm oder einem Baustein die gleichen Bewegungen aus wie mit einer Klapper. Hier haben wir ein gutes Beispiel von Assimilation (19). Die Realität (das Material) wird den Bedürfnissen des Organismus untergeordnet. Geformt wird nicht – wie später – das Material, geformt wird die Bewegung. Das Kind kann sich vorerst noch *nicht an den Objekten orientieren,* die ihm in die Hände fallen, sondern muss *jene Bewegungen mit ihnen ausführen, die die neuromuskuläre Reifung gerade möglich macht* und die jeweils „geübt“ wer-

den müssen: In-den-Mund-Stecken, Betasten, Ergreifen, Klopfen, Schütteln, mit einem Ding auf ein anderes Schlagen, Werfen, Fallenlassen. Aber während es im ersten Lebensjahr primär seine *Bewegungen ausformt,* macht es mit Dingen, die ihm angeboten werden und deren es sich auch bald selbst bemächtigt, erste *sensomotorische Erfahrungen* in Bezug auf *Gestalten, Größen, Farben, Schwere, Geräusche, Oberflächencharakter der Objekte* – genügend Erfahrungen jedenfalls, um am Ende des ersten Lebensjahres erste sensomotorische Intelligenzleistungen zu vollbringen (siehe S. 156).
Im ersten Lebensjahr fließen Explorieren und Funktionsübung zusammen. Ab dem zweiten Lebensjahr *verschiebt sich der Akzent von der Bewegung zur Beobachtung des Objektes.* Das Kind richtet nun seine Neugierde auf die Gegenstände, sucht sie durch *Angreifen zu „begreifen",* hantiert mit ihnen, will herausbekommen, wie sie sind und was man mit ihnen anfangen kann. Im Ganzen gesehen überwiegt jedoch im ersten und zweiten Lebensjahr, während der Ausformung aller Grundbewegungen, die ja erst mit der vollen Beherrschung des Gehens und Laufens abgeschlossen ist, das *materialunspezifische Funktionsspiel* mit seinen *motorischen Übungseffekten.*

#### 6.2.1.2 Funktionsspiele zur Einübung der Körperbeherrschung

Nachdem meist zu Beginn des zweiten Lebensjahres das Laufen erlernt wurde, dauert es noch eine Weile, bis man „fest auf den Beinen steht". Auch hier dienen funktionale Spiele, vom Kind in zahllosen Wiederholungen aus Freude an der Bewegung ausgeführt, der *Ausformung* und *Perfektionierung der Bewegungsabläufe.* Das Kind versucht, beim Gehen etwas zu tragen oder etwas zu ziehen, es übt das Bücken und Aufheben von Dingen ohne hinzufallen, es stößt einen Ball mit dem Fuß, es versucht immer wieder, Treppen zu ersteigen. Die „fundamentalen" Spieldinge: Ball, Ziehtier, Wägelchen werden hier einbezogen.
Die *Bewegungsspiele* erhalten ihren *rein funktionalen Charakter* am längsten. Sie sind noch im siebenten und achten Lebensjahr frei von Leistungsstreben und Aufgabestellung. In Spielen, die ausschließlich von dem noch sehr großen Bewegungsbedürfnis geleitet werden, betätigt sich das Kind mit Ball, Dreirad, Trittroller, Reifen und fahrbarem Spielzeug. Kinder einer ersten oder zweiten Schulstufe, die man „zum Aufwärmen" im Turnsaal sich frei bewegen lässt, kriechen, laufen durcheinander, klettern, springen, schlagen Purzelbäume, drehen sich im Kreis.

#### 6.2.1.3 Das materialspezifische funktionale Spiel

Im zweiten Lebensjahr verschiebt sich der Akzent vom materialunspezifischen funktionalen Spiel zum *Explorationsspiel,* das wir auch *materialspezifisches*

*funktionales Spiel* nennen können. Nun werden die Dinge betrachtet, angegriffen, auseinander genommen, geöffnet und geschlossen, geknittert und zerrissen, kurz auf ihre materialspezifischen Möglichkeiten hin exploriert, auf ihre Eigenschaften untersucht – ein wichtiges Beispiel von Akkommodation (19).
Während beim materialunspezifischen Funktionsspiel vor allem *motorische Übungseffekte* wirksam werden, kommen beim Explorationsspiel *Informationseffekte* zum Tragen (Erfassen und Beobachten von Zusammenhängen, Formunterscheidungen, Umgang mit Mengen, Lagen und Gestalten, Erfahrungen in Bezug auf Beweglichkeit, Zerbrechlichkeit, Gewicht, Plastizität, Genießbarkeit, Zerlegbarkeit, Unterscheiden von Farben, Größen, Längen etc.). Nun wird mit Sand geschaufelt, Behälter werden gefüllt, Bausteine aneinander gereiht oder übereinander getürmt, Plastilin wird geklopft, gewalzt und geknetet, mit dem Bleistift werden Striche und Kreise gezogen, die Löcher der Matadorsteine werden mit Stäbchen vollgesteckt, alles ohne jede Gestaltungsabsicht. Das Kind probiert, was sich machen lässt. *Aber immer noch steht die Tätigkeit selbst im Vordergrund.* Was dabei entsteht, wird noch kaum wahrgenommen und in einem raschen Wechsel von Interesse und Sättigung (Spannung und Lösung) auch immer wieder zerstört.
*Diese materialspezifischen Funktionsspiele schaffen ein „Grundmaterial" an einfachen sensomotorischen Fähigkeiten und Erfahrungen, auf denen sich komplexere, zielgerichtete Verhaltensweisen aufbauen können. Sie leisten einen wesentlichen Beitrag zur kognitiven Entwicklung des Kindes. Ihr spontanes Auftreten sichert ein „vorbewusstes Wissen" über Materialqualitäten und Materialbeziehungen,* das bald in größeren Zusammenhängen sinnvoll eingesetzt werden kann.
Beim funktionalen Spiel haben wir es mit einer *Erbkonstellation* zu tun, mit einem angeborenen Lernverhalten. In ähnlicher Weise wie das Kind spielen auch höhere Tiere. Der Hund apportiert unzählige Male ein Stück Holz. Die Katze spielt mit dem Ball, der Affe beschäftigt sich mit Stöcken. Sie „experimentieren" mit den Umweltdingen und lernen so deren Eigenschaften kennen. Sie sammeln Erfahrungen im Spiel mit ihresgleichen und lernen auch die Möglichkeiten ihres eigenen Bewegungskönnens kennen. „Spiel ist eine Form des aktiven Lernens" (4).

#### 6.2.1.4 Erfassen von Raumbeziehungen durch Explorationsspiele

Eine Form des Explorationsspiels im zweiten Lebensjahr hat große Bedeutung für die Orientierung des Kindes in der Umwelt. In zahllosen Explorationsspielen wird die *Beziehung von Elementen, von denen eines in das andere oder auf das andere passt,* erprobt. Kinder fühlen sich magisch angezogen von Schachtel und Deckel, Knopf und Knopfloch, Schlüssel und Schlüsselloch, Glocke und Klöppel, Stift und Loch einer Scheibe, Kästen und deren Inhalten. Die spontane explorative Beschäftigung mit Schlüsseln, die dann verschwinden, oder mit Schachteln, die geöffnet, ausgeräumt, wieder zugedeckt, aber vorerst nicht wieder eingeräumt werden, erregt häufig den Unwillen der Mütter. Ein Zweijähriger erkennt die Beziehung zwischen einem großen Knopf und einem Knopfloch, zwischen einfachen Formen und den entsprechenden Vertiefungen in einem Formbrett, er türmt Hohlwürfel aufeinander. „Nebeneinander", „Ineinander" und „Aufeinander" sind offenbar ganz elementare Raumbeziehungen, die das Kind durch exploratives Spiel erlernen muss, um sich im Nahraum zurechtzufinden. Mit Hohlwürfeln, Einsetzspielen und Spielen, bei denen Formen auf Stifte gesteckt werden, trägt die Spielzeugindustrie diesem Bedürfnis Rechnung.

### *6.2.2 Das konstruktive Spiel*

#### 6.2.2.1 Die Symbolstufe

Wir sagten schon, dass es sich beim *funktionalen Spiel* um *Erbkoordinationen* handelt. Experimentierspiele mit Material, ähnlich denen des Kindes, finden wir auch im Tierreich – Schimpansen lassen Wasser rinnen, füllen und entleeren Gefäße. In typischer Weise geht das Spiel des Menschen jedoch über das der Tiere hinaus. Eines Tages entdeckt das Kind, dass ein zufälliges Produkt seiner funktionalen Betätigung *Ähnlichkeit* mit einem wirklichen Gegenstand hat. Ein einziges Merkmal, das als Teil für das Ganze steht, genügt für die erste Benennung. Es mag auch sein, dass der Erwachsene auf eine Ähnlichkeit hingewiesen hat, etwa, indem er horizontale Reihen von Bausteinen als Eisenbahn, vertikale Reihen als Turm bezeichnet hat. Auch kommt es vor, dass Kinder Rollenspiel mit funktionalem Spiel kombinieren und dem Zufallsprodukt eine willkürliche Bedeutung verleihen. In dieser Zwischenphase, in der die Aufmerksamkeit nicht mehr nur dem „Tun", sondern auch schon *sporadisch* dem *Produkt* zugewandt wird, können Benennungen von Spielprodukten mitten im Spiel oder am Ende erfolgen – sie können wechseln, sie können tatsächlich Ähnlichkeiten betreffen oder völlig willkürlich erfolgen; es kann auch ein Teil eines Gegenstandes zum Anlass der Benennung des Ganzen genommen werden (ein Dach oder ein Fenster wird Haus genannt, auch der „Kopffüßler" als erste Menschendarstellung ist ein solches „Pars pro toto"). Wir nennen diese Zwischenstufe „Symbolstufe" des konstruktiven Spiels.

#### 6.2.2.2 Das werkschaffende Spiel

Bald verschiebt sich der Akzent der Beachtung jedoch eindeutig vom lustvollen Tun und der Freude an den Zufallsprodukten, die jedoch noch nicht als „Werke" registriert werden, zu den *Ergebnissen der Tätigkeit.* Das Werk hat sich nun von seinem Schöpfer „losgelöst“, es existiert auch im Bewusstsein des Kindes als objektives Gebilde, das unabhängig von ihm dasteht, aber als sein Werk. Nun soll das Werk auch von den Erwachsenen zur Kenntnis genommen, das heißt gelobt und bewundert werden. Die Rückmeldung einer erfolgreichen Schöpfung veranlasst das Kind, besonders dann, wenn auch der Erwachsene das Werk lobend bestätigt, zu immer neuen Produkten, die nun bald *von Vornherein geplant* und in zunehmendem Maße *dem, was sie darstellen sollen, ähnlicher werden.*

*Abbildung 46*
Werkschaffendes Spiel: Mädchen mit Plastilin.

Je einfacher das Material, desto früher kann die Stufe des werkschaffenden Spiels erreicht werden (Abbildung 46). Sie wird von den meisten Kindern etwa im dritten Lebensjahr beim *Sandspiel* (Kuchenbacken), im vierten Lebensjahr beim Spiel mit *Bausteinen* und *Lego,* im fünften Lebensjahr beim Umgang mit *Knetmassen,* im sechsten Lebensjahr, aber auch früher, beim *Zeichnen, Malen, bei Steck- und Mosaikspielen* erreicht.

Schwierigeres, weil Zwischenteile erforderndes technisches Spielzeug wie Matador wird erst im siebenten Lebensjahr „werkreif“. Kinder mit viel Erfahrungsmöglichkeiten können in allen oder mit einzelnen Materialien früher werkreif spielen als Kinder, die wenig Erfahrungsmöglichkeiten hatten oder deren Spielhaltung gestört ist.

Die ersten geplanten Produkte entstehen charakteristischerweise zu jener Zeit, in der das Kind sein „Ich“ entdeckt, seine eigene Person *von der Umwelt abgehoben* hat und *erste willensgemäße Akte, erste Pläne, erste bewusste Zielsetzungen* erkennen lässt (siehe S. 102 f.).

### 6.2.2.3 Die veränderte Spielhaltung

Werkschaffendes Spiel hat drei wesentliche Merkmale:
1. das Produkt wird geplant und daher schon vorher benannt,
2. der Plan wird zu Ende geführt,
3. das Ergebnis ist an einigen charakteristischen Merkmalen als das zu erkennen, was beabsichtigt war.

Damit hat sich auch einiges an der Spielhaltung geändert. Das Spiel hat nun, aus der Sicht des Kindes, einen *Zweck,* der *identisch ist mit dem angestrebten Ziel.* Während das funktionale Spiel jederzeit abgebrochen werden kann, strebt das Kind nun die Vollendung des Werkes an. Es kann die Spannung durch längere Zeit, oft auch über Tage, bis zur Erreichung des selbst gestellten Zieles aufrechterhalten.

Die Ausweitung der werkschaffenden Spielhaltung auf immer mehr Materialien ist ein wesentlicher Faktor in der *Entwicklung der Selbststeuerung.* Verlängerte Spielzeiten bedeuten ja nichts anderes als die *Zunahme der Aufmerksamkeitsspanne, der willkürlichen Ausdauer, der Konzentration.* Die immer deutlicher gesetzten Ziele gehen Hand in Hand mit einem wachsenden Gefühl der Verpflichtung gegenüber *selbst gestellten Aufgaben* („Lass meinen Bahnhof stehen, ich *muss* ihn fertig machen!").

Die Veränderungen der Spielhaltung stehen im Zusammenhang mit den auf Seite 257 beschriebenen zerebralen Reifungsprozessen. Sie werden durch diese ab dem sechsten Lebensjahr erst in vollem Umfang möglich.

*Das Lernen von Problemlösungen,* das wir im Zusammenhang mit der kognitiven Entwicklung (siehe S. 140 f.) beschrieben haben, vollzieht sich, wie unser Beispiel zeigt, ebenfalls im Spiel, und zwar sowohl im materialspezifisch-funktionalen als noch viel häufiger im *werkschaffenden Spiel.*

### 6.2.2.4 Die Bedeutung der eben beschriebenen Spiele für die Entwicklung

*Materialunspezifisches Funktionsspiel:*
Vertrautwerden mit dem eigenen Körper; Ausformung der zur Reifung gelangenden Bewegungen; erste sensomotorische Erfahrungen mit Materialqualitäten.
*Explorationsspiel* (materialspezifisches Funktionsspiel):
Einüben von Fertigkeiten beim Hantieren mit verschiedenen Materialien und Gebrauchsgegenständen; Informationen über Material- und Gegenstandsqualitäten sowie über Verwendungsmöglichkeiten von Materialien und Objekten; Ausformung der Großmuskelbewegungen; Hilfe bei der Bewältigung der Raumbeziehungen; Problemlösungsverhalten.
*Werkschaffendes Spiel:*
Zielgerichtetes Handeln; planmäßiger Gebrauch von Material in sinnvollem

Einsatz; Problemlösungsverhalten; eigene Aufgabenstellung; Entwicklung der Kreativität in der Verwendung von Material; „Qualitätsbewusstsein" und Gefühl der Verpflichtung gegenüber selbst gestellter Aufgabe; Konzentration, Ausdauer, willkürliche Aufmerksamkeit.

### *6.2.3 Das Rollen- oder Illusionsspiel*

#### 6.2.3.1 Der Charakter des Rollenspiels

Das Rollenspiel ist wohl die faszinierendste Verhaltensform des Kleinkindalters, dieser Altersstufe spezifisch zugeordnet und auf keiner anderen wiederholbar. Das Rollenspiel setzt, wie die Sprache, das Verständnis für *Symbole* voraus. Außerdem müssen bereits *Vorstellungen* vorhanden sein. Gegen Ende des zweiten Lebensjahres beobachten wir die ersten *Illusionsspiele,* die darin bestehen, dass bereits erworbene oder beobachtete Verhaltensschemata außerhalb der sonst üblichen Situation, in einer Quasi-Realität reproduziert werden (Rauchen, Zeitunglesen, Schlafen, Essen). Sehr bald tritt das eigentlich *kreative* Element des Illusionsspiels in Erscheinung, die *symbolische Umdeutung von Gegenständen.* Ein Stock wird zum Besen, ein Blatt zum Teller, ein Sessel zur Straßenbahn. Im weiteren Verlauf tritt das *anthropomorphisierende Element* des Illusionsspiels hinzu. Eigenes Verhalten, wie Schlafen, Essen, Spazierengehen, ebenso wie verschiedene Erlebnisse werden nun auf Spieldinge (Puppen, Spieltiere) übertragen. Und schließlich übernimmt das Kind nicht nur die *Rollen* der nächsten Bezugspersonen, sondern auch die von Tieren, Objekten und fremden Personen, vorwiegend von solchen, die eine geschätzte Tätigkeit ausüben. Es ist selbst ein Löwe, ein Hund, ein Auto, eine Straßenbahn, ein Polizist. Es ahmt deren Bewegungen, Tätigkeiten und Geräusche nach.
Das eigentliche Kreative des Rollenspiels liegt in den *Symbolsetzungen,* in den *Rollenzuweisungen,* in der *Kombination der rasch fluktuierenden Handlungsabläufe,* in der Art, wie *Materialien verschiedenster Art zur Repräsentanz von Dingen* verwendet werden.

Fassen wir die Merkmale des Illusions- und Rollenspiels zusammen:
1. Als-ob-Einstellung (Illusion),
2. willkürliche Symbolsetzung oder Umdeutung (Metamorphose der Gegenstände),
3. Verlebendigung von Leblosem (Anthropomorphismus),
4. fiktive Verwandlung der eigenen und anderer Personen (Rollen),
5. Nachahmung von Handlungen und Handlungsabläufen (Abbildung 47).

*Im Rollenspiel reproduziert das Kind Erlebtes durch individuell gestaltete symbolische Darstellung.*

*Abbildung 47*
Ein „Fotoapparat" aus Plastikelementen.

### 6.2.3.2 Rollenspiel und Realitätsbezug

*Es gibt beim Rollenspiel keinen echten Realitätsverlust.* Das Kind weiß immer, dass es nur so tut „als ob". Manche Kinder können die Fiktion sogar formulieren:

*Astrid,* 3; 5, läuft auf einem Spaziergang zu jedem dritten Baum und hebt ihr Beinchen. Auf die erstaunte Frage der Mutter, was sie denn tue, ruft sie, eifrig dem nächsten Ziel zustrebend: „Ich spiel' ‚Als-ob-Hund'!"

Kinder können sogar Angst vor einer Verquickung der Realitätsebenen haben. Hier ein Beispiel:

Ein Dreieinhalbjähriger identifizierte sich mit einem Lastwagenfahrer, der ihn schon mehrmals hatte mitfahren lassen, und spielte den ganzen Tag „Herr Haller". Meist auf irgendeiner erhöhten Stelle sitzend, lenkte er geräuschvoll und unermüdlich einen Lastwagen. Einmal, zur Essenszeit, war er nicht zu bewegen, seinen Fahrersitz zu verlassen. Als die Mutter stärker drängte, versuchte er einen Kompromiss: Er bat sie flüsternd, als dürfte es das Lastauto nicht hören: „Sag ‚Herr Haller' zu mir!" Das war ein akzeptabler Vorschlag. „Bitte, Herr Haller, kommen Sie zu Tisch! Sie werden sich die Hände waschen wollen!" Ohne Widerrede stieg er von der Lehne seines Korbsessels, wusch sich die Hände und setzte sich an den Tisch. Von allen wurde er mit „Herr Haller" angesprochen und genoss dies zunächst. Doch als es nach dem Essen hieß: „Werden Sie jetzt weiterfahren, Herr Haller, oder wollen Sie sich ausruhen?" bekam er plötzlich Angst, dass er der Herr Haller *bleiben müsse.* Die Spielstimmung war verflogen. Er kletterte der Mutter auf den Schoß und erklärte sichtlich beunruhigt: „Jetzt bin ich wieder der Hannes!"

### 6.2.3.3 Die Bedeutung des Rollenspiels

Über die Bedeutung des Rollenspiels gibt es verschiedene Theorien, von denen wahrscheinlich jede *zutrifft,* insofern, als ein so komplexes Verhalten vielerlei Bedürfnisse befriedigt und die verschiedensten Lernmöglichkeiten bietet. *Piaget* (18) sieht im Rollenspiel ein typisches Beispiel der *Assimilation,* die darin besteht, dass das Kind den Zugang zur Umwelt nur auf dem Umweg über eine *„Einpassung" des Erlebten in die eigene Denk- und Erlebnisform findet.* Mit anderen Worten: Das Rollenspiel, *die vom Kind organisierte Umstrukturierung der Wirklichkeit, bildet eine Brücke zu deren Verständnis. Mit Hilfe der ihm adäquaten Mittel der Reproduktion verarbeitet es die Umwelt, macht sich diese verständlich und zu Eigen.*

*Adler* (1) hat, entsprechend seiner Theorie, dass der primäre Beweggrund des menschlichen Handelns das Streben nach Macht und Überlegenheit sei, darauf hingewiesen, dass *das Rollenspiel dem Kind die Möglichkeit bietet, das natürliche Minderwertigkeitsgefühl,* welches zwangsläufig aus der Erkenntnis seiner Kleinheit und Machtlosigkeit entspringt, *zu kompensieren.* Im Rollenspiel könne es sich als uneingeschränkter Herrscher über seine Fantasiegestalten fühlen. Die Tatsache, dass die meisten Personen, mit denen sich Kinder im Rollenspiel identifizieren, aus ihrer Sicht gesehen Macht ausüben und Verfügungsgewalt haben – sei es auch nur über die Markierzange eines Eisenbahnschaffners –, weist in die Richtung dieser Deutung.

Die *Psychoanalyse* schließlich hat sehr eindrucksvoll nachgewiesen, dass Rollenspiele keineswegs nur emotional neutrale Situationen reproduzieren. Es handelt sich vielmehr häufig um *affektgeladene Situationen,* um *Wünsche, Ängste, angstvoll Erlebtes und ängstlich Erwartetes.* Oft übernimmt das Kind die Rolle dessen, vor dem es sich fürchtet: Es spielt den bösen Hund, den Krampus oder den Vater, der es schlägt. Mit Hilfe der Reproduktion oder oft auch der Vorwegnahme von Situationen, die mit negativen Affekten aufgeladen sind, kann das Kind *Spannungen abbauen, Aggressionen abreagieren, unerfüllte oder unerlaubte Wünsche* in konkreter oder in *symbolischer Form realisieren* und auf diese Art sein *seelisches Gleichgewicht stabilisieren,* die *Nachwirkungen angstbesetzter Situationen neutralisieren.* Bei besonders belastenden Erlebnissen besteht ein *Wiederholungszwang.* Das Kind spielt sie so oft, bis es sich von ihnen innerlich befreit hat.

Hier ein Beispiel:

Die kleine *Carola* musste im Alter von zweidreiviertel Jahren eine Nabelbruchoperation über sich ergehen lassen. Am Tag nach der Spitalsentlassung begann folgendes Spiel: Das Puppenbett mit dem Teddybären wurde zur Mutter ins Wohnzimmer gebracht, dazu eine Kinderschere und ein Suppensieb. Letzteres wurde dem Bären über den Kopf gestülpt; dann schnitt ihm die Kleine den Bauch auf. (Die Mutter schaltete sich als „zweiter Herr Doktor" in das Spiel ein und nähte den Schnitt wieder zu.) Dann erhielt der Bär einen großen Verband, wurde zugedeckt und weggetragen. An elf Tagen hintereinander wiederholte das Kind dieses Spiel, immer zur gleichen Tageszeit und immer neben der Mutter. Das „Aufschneiden" und „Zunähen" wurde nur mehr durch Bewegungen angedeutet. Nach elf Tagen war das Spiel vergessen, und viele Angstsymptome, die sich im Anschluss an die Operation gezeigt hatten, schienen überwunden.

*Heckhausen* (9) unterscheidet Spiele zur *Verstärkung und Aufrechterhaltung der Spannung* – etwa das Fangerlspiel, aber auch das Experimentier- und Konstruktionsspiel – und solche zur *Verminderung der Spannung.* Zu diesen gehören jene Rollenspiele, die dem Kind helfen, Spannungszustände zu vermindern oder zu erledigen.
Die Fähigkeit des Kleinkindes, ja sein Bedürfnis, *Ängste, Nöte, Fantasien* und *Wünsche* im Rollenspiel zur *Darstellung* zu bringen, und auch die Möglichkeit, sich auf diese Art von seinen *Nöten zu befreien,* dienen in der *Kinderpsychotherapie* sowohl zur *Diagnose* als auch zur *Behandlung* emotionaler Störungen (siehe dazu: 3, 8, 16, 20, 24).

### 6.2.3.4 Die Beziehungen zwischen Explorationsspiel und Rollenspiel

*Oerter* (15) hat auf die Beziehung zwischen *Explorationsspiel und Rollenspiel* hingewiesen. Man kann immer wieder beobachten, dass neue Gegenstände *zuerst* auf ihre Eigenschaften und ihre *Verwendungs- und Betätigungsmöglichkeiten hin untersucht werden.* Sind diese erschöpft, bieten sich keine neuen Informationen mehr an, dann kann die Spannung vom Gegenstand her nicht mehr aufrechterhalten werden. Das ist der Zeitpunkt, zu dem das Kind selbst für eine neuerliche Hebung des Spannungspotentials sorgt, indem es mit dem nun als solchen uninteressant gewordenen Gegenstand ein *Rollenspiel* beginnt. Als Beispiel mag folgende Beobachtung dienen:

*Alex,* 3;3, nimmt seine Mahlzeiten noch nicht mit den Eltern ein. Einmal kommt er an den Esstisch der Erwachsenen und sieht dort das erste Mal Serviettenringe. Auf seine Frage hin wird ihm erklärt, wozu sie dienen, und es wird ihm auch gezeigt, wie man die Servietten hineinsteckt. Er lässt die Ringe hin- und herrollen, am Tisch, am Boden, entlang den Sessellehnen, und versucht auch, Servietten hineinzustecken. Dann ist das Explorationsspiel zu Ende, denn der Informationsgehalt dieser neuen Objekte ist erschöpft. Nun nimmt Alexander zwei Serviettenringe, lässt sie am Tisch hüpfen und gegeneinander prallen. Auf die Frage, was das sei, sagt er: „Das sind Osterhasen." Die Mutter: „Was machen sie denn?" Alexander: „Sie raufen und beißen sich." Auf die Bemerkung der Mutter, dass Osterhasen nicht raufen, sagt er: „Meine schon!" und lässt seine Osterhasen in unzähligen Wiederholungen, immer auf einer anderen Seite des Tisches hüpfen und kämpfen.

Man kann vielleicht etwas verallgemeinernd sagen: Bei Material, das sich zu vielfältigen Kombinationen eignet, wie Bausteine, Sand, Lego u. Ä., besteht die Wahrscheinlichkeit, dass Explorationsverhalten (materialgerechtes funktionales Spiel) sich zur werkschaffenden Spielhaltung wandelt; bei Material, das keine Gestaltungsmöglichkeit impliziert, geht das Explorationsverhalten mit einer gewissen Wahrscheinlichkeit ins Rollenspiel über.

### 6.2.3.5 Was „leistet“ das Rollenspiel für die Entwicklung des Kindes?

Das Rollen- oder Illusionsspiel ist die charakteristische Form der *Verarbeitung* von Verhaltensmustern der Umwelt in der Strukturstufe des *prälogischen, anthropomorphistischen* Denkens (siehe S. 159, 162). Durch Rollenübernahme, Symbolsetzung, Umdeutung und Verlebendigungen interiorisiert das Kind die Verhaltensmodelle der Umwelt. Dies geschieht auf eine nur auf dieser Strukturstufe mögliche Art – durch *Assimilation.* Aber auch das in diesem Alter durch Ängste verschiedener Art besonders bedrohte emotionale Gleichgewicht erfährt *Entspannungs-* und *Kompensationsmöglichkeiten.* In dem Maße, in dem der Anthropomorphismus abklingt, die willkürlichen Symbolsetzungen durch Realitätszugewandtheit und Entnahmefähigkeit, die Egozentrizität durch zunehmende Orientierung an Partnern verdrängt werden, nimmt auch das Rollenspiel zugunsten anderer Spielformen an Bedeutung ab, um schließlich zu versiegen.

Fassen wir nochmals die *Lern- und Erlebnismöglichkeiten* zusammen, die das Rollenspiel bietet:

*Verarbeitung von Verhaltensmodellen in der Umwelt durch Nachahmung; Entwicklung der Kreativität im Bereich der Symbolsetzungen; Stabilisierung des seelischen Gleichgewichts; Einübung der emotionalen Erlebnisfähigkeit (Abbildung 48).*

*Abbildung 48*
Die Bindung an eine bevorzugte Puppe ist wichtig für die emotionale Entwicklung – daher lieber nicht zu viele!

**Zusammenfassung:**
Wir können sagen: Je jünger das Kind ist, desto enger ist die Beziehung zwischen der neurophysiologischen Reifung und den von ihm spontan geübten Spielen. Dies gilt vor allem für das funktionale Spiel, aber auch für die werkschaffenden Aktivitäten, deren volle Ausformung einen zerebralen Reifungsschritt zur Voraussetzung haben (S. 257). Das Rollenspiel imitiert, symbolisiert und interiorisiert die Verhaltensmuster der Umwelt und hilft dem Kind, sie zu verarbeiten. Die Spiele des Vorschulalters fördern somit die *kognitive, motorische* und *emotionale* Entwicklung und ermöglichen es dem Kind, seine Umwelt in zunehmendem Maße zu bewältigen.
*Die wesentliche Rolle des Spiels für die Entwicklung besteht darin, dass eine Reihe von kognitiven, motorischen, sensomotorischen und sozialen Lernprozessen überhaupt nur über das Spiel vollzogen werden kann.*
Dass dies jedoch nur in einer geeigneten Umwelt geschehen kann, zeigt der pädagogische Teil.

### Pädagogischer Teil

*Das richtige Spielzeug zur richtigen Zeit*

Spielzeug gehört zu den entwicklungsfördernden Reizen des Kindesalters und soll den zur Reifung gelangenden körperlichen, intellektuellen und sozialen Funktionen und Fähigkeiten entsprechende Übungsmöglichkeiten bieten. Nicht alles Spielzeug, das industriell hergestellt wird, ist geeignet, die kindliche Entwicklung in dem eben angeführten Sinne zu fördern. Es müssen daher bei der Wahl des richtigen Spielzeugs einige fundamentale Gesichtspunkte beachtet werden:

1. Jedes Spielzeug muss der Entwicklungsstufe, das heißt dem jeweiligen, aus der altersmäßigen Reifung erwachsenden Betätigungsbedürfnis, angepasst sein.
   Auch pädagogisch richtiges Spielzeug kann wertlos werden, wenn es zu früh oder zu spät geboten wird. Zu früh gebotenes Spielzeug wird in der Regel unspezifisch behandelt oder zerstört. Vorwürfe treffen das Kind zu Unrecht und beeinträchtigen seine Sicherheit im Umgang mit Material. Aber Spielzeug kann auch zu spät gegeben werden. Dies gilt besonders für konstruktives Spielmaterial. Viele Eltern und auch Erzieher sind der Meinung, dass man Bausteine, Matador, Plastilin, Mosaikspiele, Farben und Bastelmaterial erst dann geben soll, wenn etwas „Vernünftiges“ damit geschaffen wird. Sie übersehen die Bedeutung der funktionalen Vorübung, jenes Stadiums, in dem das Kind sich rein experimentierend, ohne Plan und ohne ein vom Standpunkt des Erwachsenen „vernünftiges“, das heißt werkreifes Ergebnis, mit den Möglichkeiten und Eigenschaften des Materials bekannt machen muss. Konstruktives Spielzeug kann dem Kind dann überlassen werden, wenn es sich spezifisch, das heißt der Materialqualität entsprechend, mit ihm betätigt. Vorlagen werden meist bis zum Alter von etwa acht bis neun Jahren gänzlich ignoriert. Das Kind schafft aus der *Vorstellung,* und es soll kein Versuch gemacht werden, es bis zu diesem Alter zum Gebrauch von Vorlagen zu bewegen, da dies das schöpferische Gestalten beeinträchtigt.
2. Spielzeug soll solid sein. Lieber weniger, aber gut gearbeitete Spieldinge, die der Beanspruchung durch das Kind standhalten. Enttäuschungen und Schuldgefühle des Kindes können so vermieden werden.
3. Besonders bei Kindern im ersten und zweiten Lebensjahr ist darauf zu achten, dass das Spielzeug *keine gesundheitlichen Gefahren* birgt. Zu vermeiden ist alles zu Kleine, das in die Nase und den Mund gesteckt werden kann, alles Scharfe und Spitze, auch papierene Bespannungen, die abgenagt werden können.

4. *Nicht alles, was manchem Erwachsenen gefällt, ist für das Kind richtig.* Kinder finden keinen Gefallen an grotesken, falsch dimensionierten Puppen und Tieren. Spielzeug für das Kleinkindalter soll eine gewisse Schematisierung aufweisen. Zu großer Realismus im Hinblick auf Ausgestaltung der Details schränkt den Spielraum der kindlichen Fantasie ein.
5. Jedes Spielzeug soll dem Kind eine *Vielfalt von Betätigungsmöglichkeiten* bieten. Es ist umso geeigneter zur Entfaltung der kindlichen Selbständigkeit, je mehr Möglichkeiten der schöpferischen Gestaltung und Strukturierung es bietet. Daher vermeide man Puppen mit angenähten Kleidern, Tellerchen mit aufgeklebtem Essen, mit allen Details ausgestattete Puppenküchen und Kaufläden. Man vermeide auch Spielzeug, das die Tätigkeit des Kindes zu sehr an Vorlagen und Schablonen bindet und somit die schöpferischen Kräfte beschneidet. Malbücher, Ausnähblätter, Klebebilder, Spritzmalerei mit Hilfe von fertigen Schablonen können viel Freude machen und fördern zweifellos Konzentration und Ausdauer. In der modernen Kindergartenpädagogik geht man heute jedoch immer mehr dazu über, Selbstgezeichnetes bemalen und ausschneiden zu lassen, das Kind dazu anzuregen, nach eigenen Plänen und Ideen zu kleben, auszunähen und dergleichen.
6. *Nicht alles,* was das Kind zum Spielen bekommt, *muss aus dem Laden stammen.* So manche Dinge aus Mutters Nähkorb, wie leere Zwirnspulen, Stoffreste, große Knöpfe, Wolle und Stopfnadeln, technisches Material, wie Taschenlampen, Schachteln, ein alter Hut, ein Schal, ein Stock, ein altes Handtäschchen, manches Küchengerät, Teig und anderes Rohmaterial, bunte Steine, Kastanien und der Sand auf einem Spielplatz, entsprechen den Bedürfnissen des Kindes. Das aus der Umwelt stammende Spielmaterial hat den Vorteil, dass es das Kind in Kontakt bringt mit den wirklichen Bezügen des Alltags und seine Lebenserfahrung erweitert. Das völlige Abgeschnittensein vom wirklichen Leben, wie wir es einerseits in der Anstaltserziehung des befürsorgten Kindes, andererseits in der „Gouvernantenerziehung" materiell bevorzugter Kreise finden können, bedeutet einen wesentlichen Ausfall für die Gesamtentwicklung.
7. *Zu viel Spielzeug* ist immer ein Nachtiel. Das Kind wird abgestumpft gegenüber dem Aufforderungscharakter neuer Spieldinge, seine Konzentration leidet, die Beschäftigung wird sprunghaft, es kommt zu keinem Ausschöpfen der Möglichkeiten, die ein Spielmaterial bietet. Besonders nachteilig wirkt sich jedoch eine Überfülle an Puppen und Spieltieren beim Kleinkind aus, da dadurch die emotionale Bindung an eine Lieblingspuppe oder ein Lieblingstier – oft ein vom Standpunkt des Erwachsenen wenig begehrenswertes, aber vom Kind heiß geliebtes Objekt – verhindert wird, eine Bindung, die für die Gefühlsentwicklung von großer Bedeutung ist. Zu den stummen Gefährten der Kindheit können sich starke emotionale Beziehungen herausbilden. Man liebt sie und lässt sie auch nicht im Stich, wenn sie unansehnlich geworden sind. Diesen Bindungen kann besonders bei einsamen oder Einzelkindern eine wichtige Rolle für die Gefühlsentwicklung zukommen.
8. Nicht nur ein Zuwenig an Spielmöglichkeiten kann sich nachteilig auswirken, sondern auch das *Fehlen von eigenem Spielzeug.* Das bevorzugte Spielzeug bildet in der Phase des anthropomorphistischen Denkens für das Kind offenbar ein Element der Sicherheit, einen ruhenden Pol in der Vielfalt der Erlebnisse und, ähnlich wie der Erwachsene, den man aber nicht immer – besonders nachts nicht – bei sich hat, eine Hilfe bei der Bekämpfung von *Angst.* Daher der Wunsch aller Kleinkinder, eine Puppe oder ein Spieltier mit ins Bett zu nehmen. Der Liebesbezug zu den leblosen Gefährten der frühen Kindheit, der sich jedoch nur dort entwickelt, wo das Kind ein

Spielzeug sein Eigen nennen kann, fördert die Differenzierung des kindlichen Gefühlslebens und dient der Übung der emotionalen Erlebnisfähigkeit. Daher ist es besonders für das Anstaltskind von größter Wichtigkeit, neben kollektivem Spielzeug, das es mit den Kameraden teilen muss, auch eigenes Spielzeug, besonders aber eine Puppe oder ein Spieltier zu besitzen. In der modernen Anstaltserziehung setzt sich dieser Gedanke allmählich durch, und die Puppe darf auch Schlafgenosse sein, was früher aus hygienischen Erwägungen verboten war.

9. Zu viel mechanisches Spielzeug ist nicht wünschenswert, besonders nicht im Kleinkindalter. Beschäftigung mit mechanischem Spielzeug führt zu leicht und zu mühelos zum Erlebnis des „Bewirkens“ und lenkt das Kind von der konstruktiven und schöpferischen Betätigung ab (siehe auch S. 198).
10. Auch fertige Zeichenprodukte, an denen Kinder nur mechanische Tätigkeiten auszuführen haben, wie magische Blätter und Malbücher, können die Kreativität einschränken. Bei Malbüchern kann das Ausmalen insofern eine positive Rolle spielen, als motorische Koordination und Ausdauer gefördert werden. Zur Entfaltung der Aktivität im Zeichnen tragen sie aber nicht bei.
    Magische Blätter fördern die in allen Kindern latent vorhandene Kritzeltendenz, führen zu leichten Erfolgen und lenken vom schöpferischen Zeichnen ab.

*Richtiges Spielzeug für jedes Alter*

Im Folgenden soll das den verschiedenen Altersstufen angemessene Spielzeug zusammengestellt werden, und zwar nach den Kategorien: Funktionsspiel, Rollenspiel, Konstruktionsspiel, Regelspiel (Gruppenspiel) und Bücher.

1. Lebensjahr

Funktionsspiel: Klappern, Gummitiere, Beißringe, Schwimmtiere, Holzwürfel mit eingebauten Glöckchen. Ab dem neunten Monat: Trommel und Schlegel, Schachteln mit Deckeln, Würfelnest. Das Spielzeug dieser Altersstufe soll Farb- und Geräuscheindrücke vermitteln.

2. Lebensjahr

Funktionsspiel: Wägelchen oder Tier zum Ziehen, weicher Stoffball, singender Kreisel.

Rollenspiel: Teddybär oder weiche Puppe, Stofftier.

Konstruktionsspiel: Würfelnest, große Bausteine, russischer Turm.

Bücher: Bilderbuch (unzerreißbar), in dem Einzelgegenstände aus dem kindlichen Alltag dargestellt sind.

3. Lebensjahr

Funktionsspiel: dasselbe wie im zweiten Lebensjahr, dazu größerer Gummiball, Hammerspiele, Schraubspiele, Postingbox; Schaukelpferd oder Schaukelstühlchen.

Rollenspiel: dasselbe wie im zweiten Lebensjahr, dazu einfaches Puppenbett und unzerbrechliche Puppe mit anziehbaren Kleidern, Kochgeschirr, Aufstelldörfer.

Konstruktionsspiel: große Bausteine, Sandformen, Sandkübel und Schaufel.

Bücher: unzerreißbares Bilderbuch, in dem einfache Handlungen aus dem Kinderleben dargestellt sind.

4. und 5. Lebensjahr

Funktionsspiel: Zuordnungs- und Sortierspiele nach Farben, Formen, Größen etc., einfache Zusammensetzspiele; Dreirad, Ball, Schaukel, größerer Wagen oder Schubkarren, Holzeisenbahn.
Im Kindergarten: Klettergeräte.

Rollenspiel: einfaches Küchengerät, Waschgerät, Besengarnitur, Puppenwagen. Im fünften Lebensjahr unzerbrechliche Puppen mit reicherer Kleiderausstattung und echtem Haar. Besser als ein Puppenzimmer ist eine Puppenecke, die durch einen kleinen Wandschirm abgegrenzt ist und etwas größere, solide Puppenmöbel enthält. Schaffner- oder Briefträgerausstattung. Kleidungsstücke zum Verkleidungsspiel. Ein einfaches, aber solides Kasperltheater, mit dem das Kind selbst agieren kann. Besser als der Kaufmannsladen ist die Bereitstellung einiger Körbchen, Reklamepackungen und wirklicher Lebensmittel, aus denen das Kind selbst einen Kaufmannsladen improvisieren kann.

Im Kindergarten: eine Verkleidungskiste.

Konstruktionsspiel: große Bausteine, Lego mit großen Steinen, Holzbaukasten, Matador mit großen Steinen, Ton oder Plastilin, Kinderschere und Buntpapier, Perlenmosaik, Holzperlen zum Auffädeln, Buntstifte, Erdfarben und Borstenpinsel zum Malen auf großen Bogen Packpapier, Kleisterfarben zum Fingermalen, Kreide, Ausnähmaterial. Besser als Ausnähblätter eignet sich ein Stück Kongressstoff in einen schmalen Stickrahmen gespannt, dazu Wollfäden und Stopfnadel.

Gruppenspiel: „Schnipp-Schnapp", Bilderdomino, Farbendomino, Bilderlotto. Diese Spiele können unter Anleitung des Erwachsenen mit nicht mehr als drei oder vier Kindern zu Gruppenspielen verwendet werden, kommen aber auf dieser Altersstufe noch vorteilhafter als Einzelspiele zur Anwendung und gehören somit auch zur Gruppe der Zuordnungsspiele.

Bücher: Bilderbücher mit Darstellungen aus dem Kinder- und Tierleben mit sprachlich einwandfreien Versen. Bücher zum Vorlesen.

6. bis 8. Lebensjahr

Funktionsspiel: wie im vierten und fünften Lebensjahr, dazu noch: Eisenbahn zum Aufziehen; Tretroller, Reifen, Schlitten.

Rollenspiel: wie bisher, dazu eine Sammlung kleiner Häuschen, Bäume, Tiere, menschlicher Figuren, kleiner Fahrzeuge, mit denen Szenen dargestellt werden können; eventuell Tiergarten oder Bauernhof.

Konstruktionsspiel: die gleichen Materialien wie bisher, dazu: richtiges, solides Werkzeug, Weichholz zum Verarbeiten, Matador mit kleinen Steinen und Motor, Mosaikspiele.

Regelspiele: „Schwarzer Peter", Zahlendomino, Wettrennspiele, „Fuchs und Henne".

Bücher: Märchenbücher mit vielen guten Illustrationen, Bücher mit Geschichten aus dem Tier- und Kinderleben. (Siehe dazu: 11,21.)

*Die Rolle des Erwachsenen*

Die Rolle des Erwachsenen im Zusammenhang mit dem Spiel des Kindes ist die der indirekten Förderung:

1. Bereitstellung des geeigneten Spielmaterials – schon zu jenem Zeitpunkt, zu dem das noch funktional spezifische Explorieren des Materials die Basis für spätere werkschaffende Produkte schafft.
2. Vorsorge für genügend *Platz* und für störungsfreie längere *Spielzeiten.*
3. *Lob,* auch schon für die Tätigkeit als solche in der funktional-spezifischen Phase, besonders aber für die *Produkte.* Das Lob wird vom Kind ständig gesucht – es will ja immer zeigen, was es gebaut, geformt, gezeichnet, gemalt hat. Das Lob des Erwachsenen wird als Erfolg registriert und ermutigt das Kind, in der Hoffnung auf neues Lob, zu immer neuen Unternehmungen. Mit jeder durchgeführten Spielidee aber wachsen die Kräfte.

Ungünstig auf die Entwicklung des Spieles wirkt sich aus:

1. *negative Kritik,* mit der ehrgeizige oder perfektionistische Eltern oder Eltern, die den Entwicklungsablauf nicht kennen, die in ihren Augen unvollkommenen Produkte bedenken. Negative Kritik wird als Misserfolg registriert, und bekanntlich sucht man solchen zu vermeiden. Daher hört ein kritisiertes Kind auf zu bauen, zu zeichnen, es fällt oft aus schon erreichter werkschaffender Spielhaltung in infantil funktionales Spiel zurück.
2. Eltern, die kritisieren, zeigen auch gern vor, wie man es besser macht. Grafisch geschickte Eltern zeichnen gern für ihre Kinder, weil es ihnen Freude macht. Kinder schauen ja gern Bilder an und verlangen daher immer wieder eine Zeichnung von der Mutter oder vom Vater. Aber während die Betrachtung von Bilderbüchern kindlichem Zeichnen keinen Abbruch tut, kann das perfekte Produkt der Eltern die Kreativität des Kindes eindämmen. Es fühlt sich nicht in der Lage zu konkurrieren und gibt auf. Wenn man für ein Kind zeichnet, sollte man es auf etwa dem Niveau tun, auf dem das Kind selbst steht. Väter spielen nicht nur gern mit der Eisenbahn, während die Kinder zuschauen müssen, sie tun dies auch mit Lego und Matador, wobei großartige Produkte entstehen, die das Kind seine Unzulänglichkeit empfinden lassen. Manche Kinder lassen sich dadurch zwar nicht beirren. Sie zerstören die väterlichen Erzeugnisse rasch, oft in aggressiver Stimmung, und bauen auf ihre Art weiter. Andere lassen sich jedoch abschrecken und verzichten auf weitere eigene Aktivität.

### *Die Bedeutung der Spielerziehung*

Der Spielerziehung kommen drei Aufgaben zu:

1. Entfaltung und Förderung der Kreativität;
2. Hilfeleistung bei der Entwicklung der Arbeitshaltungen und
3. ganz allgemein die Förderung der Spielfreude, die das Kind zu immer neuem Gestalten und zu neuen Versuchen anregen soll.

Nicht jedes Spielmaterial ist – wie wir gesehen haben – dazu geeignet, Kreativität zu fördern und Arbeitshaltungen zu entwickeln. Das Spielmaterial muss sich zur *Gestaltung* und immer wieder möglichen *Neugestaltung* eignen. Es muss Spielraum für *Umdeutungen* gewähren, für jene Prozesse, die man als „Fantasie" bezeichnet. Daher sind im Bereich des Rollenspiels allzu realistische Gebilde ungeeignet (sprechende, gehende Puppen, perfekte Haushaltsgeräte), denn je realistischer die Gegenstände sind, die dem Kind zum Rollenspiel angeboten werden, desto geringer muss notwendigerweise der Anteil an Kreativität werden, die das Spiel in Gang hält. Zu realistische Details beschneiden die Vorstellungen und die Akte der Symbolsetzung. Daher die Forderung nach einfachem Spielzeug, trotz des Modetrends der Spielzeugindustrie in der Überflussgesellschaft zu möglichst perfektem Spielzeug. Im Bereich des technisch konstruktiven Spieles *lähmt ein Übergewicht an mechanischem Spielzeug,* das man nur aufziehen, beobachten und bestenfalls steuern kann, die *Entwicklung der Arbeitshaltungen.* Solche Spielsachen provozieren zwar das Neugierdeverhalten des Kindes – es möchte wissen, wie sie innen aussehen –, sie verleiten jedoch im Vorschulalter nur zur Zerstörung, ohne dass das Kind die Möglichkeit hätte, sich an ihnen konstruktiv zu betätigen. Die Entfaltung von Arbeitstugenden wird einzig und allein durch *konstruktives Spielmaterial* einfacher Art gefördert, das die Herstellung von verschiedenartigen Gebilden ermöglicht. Eine Spielerziehung zu schöpferischem Tun ist unerlässlich für die Gesamtentwicklung des Kindes.

Nicht nur in der Familie, sondern auch im Kindergarten kann ein stärkeres Ausmaß abwertender Äußerungen der Kindergärtnerinnen die Selbständigkeit der Kinder in der freien Spielsituation und damit wohl auch die Ausbildung ihrer Arbeitstugenden beeinträchtigen.

Literaturverzeichnis


1 *ADLER, A.:* Menschenkenntnis. Fischer Bd. 726. 5. Aufl. 1947.

2 *ANSBACHER, H. L.*, und *ANSBACHER, R. R.* (Hrsg.): Alfred Adlers Individualpsychologie. München–Basel 1972.

3 *AXLINE, V. M.:* Kinder-Spieltherapie in nicht-direkten Verfahren. München–Basel 1972.

4 *EIBL-EIBESFELDT, I.:* Grundriss der vergleichenden Verhaltensforschung. München 1967.

5 *FLITNER, A.* (Hrsg.): Das Kinderspiel. München 1973.

6 *FLITNER, A.:* Spielen–Lernen. Praxis und Deutung des Kinderspiels. München 1977.

7 *FRASER, A.:* Spielzeug. Die Geschichte des Spielzeugs in aller Welt. Oldenburg–Hamburg 1966.

8 *HARDING, G.:* Spieldiagnostik. Das Spiel als diagnostisches Mittel in der Kinderpsychiatrie. Weinheim 1972.

9 *HECKHAUSEN, H.:* Entwurf einer Psychologie des Spielens. Zt. für Psychologische Forschung, Bd. 27, 1964.

10 *HETZER, H.:* Das volkstümliche Kinderspiel. Wien 1927.

11 *HETZER, H.:* Spiel und Spielzeug für jedes Alter. München 1970.

12 *HUIZINGA, J.:* Homo ludens. Vom Ursprung der Kultur im Spiel. Hamburg 1962.

13 *METZGER, J.:* Spielzeug damals, heute, anderswo. Frankfurt–Berlin 1964.

14 *MOOR, P.:* Die Bedeutung des Spiels in der Erziehung. Bern–Stuttgart 1968.

15 *OERTER, R.:* Psychologie des Denkens. Donauwörth 1971.

16 *PELLER, L. E.:* Das Spiel im Zusammenhang der Trieb- und Ichentwicklung, in *BITTNER, G.*, und *SCHMID-CORDS, E.* (Hrsg.): Erziehung in früher Kindheit. München 1973.

17 *PIAGET, J.:* La formation du symbole chez l'enfant. Paris 1945.

18 *PIAGET, J.:* Nachahmung, Spiel und Traum. Stuttgart 1969.
19 *PIAGET, J.:* Der Aufbau der Wirklichkeit beim Kinde. Stuttgart 1974.
20 *RAMBERT, M.:* Das Puppenspiel in der Kinderpsychotherapie, in *BIERMANN, G.* (Hrsg.): Handbuch der Kinderpsychotherapie, Bd. 1. München 1971.
21 *SCHENK-DANZINGER, L.:* Das Spiel des Kindes, in *SCHENK-DANZINGER:* Studien zur Entwicklungspsychologie und zur Praxis der Schul- und Beratungspsychologie. 2. Aufl., München–Wien 1970.
22 *SCHEUERL, H.* (Hrsg.): Theorien des Spiel. Weinheim 1975.
23 *TAUSCH, A., BARTHEL, A., FITTKAU, B.,* und *HÜBSCH, H.:* Variablen und Zusammenhänge der sozialen Interaktion im Kindergarten. Zt. Psychologische Rundschau, Heft 4, 1968.
24 *ZULLIGER, H.:* Heilende Kräfte im kindlichen Spiel. Stuttgart 1967.

# *VII Die Sprache*

Das Kind ist ein Buch, aus dem wir lesen und in das wir schreiben.

*Peter Rosegger*

## 7.1 Die Vorstufen der Sprache

Die Entwicklung der Sprache vollzieht sich auf *zwei Ebenen,* die vorerst mehr oder weniger parallel verlaufen. Auf der *vorsprachlichen Ebene der Kommunikation* bedient sich das Kind derselben Ausdrucksmittel, deren sich auch Tiere bedienen. Es ist der *Schrei,* der ein Bedürfnis oder einen Zustand kundgibt und als *Schlüsselreiz* die entsprechende Reaktion beim Sozialpartner – im Falle des Säuglings bei der Pflegeperson – auslöst. Der Schrei kann auch, intentional gesetzt, ein *Ruf* sein. Schon früh reagiert das Kind mit *Gesten* der *Hinzubewegung* (wozu auch das Zeigen gehört) und der *Abwendung.* In der zweiten Hälfte des ersten Lebensjahres kann man den *mimischen Ausdruck* der Freude, der Angst, des Erstaunens oder der Unsicherheit beobachten. Das Kind reagiert auch auf den Gesichtsausdruck des Partners. Es *lächelt,* es *ahmt ein böses Gesicht nach,* indem es die Stirn runzelt oder sogar zu weinen beginnt. Die Verhaltensforscher sagen uns, dass der Gesichtsausdruck für Freude, Angst, Zorn, Hass, Scham und Aufmerksamkeit bei allen Menschen der Erde gleich ist (6). Der mimische Ausdruck des Kindes, ebenso wie sein bald einsetzendes Verständnis für die Mimik seines Sozialpartners beruhen daher nicht nur auf Erfahrung. Diese Form der Kommunikation ist, ebenso wie das Lächeln, angeboren. Mimischen Ausdruck finden wir auch bei Schimpansen. *Schrei, Ruf* und *Gebärde* sind im Tierreich die wichtigsten instinktgesicherten Verständigungsmittel. Beim Menschen werden sie nach Einsetzen der Wortsprache zu Begleitphänomenen.
*Die Vorstufen der Wortsprache* entwickeln sich *parallel* zur nonverbalen Kommunikation. Die wichtigste ist das *Lallen.* Es handelt sich um eine spielerische Funktionsübung der Sprechmotorik. In *zirkulärer Selbstnachahmung* – das Kind hört seine Laute, wiederholt und variiert sie – kommt bis zum Ende des ersten Lebensjahres ein Bestand an Lauten zustande, der für die Anfänge der Wortsprache ausreicht. Das Lallen beginnt mit kleinen einsilbigen *Gutturallauten,* die anfangs ganz leise murmelnd produziert werden, später an Lautstärke und Intensität gewinnen. Mit etwa sieben Monaten umfasst das Repertoire schon verschiedene klar unterscheidbare Silben, und gleichzeitig kommt es auch zu den Doppelsilben da-da, ga-ga, ma-ma. Manche Mütter

glauben dann, das Kind meine schon sie! Das Baby *reagiert* jedoch auf die Sprache der Mutter mit „seiner Sprache". Es „plaudert", wenn es angesprochen wird, und/oder während es im Blickkontakt mit der Mutter steht. Und schon ab dem sechsten Monat dienen Lautäußerungen auch der *Kontaktanbahnung.* Sie begleiten die Mimik der Freude, der Erwartung, des Wiedererkennens, und sie werden oft von lebhaften Zappelbewegungen oder Gesten des Hinzubewegens begleitet. Die *„vorsprachliche" Aktivität* ist von Kind zu Kind sehr verschieden, hängt sowohl vom Geschlecht – Mädchen sind meist aktiver –, aber auch von der Stimulierung ab. Kinder, zu denen viel gesprochen wird, vokalisieren mehr als Kinder, die wenig Gelegenheit haben, die menschliche Stimme zu hören. Die Aktivität der Lautproduktion im ersten Lebensjahr ist jedoch kein direkter Hinweis auf das Tempo der späteren Sprachentwicklung. Kinder, die wenig vokalisieren, können die Wortsprache früh erwerben und mit großer Intensität verwenden. Kinder, die sehr eifrig „plaudern", sprechen oft später.

*Etwa drei Monate, bevor das Kind selbst zu sprechen beginnt, versteht es Elemente der Wortsprache.* Es reagiert auf einfache Befehle und Verbote, auch wenn man die meist damit verbundenen Gesten weglässt. Das Verständnis entwickelt sich jedoch primär in *Assoziation mit den Gesten.* Auch dass ein Kind manchmal schon mit elf Monaten den Kopf nach dem Ball dreht, wenn man sagt: „Wo ist dein Ball?", beruht wahrscheinlich eher auf der Assoziation eines Lautkomplexes mit einem bestimmten Ball als auf dem Verständnis für eine Benennung, die man auch auf andere Bälle anwenden könnte. Das *Wort* ist in diesem Stadium sozusagen ein *Etikett* des betreffenden Gegenstandes. Aber auch das ist ein Schritt auf dem Weg zur Sprache.

## 7.2 Die Wortsprache

Die *Fähigkeit zum Erfassen von Beziehungen* bildet zusammen mit einem bestimmten *Reifegrad der Sprechmuskulatur* – beides ist mit individuellen Variationen um die Wende des ersten Lebensjahres zu erwarten – die Voraussetzung für das Sprechen der *ersten Wörter.* Das bedeutet, dass nun bestimmten Gegenständen, Tieren, Menschen, Situationen oder Merkmalen *bestimmte Lautkomplexe fix zugeordnet werden.*

In den Anfängen der Sprachentwicklung bieten die Erwachsenen als Benennungen viele tradierte *Lallwörter* an, Zweisilber, die dem Bestand der Lallübungen entnommen sind und dem Kind den Übergang zur konventionellen Wortsprache erleichtern („Papi" für Essen, „Hei-hei" für Schlafen, „Ei-Ei" für Streicheln, „Papa!" für Fortgehen, „Wauwau" für Hund). „Mama" ist ein im indogermanischen Sprachraum verwendetes Wort für Mutter (Mamma –

lateinisch – die weibliche Brust). Solche Lallwörter sind durchaus sinnvoll – es handelt sich dabei nicht um eine verzärtelnde Babysprache –, da sie es dem Kind ermöglichen, die *Nennfunktion* zu üben, noch bevor es in der Lage ist, schwierige Wörter zu artikulieren. Es werden aber von Anfang an auch Wörter der Umgangssprache teils richtig, teils verstümmelt aus der Sprache der Erwachsenen übernommen (etwa „Stuff" für Bleistift, „Kikilade" für Schokolade).

Wenn der Wortbestand sich auch überwiegend durch *Nachahmung* des Gehörten aufbaut, so lassen sich doch von Anfang an auch *schöpferische Leistungen* feststellen. Manche Kinder produzieren ihre eigenen Wörter, an denen sie trotz Verständigungsschwierigkeiten oft eigensinnig festhalten (zum Beispiel aligali – das mache ich selbst). Immer finden wir auf dieser frühen Entwicklungsstufe eine *erstaunliche Abstraktionsfähigkeit* insofern, als Kinder imstande sind, aus den verschiedensten Gegenständen oder Situationen einzelne Merkmale zu abstrahieren und diese *abstrahierten Merkmale zu benennen.* So ist vorerst jedes vierbeinige Tier ein Hund, weil die Bewegung auf vier Beinen als gemeinsames Merkmal der Bewegung als Kriterium für die Benennung abstrahiert wird. Jeder alte Herr ist ein Opa, wobei die weißen Haare das allen alten Herren gemeinsame Merkmal darstellen. Es gibt recht interessante individuelle Leistungen, wie etwa die eines Kindes, das das Merkmal des „Haarig-Stacheligen" abstrahiert hatte und nun Hund, Rasierpinsel und Rauhreif gleichermaßen mit „Wauwau" bezeichnete. Sehr häufig wird die Situation des Verschwindens oder Weggehens mit „Papa!" bezeichnet, gleichgültig, ob es sich um ein Herausgehen aus der Türe, das Verschwinden eines Bonbons in den Mund oder um einen herabgefallenen Gegenstand handelt. *Solche Generalisierungen entstehen als Folge mangelnder Erfahrung.* Sie werden bald durch Differenzierungsprozesse abgelöst. Verschiedene Objekte erhalten nun auf Grund der sie unterscheidenden Merkmale verschiedene Namen.

*Im zweiten Lebensjahr spricht das Kind in Ein-Wort-Sätzen.* Diese Ein-Wort-Sätze – so genannt, weil das einzelne Wort für einen ganzen Satz steht und nicht bloß eine Benennung darstellt – können viele Bedeutungen haben. Am Tonfall und an begleitenden Gesten erkennt man, ob es sich um einen Wunsch, einen Befehl oder eine Frage handelt.

Im zweiten und dritten Lebensjahr verwendet das Kind meist schon zwei und drei Wörter, die jedoch noch unflektiert (agrammatisch) nebeneinander gestellt werden und auch die verschiedensten Bedeutungen haben können.

„Vati Sessi" kann zum Beispiel heißen: „Ist das Vaters Sessel?" oder „Vater, komm, setz dich auf den Sessel!" oder „Ich will auf Vatis Sessel sitzen". Das Erstaunlichste bei diesen agrammatischen Sprachgebilden – „Bubi Buch geben", „Hundi weglaufen" – ist die Verwendung der Nennformen, die das Kind ja kaum jemals hört, denn sie kommen in der Umgangssprache eher sel-

ten vor. Woher hat sie das Kind? Diese Nennformen stehen jedenfalls vorerst für alle Zeiten, für Vergangenes, Gegenwärtiges und zu Erwartendes.
*Erst im vierten Lebensjahr* – bei manchen Kindern schon früher – kommt es im Zusammenhang mit der fortschreitenden Grammatisierung der Sprache zu längeren vollständigen syntaktischen Gebilden.

*Wygotski* (13) unterscheidet zwei Ebenen der Sprache, den *inneren Aspekt* (das, was gemeint ist) und den *äußeren Aspekt* (das, was gesagt wird). Obwohl beide Aspekte eine Einheit bilden, haben sie doch eigene entgegen laufende Bewegungsgesetze. Die äußere Sprache ist gekennzeichnet durch das Fortschreiten vom *Ein-Wort-Satz zum Mehr-Wort-Satz,* von der Einheit zur Vielfalt, vom *Teil zum Ganzen.*
Die *innere Sprache* geht den umgekehrten Weg. Ein Wort hat eine komplexe Bedeutung, etwa „auf" = „ich möchte gerne auf dem Schoß sitzen". Das Kind geht hier vom Ganzen aus und gelangt erst später zu den unterschiedlichen semantischen Teilen, wenn es ihm gelingt, den zuerst undifferenzierten Gedanken in mehreren Worten zum Ausdruck zu bringen. *Die Entwicklung der äußeren Sprache verläuft vom Teil zum Ganzen, die der inneren Sprache vom Ganzen zu den Teilen.* Im Verlauf der Sprachentwicklung kommt es zu einer Annäherung dieser beiden Ebenen. Je vollkommener die Sprache entwickelt ist, desto besser ist die „Deckung", desto besser können wir sagen, was wir denken, weil schon der Gedanke die sprachliche Formulierung „hervorruft". Auch bei vielen erwachsenen Menschen ist diese Deckung noch nicht gegeben, *sie können sich nicht ausdrücken.*

McCall (10) hat den zeitlichen Ablauf in der Entwicklung der *aktiven* wie der *reaktiven* Sprachleistungen grafisch dargestellt (Abbildung 49). Die Länge der Striche deutet die zeitlichen Spielräume an, innerhalb deren die Leistungen normalerweise auftreten.

## 7.3 Der Aufbau des Wortschatzes

Der Wortschatz ebenso wie die grammatischen Formen bauen sich im Wesentlichen durch *Nachahmung* und *Analogiebildungen* auf. Dafür bieten uns die Fehlformen der Wortbildung (wie etwa „Naseputzer" für Taschentuch oder „Beseln und Tucheln" für Kehren und Abstauben) ebenso einen Beweis wie die grammatischen Fehlformen (etwa „gelauft" für gelaufen, „gegangt" für gegangen).
*Im Spracherwerb sind nicht nur die Analogiebildung* und die *Wortschöpfungen* echte *Intelligenzleistungen,* sondern auch das *Erfassen von Bedeutungen.* Das Wort wird ja nicht nur rein akustisch-nachahmend übernommen, es muss auch in seiner *Bedeutung im Zusammenhang des Satzes erfasst werden.* Wie es dazu kommt, dass Wörter in verschiedenen Zusammenhängen jeweils entsprechend verstanden werden, wissen wir nicht. Es gibt darüber nur vage Hypothesen. Die endgültige Anpassung an die Sprache der Erwachsenen vollzieht sich allmählich auf dem Weg über die *sprachliche Konditionierung.*

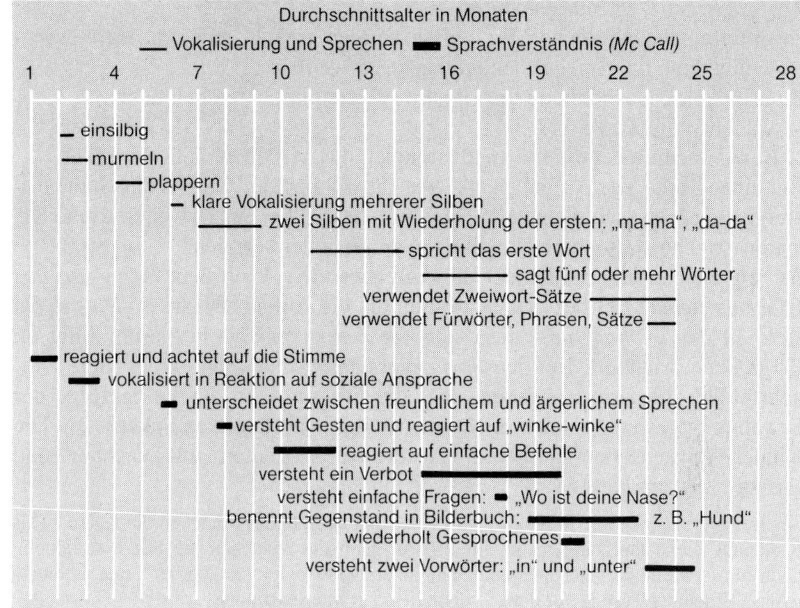


*Abbildung 49*

*Falsches* wird vom Gesprächspartner meist entweder wirklich nicht verstanden oder ignoriert oder *korrigiert,* jedenfalls *nicht* durch eine kommunikationsadäquate Antwort *belohnt,* was als Misserfolg erlebt wird. Auf *richtig Gesprochenes* erfolgt die gesprächsadäquate Reaktion des „Verstandenwerdens“, was als Erfolg erlebt wird. Erfolgreiches Verhalten tendiert jedoch dazu, wiederholt zu werden. So *gehen allmählich die „richtigen“, das heißt die vom Erwachsenen verwendeten Formen in den Sprachschatz des Kindes ein.* Die Konditionierung der Sprache ist allerdings ein komplexer Prozess, dessen Erfolge auch weitgehend von den Steuerungstechniken der Eltern abhängen. (Siehe dazu auch 7.5)

## 7.4 Das Verständnis für zeitliche Funktionswörter

Eine interessante Untersuchung bezieht sich auf das Verständnis für *zeitliche Funktionswörter* (8). Dabei wurden mit 4;0 bis 5;6 Jahre alten Kindern zwei Versuche durchgeführt.

*1. Sprachverständnisaufgaben*

Zwei aufeinander folgende Ereignisse wurden erzählt, mussten *nachgesprochen* und dann mit Spielsachen *nachgespielt werden.*

Zum Beispiel: Nachdem du die Glocke geläutet hast, streichelt das Mädchen die Katze (A).

Bevor der Junge die Tür öffnet, streichelt das Mädchen die Katze (B).

Bei einer Reihe von Aufgaben (A) war das Läuten der Glocke das Standardereignis, auf das sich die zweite Handlung bezog, bei einer zweiten Reihe (B) waren zwei austauschbare Handlungen aufeinander bezogen.

Es zeigte sich, dass die Kinder die Aufgabenreihe A mit dem *Bezug auf das Glockenzeichen* viel besser bewältigten als die Aufgabenreihe B. *Dies deckt sich mit der Beobachtung, dass sich die Zeitperspektive* in diesem Alter *an Fixpunkten* orientiert. Bei den *Sprachverständnisaufgaben* gab es viele Umkehrfehler, die darin bestanden, dass die Ereignisse in der Reihenfolge der Erwähnung gespielt wurden, nicht aber in der beabsichtigten Sukzession. Die Kinder verwechselten nämlich die Ausdrücke: „nachdem“ mit „nachher“ und „bevor“ mit „vorher“.

Als Beispiel: „Bevor der Junge die Tür öffnete, streichelte das Mädchen die Katze.“ Das Kind ließ zuerst den Jungen die Tür öffnen, dann das Mädchen die Katze streicheln, denn für die kleine Versuchsperson bedeutete „bevor“ soviel wie „vorher“, und da musste das Öffnen der Türe ja vor dem Streicheln der Katze stattfinden.

Die wenigsten Umkehrfehler wurden bei der Konjunktion „wenn“, die meisten bei den Konjunktionen „nachdem“ und „bevor“ gemacht, aber sie kamen häufiger bei Reihe B vor als bei Reihe A (Glockenzeichen als Fixpunkt). Beim Verständnis der Sätze mit den Adverbien „vorher/nachher“ traten nicht die gleichen Schwierigkeiten auf wie bei den Konjunktionen, was wohl auch an der Satzkonstruktion lag. Bei Adverbien handelt es sich ja um zwei Hauptsätze, bei den Konjunktionen um Hauptsatz-/Nebensatzkonstruktionen. Nebensätze treten aber in der Spontansprache des Vorschulkindes kaum auf, sie werden auch nur zum Teil verstanden.

*2. Sprachproduktionsaufgaben*

Hier wurde den Kindern viermal eine aus zwei Ereignissen bestehende Handlungssequenz *vorgespielt,* die die Kinder anschließend beschreiben sollten. Auch hier gab es Handlungssequenzen mit dem Standardereignis „Glocke“ und solche ohne Standardereignis.

Kein einziges Mal verwendeten die Kinder in den Nacherzählungen „vor/nach“, „vorher/nachher“, „bevor/danach“. Sie benutzten Ausdrücke wie *„und dann“, „erst“* und *„danach“*. Der stereotype Gebrauch von „und dann“ zu Beginn aller Sätze, die eine zeitliche Abfolge von Ereignissen darstellen sollen, macht noch den Lehrern der ersten beiden Grundschulklassen zu

schaffen. Im Anschluss an die Spontanerzählungen wurden ergänzende Fragen gestellt. In den Antworten auf Wann-Fragen tauchten niemals ein „bevor" oder ein „nachdem" auf, wohl aber die Präpositionen „vor/nach" und die Adverbien „vorher/nachher".
Die Entwicklung verläuft vom Verständnis der *Präposition* (vor, nach) zum *Adverb* (vorher, nachher) und erst zuletzt zur *Konjunktion* (bevor, nachdem), die erst in der späteren Kindheit spontan verwendet und erst kurze Zeit früher richtig verstanden wird.
Interessant war, dass „Wenn-Sätze", die ja Gleichzeitigkeit und Vorzeitigkeit bedeuten können, *aus der Zeitform* verstanden wurden. Zum Beispiel:
„Iss den Apfel, wenn du im Kindergarten bist."
„Wirf die Schalen weg, wenn du den Apfel gegessen hast."

## 7.5 Gezielte Sprachförderung

*Cazden* (1) konnte feststellen, dass die häufigste Form der Sprachkorrektur des sogenannten Telegrammstils (der agrammatischen Sprache von Vorschulkindern) in der *Erweiterung* besteht. Wenn das Kind sagt: „Mammi essen", vervollständigt die Mutter den Satz, indem sie sagt: „Mammi isst zu Mittag". Wenn das Kind sagt: „Hund bellen", sagt die Mutter: „Der Hund bellt".
Die eben erwähnte Art der Konditionierung scheint zwar die häufigste, aber nicht unbedingt die beste zu sein.

Ein Versuch zur Sprachförderung, der mit zwölf Negerkindern im Alter von achtundzwanzig bis achtunddreißig Monaten in einer Tagesheimstätte durchgeführt wurde, in der die sprachlichen Anregungen sehr gering waren, weil das Verhältnis von Kindern zu Erwachsenen 30:1 betrug, brachte ein wichtiges Ergebnis. *Nicht die Erweiterung ist die beste Form der Sprachförderung, sondern das Eingehen auf ein Gespräch.*
Bei diesem Experiment wurden die Kinder in drei Gruppen zu je vier Kindern aufgeteilt. In einer Gruppe wurden agrammatische Sätze erweitert, in der anderen Gruppe wurde das Gespräch in gut formulierten Sätzen weitergeführt, *ohne* dass man die falschen Sätze der Kinder korrigierte. Wenn das Kind zum Beispiel bei Betrachtung eines Bildes sagte: „Hund bellen", wurde dieser Satz nicht erweitert zu: „Der Hund bellt", sondern man sagte: „Ja, der Hund bellt, weil er böse ist auf die Katze" oder: „Ja, aber er wird nicht beißen". Die Kontrollgruppe erhielt keine sprachliche Förderung.

Als Ergebnis konnte festgestellt werden, dass *Gespräch und Erörterung* die Entwicklung der Grammatik mehr fördern als bloße Erweiterung der Sätze. Von größerer Wirksamkeit als die direkte Korrektur der Grammatik ist somit die *verbale Stimulation,* die *Kommunikation,* die *Vermittlung von Gedanken und Bedeutungen,* die *Erörterung von Tatbeständen.* Es ist offensichtlich wichtiger, auf den Gedanken des Kindes einzugehen als seine Grammatik zu verbessern. *Reichtum an verbaler Stimulation* aktiviert die sprachliche Lernfähigkeit mehr als unmittelbare Verbesserung.

Wir haben in Kapitel V gezeigt, dass die Einführung von *Bezeichnungen* schon sehr jungen Kindern zu einer wesentlichen Verbesserung ihrer *Wahrnehmungs- und Differenzierungsleistungen* verhalf, und wir sagten auch, dass sensorische und sensomotorische Erfahrungen hinsichtlich der Merkmale von Gegenständen nur dann *zum geistigen Besitz werden,* wenn sie nicht nur wahrgenommen, sondern auch *benannt* werden können. Nur durch *Bezeichnung* werden sensomotorische Erfahrungen über den relativ engen Bereich der nicht sprachlichen Intelligenzleistungen hinaus verfügbar. Dasselbe gilt auch für die Bezeichnung der *räumlichen Beziehungen* von Personen und Objekten zueinander.

*Ljublinskaya* (9) berichtet über einen Versuch mit Vorschulkindern, der das Ziel hatte, Bildbeschreibungen der kleinen Versuchspersonen – Zahl und Alter ist in der Übersetzung leider nicht angegeben – zu verbessern.

Im Vorversuch mussten die Kinder vier Bilder beschreiben. Dabei zeigte sich, dass die Beschreibungen sich auf die Aufzählung der Gegenstände und auf die subjektive Deutung von Beziehungen beschränkten. Es wurden daraufhin eine Versuchsgruppe und eine Kontrollgruppe gebildet. Letztere blieb ohne Unterweisung. Die erstere wurde durch didaktische Spiele auf den richtigen Gebrauch von Präpositionen und Adverbien (an, in, unter, über, neben, hinter, bei, daneben etc.) hingewiesen. Bei diesen Spielen waren konkrete Objekte in verschiedene Beziehungen zueinander zu bringen („Lege den Ball hinter die Schachtel, neben die Schachtel, in die Schachtel, auf die Schachtel" etc.), und die Beziehung musste richtig formuliert werden („Der Ball in der Schachtel").

Nach Ende des Versuches wurden den Kindern dieselben Bilder zur Beschreibung vorgelegt.

Tabelle 8 zeigt die Zahl der verwendeten Präpositionen von Versuchs- und Kontrollgruppe vor und nach dem Versuch bei allen vier Bildern.

*Tabelle 8*

Gebrauch von Präpositionen bei allen vier Bildern vor und nach den Lernspielen (*Ljublinskaya,* 9).

| Versuchsgruppe | | Kontrollgruppe | |
|---|---|---|---|
| vorher | nachher | vorher | nachher |
| 379 | 564 | 336 | 322 |

Wir sehen bei der Versuchsgruppe einen beachtlichen Anstieg in der Zahl der gebrauchten Präpositionen, während die Kontrollgruppe, die keine Übungen gemacht hatte, nicht nur keine Fortschritte machte, sondern merkwürdigerweise eine Tendenz zur Verschlechterung der Leistung zeigte, wenn die Unterschiede auch noch im Zufallsbereich liegen.

Ein interessantes Nebenereignis dieses Trainingsversuches war, dass die *allgemeine sprachliche Aktivität der Kinder stark gesteigert wurde.* Sie verwendeten nach Abschluss der Übungen viel kompliziertere Sätze, und obwohl die Übun-

gen nur zwei sprachliche Kategorien betroffen hatte, aktivierten sie die Kinder zum Gebrauch einer Vielzahl neuer Wörter. Auch die Qualität der Bilderbeschreibungen hatte sich gebessert. *Statt die Gegenstände nur aufzuzählen, erkannten die Kindern nun auch Beziehungen zwischen den Bildelementen, und die Beschreibungen waren nicht mehr fantastisch, sondern richtig.*
*Es scheint, als ob gezielte Sprachförderung jeglicher Art, die sich nicht auf bloßes Korrigieren beschränkt, die sprachliche Aktivität ganz allgemein fördert.*
*Ljublinskaya* bemerkt abschließend zu ihrem Bericht, dass die Beherrschung von Wörtern, die unterschiedliche Beziehungen zwischen Objekten signalisieren, besonders wichtig sei, denn nur durch sie kann die Beziehung zwischen *Wahrnehmungswissen,* also der *sensomotorischen Erfahrung,* und dem *Denken* hergestellt werden.

## 7.6 Das Fragealter

Im dritten und vierten Lebensjahr verlagert sich das Neugierdeverhalten von der sensomotorischen Bewältigung – vom „Begreifen durch Begreifen" – auf die *geistige Bewältigung mit Hilfe der Sprache.* Das hantierende Betrachten der Dinge wird durch die Sprache ersetzt, die handgreifliche durch die sprachliche Erkundung der Welt. Wir unterscheiden dabei zwei Perioden: eine erste, in der das Kind nach dem *Namen* fragt – „Was ist das?" –, und die zweite, etwa ein Jahr später, wenn es „Warum denn?" fragt und mit dieser Frage den *Zweck* der Dinge ergründen möchte.
Die spontan gesteigerte sprachliche Aktivität des Kindes im Fragealter hat drei Funktionen:
1. Kontaktherstellung,
2. Wortschatzerweiterung und Begriffsbildung und
3. Informationsgewinn über den Zweck von Dingen und Handlungen.
Die Art, wie sich Erwachsene mit dem Fragen der Kinder auseinandersetzen, ist schichtenspezifisch sehr verschieden, und manche einfache Eltern erweisen sich dieser Situation oft als nicht gewachsen. Die Kinder werden zum Fragen nicht ermutigt, sondern oft abgewiesen, ihre Fragen werden gedankenlos beantwortet. Auf diese Art lernt das Kind, auf Fragen zu verzichten, es lernt, neben Dingen zu leben, deren Namen und Zweck es nicht kennt und die daher nicht in seine Begriffswelt eingehen können. Hier einige Beispiele von Fragenbeantwortungen durch Mütter:

Ein Kleinkind sitzt auf dem Schoß der Mutter in der Eisenbahn. Der Zug nähert sich einem Tunnel und pfeift. Das Kind fragt: „Warum pfeift der Zug?" Keine Antwort. Die Frage wird mehrmals gestellt. Endlich löst sich die Mutter von ihrer Illustrierten und sagt gedankenverloren: „Warum soll er denn nicht pfeifen?"
Ein Kind in der Straßenbahn. Der Zug hält vor einem roten Licht. Das Kind: „Warum fahrn ma nicht?" Keine Antwort. „Mutti, warum fahrn ma nicht?" Da setzt sich der Zug in Bewegung, und die Mutter sagt: „Siehgst das, jetzt fahrn ma!"

Zwei Kinder werden vom Kindergarten abgeholt und warten nun mit der Mutter auf die Straßenbahn. Das ältere hat ein offenbar den ganzen Tag lang aufgestautes Mitteilungsbedürfnis und erzählt seine Erlebnisse. Die Mutter antwortet nicht. Immer wieder wandert das Kind einige Schritte weg, kommt zurück, redet, fragt, zieht sie am Ärmel und möchte ein Zeichen ihrer Aufmerksamkeit. Aber als sie endlich reagiert, sagt sie nur: „Bitt' dich, halt den Mund!“

Es gibt fünf spezielle Gründe, weshalb Fragen nicht in pädagogisch richtiger Weise beantwortet werden:

1. Die Fragen sind lästig. Die Mutter hat andere Sorgen, andere Gedanken, will nicht gestört werden, siehe das letzte Beispiel.
2. Die Mutter ist sich der Bedeutung der kindlichen Fragen nicht bewusst. Sie weiß nichts von deren Sinn im Rahmen der geistigen Entwicklung. Sie ist durchaus wohlwollend, aber sie gibt sich keine Mühe, weil sie den Sinn der sprachlichen Aktivität des Kindes gar nicht wahrnimmt. Dies war wahrscheinlich bei Beispiel 1 und 2 der Fall.
3. Eine grundsätzlich repressive Einstellung dem Kind gegenüber. „Kinder haben nichts zu reden, Kinder sollen nur reden, wenn sie gefragt werden.“
4. Angst vor der Kinderfrage, teils wegen der damit verbundenen Belästigung – wenn man einmal anfängt zu antworten, nimmt es kein Ende –, teils wegen einer möglichen Blamage, wenn man die richtige Antwort nicht weiß.
5. Weil manche Frage wirklich beim besten Willen nicht zu beantworten ist.

Hier ein Beispiel:

*Alexander,* 3;6, beobachtet, wie sich ein Besuch Milch in den Tee schüttet. Er sagt: „Warum nimmst du Milch?“ „Weil es mir schmeckt.“ „Warum denn?“ „Weil es gut ist.“ „Warum denn?“ „Manche Leute nehmen Milch in den Tee, andere nehmen nur Zucker, andere Zitrone und Zucker, jeder nimmt sich, was ihm schmeckt, und ich nehme mir Milch.“ „Warum denn?“...

*Piaget* (12) weist darauf hin, dass die meisten Warum-Fragen ein Zwischending zwischen einer Frage nach dem Zweck und einer Frage nach dem Grund sind. Im Hintergrund dieser Fragen steht der *Finalismus,* die Annahme, dass alle Dinge einen Zweck haben müssen. Piaget zitiert als Beispiel die Frage eines Kindes: „Warum reicht der Genfer See nicht bis nach Bern?“ Erwachsene wussten auf diese Frage keine Antwort, Kinder schon. Eines sagte: „Weil jede Stadt ihren eigenen See haben muss.“

Fragen haben nicht nur *Informationsgewinn* zum Ziel, sondern dienen, wie schon gesagt, der *Kontaktsicherung.* Kinder, die sehr unsicher in ihrer Beziehung zu den Eltern sind, die sich abgelehnt, abgeschoben, „im Wege stehend“ fühlen, fragen besonders viel und wiederholen, weil ihnen neue Fragen nicht so schnell einfallen, bereits gestellte Fragen immer wieder. Ihr Fragen wirkt zwanghaft. Sie müssen immer wieder Fragen stellen, weil sie glauben, den verwehrten Kontakt erzwingen zu können – wie wenn sie noch nicht daran glauben könnten, dass man sie ablehnt. Damit geraten sie jedoch in einen

Teufelskreis. Der sie ablehnende Erwachsene fühlt sich belästigt und lehnt sie daher umso intensiver ab. Die häufige Wiederholung derselben Fragen wird als „Dummheit“ interpretiert. „Wie oft habe ich das schon gesagt, und du kannst dir nichts merken!“ Diese „Dummheit“ dient dem Ablehnenden aber auch als Rechtfertigung, als Alibi für seine Ablehnung.
*Bruner* (5) meinte, dass die „Warum-Frage“ in unserer technisierten Gesellschaft immer wichtiger wird, weil es Kindern immer weniger möglich ist, durch eigene Teilnahme Handlungszusammenhänge zu beobachten und zu erfassen. Dies war in der vorindustriellen Gesellschaft, im bäuerlichen und gewerblichen Milieu der Fall. Wir dürfen allerdings nicht vergessen, dass das Kleinkind Erklärungen, besonders solche, die sich auf unsere „Knopfdruckkultur“ beziehen, in der man Effekte erzielen kann, ohne dass deren unmittelbare Verursachungen sichtbar werden, auf seine besondere Art „assimiliert“. Kräfte, die das Auto oder die Waschmaschine in Bewegung setzen, sind *magische* Kräfte, die arbeiten, weil sie arbeiten wollen. Und der Mensch, der sie abstellt, ist mächtiger als sie, er kann ihnen befehlen. Erst mit dem Abklingen des magisch-anthropomorphistischen Weltbildes können unsere Erklärungen unschwer in das realistische Weltbild eingeordnet werden. Das heißt aber nicht, dass man dem Kleinkind richtige Erklärungen in entsprechend einfacher Formulierung vorenthalten soll.
Hier ein Beispiel:

Eine Fünfjährige fragte: „Warum ist der Himmel blau?“ Eine Tante: „Weil die Luft immer dünner wird. Wenn man von unten hinaufschaut, erscheint diese dünne Luft blau. Ganz oben ist die Luft so dünn, dass man nicht mehr atmen kann. Flugzeuge, die ganz hoch fliegen, müssen sich die Luft von der Erde mitnehmen, damit die Leute atmen können!“ Das Kind, zögernd und mit dem Ausdruck höchster Besorgnis: „Aber wie fliegt denn dann das Christkinderl?“ Die Tante geriet in große Verlegenheit. Die anwesende Mutter, vor die Wahl gestellt, dem Christkind weitere magische Fähigkeiten zuzuschreiben oder das Kind über dessen Symbolcharakter aufzuklären, entschied sich für Letzteres.

## 7.7 Die Begriffsbildung

Die ersten Worte, die das Kind verwendet, sind *Individualbegriffe.* Sie bezeichnen nur einen einzelnen, dem Kind bekannten Gegenstand. So wird es „Tasse“ eben jene Tasse nennen, die es selbst täglich verwendet, aber es wird nicht wissen, dass ein etwas anders gefärbter und vielleicht etwas anders geformter Gegenstand ebenfalls als Tasse bezeichnet wird.

*Die Namen sind für das Kind vorerst Bestandteile des Gegenstandes.* Kuh heißt Kuh, weil sie Hörner hat, ein Kalb heißt Kalb, weil die Hörner noch klein sind, ein Hund heißt Hund, weil er klein ist und keine Hörner hat. Eine Kuh könnte man nicht Tinte nennen, weil die Tinte schwarz ist. Wir wissen eigentlich nicht, wann ein Kind aufhört zu glauben, dass ein Auto Auto heißt, weil es fahren kann.

Sicher aber werden früher oder später im Laufe des Vorschulalters mit zunehmender Erfahrung aus den Individualbegriffen die *Gattungsbegriffe.* Das Kind lernt viele Gegenstände kennen, die mit demselben Namen bezeichnet werden, sodass es allmählich dazu gelangt, diese *gemeinsamen Merkmale* (die primären Merkmale) zu abstrahieren und von den *akzidentellen** (sekundären) Merkmalen zu unterscheiden. Mit der Zeit kann es alle Gegenstände, die eine Platte und Beine haben und die man dazu verwendet, um irgendetwas daraufzustellen (primäre Merkmale), als Tisch bezeichnen, unabhängig davon, ob der Tisch nun aus Holz oder Plastik, ob die Platte aus Glas oder aus Stein ist (sekundäre Merkmale). Es lernt einen dreidimensionalen Gegenstand mit gleich langen Kanten als Würfel zu benennen, gleichgültig, ob dieser aus Holz, Plastik oder Glas, ob er groß, klein, grün oder rot ist.
Dass solche Gattungsbegriffe verwendet werden und das Kind auch bei neu auftauchenden Objekten diese einer Klasse zuordnen kann, bedeutet noch nicht, dass es angeben könnte, welches die primären Merkmale sind, die eine solche Zuordnung erfordern. Manchmal allerdings offenbart sich das *Erlebnis einer Begriffsbildung:*

So etwa bei einem Fünfjährigen, der ganz aufgeregt auf seinem Dreirad angefahren kam und ausrief: „Nicht wahr Mutti, *jedes* Dreirad hat drei Räder." Das war der Augenblick, in dem sich der Individualbegriff „sein Dreirad" zum Gattungsbegriff gewandelt hatte, dadurch, dass er das primäre Merkmal der Dreirädrigkeit, das allen Dreirädern gemeinsam ist, ganz gleich, ob diese groß oder klein, rot oder blau waren, abstrahieren konnte. Dasselbe Kind bemerkte einige Tage später: „Nicht wahr, heute ist überall Sonntag, nicht nur bei uns, auch bei der Tante Hilde und beim Onkel Rudi, bei der Frau Schrempf, da bleiben alle Leute von der Arbeit zu Hause – und gehen sie auch alle in die Kirche?" Der Individualbegriff „seines Sonntags" hatte sich zum Erlebnis des Gattungsbegriffes erweitert, mit dem gemeinsamen Merkmal aller Sonntage, der Arbeitsruhe. – Ob ein weiteres Merkmal, nämlich der Kirchgang, zu den primären oder zu den sekundären Merkmalen dieses Begriffes gehörte, wollte das Kind mit seiner Frage abklären.

Wir müssen annehmen, dass der Übergang von Individualbegriffen zu Gattungsbegriffen zwischen dem fünften und dem sechsten Jahr stattfindet. Je *vielfältiger die Erfahrung des Kindes,* je mehr Objekte einer Klasse es beobachten kann, *desto früher werden Individualbegriffe von Klassen- oder Gattungsbegriffen abgelöst* und desto größer ist deren Anzahl. Jedenfalls können Sechsjährige unter fünf vorgegebenen Merkmalen eines Baumes: Stamm, Blätter, Wurzel, Äste, Früchte, jenen nennen, die „jeder Baum hat" (primäre Merkmale der Gattung Baum), und sie von jenen unterscheiden, die „ein Baum manchmal hat" (den sekundären Merkmalen) (ein Item aus dem Bildertest – BT – für das erste und zweite Schuljahr).
*Bruner* (5) meinte, dass die Unfähigkeit des Kleinkindes, Gattungsbegriffe zu bilden, nichts zu tun hat mit dessen Fähigkeit zur Abstraktion. *Abstraktions-*

* Akzidentiell = zufällig, unwesentlich.

*fähigkeit* besteht ja, wie wir festgestellt haben, *schon sehr früh.* Es handelt sich vielmehr um ein *Verhaftetsein in den Anschauungsbildern der Einzelobjekte,* in *der unmittelbaren Wahrnehmung,* das ja auch das Erfassen der Mengenkonstanz verhindert. Erst wenn die totale Fixierung an die Wahrnehmung überwunden wird, gelingt – wahrscheinlich zwischen dem fünften und dem siebenten Jahr – *die Abstraktion der Vorstellungsbilder zu Gattungsbegriffen.*
Wir haben es mit *drei Stufen der Begriffsbildung* zu tun, die im Zusammenhang stehen, sowohl mit der *Erfahrung* als auch mit dem *Denkprinzip:*

1. Zu Beginn der Sprachentwicklung finden wir bei sehr geringer Objekterfahrung eine *übergreifende Generalisierung von Merkmalen* (siehe S. 215).
2. Mit zunehmender Objekterfahrung kommt es zur *Differenzierung der Merkmals- und Individualbegriffe,* bei prälogischer Fixierung an die konkrete Wahrnehmung, was die Wortschatzentwicklung begünstigt.
3. Auf gleicher oder sich langsam erweiternder Erfahrungsbasis, aber mit *Überwindung der prälogischen Denkstufe,* kommt es neuerlich zur *Generalisierung,* und zwar der Einzelbegriffe zu Gattungsbegriffen, und damit zu einer ersten *Ablösung des Denkens von den konkreten Sachvorstellungen.*

*Der Weg der Begriffsbildung geht somit von der Generalisierung zur Differenzierung und wieder zur Generalisierung.*
Was das *Ordnen von Begriffen* betrifft, so finden wir im Vorschulalter vorwiegend das sogenannte *relationale* Zusammenordnen von Objekten nach jenen Lebensbereichen,* in denen das Kind mit ihnen in Berührung gekommen ist. So werden Stuhl, Tisch, Lampe, Vase und Bild dem Zimmer zugeordnet, während Nahrungsmittel, Töpfe, Messer, Gabeln der Küche zugehören. Das *Ordnen nach Oberbegriffen* gelingt erst Achtjährigen. Für sie sind Apfel, Birne und Banane „Obst", Messer, Gabel und Löffel „Besteck", Teller und Schüssel „Geschirr".
Einzelne sehr häufig gebrauchte Oberbegriffe versteht auch das Kleinkind, etwa wenn man sagt: „Hilf mir das Geschirr aus der Spülmaschine räumen!" oder „Kannst du mir die Wäsche bringen, die am Tisch liegt?". Viele Oberbegriffe gehören schon lange zum passiven Wortschatz, bevor sie benützt werden können, und manche werden auch früher benützt, als das Kind angeben könnte, welche Gegenstände ihnen subsummiert werden.

## 7.8 Sprache und Milieu

Die Erkenntnis, dass das Sprachniveau eines Kindes vom Sprachvorbild der Umwelt abhängig ist, hat H. *Hetzer* (7) schon in den Zwanzigerjahren festgestellt, als sie Sprachbeginn, Wortschatz und Satzlängen von „gepflegten" und „ungepflegten" Kindern verglich. Die außerordentliche Verzögerung der Sprach-

---

* Relational = in Beziehung stehend.

entwicklung bei Anstaltskindern wurde ebenfalls schon zu dieser Zeit von dem Arbeitskreis um Charlotte *Bühler* und H. *Hetzer* erkannt und durch die Erhebungen von *Bowlby* aus dem Jahre 1952 (4) bestätigt.
Untersuchungen in Amerika und im deutschen Sprachraum haben gezeigt, dass Kinder der Grundschicht in *allen Bereichen* – angefangen von der *Artikulation der Lall-Laute,* die gegen Ende des ersten Lebensjahres von der Deutlichkeit der Erwachsenensprache mit beeinflusst werden, über *Wortschatz, grammatische Richtigkeit, Länge und Vollständigkeit der Sätze* bis zur *Syntax* – hinter den Mittel- und Oberschichtkindern zurückbleiben. Bei Testuntersuchungen schneiden Grundschichtkinder bei verbalen Aufgaben schlechter ab als bei nicht verbalen. Hier entwickelt sich schon früh eine echte Bildungsbarriere für das Unterschichtkind, dem die von der Schule angestrebte Schriftsprache schwerer zugänglich ist, während das Kind der Mittel- und Oberschicht schon bei Schuleintritt über diese Sprachform verfügt.
Die *ungeheuren Lernmöglichkeiten im Bereich der Sprache,* die ja einen Schwerpunkt der kindlichen Lernfähigkeit bildet und dem Kind die Welt zu jenem Zeitpunkt eröffnet, in welchem das hantierende Erobern der Umwelt etwas in den Hintergrund tritt, werden *behindert* durch *bestimmte Sprachgepflogenheiten breiter Bevölkerungskreise.*
Die Sprache der Unterschichtmutter ist autoritär, sie besteht bei der Sozialisation des Kindes aus zahlreichen *Drohungen.*

Hermann *Müller* (11) gibt Beispiele aus dem Alltag:
„Das werd' ich dir austreiben!" – „Das wird dir noch leid tun!" – „Dir werde ich helfen, gleich passiert etwas!" – Kontakte zu Kindern bestehen in weiteren Bereichen nur aus *Befehlen.* „Iss jetzt!" – „Sitz gerade!" – „Du bist jetzt ruhig!" – „Mach schnell!" – „Lach nicht!" etc. Fragen werden zu Befehlen umfunktioniert, sodass sie ihren eigentlichen Sinn verlieren. „Hast du dir die Hände gewaschen?" heißt: „Wasch dir die Hände!"

Viele Eltern glauben, dass ihre Erziehung umso besser ist, je weniger sie zu reden brauchen. Sie sagen: „Ein Blick genügt", „Bei uns gibt es keine Debatten", „Unsere Kinder folgen aufs Wort". Manche ersparen sich das Reden ganz. Sie machen nur ein Zeichen, und das Kind muss laufen.
B. *Bernstein* (2) hat die immer schon bekannte Tatsache, dass Menschen aus verschiedenen sozialen Umwelten sich verschiedener Sprachformen bedienen, näher zu definieren versucht. Er unterscheidet das, was er die „öffentliche Sprache" („public speech") nennt, von der *„formalen Sprache"* („formal speech"). Die „öffentliche Sprache" wird vorwiegend von Personen der sozialen Unterschicht gesprochen, die formale von den Angehörigen der Mittel- und Oberschicht. Unterschiede bestehen nicht nur im *Quantitativen* (reicherer Wortschatz der formalen Sprache), sondern auch im *Qualitativen,* in Bezug auf die Sprachgewohnheiten.
Hier einige wesentliche Merkmale der „öffentlichen Sprache":

1. Unterschichteltern dirigieren ihre Kinder oft mit nichtsprachlichen Signalen (Gesten, Gebärden, Mimik).
2. Auch wenn die Steuerung des Kindes durch sprachliche Kommunikation erfolgt, ist sie wortkarg, besteht meist aus kurzen Befehlen, Verboten, Hinweisen, entsprechend dem autoritären Führungsstil der Grundschichtfamilie, von dem wir schon in Kapitel IV sprachen.
3. Unterschichteltern bleiben in ihren Äußerungen immer im Konkreten. Sie äußern sich nicht über Gefühle, Gedanken, Motive, sie begründen ihre Anordnungen und Wünsche nicht.
4. Meinungen werden in stereotypen Redewendungen zum Ausdruck gebracht. Gefühle werden in Redensarten und sprachlichen Etiketten ausgedrückt.

*Müller* (11) gibt zwei Beispiele von sprachlichen Interaktionen zwischen Mutter und Kind in der jeweils gleichen Situation:

Die Mutter steigt mit dem Kind in den Autobus. Sie möchte, dass ihr Kind sich gut hinsetzt, damit es während der Fahrt nicht vom Sitz herunterrutschen kann.

Fall A:
*Mutter:* Setz dich fest hin!
*Kind:* Warum?
*Mutter:* Du sollst dich fest hinsetzen!
*Kind:* Warum?
*Mutter:* Weil ich es so will, halt endlich den Mund, und tu, was ich dir sage!
*Kind:* Warum?
*Mutter:* Weil du sonst eine fängst, meine Geduld ist am Ende, du ungezogenes Kind!

Fall B:
*Mutter:* Setz dich jetzt bitte gut hin!
*Kind:* Warum?
*Mutter:* Weil du sonst herunterfällst.
*Kind:* Warum?
*Mutter:* Pass einmal auf. Wenn der Bus jetzt anfährt, wirst du merken, wie du einen kleinen Ruck bekommst.
*Kind:* Na, und?
*Mutter:* Wenn der Bus während der Fahrt plötzlich bremsen muss, dann gibt es einen starken Ruck, und wenn du nicht gut auf deinem Platz sitzt, kannst du hinunterfallen.
*Kind:* Da muss ich mich aber fest hinsetzen.

Mittel- und Oberschichteltern verwenden einen *reicheren Wortschatz,* eine *kompliziertere Syntax.* Sie erläutern ihrem Kind gegenüber ihre Absichten, begründen ihre *Wünsche* und *Handlungen,* formulieren *ihre Gedanken und Gefühle.* Bei erzieherischen Eingriffen verhalten sie sich, wie schon in Kapitel IV, Seite 130, erläutert, *personorientiert,* das heißt, sie richten sich nach der Eigenart des Kindes und nicht nach einem Rollenschema: Knabe – Mädchen, Kind – Erwachsener, brav – schlimm. Dadurch kommt eine viel differenziertere Art der Kommunikation zustande.

Das Sprachverhalten der Eltern steht auch in engstem Zusammenhang mit ihren Erziehungspraktiken. Die autoritäre, einengende Mutter des ersten Beispiels verlangt vom Kind ein bestimmtes Verhalten, ohne dass sie ihm Einsicht in die Zusammenhänge gewährt, die ihm – wie das zweite Beispiel zeigt – durchaus zugänglich wären. Das Kind wird dirigiert, ohne Lernmöglichkeiten im *kognitiven Bereich* („Ich muss mich hinsetzen, *weil* ich sonst hinunterfalle, im Autobus muss man beim Anfahren und Bremsen Acht geben"), ohne Lernmöglichkeit im *sprachlichen Bereich* (durch erklärende und begründende Sätze in der Erwachsenensprache der Mutter) und schließlich auch ohne *emotionale Lernmöglichkeit,* die darin bestehen würde, dass das Kind die Fürsorge der Mutter immer wieder erlebt (es soll mir gutgehen, die Mutter achtet darauf, dass mir nichts passiert, dass ich nicht vom Sitz herunterrutsche). Die beiden Erziehungs- und Sprachstile haben einen ganz unterschiedlichen Einfluss auf das Kind.

Auch hier kommt es zu frühen *Konditionierungen,* die über die aktuelle Situation hinaus wirken, denn das *„Löschen"* der sprachlichen Aktivität, die Weigerung, Erziehungsmaßnahmen und Verhaltensforderungen zu begründen, führen beim Kind zur Resignation, zum Verzicht auf Information, zur „Programmierung" auf Sprachvereinfachung, auf Sprachlosigkeit und auf Sprachdürftigkeit. Da alle höheren kognitiven Prozesse aber mit der Beherrschung des Begriffssystems auf das engste verbunden sind und auch alle zwischenmenschlichen Kontakte auf sprachlicher Kommunikation beruhen, führt diese Form der Erziehung zur *Beschränkung der kognitiven Entwicklung,* zur *Einschränkung der sprachlichen Ausdrucksfähigkeit,* zur *Unfähigkeit,* eigene *Bedürfnisse und Meinungen zu artikulieren,* und zur *Herabsetzung der Kommunikationsfähigkeit.*

Unterschichtkinder brauchen oft lang, bis sie nach viel Ermutigung im Kindergarten überhaupt zu sprechen beginnen.

Das Kind der sozialen Grundschicht ist somit deutlich benachteiligt gegenüber dem Kind der Mittel- und Oberschicht, bei dem nicht nur die äußeren Lebensbedingungen im Hinblick auf Wohnraum und Spielmöglichkeiten günstiger sind, sondern bei dem vor allem der *Erziehungsstil der Eltern* größere Entfaltungsmöglichkeiten im *sensomotorischen Erfahrungsbereich* und in der *sprachlichen Kommunikation* bietet. Das Sprachvorbild der Eltern bringt die Sprache des Kindes im lexikalischen und syntaktischen Bereich zur maximalen Entfaltung. Das Kind wird ermutigt, zu fragen, sich auszudrücken und in Kommunikation zu treten.

Das Arbeiterkind kann oft in Konflikt geraten, wenn jene Sprache, mit der es aufgezogen wurde und die zu Hause als die richtige gilt, korrigiert und manchmal auch abgewertet wird. Es wird daher oft schon im Kindergarten das Reden den Mittelschichtkindern überlassen und sich der Übungsmöglichkeit entziehen.

Das wenig differenzierte sprachliche Angebot in der Familie lässt die außerordentliche sprachliche Lernfähigkeit der Kleinkinder tatsächlich weitgehend ungenützt. Ihre Sprache reicht zwar aus, um sich in ihrer Lebenssituation zu verständigen, denn sie ist auf sie abgestimmt, sie bildet aber ein *Handikap für den Bildungsweg.*

Die soziale Unterschicht ist allerdings keine homogene Masse – sie ist dies weniger als jede andere Sozialschicht. Auch unter den Müttern der Unterschicht finden sich unterschiedliche Erziehungsstile, wenn auch der autoritäre hier stärker vertreten ist als in der Mittel- und Oberschicht. Eine englische Untersuchung (3) zeigt, dass die *Sprachbeherrschung des Kindes* enger mit dem *Erziehungsstil der Mutter* zusammenhängt als mit der Sozialschicht. Hundertzwanzig Mütter, sechzig aus der Unterschicht, sechzig aus der Mittelschicht, wurden nach ihrer Einstellung zu verschiedenen Problemen befragt. Hier einige Beispiele:

Was macht die Mutter, wenn das Kind Fragen stellt?
Beispiel einer positiven Antwort: „So viel als möglich erklären."
Beispiel einer negativen Antwort: „Das Thema wechseln."
Was macht die Mutter, wenn das Kind in verschiedenen Situationen viel redet?
Beispiel einer positiven Antwort: „Sich mit ihm unterhalten."
Beispiel einer negativen Antwort: „Es auffordern, aufzuhören."

Die Antworten der Mütter wurden in vier Kategorien eingeteilt: *ausweichendes Verhalten – verbale Interaktion – Bestrafung – kindorientierte Begründung.* Aus den Antworten jeder einzelnen Mutter wurde ihr Kommunikationsindex errechnet. Es gab in *jeder Sozialschicht* Mütter mit einem hohen Kommunikationsindex und solche mit einem niedrigen.

Die fünfjährigen Kinder dieser Mütter hatten verschiedene sprachliche Aufgaben zu lösen. Die sprachlichen Äußerungen der Kinder wurden nach der Häufigkeit der Wortarten und nach den Variationen innerhalb der Wortarten genau analysiert. Mittelschichtkinder als Gruppe produzieren signifikant mehr Substantive und auch mehr Arten von Substantiven, ebenfalls mehr Verben und mehr verschiedene Verben. Die Anzahl der Adjektive zeigte keinen Unterschied. Mittelschichtkinder hatten jedoch eine größere Auswahl von Adjektiven und gebrauchten auch mehr und mehr verschiedene Adverbien.

Wenn man nun aber die Kinder beider Sozialschichten, deren Mütter *hohe Kommunikationsindizes* hatten, zusammenfasste, dann reduzierten sich die schichtenspezifischen Unterschiede! Die Mittelschichtkinder dieser Gruppe waren zwar stets im Gebrauch der Substantive überlegen, es zeigte sich jedoch kein Unterschied mehr im Gebrauch der Verben, Adjektive und Adverbien. Die *kommunikationsfreundliche Unterschichtmutter, die auf die sprachlichen Bedürfnisse ihres Kindes eingeht, weil sie einen sozial integrativen Erziehungsstil praktiziert, kann die sprachliche Entwicklung ihres Kindes wesentlich fördern und dessen Sprache der des Mittelschichtkindes annähern!* Es zeigte sich auch, dass Knaben der Unterschicht unter geringer Kommunikationsfähigkeit der Mütter mehr leiden als Mädchen.

Dass mehr Unterschichtkinder zu einer Art „Sprachlosigkeit“ verurteilt sind als Mittelschichtkinder, hängt offenbar mit dem in der Unterschicht stark *verbreiteten autoritären Erziehungsstil* zusammen, und das Problem könnte vielleicht sehr wirkungsvoll über entsprechend früh einsetzende *Arbeit mit den Eltern* angegangen werden.

**Pädagogischer Teil**

Die Förderung der Sprachentwicklung beginnt damit, dass das Kind schon im ersten Lebensjahr die *Sprache* hört. Es mag zwar den außen Stehenden komisch anmuten, wenn er beobachtet, wie die Mutter ihrem fünf Monate alten Säugling erklärt: „So, jetzt werden wir baden, und dann zieh’ ich dich warm an, und dann gehen wir spazieren.“ Aber die Mutter spürt offensichtlich genau, dass sie mit dieser Art der Interaktion, in der sie selbst die Rolle des Säuglings übernimmt, indem sie so tut, als ob er sie verstünde, nicht nur den Kontakt mit ihm aufrechterhält, sondern ihm auch wichtige Impulse für seine zukünftige Sprachentwicklung bietet.

Die Kindersprache, die sich ja nach einer inneren Gesetzmäßigkeit entwickelt und die dabei das Vorbild der Erwachsenensprache braucht, fördert man nicht, indem man sie unentwegt korrigiert, sondern indem man Gespräche führt und auf die Gedankengänge des Kindes eingeht.

Bilderbücher dürfen dem Kind nicht allein überlassen werden. Bei der gemeinsamen Betrachtung der Bilder sollen die Objekte und Tätigkeiten benannt, kleine Verse, die oft dabei sind, vorgelesen werden. Auch Farben kann das Kind im Bilderbuch benennen lernen und dann auf anderen Objekten wiederfinden.

An den Versuchen von *Ljublinskaya* konnten wir sehen, wie wichtig das Erlernen von Präpositionen ist. Es ist nicht bedeutungslos, ob eine Mutter mit einer hinweisenden Gebärde sagt „Gib mir das!“ oder ob sie ohne nichtsprachliche Signalisierung sagt „Gib mir die Tasse, die *neben* der Zuckerdose steht!“. Das Kind wird in letzterem Fall nicht nur das sensomotorische Erlebnis des Nebeneinander haben, sondern auch das *Wort für diese Beziehung lernen.*

In einem Milieu, in dem viel und ausführlich gesprochen wird, lernt das Kind sowohl Merkmalsbezeichnungen als auch Beziehungswörter aus dem Gespräch mit den Erwachsenen und vermag daher seine sensomotorischen und sensorischen Erfahrungen ins Bewusstsein zu heben, zum geistigen Besitz zu machen. In einem spracharmen Milieu hat ein Kind vielleicht die gleiche Gelegenheit zu *nichtsprachlichen Erfahrungen,* kann diese jedoch nicht auf *begrifflicher Ebene generalisieren.* Auch wenn es Zusammenhänge erkennen sollte, ist es nicht in der Lage, diese zu verbalisieren.

*Wiederholtes Vorlesen immer derselben Märchen und Geschichten* ist wichtig aus drei Gründen: Erstens erweitern die Texte den Wortschatz und das Vorstellungsvermögen des Kindes ganz gewaltig, zweitens schulen sie sein sehr aufnahmefähiges Sprachgedächtnis – die meisten Kinder können die Märchen bald auswendig –, und drittens zwingt das *Vorlesen* auch eine Mutter, die normalerweise im Dialekt spricht, sich der gehobenen Umgangssprache, in der die Märchen geschrieben sind, zu bedienen. Und damit lernt das Kind, auch diese zu verstehen. Das Kind soll während des Vorlesens die Bilder sehen, und über diese sollten dann Gespräche geführt werden.

Ein besonderes Problem im sprachlichen Kontakt mit kleinen Kindern ist die Tendenz zur „kindertümlichen“ Sprache, mit der man glaubt, Verständnis zu finden und den richtigen Ton zu treffen. In Wirklichkeit wird dem Kind dadurch die Möglichkeit beschnitten, an der normalen Erwachsenensprache seinen aktiven und passiven Wortschatz zu erweitern. Die sogenannte Babysprache hat ihren Sinn am Ende des ersten und zu Beginn des zweiten Lebensjahres als Brücke zur Erwachsenensprache. Sie muss dann aber aufgegeben werden, damit das Kind mit der Sprache der Erwachsenen vertraut wird.

Die Sprache der Unterschicht erweist sich für den täglichen Gebrauch in der eigenen Umwelt als durchaus situationsgerecht, kann jedoch versagen, wo es sich um die Darstellung komplexerer Zusammenhänge, um die Artikulation und Begründung von Bedürfnissen, um Formulierungen auf höherem Abstraktionsniveau handelt.

Aus diesem Grund wird im Kindergarten und in den Vorschuleinrichtungen besonderer Wert auf die Sprachförderung gelegt. Erfolge sind dabei immer zu erzielen, allerdings kommt es kaum jemals zu einer Angleichung zwischen dem Sprachniveau von Unter- und Mittelschichtkindern. In der Regel profitieren die Mittel- und Oberschichtkinder von den Sprachprogrammen mehr als die Unterschichtkinder. Bei Ersteren kommt es zu einer „kumulativen“ Wirkung der besseren Ausgangslage, der sprachlichen Vorschulprogramme und des unterstützenden gehobenen Sprachniveaus der Familie. Bei Letzteren wird die Wirkung der Sprachprogramme durch die tägliche Rückkehr des Kindes in das einfachere Sprachmilieu der Familie gebremst.

Der Einfluss der Familie und ihres Sprachvorbildes ist naturgemäß größer als der Einfluss der oft recht lebensfremden Sprachprogramme. Ist es schon für das Kind in der Schule schwer, familienfremde Sprachformen zu verwenden, wie schwer ist dies erst für das Kleinkind, dessen Sprache erst im Aufbau begriffen und daher auf spontane Nachahmung seiner Bezugspersonen angewiesen ist und dessen Distanz von diesen noch viel geringer ist als die des Schulkindes! Gerade im Bereich der größten Lernfähigkeit des Kindes, der Sprache, sind den Bemühungen der vorschulischen Erziehung sehr starke soziokulturelle Grenzen gesetzt.

Was daher die *Sprachförderung des Unterschichtkindes* betrifft – ein stets kontroversielles Thema –, müssten soziokulturelle Barrieren als gegeben akzeptiert werden. Ohne Abwertung der Sprache, die das Unterschichtkind mitbringt, sollte es zu einer gewissen *Zweisprachigkeit* geführt werden; über die Sprache der Kindergärtnerin, über Liedertexte und Verslein, die es sich merkt, über wiederholt vorgelesene Geschichten geht die gehobene Umgangssprache der jeweiligen Region vorerst in seinen passiven Wortschatz ein. Es kann sie verstehen und sich ihrer auch, wenn nötig, situationsgerecht bedienen. Ziel der Sprachförderung: Das Kind soll seinen Wortschatz erweitern und lernen, in der ihm geläufigen Sprache seine Bedürfnisse zu artikulieren, seine Meinungen zu äußern, seine Erlebnisse zu berichten und echte Kommunikation zu pflegen. Was die *Kinderfragen* betrifft, sind manche schwer zu beantworten, worauf man das Kind hinweisen kann. In den meisten Fällen lässt sich die Kinderfrage jedoch einfach und gleichzeitig sachrichtig beantworten. Kann man es nicht, sollte man dies zugeben und dem Kind versichern, dass man sich bemühen werde, die Antwort zu finden. Nicht nur die im Gespräch gewonnenen Informationen, sondern auch das Bewusstsein, mit seinen Fragen ernst genommen zu werden, ebenso wie das Vertrauen in die Ehrlichkeit des Erwachsenen, der bereit ist, gelegentlich auch Unwissenheit zuzugeben, tragen insgesamt zur kognitiven und emotionalen Entwicklung des Kindes bei.

Kinder mit *Sprachfehlern* brauchen viel sprachliche Anregung, vor allem durch Vorlesen, Bilderbuchbetrachten und deutliche Aussprache des Erwachsenen. Sie dürfen jedoch nicht korrigiert und auf ihre Sprachfehler hingewiesen werden. Ein sprachgestörtes Kind sollte schon im dritten Lebensjahr einem Sprachheilpädagogen vorgestellt werden,

der den Eltern die nötigen Anweisungen geben kann. Eine systematische Sprachtherapie ist meist ab dem fünften Lebensjahr möglich.
Bei Kindern mit verzögerter Sprachentwicklung muss auch an das Vorhandensein von *Hörschäden* gedacht werden, weshalb eine audiometrische (den Grad der Hörfähigkeit messende) Untersuchung unbedingt erforderlich ist. Die heilpädagogischen Bemühungen richten sich auf die Früherfassung dieser Kinder, damit Hörreste mit Hilfe von Hörhilfen schon im dritten und vierten Lebensjahr in der Periode des raschesten Spracherwerbs nutzbar gemacht werden können.

*Literaturverzeichnis*


1 *CAZDEN, C. B.:* Einige Folgerungen für die Vorschulerziehung aus der Forschung zur Sprachentwicklung in *HESS* und *BEAR* (Hrsg.): Frühkindliche Erziehung. Weinheim–Basel 1972.
2 *BERNSTEIN, B.:* Soziokulturelle Determinanten des Lernens. Soziologie der Schule, Kölner Zt. f. Soziologie und Sozialpsychologie, Sonderheft 4/1959.
3 *BERNSTEIN, B., BRANDIS, W.,* und *HENDERSON, D.:* Soziale Schicht, Sprache und Kommunikation. Düsseldorf 1973.
4 *BOWLBY, J.:* Maternal Care and Mental Health. Genf 1952.
5 *BRUNER, J. S.:* Über kognitive Entwicklung in *BONN, H.,* und *ROHSMANITH, K.* (Hrsg.): Studien zur Entwicklung des Denkens im Kindesalter. Darmstadt 1972.
6 *EIBL-EIBESFELDT, I.:* Menschenforschung auf neuen Wegen. Wien–München–Zürich 1976.
7 *HETZER, H.:* Kindheit und Armut, Psychologie der Fürsorge I. Leipzig 1929.
8 *LÖSCHE, G., KNEISEL, U.,* und *EYFERTH, K.:* Was geschieht, bevor ein Kind „nachdem" versteht? Zt. für Entwicklungspsychologie und Pädagogische Psychologie. Göttingen, XIV. Jg., 4. Heft, 1982.
9 *LJUBLINSKAYA, A. A.:* Die Entwicklung des Sprechens und Denkens beim Kinde in *BONN, H.,* und *ROHSMANITH, K.* (Hrsg.): Studien zur Entwicklung des Denkens im Kindesalter.
10 *McCALL, R. B.:* Infants. Cambridge, Mass.–London 1979.
11 *MÜLLER, H.:* Überwindung von Sprachbarrieren. Freiburg i. Br. 1973.
12 *PIAGET, J.:* Sprechen und Denken des Kindes. Sprache und Lernen, Bd. 1. Düsseldorf 1972.
13 *WYGOTSKI, L. S.:* Denken und Sprechen. Stuttgart 1971.

# *VIII Leistungsmotivationen und Arbeitshaltungen entstehen im Kleinkindalter*

Anerkennung braucht jedermann. Alle Eigenschaften können durch tote Gleichgültigkeit der Umgebungen zugrunde gerichtet werden.

*Karl Immermann*

Zwar denken wir bei Kindern erst ab dem Eintritt in die Schule an „Leistungen", wenn sie mit einem systematisch aufgebauten „Forderungskatalog" der schließlich zur Beherrschung der Kulturtechniken – Lesen, Schreiben, Rechnen – führt, konfrontiert werden. Aber in Wirklichkeit ist schon alles, was das Kind ab dem ersten Tag an Geschicklichkeit, Beherrschung der Körperfunktionen, Selbständigkeit, Kommunikationsfähigkeit, Anpassung an Regeln und Normen, Selbststeuerung und Spielfähigkeit dazugewinnt, eine „Leistung". Denn kein Fortschritt kommt durch Reifungsvorgänge *allein* zustande, alles muss ja auch *gelernt* werden; wobei manche Fortschritte Reifungsvorgänge zur Voraussetzung haben, andere lediglich entsprechende Angebote in der Umwelt.

Auf Grund bestimmter Reifungsschritte können sehr viele Leistungen erlernt werden. So kann ein Kind, das gehen gelernt hat, bald auch Eis laufen, wenn man ihm die Gelegenheit dazu gibt. Ein Kind, das reif zum Sprechen ist, kann auch zwei Sprachen gleichzeitig erlernen. *Wesentliche Unterschiede im Leistungspotential der Menschen gehen auf Verschiedenheiten der Lernangebote in ihrer Umwelt zurück.*

*Leistungsmotivationen und Arbeitshaltungen werden im Vorschulalter grundgelegt und sollten „bereitstehen", wenn die „echten Leistungsanforderungen" an das Kind herangebracht werden.*

## 8.1 Leistungsmotivation und Anspruchsniveau

### *8.1.1 Vorläufer der Leistungsmotivation*

Schon im ersten Lebensjahr zeigen sich jene angeborenen Antriebe, die das menschliche Wesen zu Handlungen motivieren und die über die Befriedigung von Primärbedürfnissen hinausreichen, nämlich *Neugierde* und *Funktionslust. Neugierde* veranlasst das Kind, immer neue Reize aufzusuchen und auf neue Reize anzusprechen. *Funktionslust* drängt es zur übenden Ausformung aller neuen, als Folge der neurophysiologischen Reifung möglichen Bewegungen (Greifen, Gehen) und zur explorierenden und experimentierenden Auseinandersetzung mit den Objekten der Umwelt. Dabei kommt es bereits zu Vorläufern der *Leistungsmotivation* insofern, als eine nach mehrfachen Bemühungen *erfolgreiche Bewältigung* eines Bewegungsablaufes mit oder ohne Material deutlich erkennbare *Freude* auslöst, während *Misserfolge Unlustgefühle* erkennen lassen. Die Leistungsmotivation liegt auf dieser Altersstufe noch deutlich in der „Funktionslust", die von den Bedürfnissen des Organismus ausgelöst wird und diesen zu experimentierenden Verhaltensweisen veranlasst, die der Ausformung reifender Funktionen dienen. Während auch Tiere in ähnlicher Weise spielen, erlebt wahrscheinlich *nur der Mensch* bei der Erreichung beziehungsweise Verfehlung der von den Bedürfnissen des Organismus gesetzten Ziele die *Rückmeldung von Erfolg oder Misserfolg.*

Dem kleinen *Erich,* 0;9, ist es nach vielen Bemühungen gelungen, in seiner Gehschule zum Stehen zu kommen. Er stößt einen freudigen Schrei aus, strahlt über das ganze Gesicht und blickt triumphierend um sich. Sucht er schon so früh die Bestätigung der Umwelt – oder genügt ihm vorerst die Befriedigung eines motorischen Bedürfnisses? Mit vierzehn Monaten gelingt es ihm nach mehrfachen Versuchen zum ersten Mal, einen Hohlwürfel in den anderen zu befördern. Wieder blickt er strahlend um sich und klopft mit den Würfeln auf den Boden. Mit neunzehn Monaten gelingt es ihm, die Brause richtig auf den Spund seiner kleinen Gießkanne zu setzen. Nun heischt er nach Lob. Er hebt die Kanne lachend hoch und blickt die Mutter an, die ihn gebührend bewundert.
Misserfolge werden von ihm sicher ab dem zweiten Lebensjahr registriert, aber noch nicht auf eigenes Versagen zurückgeführt. Eine geliebte, aber viel zu schwere Postingbox frustriert ihn immer wieder. Er findet nicht die richtigen Löcher für die Teile, schreit zornig auf und wirft das Spielzeug auf den Boden.

Als weiteren Vorläufer der Leistungsmotivation müssen wir das *Streben nach „Alleinmachen"* ansehen, das man im zweiten Lebensjahr beobachten kann, wenn Kinder oft gerade solche Handlungen ohne Hilfe ausführen möchten, zu denen sie noch nicht ohne Schwierigkeiten fähig sind, besonders allein essen, etwas Schweres tragen, sich allein anziehen. Wir wissen nicht, ob ein Zusammenhang besteht zwischen der Intensität dieser Bestrebungen und der späteren Leistungsmotivation, aber es besteht wahrscheinlich ein Zusammenhang zwischen letzterer und der Art, wie Erwachsene auf das „Alleinmachen-Wollen" reagieren.

Man kann wohl annehmen, dass es günstiger ist, das Kind gewähren zu lassen und ihm die Möglichkeit zu geben, Erfahrungen zu sammeln und die noch sehr unvollkommenen Bewegungsabläufe zu formen als sein Selbständigkeitsstreben radikal zu unterbinden. Das geschieht ja fast immer mit Berufung auf die „Patzerei", die bei frühem Alleinessen entsteht oder auf den Zeitaufwand bei den ersten Versuchen des Kindes, sich anzuziehen. Lässt man es gewähren, dann gibt es entweder von selbst auf, wenn es auf zu große Schwierigkeiten stößt, oder es macht Fortschritte in der Bewegungskoordination und ist dann wirklich früher selbständig als andere.

Ein weiterer Vorläufer der Leistungsmotivation ist das *„Trotzalter"* – wenn Kinder *„erste Ansätze gedanklicher Vorentwürfe"* erkennen lassen.

Vor dem Alter von etwa dreieinhalb Jahren fehlt jedoch ein wesentliches Kriterium der Leistungsmotivation, nämlich die Fähigkeit, ein *positives Ergebnis* auf die *eigene Tüchtigkeit,* einen *Misserfolg* auf *eigenes Versagen* zurückzuführen. Erst nachdem ein solcher Zusammenhang erkannt wurde, kann sich das Kind an einem „Gütemaßstab" orientieren, der ihm entweder von Erziehern gesetzt wird oder den es sich selbst setzt oder den es im Vergleich zu anderen Kindern erreichen möchte.

### *8.1.2 Erstes Leistungsverhalten*

Die wichtigsten Untersuchungen zur Entwicklung der Leistungsmotivation im Vorschulalter verdanken wir H. *Heckhausen* und seinen Mitarbeitern. Nach seiner Definition ist *eine Leistungsmotivation immer dann gegeben, wenn man bestrebt ist, das Ergebnis einer Tätigkeit an einem Gütemaßstab zu orientieren.* Dabei können verschiedene Maßstäbe gelten:

1. *das objektiv gesehen bestmögliche Ergebnis (niemand* kann es besser machen), der sachbezogene Gütemaßstab;
2. *das subjektiv gesehen bestmögliche Ergebnis (ich* kann es nicht besser machen), der personbezogene Gütemaßstab;
3. *das an der Leistung anderer gemessene Ergebnis* (ich will es besser machen als mein Partner), der sozialbezogene Gütemaßstab.

*Heckhausen und Roelofsen* (4) prüften das Vorhandensein der Leistungsmotivation in einer Wettbewerbssituation.

Die Versuche bestanden darin, dass zwei- bis sechsjährige Kinder gleichzeitig mit einem Versuchsleiter Türme aus übereinander geschichteten Ringen bauen mussten. Jedes Kind hatte vor sich eines der bekannten Ringsteckspiele. Sie bestehen aus einer kreisförmigen hölzernen Platte, aus deren Mitte sich ein dicker Holzstift erhebt. Auf diesen Holzstift werden hölzerne Kreise, die in der Mitte ein Loch haben, aufgesteckt, sodass aus den übereinander geschichteten Kreisen ein Turm entsteht. Kind und Versuchsleiter hatten jeweils die gleiche Anzahl von Ringen vor sich liegen und sollten nun um die Wette die vorhandenen Ringe zu einem Turm aufstecken. Wer zuerst fertig war, hatte gewonnen. In festgesetzter Reihenfolge ließ der Versuchsleiter jedes Kind gewinnen oder verlieren. Das Kind musste selbst sagen, wer zuerst fertig war.

Es war somit sowohl ein sachbezogener Gütemaßstab vorgegeben (alle Ringe verbrauchen) als auch ein sozialbezogener (schneller fertig sein als der Partner). Vor dem Alter von etwa dreieinhalb Jahren wurde die Aufgabe nicht verstanden. Die Kinder freuten sich über das Aufstecken der Ringe, beachteten jedoch den Partner nicht.

Mit etwa dreieinhalb Jahren, von einzelnen Kindern schon früher, wurde die Aufgabe verstanden, und die Kinder konnten nun auch Erfolge auf die eigene Tüchtigkeit, Misserfolge auf ihre Untüchtigkeit zurückführen. Dabei zeigte sich etwas sehr Interessantes: Im Augenblick, in dem eine Wettbewerbssituation verstanden wurde, war die eigene Bewährung in ihr in höchstem Maße *emotional besetzt. Erfolg wurde mit Stolz und Freude registriert. Misserfolg konnte noch nicht ohne Verlust des Selbstwertgefühls ertragen werden.* Als Folge wurden Verhaltensweisen beobachtet, die – in entsprechenden Abwandlungen – während unseres ganzen Lebens als Reaktion auf Misserfolge auftreten können:

*Rationalisierung* (die Schuld am Versagen wird äußeren Umständen zugeschrieben): „Du hast ja nicht so viele Ringe gehabt wie ich."
*Aggression:* Das Kind fegt das Spiel vom Tisch.
*Ablenkung durch Kompensation:* „Ich habe aber zu Hause einen schöneren Teddybären."
*Aus dem Weg gehen:* Das Kind verweigert das Weiterspielen.
*Verleugnen des Misserfolges:* Auf die Frage, wer schneller war: „Ich".

Erst Fünfjährige reagierten weniger heftig und realistischer. Sie waren auch zu *korrektivem Verhalten* fähig, das heißt, sie bemühten sich, das nächste Mal schneller zu sein als der Erwachsene.

Eine Nachuntersuchung der Ergebnisse von *Heckhausen und Roelofsen* erfolgte durch Ch. und F. *Halisch* (2). Die beiden Autoren wollten genauer wissen, *wann* und *unter welchen kognitiven Voraussetzungen Leistungsmotivation* einsetzt. Sie konzentrierten sich daher auf die Kinder im Alter von achtundzwanzig bis vierundvierzig Monate. Ihre Hypothese war, dass das Verständnis für „Wer ist schneller?" erst dann einsetzen kann, wenn das Kind ganz allgemein in der Lage ist, *das frühere Eintreffen* eines von zwei ungleich schnell bewegten Körpern *im Ziel zu registrieren.* Um diese Hypothese zu überprüfen, wurden zwei kleine Lastwagen in Bewegung gesetzt. Auf jedem befand sich ein Puffreiskorn. Einer kam jeweils im Abstand von wenigen Sekunden vor dem anderen ins Ziel. Das Kind durfte sich von dem einen zuerst eingetroffenen das Puffreiskorn nehmen und es essen.
Die Annahme, dass die Fähigkeit, eine Wettbewerbssituation zu erfassen, an die Voraussetzung des Erkennens „eines Schnelleren und eines Langsameren" gebunden ist oder zumindest mit dieser zugleich auftritt, erwies sich als richtig. Erst Dreieinhalbjährige waren zu diesen beiden Leistungen fähig.
Der Wettbewerb im „Ringe-Aufstecken", unter denselben Bedingungen durchgeführt wie bei *Heckhausen und Roelofsen,* erbrachte die gleichen Ergebnisse. Eine genaue Verhaltensstudie zeigte jedoch, dass es zwischen dem „Solitärspiel", der völligen Gleichgültigkeit gegenüber dem Partner, und dem deutlichen *Erleben von Erfolg und Misserfolg beim Vergleich der eigenen Leistung mit der des Partners* noch eine *Zwischenstufe* gab, in der Kinder auch bei Misserfolg *positive Selbstwertungsreaktionen* erkennen ließen. Sie nannten sich unbefangen „Sieger" (nicht verlegen wie die späteren „Verleugner"), sie lächelten und freuten sich. Ihr Kontakt zum Partner entsprach der Situation, die wir im Kindergarten mit „Parallelspiel" bezeichnen (siehe S. 267). Sie beobachteten während des Spiels den Partner, aber nicht, um zu sehen, ob er schneller war, sondern um festzustellen, ob er auch baute. Die Freude auch bei Misserfolg war *leistungsbezogen.* Die Kinder freuten sich, *dass sie einen Turm gebaut hatten, über den Effekt als solchen.* Ein Misserfolg konnte dabei gar nicht eintreten, denn die Leistung war leicht zu bewältigen und wurde *noch nicht auf den Partner bezogen.* Alle Kinder, die diese Reaktion zeigten, hatten bei der Lastwagenaufgabe nur Zufallstreffer erzielt.
Zwischen neununddreißig und zweiundvierzig Monaten verstand die Hälfte der Kinder die Wettbewerbssituation, ab dreiundvierzig Monaten alle. Bei diesen Kindern war der Blickkontakt mit dem Partner ein *leistungsvergleichender.*

**Zusammenfassung**

Mit etwa dreieinhalb Jahren kann das Kind *Erfolg und Misserfolg* mit der eigenen Tüchtigkeit oder Untüchtigkeit in Zusammenhang bringen, ist aber noch nicht fähig, Misserfolge emotional zu verarbeiten. *Vor diesem Alter* hat das Kind in einer Wettbewerbssituation noch keine Leistungsbeziehung zum Partner. Es spielt allein oder neben dem Partner und erfreut sich seiner Tätigkeit.

*Versuche wie diese dienen der Forschung!* Sie sollten niemanden dazu verleiten, Kinder zur Wettbewerbssituation zu drängen! *Wetteifer* (bei gleichzeitiger *Abwertung des Schwächeren*) kommt früh genug und von selbst. Er sollte im Vorschulalter eher unterdrückt als ermutigt werden.

### *8.1.3 Komponenten des motivierten Verhaltens*

Jede motivierte Handlung hat drei Komponenten:

1. *die Werthaltung* (Wie wichtig ist mir das angestrebte Ziel?);
2. *das kognitive Erfassen der Leistungssituation* (Erkennen von Erfolg und Versagen bei vorhergegangenen Leistungen, Berücksichtigung der Erfahrungen mit vorhergegangenen Leistungen bei der Beurteilung zukünftiger Erfolge, Beurteilung von Erfolgschancen);
3. die mit der Leistungsforderung *verbundenen Gefühle* (Hoffnung auf Erfolg, Angst vor Misserfolg).

Aus dem Wettbewerbsversuchen von *Heckhausen und Roelofsen* können wir deutlich erkennen, dass die erste und die dritte Komponente schon bei etwa Dreieinhalbjährigen vorhanden sind. Die *Wertkomponente* trat deutlich in Erscheinung – *sie wollten gewinnen.* Auch die emotionale Komponente war stark ausgeprägt. Die gewonnen hatten, wollten weiterspielen, sie *hofften auf weitere Erfolge.* Die verloren hatten, hatten *Angst vor weiteren Misserfolgen* und wichen auf die zuvor beschriebenen Bewältigungsstrategien (Aggression, Rückzug u. dgl.) aus.

Was die *kognitive Komponente* betrifft, ist ein viereinhalbjähriges Kind wohl in der Lage, Erfolg oder Versagen bei einer *bereits erfolgten* Leistung zu erkennen – auch wenn es ein Versagen nicht zugeben kann. Es ist aber, wie die Untersuchungen von Anne *Müller* (11) zeigen, noch nicht imstande, aus diesen Erfahrungen Folgerungen für sein künftiges Leistungsverhalten abzuleiten.

### *8.1.4 Wann können Ursachen für Erfolge oder Misserfolge erkannt werden?*

Ein Problem, mit dem sich die Motivationsforschung besonders beschäftigt, ist die Fähigkeit, Handlungsresultate auf ihre Ursachen zurückzuführen. Ab wann sind Kinder imstande, die Ergebnisse ihres Verhaltens auf persönliche Faktoren (Tüchtigkeit, Anstrengung) oder auf äußere Faktoren (Schwierigkeit der Aufgabe) zurückzuführen?

Nach *Heckhausen* (7) gibt es vier Stufen der Ursachenbeschreibung:

1. Das Kind erkennt ein Produkt als sein Werk (siehe Beispiel Seite 234 sowie die *„Solitärspieler"* in der Arbeit von *Halisch,* Seite 236), hat aber noch keine Erfolgs- oder Misserfolgserlebnisse, weil es das Werk noch nicht mit eigener Tüchtigkeit respektive Untüchtigkeit in Verbindung setzt. Wenn es sich freut oder ärgert, dann einfach über das Gelingen oder Misslingen des Werkes.
2. Selbstbewertung und zugleich *affektive Reaktionen* auf Erfolg und Misserfolg finden wir erst ab dreieinhalb Jahren. Hier wird jedoch noch nicht zwischen *Tüchtigkeit* und *Anstrengung* oder zwischen *Tüchtigkeit und Schwierigkeit der Aufgabe* unterschieden.
3. Letzteres geschieht in einer *weiteren Entwicklungsstufe.*
4. Noch später werden *Fähigkeiten* und *Anstrengungen* mit dem Schwierigkeitsgrad der Aufgabe in Beziehung gebracht, sodass *differenzierte Ursachenerklärungen für Handlungsresultate möglich werden.*

   Um zu überprüfen, wie weit Drei- bis Vierjährige imstande sind, *leistungsrelevante persönliche Eigenschaften* (Stärke, Körpergröße) *zu erkennen,* zeigten *Krug, Gurack und Krüger* (9) sechsundvierzig Knaben und Mädchen im Alter von 3;0 bis 6;11 Jahren Bilder, auf denen ein dickes und ein schlankes Kind durch ein kleines Loch einer Mauer kriechen sollten. Die Kinder sollten angeben, *welches Kind* in das Loch passe und *warum.*

Die über Dreieinhalbjährigen konnten beide Aufgabe lösen.

Zur Feststellung, ab wann Kinder imstande sind, *persönliche Eigenschaften* und *Handlungsergebnisse* in Beziehung zu setzen, wurden den Versuchspersonen Bilder von verschieden hohen Türmen und, getrennt davon, Bilder von verschieden alten (großen) Kindern gezeigt. Sie sollten die zusammenpassenden finden und ihre Wahl begründen. Bei dieser Aufgabe machten *erst die Fünfeinhalbjährigen keine Fehler mehr. Drei- und Vierjährige können, entsprechend ihrer prälogischen Denkstruktur, noch nicht von Größe oder Alter auf unterschiedliche Leistungsfähigkeit schließen.*

In einer weiteren Aufgabenreihe wurden zwei gleiche Bildserien mit je drei verschieden hohen Türmen gezeigt. Den Kindern wurde gesagt, je zwei Türme seien von den gleichen Kindern an verschiedenen Tagen gebaut worden. Sie sollten die Türme jedes der drei Kinder zusammenlegen und ihre Wahl begründen. Erwartet wurde eine Begründung, die sich aus dem Schluss von der Leistung auf eine Eigenschaft einer nicht sichtbaren Person bezog. Diese Aufgabe war zu schwer. Auch die Sechsjährigen stellten nur Turmvergleiche her.

*Vorschulkinder können somit sichtbare Eigenschaften mit Leistungen in Verbindung bringen. Von der Leistung auf die Eigenschaften einer Person zu schließen ist noch nicht möglich.*

In einer weiteren Studie sollte geprüft werden,

a) ab wann Kinder bei sich und anderen Anstrengungsunterschiede wahrnehmen,

b) ab wann sie Anstrengungsmerkmale und Leistung zuordnen können,
c) wie sie Widersprüche zwischen Anstrengung und Handlungsresultaten erklären und
d) ab wann sie eigene Anstrengung aufgabengerecht dosieren können.

*Zu a):*
Die Kinder mussten gleich aussehende, aber verschieden schwere Blumentöpfe heben. Danach sollten sie sich spontan oder auf Fragen zu den unterschiedlichen Anstrengungen äußern. Schon die *Dreijährigen nahmen Anstrengungsunterschiede wahr, konnten dies jedoch nicht formulieren.* Sie sagten bloß, die Töpfe seien verschieden schwer gewesen.
*Zu b):*
Kinder sollten Bilder von drei verschieden stark pustenden Kindern mit drei Bildern von Pusteblumen vergleichen, bei denen sehr viele, viele und wenige Samen wegfliegen. Diese Aufgabe war zu schwer. Nur 25 Prozent der Dreijährigen, 31 Prozent der Vierjährigen, 38 Prozent der Fünfjährigen und 42 Prozent der Sechsjährigen konnten Anstrengungsmerkmale und Ergebnis der Anstrengung richtig zuordnen, obwohl sie die sichtbaren Unterschiede in der Anstrengung sehr wohl erkannten.
*Zu c):*
Widersprüche zwischen Anstrengungen und Ergebnis (dargestellt auf Bildern von Kindern, die stark pusten, aber wenig Erfolg erzielen und umgekehrt) wurden „wegdiskutiert“: „Der hat keine Lust mehr“, „Der Samen ist zu fest angewachsen“. Erstmals wurden hier *externe Faktoren* eingeführt.
*Zu d):*
Die Kinder mussten Wattebauschen in kleine Papphäuschen blasen. Es gab drei verschiedene Schwierigkeitsgrade. Vor jedem Durchgang wurden sie nach dem Grad der zu erwartenden Anstrengung befragt, nach jedem Durchgang sollten sie erklären, warum die Watte ins Haus geraten sei oder nicht. Hier stieg die richtige Einschätzung der zu erwartenden Anstrengung stark an, von 8 Prozent bei den Jüngsten bis zu 92 Prozent bei den Ältesten.
Bei den Jüngsten gab es Formulierungsschwierigkeiten. Die tatsächlichen Anstrengungen waren zu 25 Prozent angepasst gegenüber 8 Prozent der Vorhersagen. *Positive Leistungen* wurden durchwegs auf die *eigene Tüchtigkeit* bezogen, *Misserfolge* teils auf *eigene Untüchtigkeit* („Ich habe nicht fest genug gepustet“), teils aber auch *auf externe Faktoren,* die entweder in der Schwierigkeit der Aufgabe gesehen wurden („Ist nicht so leicht“) oder aber in der *anthropomorphen Eigenschaft* der Watte („Die Watte wollte nicht“, „Weil die Watte nicht getroffen hat“). Diese Art der Begründung nahm zwischen drei und vier Jahren stark ab.

Diese Untersuchung zeigt, dass bei jüngeren Kindern eine Diskrepanz besteht zwischen Anstrengungsverhalten und der Fähigkeit, dieses sprachlich zu formulieren, dass Kinder mit zunehmendem Alter ihre konkreten Anstrengungen immer besser der gestellten Aufgabe anpassen können, aber vor dem sechsten Lebensjahr ein realistisches Erkennen der Beziehung von Anstrengung und Resultat an der Barriere des egozentrischen und anthropomorphistischen Denkens scheitert – auch hier ein Auseinanderklaffen von Erfahrungswissen und Denkprinzip.
Bei den Fünf- bis Siebenjährigen, die ja Leistungsergebnisse schon auf verschiedene Ursachen zurückführen können, wurden interessante Unterschiede

festgestellt. *Neubauer* und *Gast* (12) befragten Vorschulkinder nach einem Ball-Wurf-Spiel mit verbundenen Augen, bei dem jeweils vier Erfolge und vier Misserfolge von den Versuchsleitern bestimmt wurden (die Kinder sahen ja nicht, ob sie getroffen hatten oder nicht), warum sie es geschafft, respektive nicht geschafft hatten und richteten sich dabei nach vier Vorgaben:
weil du (nicht) gut werfen kannst,
weil du dich (nicht) angestrengt hast,
weil das (keine) eine leichte Aufgabe war,
weil du (kein) Glück gehabt hast.
Die Kinder wurden auf Grund der Beurteilung durch die Kindergärtnerinnen nach ihrem Sozialverhalten gruppiert. Es gab Kinder mit *hohem Leistungsehrgeiz und großer Selbständigkeit,* die gleichzeitig *wenig kooperatives Verhalten* zeigten. Bei anderen stand das *kooperative Verhalten im Vordergrund,* sie waren duchschnittlich in Selbständigkeit und Leistungsehrgeiz. Andere wieder waren sowohl *selbständig und ehrgeizig* als auch *kooperativ,* und eine letzte Gruppe schließlich war in *beiden Bereichen durchschnittlich.*
Es zeigte sich nun, dass jene Kinder, die ein besonders ausgeprägtes *„distanziert-selbständiges Verhalten bei gleichzeitig geringer Kooperationsbereitschaft"* an den Tag legten, Erfolge und Misserfolge überdurchschnittlich oft mit ihren *Fähigkeiten* und mit der *Schwierigkeit der Aufgabe* in Beziehung brachten. Es bestand bei ihnen die Gefahr der unrealistischen Über- oder Unterschätzung. Diese Art der Kausalattributierung kam bei keiner anderen Gruppe vor, auch nicht bei jenen Kindern, die gleichzeitig *selbständig-ehrgeizig* und *sozial* waren. Eine realistische Einschätzung von Erfolgen und Misserfolgen ist offenbar an die Auseinandersetzung mit anderen Personen und ihren Gütemaßstäben gebunden. Sozial distanzierten Personen gelingt sie nicht.
Ein weiteres interessantes Ergebnis dieser und der vorher beschriebenen Untersuchung: Schon Vorschulkinder neigen ganz allgemein dazu, *Erfolge* auf ihre eigene *Tüchtigkeit* und *Anstrengung, Misserfolge* aber auf *äußere Faktoren – Zufall* und *Schwierigkeiten* der Aufgabe – zurückzuführen. Diese Tendenz findet sich lebenslänglich bei sehr vielen Menschen.

### *8.1.5 Das Anspruchsniveau*

Die *Höhe oder Güte der Leistung, die man erreichen möchte* oder erreichen zu können glaubt, ist an sich ein sehr wichtiges Begleitphänomen der Leistungsmotivation. Bei Kindern kann man den Anspruch, den sie an sich selbst stellen, nur erkennen, wenn man sie frei zwischen verschieden schweren Aufgaben *wählen lässt.* A. *Müller* (11) tat dies mit einer Serie nach Schwierigkeitsgraden gestaffelter Einpassaufgaben. Drei- bis siebenjährige Kinder sollten *mehrere* Aufgaben lösen, und sie sollten sie jeweils selbst wählen. An der Zahl der einzusetzenden Teile war leicht zu erkennen, welche Aufgaben schwerer und welche leichter waren. Dabei zeigten sich drei Arten der Zielsetzung:

1. Die Dreijährigen wählten *unwillkürlich. Müller* nennt diese Art des Wählens die „unbezogene Zielsetzungsform", weil die Kinder bei ihren verschiedenen Entscheidungen keine Rücksicht auf den Schwierigkeitsgrad der Aufgabe nahmen und auch keinen Bezug auf vorhergegangene Erfolge oder Misserfolge.
2. Auch die Vierjährigen wählten ohne Rücksicht auf Vorhergegangenes. Sie erwiesen sich als starr-unangepasst, indem sie immer *dasselbe* Ziel, meist eine der schwersten Aufgaben, wählten.
3. Erst die Fünfjährigen, parallel zum Abklingen des prälogischen Denkens, waren in der Lage, vorhergegangene Leistungserfolge zu berücksichtigen. Nun waren Schlussfolgerungen möglich wie die folgenden: „Weil ich das leichtere Puzzle konnte, werde ich das schwere vielleicht auch können" oder „Weil ich dieses Puzzle nicht konnte, nehme ich jetzt am besten ein leichteres". Hier liegt nun eine echte *Anspruchsniveaubildung* vor, mit entsprechenden *Zweifeln* und *Konflikten,* mit Tendenzen zum *Risiko* oder zur besonderen *Vorsicht* zum Zweck der Misserfolgsvermeidung.
Tabelle 9 zeigt die Verteilung der Zielsetzungsformen.

*Tabelle 9*

Verteilung der Zielsetzungsformen auf die Altersgruppen in Prozenten (*Müller,* 11).

| | Altersstufe | | | |
|---|---|---|---|---|
| | 3;2–3;10 | 3;11–4;11 | 5;0–6;10 | |
| Angepasste Zielsetzungsform | 5 | 14 | 81 | 100 |
| Starr-unangepasste Zielsetzungsform | 18 | 73 | 9 | 100 |
| Unbezogene Zielsetzungsform | 88 | 12 | 0 | 100 |

Wir sehen eine überaus deutliche *Altersentwicklung* von der „unbezogenen" Zielsetzungsform der Dreijährigen über die starr-unangepassten Zielsetzungen der Vierjährigen zu den realistischen Zielen der Fünfjährigen.
Zu ganz ähnlichen Ergebnissen wie *Müller* kamen *Heckhausen und Wagner* (5), als sie zwei bis sechs Jahre alte Kinder zwischen verschieden schweren Kraft- und Geschicklichkeitsübungen wählen ließen.
Die Jüngsten – bis etwa dreieinhalb Jahre – probierten die Aufgaben der Reihe nach durch, ohne Erfolgs- oder Misserfolgserlebnisse erkennen zu lassen. Zwischen dreieinhalb und viereinhalb Jahren wurden die Aufgaben nicht mehr der Reihe nach durchprobiert, aber auch noch nicht nach dem Gesichtspunkt des möglichen Erfolges, also noch nicht unter Bezugnahme auf vorhergegangene Erfahrungen, gewählt. Ebenso wie bei der Wettbewerbsuntersuchung zeigten sich jedoch heftige Reaktionen auf Misserfolg. In der zweiten Hälfte des sechsten Lebensjahres ließ sich auch bei dieser Versuchsanordnung das Vorhandensein eines Anspruchsniveaus erkennen. Die Kinder zogen aus Erfolg und

Misserfolg gewisse Konsequenzen. Sie wählten die Aufgaben im Hinblick auf möglichen Erfolg, und zwar in der Regel auf Grund einer realistischen Einschätzung ihrer Leistungsfähigkeit.

Ein wichtiges Ergebnis der eben beschriebenen Untersuchung von *Heckhausen* und *Wagner,* das durch die Befunde von *Wasna* (15) bestätigt wird, ist die Feststellung *großer individueller Unterschiede* in der spontanen Leistungsbereitschaft bei Fünfjährigen. Um die Bewältigung der Aufgaben, die *Heckhausen* und *Wagner* gestellt hatten, bemühten sich manche Kinder mit großer Ausdauer, andere *sicherten sich vor Misserfolgen ab,* indem sie auf einem leicht erreichbaren Anspruchsniveau verharrten. Dieselben individuellen Unterschiede fand auch *Wasna* bei ihren *Turmbauversuchen,* bei denen Kinder die Höhe der Türme, die sie bauen wollten, selbst wählen konnten. Es gab die *vorsichtig Vermeidenden,* die entweder nach dem ersten oder nach dem zweiten Misserfolg die verfehlte und erst recht jede noch schwierigere Aufgabe vermieden oder überhaupt aufhörten, und es gab die *Wagemutigen,* die sich um die Bewältigung missglückter Aufgaben bemühten und versuchten, die Grenzen ihrer Leistungsfähigkeit nach oben auszudehnen.

Wesentlich scheinen die bei allen Versuchen beobachteten Schwierigkeiten der Kinder, *Misserfolge zu bewältigen.* In allen Untersuchungen zeigten erst die *Fünfjährigen* als Gruppe größere *Frustrationstoleranz,* mehr *Ausdauer,* eine *realistische Zielsetzung* und auch häufiger die Tendenz, *Misserfolge adäquat,* das heißt durch größere Anstrengungen, *zu vermeiden.*

Nun erst ist die Leistungsmotivation mit dem individuellen Anspruchsniveau voll entwickelt, insofern, als nicht nur die *Wertkomponente* und die *emotionale Komponente* wirksam werden, sondern auch die *kognitive Komponente* im Sinne der Fähigkeit, eine realistische Beziehung zwischen vergangenen und künftigen Erfolgen beziehungsweise Misserfolgen herzustellen. Hierin ist wohl ein Kriterium der Schulreife zu sehen.

### *8.1.6 Der Einfluss der Eltern auf Leistungsmotivation und Anspruchsniveaubildung*

Wie weit sich Unterschiede in der Leistungsbereitschaft und im Anspruchsniveau auf eine angeborene Komponente, die *Vitalstärke des Kindes,* zurückführen lassen und wie weit sich hier Erziehungseinflüsse geltend machen, lässt sich nicht eindeutig entscheiden. Es gibt Untersuchungen, die erkennen lassen, dass die Erziehung im Vorschulalter großen Einfluss auf die Leistungsbereitschaft eines Kindes haben kann. Interessante Hinweise über den Zusammenhang von mütterlichem Erziehungsverhalten und dem Leistungsverhalten der Kinder gibt eine Untersuchung von *Heckhausen* und *Oswald* (6):

Sie ließen die Mütter von vierzig Vier- bis Fünfjährigen zuerst die Schwierigkeitsgrade der Aufgaben bestimmen, die ihre Kinder voraussichtlich wählen würden. Es handelte sich um eine Zusammensetzaufgabe, eine Labyrinthaufgabe und eine Gedächtnisaufgabe, jeweils in vier ansteigenden Schwierigkeitsgraden. Auch die Kinder wählten jene Aufgaben, denen sie sich gewachsen glaubten. Die Mütter konnten zuschauen, während die Kinder die Aufgaben lösten, und durften auch verbal eingreifen. Das Verhalten von Müttern und Kindern wurde in Protokollen festgehalten.

Es zeigte sich,

- dass hohes Anspruchsniveau und größere Selbständigkeit der Kinder mit hohem Anspruchsniveau der Mutter übereinstimmten, ferner mit *positiven Bestätigungen* (Lob, Ermutigung) und mit *unspezifischen,* das heißt die *Selbständigkeit* des Kindes fördernden *Eingriffen* der Mutter in die Lösungsversuche (zum Beispiel „Versuche nur, du kannst es sicher“);
- ein Zusammenhang zwischen *niedrigem Anspruchsniveau* und *geringer Selbständigkeit* des Kindes und *niedrigem Anspruchsniveau* der Mutter sowie mit der Zahl ihrer *negativen Reaktionen* (Kritik, Schelte) und ihren *direkten* (spezifischen) *Eingriffen* in die Lösungsversuche („Das musst du so und so machen“), die die Selbständigkeit des Kindes beschnitten;
- ein Zusammenhang zwischen *Intelligenz* der Kinder und ihrem *Anspruchsniveau,* und zwar insofern, als intelligente Kinder ihre Leistungen realistischer beurteilen konnten, im Allgemeinen aber auch bessere Leistungen erbrachten;
- *schichtspezifische Unterschiede* hinsichtlich der *verbalen Eingriffe.* Unterschichtmütter neigten stärker zu solchen negativer Art (Schelten und Kritisieren).

Lob und Aufmunterung gingen Hand in Hand mit indirekten Eingriffen, ebenso Kritik oder Abwertung mit konkreten Hilfen. Hohes Anspruchsniveau kam bei jedem Erziehungsstil vor. Während aber bei Müttern der Mittelschicht *hohes Anspruchsniveau* in der Regel gepaart ist mit *positiver Bekräftigung* und *Ermutigung zur Selbständigkeit,* ist dies bei Müttern der Unterschicht nicht der Fall. Dadurch werden hohe Zielsetzungen für die Kinder, dort, wo sie vorkommen, unwirksam, das heißt, die Kinder können ihnen nicht gerecht werden, weil es an positiver Bekräftigung und an Ermutigung zur Selbständigkeit fehlt. Kinder, die zu viel gegängelt und kritisiert werden, können hohe Zielsetzungen der Mütter nicht verwirklichen. Sie haben das nötige Selbstvertrauen nicht und weichen Bewährungssituationen eher aus.

*Winterbottom* (17) fand in einer breit angelegten Studie, die sich auf zehnjährige Buben bezog, dass die Mütter von *hoch motivierten Kindern* im Vergleich zu Müttern von niedrig motivierten Kindern *schon* im *Kleinkindalter größere Forderungen hinsichtlich Selbständigkeit* gestellt hatten, die *Leistungen der Kinder immer sehr gelobt* und vor allem *mit Zärtlichkeit belohnt* hatten, mehr *Selbständigkeit* erlaubt, von den Kindern jedoch auch *mehr „gutes Benehmen“* gefordert hatten als die Mütter von niedrig motivierten (zum Beispiel „Rücksichtsvoll gegen Erwachsene sein und diese nicht stören“). *Hier zeigt sich, dass Leistungsmotivation nicht nur durch Selbständigkeit und Belohnung entwickelt wird, sondern auch durch die Lernerfahrung mit der Bewältigung der eigenen Impulsivität.*

**Zusammenfassung**

Außer durch die Vitalstärke eines Kindes werden seine Leistungsmotivation und sein Anspruchsniveau vom elterlichen Erziehungsstil beeinflusst. Hohe Leistungsmotivation und hohes Anspruchsniveau werden eher erreicht, wenn die Mutter gute Leistungen positiv bekräftigt und das Kind indirekt durch Ermutigung anspornt, ohne direkt einzugreifen. Geringes Anspruchsniveau und schwache Leistungsmotivation entstehen eher bei negativer Kritik und direkter Gängelung der kindlichen Aktivitäten. Für die Leistungsmotivation ist auch eine auf Selbständigkeit (ohne Überforderung) abzielende Grundhaltung der Mutter bedeutsam.

### *8.1.7 Das Problem der gerechten Leistungsbelohnung bei Vorschulkindern*

Man beobachtet immer wieder in der Familie, dass besonders Fünfjährige schwer beleidigt sind und sich ungerecht behandelt fühlen, wenn ältere Geschwister für eine gute Schulleistung eine kleine materielle Belohnung in Form einer Süßigkeit, eines kleinen Autos, eines Püppchens bekommen und sie selbst leer ausgehen. Der Hinweis, dass die Belohnung für eine *Leistung* gegeben wurde, die sie selbst nicht erbracht hätten, stößt auf völliges Unverständnis. Für das Vorschulkind gilt der Grundsatz: Alle oder keiner müsse etwas bekommen, alles andere sei ungerecht. Dieses völlige Unverständnis für den Zusammenhang zwischen Leistung und Belohnung scheint im ersten Augenblick schwer vereinbar mit der Tatsache, dass Kleinkinder, die für ihre „Leistungen“ – es handelt sich in diesem Alter natürlich um Triebverzicht, Helfen, Spielprodukte, erwünschte Verhaltensänderungen – *belohnt* werden, sich günstiger entwickeln als Kinder, deren Bemühungen unbeachtet bleiben oder kritisiert werden und schließlich versiegen. Bei diesen *förderlichen Belohnungen* handelt es sich jedoch – oder sollte es sich handeln – um *Liebesbeweise* (Zärtlichkeit, Zuwendung, Anerkennung, freudiges Erstaunen, Lob), *nicht um Geschenke.* Die Einstellung von Vorschulkindern zur *materiellen Belohnung für Leistungen* zeigt eine Untersuchung von *Gerling und Wender* (1).

Den im Durchschnitt 5;8 Jahre alten Buben und Mädchen wurde ein Videofilm gezeigt, in dem zwei Püppchen (A-chen und B-chen) vier Bücher in einen anderen Raum transportieren. A-chen trägt drei Bücher, B-chen trägt ein Buch. Nach Ansehen des Videofilmes erhielten die Kinder den Auftrag, als *Belohnung* vier Päckchen Kaugummi *gerecht* zwischen den Nachbildungen der Püppchen aufzuteilen. Es zeigte sich, dass die überwiegende Mehrzahl der Kinder *trotz der unterschiedlichen Leistungen der beiden Puppen* eine Aufteilung 2 : 2 für gerecht hielten, jede andere Aufteilung (3 : 1 oder 1: 3) für

ungerecht. Begründungen (genau wie in der Familie): „Weil sonst einer traurig ist." „Es muss jeder gleich viel haben." „Gerecht wäre, wenn jeder gleich viel hat." Als man in der Instruktion das Wort „gerecht" wegließ und nach der Darbietung des Videofilmes nur sagte: „Wie würdest du aufteilen?" fielen auch die wenigen 3 : 1-Aufteilungen weg.
In einer zweiten Untersuchung wurde ein neues Element eingeführt, das der *Bedürftigkeit.* Die Bedürftigkeit der Puppe B-chen bestand darin, dass sie kein Kaugummipäckchen besaß, während A-chen über vier Stück verfügte. Auch die Leistung wurde variiert. Einmal trug Püppchen A, das schon vier Stück Kaugummi hatte, vier Bücher, B trug keines. Dann trug jedes der Püppchen zwei Bücher. Nun zeigte sich, dass *weder die unterschiedliche Leistung* noch die *unterschiedliche Bedürftigkeit* eine Rolle spielten. Die Kinder blieben in der überwiegenden Mehrzahl bei der Aufteilung 2 : 2.
Interessant waren die Begründungen der Kinder. Sehr viele nannten das Gleichheitsprinzip („Damit jeder gleich viel hat"). Aber ebenso viele von ihnen erwähnten die Bedürftigkeit, *obwohl* sie *Gleichaufteilung vorgenommen hatten.* Diese wird mit der Bedürftigkeit der Puppe B-chen begründet! Die *Leistungsunterschiede* spielten keine Rolle. Selbst als ein neuer Faktor, die *Trauer* der benachteiligten Puppe, eingeführt wurde – sie hatte nun im Videofilm herabgezogene Mundwinkel und Tränen in den Augen, während A-chens Mundwinkel hochgezogen waren –, zeigten sich keine Unterschiede in der Gleichzuteilung!
Noch immer verteilte die überwiegende Mehrzahl der Kinder 2 : 2. In den Begründungen zur Gleichaufteilung allerdings wurden Trauer und Bedürftigkeit der B-Puppe häufig erwähnt („Weil B-chen traurig ist." „Damit B-chen glücklich wird.").
Die *emotionale Reaktion wurde aber nicht verhaltenswirksam,* und die *Leistung spielte nach wie vor keine Rolle.*

Interessant ist in diesem Zusammenhang der hier erstmals aufscheinende Begriff der *absoluten Gerechtigkeit* „Jedem das Gleiche", der, wie *Piaget* (14) zeigen konnte, bis in die spätere Kindheit erhalten bleibt – während die Leistungsbewertung sich unter dem Einfluss der Schule und der korrespondierenden Elternreaktionen ändert. Das Verständnis für „relative Gerechtigkeit" entwickelt sich spontan erst in der Vorpubertät, kann jedoch durch erzieherische Einflüsse früher geweckt werden.

**Zusammenfassung**

Einfache Beziehungen zwischen erkennbaren Merkmalen von Personen und Aufgaben (Größe des Kindes – Größe des Loches) können schon Dreieinhalbjährige herstellen. *Schlussfolgerndes Denken* (zum Beispiel von der Körpergröße auf die Turmhöhe) gelingt erst den Fünfjährigen. Den umgekehrten Schluss von einem Ergebnis auf einen nicht sichtbaren Verursacher konnten auch Sechsjährige noch nicht ziehen. Einfache Beziehungen zwischen *eigener Anstrengung* und *Handlungsergebnis* können schon Dreijährige herstellen. Sollen aus *äußeren Merkmalen der Anstrengung* (Gesichtsausdruck, Körperhaltung) Schlüsse auf das Ergebnis gezogen werden, versagt noch ein Großteil der Fünfjährigen.
Bei eigenen zu erwartenden Leistungen waren die Beurteilung der dazu nötigen Anstrengungen schon bei Vier- und Fünfjährigen sehr realistisch. Schon die Dreijährigen schrieben *Erfolge* ihrer *eigenen Tüchtigkeit* zu, *Misserfolge* aber eher der *Schwierigkeit*

*der Aufgabe.* Bei den Jüngsten gab es auch *magische Deutungen.* Wir sehen, dass die Ursachenzuschreibung in engem Zusammenhang mit der kognitiven Entwicklung steht. Erst Sechsjährige – und das ist bedeutsam für die Schulfähigkeit – verstehen die Zusammenhänge zwischen Leistungsergebnis, Anstrengung, Tüchtigkeit und Aufgabeschwierigkeit.
*Ehrgeizige und sozial distanzierte Kinder* führen Erfolge meist auf ihre *Tüchtigkeit* und auf für sie *zu leichte Aufgaben* zurück, *sozial besser integrierte Kinder* eher auf Anstrengungen und „Glück". Im Allgemeinen besteht die Neigung, Erfolge der eigenen Person, Misserfolge äußeren Umständen zuzuschreiben.
Das Anspruchsniveau orientiert sich erst im sechsten Lebensjahr an vorhergegangenen Erfahrungen mit der eigenen Leistung, und erst in diesem Alter haben sich alle drei Komponenten des motivierten Verhaltens – die *wertorientierte,* die *kognitive* und die *emotionale* – entwickelt. Die Leistungsbereitschaft in konkreten Situationen ist individuell verschieden. Sie hängt ab von der *Vitalität* des Kindes und vom *Erziehungsstil der Eltern,* Ermutigung, Erziehung zur Selbständigkeit und Lob für gute Leistungen begünstigen positive Leistungsmotivation und hohes Anspruchsniveau, während Einschränkung der Selbständigkeit und Kritik sie herabsetzen.
Zwischen *Leistung* und *materieller Belohnung* erkennen Kleinkinder noch keinen zwingenden Zusammenhang. Alle müssen das Gleiche bekommen, nur das ist gerecht.

## 8.2 Arbeitshaltungen

Unter *Arbeitshaltungen* verstehen wir Konzentrationsfähigkeit, Ausdauer, willkürliche Aufmerksamkeit und Aufgabewilligkeit.
Sie sind die „Vollzugsorgane" der Leistungsmotivationen, ohne die alle Strebungen in Richtung einer Veränderung vom „Ist-Zustand" zum „Soll-Zustand", alle Wünsche zur Erreichung eines Zieles, eines Leistungsniveaus vergeblich bleiben müssen. Zu Misserfolgen kommt es sehr oft, nicht, weil es zur Erreichung der erwünschten Ziele an Intelligenz mangelt, sondern weil das Fehlen von „Arbeitstugenden" eine Umsetzung der vorhandenen Fähigkeiten in Leistungen verhindert.

### *8.2.1 Die Entwicklung der Arbeitshaltungen*

Wir sagten schon in Kapitel VI, dass die Wende vom funktionalen zum werkschaffenden Spiel auch den *Beginn der Entwicklung der oben genannten Arbeitstugenden markiert.* Diese Entwicklung verläuft allmählich, wie sich ja auch das werkschaffende Spiel allmählich „ausweitet", vom einfachsten Material (etwa dem Sand) bis zum für das Kleinkind kompliziertesten (etwa dem Matador). Wie bei jedem Entwicklungsphänomen besteht auch hier eine *Wechselwirkung* zwischen *organischem Geschehen* und *Lernprozessen,* die durch die *Umwelt* ermöglicht und gefördert werden (15).

Im Falle der Ausbildung der Arbeitstugenden besteht der *organische Anteil* in einem neurophysiologischen Reifungsschritt, der auch im EEG nachweisbar ist. Dieses bietet jedoch nur die *Möglichkeit,* die *Disposition,* zur Ausformung der bewussten Verhaltenssteuerung, die in den Arbeitshaltungen zum Ausdruck kommt. In zweifacher Weise muss die Umwelt die entsprechenden Lernmöglichkeiten bereithalten: erstens direkt durch Bereitstellung des *richtigen Spielmaterials* (siehe S. 208 ff.), zweitens indirekt durch *entsprechende emotionale Zuwendung.* Positive Arbeitshaltungen können sich nur auf der Basis einer positiven Beziehung zum Erzieher entwickeln, auf der Basis des Vertrauens und des Gefühls des Akzeptiertwerdens. Denn wenn Kinder im Vorschulalter zum Spielen auch vor allem von innen her durch ihre *Neugierde,* ihren *Explorationsdrang,* ihr *Bedürfnis zu funktionaler und werkschaffender Betätigung* motiviert sind, so brauchen sie doch, um ihr *Antriebsniveau aufrechtzuerhalten, den Erwachsenen,* der ihnen die Möglichkeit gibt, sich mit seinem Anspruchsniveau zu identifizieren und aus seinem Lob Verstärkung, Bestätigung und Ermutigung abzuleiten. Das Kind braucht dies besonders von dem Augenblick an, von dem an es die Produkte seiner Betätigung als „Werk“ erlebt. Kinder, die niemanden haben, dem sie zeigen können, was sie gemacht haben, und niemanden, der das auch schön findet, können die Freude am Spiel verlieren, ihre Kreativität kann versiegen. Sie werden unruhig, planlos, entwickeln keine Ausdauer, keine Konzentration, keine Aufgabenbereitschaft und keine Leistungsmotivationen. Wir wissen, dass vor allem *chronische Mängel* in der *Befriedigung der kindlichen Grundbedürfnisse nach Geborgenheit,* nach *konsequenten Wertsetzungen,* nach *geeigneten Spiel- und Beschäftigungsmöglichkeiten* und nach einem *familiären Gemeinschaftsleben* eine Ausbildung der Arbeitshaltungen verhindern und das Kind auf einer infantilen Stufe verharren lassen können. Diesen Zustand finden wir nicht nur in *wenig kindorientierten Familien,* sondern oft auch im Rahmen *der institutionalisierten Kleinkind- und Vorschulerziehung,* wenn die Gruppen so groß sind, dass die Erzieherin sich nicht mit jedem Kind beschäftigen kann. Dann kann zweierlei geschehen: erstens, dass die Inaktiven, Stillen, „Braven“ ihrer Aufmerksamkeit entgehen und keinerlei Beachtung oder Bestätigung erhalten, zweitens, dass die Aktiveren, die bei Mangel an Beachtung Geltungsstreben zeigen, sie enervieren und sich dadurch selbst von positiven Zuwendungen ausschließen.

Es gib in Bezug auf Beachtet- oder Nichtbeachtetwerden anscheinend besondere *Anpassungsmechanismen.*

*Oerter* (13) verweist auf konträre Entwicklungsmöglichkeiten der Neugierde. Kinder, die gute Bindungen zu Kontaktpersonen herstellen können, interessieren sich primär für Menschen und lernen von ihnen das, was „interessant“ ist. Sie interessieren sich für das, was im Kontakt mit Erwachsenen Anerkennung einträgt, oder für das, was von Erwachsenen zu gewinnen ist. Solche Kinder kommen über die *Personen zu den Sachen.* Sie identifizieren sich leicht mit dem Anspruchsniveau und den Verhaltensmodellen der Erwachsenen und haben daher auch keine Schwierigkeiten, Arbeitshaltungen zu entwickeln,

die der Bewältigung von Aufgaben dienen, die dem Erwachsenen wichtig sind und die über die Identifikation mit ihm auch dem Kind wichtig werden.
Kinder, die keine guten Bindungen zu Erwachsenen aufbauen konnten – von Kindern ohne alle Bindungsmöglichkeiten, bei denen Angst jede Exploration unterbindet, wollen wir hier absehen –, interessieren sich mehr für Objekte als für Menschen. Sie finden den Weg zu den Objekten unmittelbarer, ohne die „Kanalisierung" durch den Erwachsenen. Sie werden fast ausschließlich vom „Aufforderungscharakter" des Materials gesteuert, das ihre Neugierde und ihr Explorationsbedürfnis herausfordert. Alles, was neu ist, interessiert sie, aber sie sind weniger geneigt, sich mit etwas schon Bekanntem zu beschäftigen. Sie verhalten sich daher sehr sprunghaft, brauchen ständig neue Anregungen. Mangels Identifikation mit den Zielsetzungen und dem Anspruchsniveau von Erwachsenen wählen sie nicht jene Objekte und leisten nicht jene Art des Einsatzes, die der Erwachsene für notwendig hält, sondern „machen, was sie wollen". Ihre Aktivität kann groß sein und kann sich bei Bereitstellung von entsprechendem Material, das ihre Neugierde und ihren Tätigkeitsdrang herausfordert, auch in Leistungen umsetzen. Aber sie lernen nicht, dass man auch Dinge tun muss, die man nicht tun möchte, denn sie lassen sich nicht über Liebesgewinn und Liebesverlust motivieren, und die verfehlte Entwicklung der Arbeitshaltungen kann weit tragende Folgen haben. Dies soll am Beispiel der Schulschwierigkeiten von Anstaltskindern gezeigt werden.

### *8.2.2 Schulschwierigkeiten von Heimkindern – ein Problem unentwickelter Arbeitshaltungen*

Die Tatsache, dass Heimkinder in der Regel wesentlich geringere Schulerfolge haben als Kinder, die im Familienverband aufwachsen, ist Lehrern schon immer aufgefallen, aber man hat dieses Phänomen stets in oberflächlicher Weise mit der geringeren Intelligenz der Heimkinder in Zusammenhang gebracht. Zwei wissenschaftliche Untersuchungen haben nun sehr deutlich gezeigt, dass diese Interpretation falsch war. Beim Vergleich einer Gruppe von siebenundvierzig Heimkindern, die eine Hauptschule besuchten, mit Familienkindern derselben Schule konnte Karoline *Jandl* (8) feststellen, dass *zwischen den beiden Schülergruppen keine signifikanten Unterschiede in der messbaren Intelligenz zu finden waren.* Trotzdem waren die Heimkinder in den zweiten Klassenzügen stark überrepräsentiert. Ein noch bedeutenderer Unterschied bestand in der Altersstruktur. Während von den Familienkindern nur etwa 20 Prozent überaltert waren, war dies bei 66 Prozent der Heimkinder der Fall. Diese hatten meist schon, bevor sie an die Hauptschule übertraten, ein bis zwei Schuljahre wiederholt. Dies gilt wieder besonders für die Heimschüler der zweiten Klassenzüge: 73 Prozent der Heimschüler im zweiten Klassenzug waren überaltert, nur 32 Prozent der Familienkinder.
Sehr deutlich kommt die schulische Benachteiligung von Heimkindern auch in der schon erwähnten Nachfolgeuntersuchung im Kanton Zürich zum Ausdruck (10). Ein Vergleich zwischen der IQ-Verteilung der Kinder der Nachuntersuchung und der Normalverteilung *zeigte keine signifikanten Un-*

*terschiede. Sehr ungünstig* war dagegen das Bild der *schulischen Entwicklung,* wie die nachstehende Tabelle zeigt.

*Tabelle 10*
Vergleich der besuchten Schultypen (N = 122).

| | Kinder der Nach-untersuchung | Kinder aus dem Kanton Zürich |
|---|---|---|
| Sekundarschule* | 35 % | 53 % |
| Realschule | 47 % | 42 % |
| Volksschuloberstufe | 18 % | 5 % |
| Sonderklassen | 11 % | 3,7 % |
| Repetenten | 39 % | 20 % |

Worauf können wir diese Unterschiede zurückführen?
Die Schulleistung wird ja bekanntlich nicht allein durch die messbare Intelligenz bestimmt, sondern ergibt sich aus dem Zusammenwirken der intellektuellen Fähigkeiten mit den *Arbeitshaltungen und Motivationen, den Stützfunktionen der Intelligenz.*
Zwischen diesen psychischen Bereichen bestehen Wechselwirkungen. So kann eine schwächere Intelligenz ausgeglichen werden durch einen hohen Grad von Motiviertheit oder durch eine sehr hoch entwickelte Arbeitsmoral. Andererseits kann die Leistung eines intelligenten Schülers durch mangelhafte Stützfunktionen leiden. In krassen Fällen von mangelhafter Arbeitshaltung kann es trotz durchschnittlicher Intelligenz zum totalen Versagen kommen. Dieser Zustand besteht nun bei Heimkindern so häufig, dass man ihn fast als die Regel bezeichnen kann, die nur durch seltene Ausnahmen durchbrochen wird.
Wie es zu diesen Defiziten kommt, ist aus dem Vorhergesagten leicht zu erklären. Denn Leistungsmotivationen bilden sich ja schon im Vorschulalter, und zwar unter der Voraussetzung von Beachtung, Anerkennung, Liebesgewinn und Förderung der Selbständigkeit.
Beim Fehlen dieser Voraussetzungen bleiben Arbeitshaltungen und Leistungsmotivationen unentwickelt. Gerade dieser Zustand besteht aber nur allzu häufig bei Vorschulkindern, die in Heimen aufwachsen, denn die Erzieherin hat selten jene starke innere Bindung zu jedem einzelnen ihrer Schützlinge, die die Voraussetzung zur Entstehung von Leistungsmotivationen bilden.

Auch im Bereich der Schule ist das jüngere Kind anfangs auf fremdgesteuerte Motivationen angewiesen. Es lernt vorerst ja Dinge, die nicht vom Bedürfnis her motiviert sind. Es lernt für die Zukunft. Das Erlernen des Lesens, Rechnens und Schreibens muss sehr

---

* Sekundarschule entspricht etwa unserem ersten Klassenzug, Realschule dem zweiten Klassenzug, die Volksschuloberstufe (ohne Fachlehrersystem) gibt es bei uns nur mehr in entlegenen Landgemeinden.

weitgehend durch emotionale Beziehungen motiviert werden, nämlich durch die Leistungserwartungen und durch die Leistungsvorbilder der Erzieher – im Normalfall die Eltern. Es lernt zuerst einmal „für die Eltern", das heißt, es identifiziert sich mit deren Anspruchsniveau, um sich durch die Erfüllung ihrer Erwartungen Liebesgewinn und freundliche Beachtung zu sichern und um Liebesverlust in Form von Strafe, Vorwürfen, Äußerungen der Enttäuschung oder Abwertung zu vermeiden. Erst im weiteren Verlauf kommt es zur Interiorisation der Erwartungen seiner Erzieher, die das Kind sich zu Eigen macht.

Wohlgeborgene, geliebte Kiner werden in der Regel, aufbauend auf den schon im Kleinkindalter grundgelegten Motivationen, auch gegenüber den schulischen Verpflichtungen Arbeitshaltungen entwickeln, die *die Umsetzung des vorhandenen Intelligenzpotentials in Leistungen gewährleisten.* Bei Heimkindern, die ja keine „individuell geliebten Kinder" sein können und die daher keine Hilfe und Ermutigung durch zu erwartenden individuellen Liebesgewinn haben, können die Lernmotivationen weitgehend fehlen. Das sich daraus ergebende Versagen führt zur Resignation bis zur totalen Entmutigung und auch zu vielfachen Verhaltensstörungen.

### Zusammenfassung

Arbeitshaltungen sind die Vollzugsorgane der Leistungsmotivation. Sie entwickeln sich in Wechselwirkung von *zerebraler Reifung* und *Lernprozessen.* Letztere wiederum werden ermöglicht einerseits durch entsprechende Anregungen, andererseits durch *Verstärkungen,* die der Erwachsene mit seinem Lob, seiner Bestätigung und seiner Ermutigung bietet. *Versagungen* in diesem Bereich, wie sie benachteiligte Familienkinder und vor allem *befürsorgte Kinder* erleiden, verhindern die Ausbildung von positiven Arbeitshaltungen und beeinträchtigen den späteren Schulerfolg.

### Pädagogischer Teil

Die Leistungsmotivationen entwickeln sich, wie viele deutsche und amerikanische Untersuchungen zeigen, dann am besten, wenn schon im Vorschulalter die Selbständigkeit des Kindes gefördert wird, nicht nur in der Wahl seiner Spiele, sondern auch im Hinblick auf Entscheidungen über Kleidung, Freunde, Speisenauswahl, Spazierwege und dergleichen mehr.

Im zweiten Lebensjahr wollen viele Kinder oft gerade jene Dinge selbst machen, zu denen sie noch nicht wirklich fähig sind, zum Beispiel selber essen, selbst die Schuhe und Strümpfe anziehen. Das wird meist von den Müttern energisch abgelehnt, weil es „zu viel Patzerei" macht oder zu lange dauert. Wird das Kind in seinen ersten Selbständigkeitsbestrebungen jedoch frustriert, wird es sich später weigern, selbständig zu werden. Man sollte das Kind deshalb jedes Mal versuchen lassen, wenn es etwas allein machen möchte. Kleine Hilfen können allzu große Pannen verhindern, ohne dass das Kind das Gefühl der Frustration hat. So kann der Löffel, der noch schief gehalten wird, mit einer kleinen helfenden Bewegung in der richtigen Lage zum Mund gelangen.

Wesentlich ist, dass jedes Kind, das älter ist als drei Jahre, erfährt, warum bestimmte Dinge erlaubt sind und andere nicht. Auch die Art, wie die Eltern sich verhalten, wenn das Kind einem Problem gegenübersteht, ist von großer Bedeutung. Ermutigung, deutlich gezeigtes Vertrauen und Lob bei Gelingen fördern die Leistungsmotivation. Rasche Hilfeleistung, starke Gängelung durch Anweisungen und Kritik bei Misserfolg hemmen die Selbständigkeit und den Leistungswillen, machen das Kind abhängig. Lob und Zärtlichkeit bei jeder erreichten neuen Fertigkeit, wie allein essen, sich allein ausziehen, sich allein anziehen, selbständig auf die Toilette gehen usf., sind wichtig.

Das Anspruchsniveau der Eltern in Bezug auf die vom Kind erwarteten Leistungen muss realistisch sein, darf das Kind weder über- noch unterfordern, vielmehr muss das Kind sich mit den Erwartungen der Eltern identifizieren können und sich bemühen, ihnen zu entsprechen, weil es dann seinerseits Lob und Zärtlichkeit erwarten darf.

Situationen, in denen Misserfolge trotz Bemühungen zu erwarten sind, sollten vermieden werden, denn bis zum siebenten Lebensjahr (und auch darüber hinaus) wird Versagen als schwerer Selbstwertverlust erlebt und kann emotional nicht verarbeitet werden. Daher kein Vergleichen mit anderen Kindern, kein Wettbewerb! Das Selbständigkeitsstreben des Kindes soll respektiert, ja ermutigt werden, auch wenn man dabei Unordnung und Zeitverlust in Kauf nehmen muss. Das schwierige Problem der gerechten Belohnung löst man am besten, indem man auch bei älteren Kindern auf materielle Belohnungen verzichtet und sich auch bei ihnen auf emotionale Zuwendung beschränkt. Wenn Geschenke gegeben werden, dann müssen auch Kleinkinder entsprechend beteilt werden. Unterschiede werden nicht verstanden und gefährden die Geschwistersituation.

*Literaturverzeichnis*


1 *GERLING, M.*, und *WENDER, I.:* Gerechtigkeitskonzepte und Aufteilungsverhalten von Vorschulkindern. Zt. für Entwicklungspsychologie und Pädagogische Psychologie, XIII. Jg., 3. Heft, 1981.

2 *HALISCH, Ch.*, und *HALISCH, F.:* Kognitive Voraussetzungen frühkindlicher Selbstbewertungsreaktionen nach Erfolg und Misserfolg. Zt. für Entwicklungspsychologie und Pädagogische Psychologie, 12, 193–212, 1980.

3 *HECKHAUSEN, H.*, und *KEMMLER, L.:* Entstehungsbedingungen der kindlichen Selbständigkeit. Zeitschrift für experimentelle und angewandte Psychologie, Heft 4, 1937.

4 *HECKHAUSEN, H.*, und *ROELOFSEN, J.:* Anfänge und Entwicklung der Leistungsmotivation (I) im Wetteifer des Kleinkindes. Zeitschrift Psychologische Forschung 26, 1962.

5 *HECKHAUSEN, H.*, und *WAGNER, I.:* Anfänge und Entwicklung der Leistungsmotivation (II) in der Zielsetzung des Kleinkindes. Zeitschrift Psychologische Forschung 28, 1965.

6 *HECKHAUSEN, H.*, und *OSWALD, A.:* Erziehungspraktiken der Mutter und Leistungsverhalten des normalen und gliedmaßengeschädigten Kindes. Archiv für die gesamte Psychologie, 121, 1969.

7 *HECKHAUSEN, H.:* Motivation und Handeln. Berlin 1980.
8 *JANDL, K.:* Chancengerechtigkeit für Heimkinder. Wien–München 1978.
9 *KRUG, S., GURACK, E.,* und *KRÜGER, H.:* Entwicklung anschauungsgestützter Konzepte für Fähigkeit und Anstrengung im Vorschulalter. Zt. für Entwicklungspsychologie und Pädagogische Psychologie, XIV. Jg., 1. Heft, 1982.
10 *MEIERHOFER, M., NUFER, H.,* et al.: Nachuntersuchung ehemaliger Heimkinder. Unveröffentlichter Forschungsbericht des Maria-Meierhofer-Institutes für das Kind, Zürich.
11 *MÜLLER, A.:* Entwicklung des Leistungs-Anspruchsniveaus in *WASNA, M.* (Hrsg.): Leistungsmotivation. München 1973.
12 *NEUBAUER, W.,* und *GAST, N.:* Beziehungen zwischen Kausalattribuierung von Kindern im Vorschulalter und Verhaltensbeurteilung durch Kindergärtnerinnen. Zt. Psychologie in Erziehung und Unterricht, 1/1982.
13 *OERTER, R.:* Moderne Entwicklungspsychologie. Donauwörth 1972.
14 *PAGET, J.:* Das moralische Urteil beim Kinde. Zürich 1954.
15 *SCHENK-DANZINGER, L.:* Pädagogische Psychologie. 6. Aufl., Wien 1972.
16 *WASNA, M.* (Hrsg.): Leistungsmotivation. München 1973.
17 *WINTERBOTTOM, M. R.:* The Relation of Need for Achievement to Learning Experiences in Independence and Mastery in *ATKINSON, J. W.* (Hrsg.): Motives in Fantasy, Action and Society. Princeton, N. J., 1958.

# *IX Auf dem Weg zur Schulfähigkeit*

Alles Lernen ist nicht einen Heller wert, wenn Mut und Freude dabei verloren gehen.
Ein Mensch, der Geduld haben muss als Erzieher, ist ein armer Teufel –: Liebe und Freude muss er haben!
*Johann Heinrich Pestalozzi*

Früher sprach man von „Schulreife". Es war die Zeit, in der alle Veränderungen im Laufe der Kindheit und Jugend fast ausschließlich als Reifungsphänomene aufgefasst wurden. Heute sieht man jenen individuellen Reifungsstand – so auch den des Kindes zum Zeitpunkt seines Schuleintritts – als Ergebnis *komplexer Wechselwirkungen* zwischen der *strukturellen Reifung,* der *potentiellen Intelligenz* (individuelle, in der Genstruktur vorgegebene maximale Entfaltungsgrenze der kognitiven Fähigkeiten), den *lernmäßigen Herausforderungen durch die Umwelt* (welche die Aktualisierung der potentiellen Intelligenz ermöglichen), dem *Grad der emotionalen Verwurzelung und der sozialen Erfahrungen* und schließlich der *Ausprägung der Motivationen und Arbeitshaltungen.* Wir sprechen daher heute lieber von Schulfähigkeit im objektiven und von Schulbereitschaft im subjektiven Sinn (7).

## 9.1 Schulfähigkeit – von äußeren Faktoren abhängig

### *9.1.1 Schulfähigkeit ist abhängig vom Führungsstil*

*Schulfähigkeit* ist ein relativer Begriff, schon deshalb, weil Kinder in verschiedenen Ländern in sehr verschiedenem Alter schulfähig sein müssen. In England beginnt das „Schulalter" mit fünf Jahren, in Skandinavien sowie verschiedenen Oststaaten mit sieben Jahren, bei uns und in einigen anderen Ländern der westlichen Welt mit sechs. Es ist jedoch kein Zufall, daß der *Führungsstil* in Gruppen, die *Fünfjährige* im Rahmen der allgemeinen Schulpflicht oder auf freiwilliger Basis aufnehmen – sie mögen als Infant School, Elementarstufe, Eingangsstufe, Vorbereitungsklasse, Vorschulklasse oder Schulkindergarten deklariert sein –, sich heute grundlegend von jenem Führungsstil unterscheidet, der traditionsgemäß, zumindest im deutschsprachigen Raum, noch immer in Gruppen vorherrscht, die Sechs- und Siebenjährige aufnehmen. Bei jüngeren Kindern dominiert die *spielorientierte,* bei älteren Kindern die *leistungsorientierte* Führung.

Als man versuchte, wie dies in Österreich auf Grund der deutschen Schulgesetzgebung während der Kriegsjahre und bis zum Jahre 1952 geschah, alle 5;9 bis 6;0 alte Kinder als Gruppe in Klassen mit vorwiegend leistungsorientiertem Führungsstil zu integrieren, ergaben sich sehr große Schwierigkeiten. Damals musste etwa ein Drittel der Fünfjährigen wieder ausgeschult werden, ein Drittel hatte beträchtliche Schwierigkeiten, und viele von diesen konnten nicht in den ersten Klassenzug aufgenommen werden, obwohl sie ihrer Intelligenz nach dazu geeignet gewesen wären. Nur ein Drittel bewältigte die Schulsituation ohne Mühe. Zwei Drittel der Kinder, die im letzten Viertel des sechsten Lebensjahres eingeschult worden waren, erwiesen sich in einer leistungsorientierten Klasse als überfordert. *Diese Tatsache spricht an sich eher gegen den Führungsstil als gegen die Einschulung Fünfjähriger,* deutet aber doch Unterschiede in der Belastbarkeit der Kinder an, denn so wenig wir den extrem leistungsorientierten Führungsstil akzeptieren können, so müssen wir doch feststellen, dass ihm laut österreichischer Schulstatistik rund 90 Prozent der zwischen 6;0 und 7;0 Eingeschulten gewachsen sind.

Auch in Vorschulgruppen, die Fünfjährige oder noch nicht schulfähige Sechsjährige aufnehmen, finden wir oft Merkmale des leistungsorientierten Führungsstils, besonders dann, wenn diese Gruppen an Schulen angeschlossen und von Lehrkräften betreut werden, die *„Bravsein"* und *„Stillsitzen"* mit *„Schulreife"* verwechseln. Auf der anderen Seite gibt es reformpädagogische Bemühungen in Richtung einer Auflockerung des leistungsorientierten Führungsstils durch Gruppenarbeit und Differenzierungsmaßnahmen, einer stärkeren Betonung der kindlichen Kreativität und der individuellen Bedürfnisse und durch die Billigung einer gewissen Bewegungsfreiheit.
Hier *variieren die Anforderungen von Lehrer zu Lehrer* oft beträchtlich und tragen nicht unwesentlich zur Entscheidung bei, ob ein Kind das Anfangsjahr übersteht beziehungsweise ob seine individuelle Schulfähigkeit den Anforderungen, die der Führungsstil des Lehrers stellt, genügt.
So gibt es pädagogisch geschickte Lehrer, die in den ersten Wochen schulunreif scheinende oder nur bedingt schulreife Kinder so fördern, dass sie die Anfangsklasse bewältigen. Die Erfolgschancen aller Kinder eines solchen Lehrers sind nachgewiesenermaßen beträchtlich höher als die Erfolgschancen von Kindern einer Vergleichsgruppe mit einem Lehrer, der den Hauptwert auf ein gleichmäßiges, stoffbezogenes Fortschreiten der Klasse legt. Die im erwähnten Sinn geschickten Lehrer stützen die Eigeninitiative der Kinder, gehen stärker auf das einzelne Kind ein, lassen der Gruppenarbeit einen gewissen Raum und legen vor allem in den ersten Wochen den Schwerpunkt nicht auf zügiges Stofferarbeiten.

### *9.1.2 Schulfähigkeit ist abhängig von den Anforderungen*

Schulfähigkeit steht auch in Relation zu den Anforderungen. Hohe Rückstellungs- und Repetentenzahlen, nicht nur im ersten Schuljahr, sondern während der ganzen Pflichtschulzeit, deuten auf Unstimmigkeiten zwischen der Schulfähigkeit größerer Gruppen und den Anforderungen. Die Diskussion der Schulreformer geht heute in der Richtung einer größeren Flexibilität der

schulischen Einrichtungen zwecks besserer Anpassung an die individuelle Entwicklungsstruktur des einzelnen Schulanfängers.
Dabei sind Rückstellungs- und Repetentenzahlen von Bundesland zu Bundesland, von Schule zu Schule, von Klasse zu Klasse verschieden, und in jedem schulpsychologischen Dienst macht man immer wieder die Erfahrung, dass ein Kind, das bei einem Lehrer hoffnungslos überfordert scheint, nach Umschulung in eine andere Klasse ohne Schwierigkeiten mitkommt.
Hier ein Beispiel:

Die kleine *Margot* wurde wegen Schulversagens zur schulpsychologischen Untersuchung gebracht. Die Untersuchung ergab einen durchaus normalen Entwicklungsstand. Das Kind war auch anfangs gern in die Schule gegangen, versagte aber immer mehr und litt an Angstzuständen. Bei Durchsicht der Hefte zeigte es sich, dass die Texte, die die Lehrerin als Diktate oder als Schreibübungen aus dem Gedächtnis gab, in der Regel erst von Kindern der zweiten Schulstufe bewältigt werden mussten. Sie war ehrgeizig und wollte alle Kinder der Klasse ins Gymnasium bringen. Margot wurde in eine andere Schule versetzt, die bekannt war für besonders gute Lehrkräfte. In dieser Schule hatte Margot keinerlei Schwierigkeiten mehr. Sie blühte auf, ihre Angstsymptome verschwanden, und sie konnte nach der Volksschule das Gymnasium besuchen.

In der Regel werden die Anforderungen in Lehrplänen festgelegt und entsprechend den *Fähigkeiten eines fiktiven* (theoretisch angenommenen) *Durchschnitts*. Es handelt sich dabei meist um Rahmenlehrpläne, die dem Lehrer gewisse Grenzen nach unten, aber kaum nach oben setzen. Ein ehrgeiziger Lehrer kann das Lerntempo, den Umfang der Hausarbeiten und der Probearbeiten so sehr steigern, dass manche Kinder versagen, die bei einer Unterrichtsgestaltung, die nicht *vom Ehrgeiz* und vom Perfektionismus der Lehrkraft, *sondern von den psychischen Bedürfnissen der Kinder* bestimmt wird, ohne weiteres mitgekommen wären.
Eine Rolle spielt auch die Zusammensetzung der Klasse. Bei 30 Prozent Gastarbeiterkindern wird der Lehrer langsamer vorgehen als in der Schule eines „Nobelbezirks“, in dem der Großteil der Eltern erwartet, ihre Kinder in die höhere Schule schicken zu können.
In der Praxis ist „Schulfähigkeit“ stets bezogen auf ein bestimmtes Schulsystem oder eine bestimmte Schule; nicht selten ändern sich die Anforderungen von Lehrer zu Lehrer.

## 9.2 Das Kind im Wandel vom Kleinkind zum Schulkind

Schulfähigkeit hat zwei Seiten: die Schule mit ihrer Struktur und ihren Anforderungen und – das Kind.

### *9.2.1 Schulfähigkeit und körperliche Entwicklung*

Früher war man der Meinung, dass ein bestimmter körperlicher Entwicklungsstand die Schulreife anzeige, insofern, als die erreichte „Schulkindform" im Körperlichen gleichzusetzen sei mit psychischer Schulreife.

Als „Schulkindform" wurde das Ergebnis eines körperlichen Proportions- und Erscheinungswandels angesehen, von den typischen Körperformen des Kleinkindes (relativ großer Kopf, kurze Gliedmaßen, langer Rumpf, starke Fettpolsterung) zu jener Form, die nach der „ersten Streckung" gekennzeichnet ist durch ein Verschwinden der Fettpolsterung und ein deutliches Längenwachstum der Gliedmaßen, was sowohl den Rumpf als auch den Kopf kleiner erscheinen lässt.

Der erwähnte Proportionswandel fiel noch in den Zwanzigerjahren mit dem Schuleintritt zusammen, und die beiden Autoren *Hetzer* (4) und *Zeller* (9) konnten einen Zusammenhang zwischen der erreichten Schulkindform und der erreichten Schulreife erkennen. Allerdings gab es schon damals gewisse „diagnostische" Schwierigkeiten insofern, als sich der Übergang von der Kleinkindform zur Schulform ja nicht von heute auf morgen vollzieht, „Zwischenformen" der körperlichen Entwicklung schwer definierbar waren und sich auch schwer mit „Zwischenformen" der Schulreife in Zusammenhang bringen ließen.
Heute besteht der damals beobachtete Zusammenhang nicht mehr. Im Zuge der allgemeinen körperlichen Akzeleration*, die in der Pubertät am augenfälligsten ist, in Wirklichkeit jedoch schon bei den Säuglingen beginnt, hat sich der Proportionswandel vorverschoben und kann in der Regel schon zwischen vier und fünf Jahren beobachtet werden. Er hat somit keinen Zusammenhang mehr mit der „Schulreife". Das einzige körperliche Entwicklungsmerkmal, das unverändert geblieben zu sein scheint, ist der *Zahnwechsel.* Nun sind die Zähne ein Teil des Skeletts, und nach einer Untersuchung von *Grau und Klaus* (3), berichtet von *Nickel* (6), besteht nach wie vor ein Zusammenhang zwischen Skelettalter und Schulleistungen. So ist der einzige *somatische Anhaltspunkt* für die Schulfähigkeit in der Zahl der bleibenden Zähne zu sehen, doch wird man auch diesem Phänomen nur dann eine gewisse Bedeutung zumessen, wenn eine starke Retardation (Entwicklungsverzögerung) vorliegt. Dasselbe gilt auch für die Körperform. Ein Kind, das die „Schulform" erreicht hat, ist deshalb nicht unbedingt auch schulfähig; ein Kind, das sich jedoch zur Zeit des gesetzlich festgelegten Schuleintrittsalters noch eindeutig in der „Kleinkindform" befindet, ist mit großer Wahrscheinlichkeit nicht schulfähig.

* Beschleunigung der Entwicklung.

### *9.2.2 Verhaltensänderungen vom Kleinkind zum Schulkind*

Bei aller Abhängigkeit der „Schulfähigkeit" von den Anforderungen der Schule gibt es doch bestimmte Verhaltensänderungen vom Kleinkind zum Schulkind, die eingetreten sein müssen, wenn ein Kind im Rahmen einer mehr oder weniger leistungsorientierten Führung – keine Elementarklasse kommt um die Aufgabe herum, Grundkenntnisse im *Rechnen, Lesen* und *Schreiben* zu vermitteln – die Schulsituation bewältigen soll. *Schulfähigkeit* bedeutet, dass ein Entwicklungsstand erreicht wurde, der es dem Kind ermöglicht, nicht nur die erwähnten Kulturtechniken als solche zu erlernen, sondern *diesen Lernprozess im Rahmen einer Gruppe zu vollziehen.* Das schulfähige Kind muss also gewisse Leistungen erbringen können, und zwar nicht nur im kognitiven Bereich, sondern auch in Bezug auf *Arbeitshaltung, Motivation* und *soziale Einordnungsbereitschaft.*

#### 9.2.2.1 Welche Rolle spielt die Reifung?

Zwischen fünf und sechs Jahren findet ein zerebraler Reifungsprozess statt, der auch im EEG nachweisbar ist und der zwei wesentliche Veränderungen ermöglicht, nämlich die Überwindung des *kleinkindhaften Weltbildes* in Richtung einer deutlichen *Realitätszugewandtheit* und die Überwindung der *eigenwillig-egozentrisch-funktionalen Spielhaltung* zugunsten von *Aufgabeorientiertheit, willkürlicher Aufmerksamkeit* und *stärkerer Konzentrationsfähigkeit.* Es muss jedoch darauf hingewiesen werden, dass der diesen Veränderungen zugrunde liegende Reifungsprozess nur eine *Disposition,* eine Möglichkeit, darstellt und die tatsächlichen Veränderungen nur einerseits durch *Lernerfahrungen* im kognitiven und im sozialen Bereich, andererseits durch das Erlebnis der *emotionalen Geborgenheit* zustande kommen können (1,5).

Es handelt sich somit nicht um Veränderungen, die *allein durch Reifung* zustande kommen – die sich also auch ohne Anregungen von außen vollziehen müssten –, sondern um die Interaktion von *Reifungs- und Lernprozessen* als Ergebnis vorhergegangener sozialer, emotionaler und kognitiver Erfahrungen. Unter ungünstigen Sozialisierungsbedingungen werden die Arbeitshaltungen meist stärker beeinträchtigt als die kognitive Entwicklung. Daraus ergeben sich Diskrepanzen zwischen *Leistungsfähigkeit* und tatsächlichem *Leistungsverhalten* – ein sehr häufiger Zustand bei normal begabten Schulversagern.

#### 9.2.2.2 Veränderungen im kognitiven Bereich

Eine wichtige Veränderung im kognitiven Bereich bezieht sich auf die Fähigkeit, *„Regeln zu lernen"* und Begriffe zu bilden (S. 167 und 223 ff.).

Eine andere zeigt sich im Bereich der *Nachahmung.*

Wenn man einem vierjährigen Kind ein einfaches kleines Bauwerk vorbaut und es auffordert, dieses nachzubauen, so wird es vielleicht einen Blick auf das Modell werfen und dann etwas Ähnliches nachbauen, ohne sich im Geringsten darum zu kümmern, ob sein Produkt mit dem Vorbild übereinstimmt. Ein Fünfjähriger wird sich dagegen um eine möglichst getreue Nachbildung bemühen, wobei der Blick dauernd zwischen dem Modell und dem eigenen Werk hin- und herwandert. Das Kind versucht, dem Vorbild die Beziehung der einzelnen Teile zueinander zu entnehmen.

Wir sprechen bei dieser Art der Zuwendung zur Umwelt von *Entnahmefähigkeit.* Erst sie ermöglicht, zusammen mit dem nun gut entwickelten *teilinhaltlichen Erfassen von Gestalten* (Gliederungsfähigkeit), den Erwerb der Kulturtechniken.

### 9.2.2.3 Veränderungen im sozialen Bereich

Schon der Fünfjährige ist in der Lage, in kleinen Gruppen zu spielen. Der Sechsjährige hat sich in der Regel so weit von der Familie, vor *allem von der Mutter,* abgelöst und auch den Egozentrismus so weit überwunden, dass er ein *Bedürfnis nach aktiver Teilnahme an der Gemeinschaft Gleichaltriger hat.* Zwar ist der Sechs- bis Siebenjährige noch nicht fähig, das Gruppenleben selbst zu gestalten, aber er will *„teilhaben“, „dabei sein“, „dazu gehören“,* er will, und das ist ein wesentlicher Unterschied gegenüber dem Vorschulalter, *„Rollenträger“* sein, der kraft eines Amtes zu Ansehen gelangen kann. Daher sind die „Rollen“ des Blumengießers, Tafellöschers und Hefteausteilers heiß begehrt. Er ist bereit, *die Regeln der Gruppe zu akzeptieren.*

### 9.2.2.4 Gegenüberstellung von Kleinkind- und Schulkindstruktur

Aus dem Gesagten ergibt sich, dass die Schulfähigkeit nicht allein ein intellektuelles Problem ist, sondern ein Problem der *gesamten Persönlichkeit.* Die nebenstehende Gegenüberstellung von Kleinkind- und Schulkindstruktur macht dies deutlich (Tabelle 11).

## 9.3 Schulfähigkeit ist abhängig von der Lernvergangenheit des Kindes

Wir sagten schon, dass die Schulfähigkeit mitbestimmt wird durch die *individuelle Ausschöpfung der potentiell angelegten Intelligenz,* das heißt durch die *Lernerfahrungen,* die das Kind in den ersten Jahren seines Lebens machen konnte. Hierin gibt es sehr große schichtspezifische Unterschiede, die durch die unterschiedliche Art der Sozialisation hervorgerufen werden und die Kinder der *sozialen Unterschicht deutlich benachteiligen können, besonders durch die geringe sprachliche Kompetenz,* die diese Kinder sich aneignen.

*Tabelle 11*
Gegenüberstellung von Kleinkind- und Schulkindstruktur.

| | Struktur des Kleinkindes | Struktur des Schulkindes | Dadurch wird möglich |
|---|---|---|---|
| Kognitive Entwicklung | Egozentrische Haltung im Intellektuellen | Regelbewusstsein im Intellektuellen | begriffliches und kausales Denken |
| | Willkürliche Setzung von Beziehungen (Rollenspiel) | Entnahmefähigkeit | Gedächtnis- und Nachahmungs-leistungen |
| | Globales Erfassen anschaulicher und akustischer Gestalten | Gliederungsfähigkeit | Lesen Schreiben Rechnen |
| | Funktionsspiel | Werkschaffendes Spiel | |
| Persönlich-keits-entwicklung | Begrenzte Ausdauer | Größere Ausdauer und Konzentrationsfähigkeit | |
| | Eigenwilligkeit | Aufgabewilligkeit | |
| | Triebhaftigkeit | Fähigkeit zum Triebverzicht und Triebhemmung | |
| | Egozentrische Haltung im Sozialen | Regel- und Rollenbewusstsein im Sozialen | |

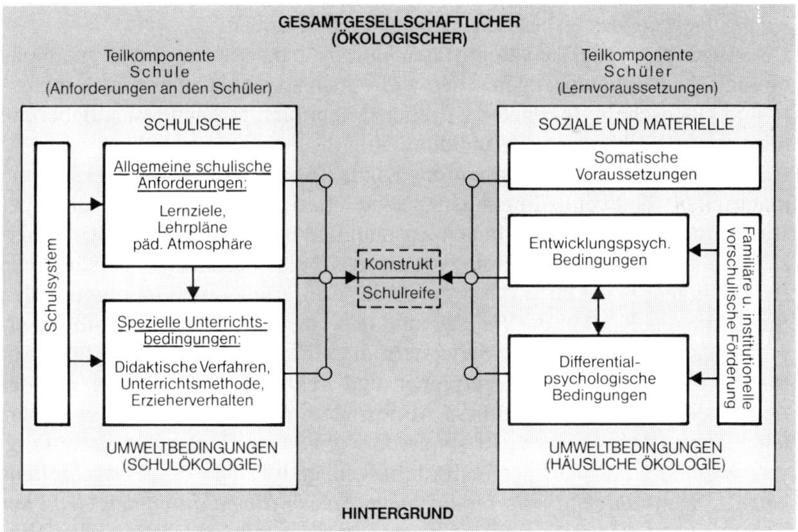


*Abbildung 50*
Ein ökopsychologisches interaktionistisches Modell des Konstrukts Schulreife *(Nickel).*

Das Kind der Mittel- und Oberschicht ist hier im Vorteil. Gute sprachliche Förderung in der Familie, Interesse an Büchern, das durch Vorlesen hervorgerufen wurde, haben seine sprachlichen Erfahrungen maximal entwickelt; Spielmaterial, auch solches, das *Ausdauer fördert, Informationen über Zusammenhänge* sowie *Erlebnisse verschiedenster Art* (Wanderungen, Tiergartenbesuch, Teilnahme an verschiedenen Aktivitäten) haben seinen Horizont erweitert und die *Lernbereitschaft* verstärkt. Ein Kind, dessen geistiges Potential im Vorschulalter durch entsprechende Lernmöglichkeiten und Herausforderungen entfaltet wurde, wird mit größerer Sicherheit schulfähig sein als ein Kind, das wenig Gelegenheit hatte, seine Sprache zu pflegen, Fertigkeiten zu entwickeln und Informationen zu gewinnen (2).
Die Lernvergangenheit eines Kindes – das bedeutet die Gesamtheit an Anregung, Impulsen und Zuwendung, die es in den ersten Lebensjahren erfahren hat – ist in hohem Grad verantwortlich für sein Vorwärtskommen in der Schule. Die Lernvergangenheit wird weitgehend auch durch die außerfamiliäre institutionelle Erziehung bestimmt. Davon mehr in Kapitel X.

### *9.3.1 Das ökopsychologische Modell der Schulreife*

Das so schwer fassbare und von so vielen Faktoren abhängige Phänomen der Schulfähigkeit hat *Nickel* (6) in einem Diagramm dargestellt, das wir als *Zusammenfassung* des bisher Gesagten verwenden wollen.
Der Autor bevorzugt den Begriff *„Schulreife“*, den er aber nicht auf bloße biologische Reifung bezogen sehen will – man spricht ja auch von Berufsreife und Hochschulreife, ohne dass jemand annimmt, es handle sich dabei um reine Reifungsphänomene (Abbildung 50).
Auf der anderen Seite haben wir das Kind, eingebettet in seine sozialen und materiellen Umweltbedingungen. Seine Lernvoraussetzungen sind bestimmt durch seinen körperlichen Zustand und die entwicklungspsychologischen und differentialpsychologischen, das heißt besonderen persönlichen Bedingungen, beide beeinflusst durch die *Förderung* (auch im emotionalen Sinn), die das Kind in der *Familie* und den *vorschulischen Institutionen* erfahren hat. Auf der anderen Seite steht die Umwelt „Schule“ mit ihren Anforderungen in Form von Lehrplänen und Lehrzielen und mit der von der Lehrerpersönlichkeit bestimmten Atmosphäre, mit dem durch sie realisierten Führungsstil, mit ihren besonderen Formen der Unterrichtsgestaltung, was Methode, Ausmaß der Anforderungen und Tempo des Fortschreitens betrifft. *Schulfähigkeit wird im einzelnen Fall bestimmt durch den Grad der gegenseitigen Anpassung oder Übereinstimmung* der beiden Bereiche. Hindernisse einer solchen „Passung“ können beim Kind liegen oder bei der Schule, oft bei beiden.

## Pädagogischer Teil

*Die Vorbereitung auf die Schule*

Die beste Vorbereitung für die Schule ist eine Erziehung zur Selbständigkeit sowie die Pflege der geistigen Bedürfnisse ohne Überforderung. Lob und Zärtlichkeit als Anerkennung für bewältigte Probleme fördern die Entstehung von Leistungsmotivationen, ebenso angemessene Erwartungen im Hinblick auf Eigenleistungen des Kindes. Fragen müssen beantwortet und viel Gelegenheit zum Sammeln von Erfahrungen geboten werden. Wichtig ist ferner die Ermutigung zu kreativem Schaffen und zur Eigeninititative. Die Sprache der Erwachsenen sollte klar und verständlich sein, das Interesse am Sprachlichen kann durch Gespräche und Bücher (Vorlesen) gefördert werden. Das Bedürfnis des Kindes, seine Umwelt zu erkunden, seine Neugierde zu befriedigen, sollte nicht unterbunden, sondern unterstützt werden.

Durchaus überflüssig ist eine direkte Vorbereitung auf die Schulfächer. Den Unterricht im Lesen, Schreiben und Rechnen überlässt man besser dem Lehrer. Ein grober Fehler ist es auch, dem Kind mit der Schule zu drohen und ihm Angst zu machen: „Du wirst schon sehen, wenn du in die Schule kommst." Der Schuleintritt sollte als ein erfreuliches Ereignis hingestellt werden.

Es darf nicht übersehen werden, dass eine enge Beziehung zwischen der kognitiven und der emotionalen Entwicklung besteht. Die Bemühungen um geistige Förderung eines Kindes werden daher nur dann von Erfolg sein, wenn das Kind sich emotional geborgen fühlt, wenn also alle seine Grundbedürfnisse befriedigt werden.

Jedes Kind sollte zumindest im letzten Jahr vor der Schule einen Kindergarten oder eine Vorschulklasse besuchen, um sich so allmählich und möglichst problemlos auf neue Bezugspersonen, die Gruppe der Gleichaltrigen und einen neuen Tagesablauf einzustellen. Der Schuleintritt ist dann weniger einschneidend, erfolgt sozusagen nahtlos.

*Was soll ein Kind können, wenn es in die Schule kommt?*

Ein Kind, das in die Schule kommt, soll eine mehrstündige Trennung von der Mutter ohne Schwierigkeiten, das heißt ohne Angst und Unbehagen ertragen können. Das ist kein Problem bei Kindern, die einen Kindergarten oder eine Vorschulklasse besucht haben, kann aber ein Problem sein bei Kindern, die immer bei der Mutter waren. Daher ist die Gewöhnung an eine Kindergemeinschaft und an die Abwesenheit der Mutter wichtig. Ein Kind, das in die Schule kommt, muss vor allem mit sich selbst fertig werden können: Es muss auf der Toilette rasch und sauber zurechtkommen, muss sich rasch und ordentlich an- und ausziehen, eine Schleife binden können, und es muss mit dem Essen, das es in die Schule mitnimmt, so umgehen, dass Bänke, Schulsachen und Hände sauber bleiben, eventuelle Reste ordentlich verpackt werden. Die Kleidung soll praktische Verschlüsse haben, das Essen muss zweckmäßig verpackt und mengenmäßig richtig eingeteilt werden!

Das Kind kann auch vor dem Schulbeginn lernen, seinen Schulranzen ein- und auszupacken und ihn selbständig über die Schulter zu hängen. Mantel anziehen, Mütze aufsetzen, Handschuhe in den Taschen verstauen – alles das wird mit viel Spaß vorher geübt. Das Kind soll unbefangen grüßen, „danke" und „bitte" sagen und imstande sein, seine Bedürfnisse auszudrücken. Es muss bereits eine gewisse Distanz zu fremden Erwachsenen gewonnen haben und wissen, dass man fremde Leute (auch den Lehrer) mit „Sie" anspricht und dass man auf keinen Fall mit fremden Leuten mitgehen darf.

Das Kind muss die Verkehrsregeln kennen und gelernt haben, den Schulweg an den sichersten Stellen (gesicherte Kreuzungen!) zurückzulegen. Der sicherste Schulweg muss

nicht immer der kürzeste sein, aber das Kind muss lernen, ihn zügig zurückzulegen, nicht zu trödeln oder auf der Straße zu spielen.
Wichtig ist, dass das Kind rechtzeitig geweckt und rechtzeitig weggeschickt wird, sodass es seinen Schulweg in Ruhe zurücklegen kann. Die meisten Unfälle passieren, wenn Kinder fürchten, zu spät zu kommen.

*Die Rückstellung*

Wenn ein Kind vom Schulunterricht zurückgestellt werden soll, geht es vor allem darum, herauszufinden, warum das Kind Schwierigkeiten hat. Nur auf Grund einer *psychologischen Einzeluntersuchung* lässt sich mit einiger Sicherheit feststellen, ob es sich um Retardierungen (Verzögerungen) in der Intelligenzentwicklung, um Mängel der Arbeitshaltung oder vielleicht um Überforderung durch ein besonders hohes Anspruchsniveau des Lehrers handelt. In letzterem Fall wird man vielleicht einen Einspruch gegen die Zurückstellung anmelden und das Kind in einer anderen Klasse den Versuch wiederholen lassen.
Wenn die Schwächen im Kind beziehungsweise in den ihm vor der Schule verwehrten Lernmöglichkeiten liegen, sollten die Maßnahmen, die der Kinder-(Schul-)Psychologe empfiehlt, durchgeführt werden. Als am besten wird sich immer noch die *Einweisung in eine Vorschulklasse* oder in die *Obergruppe eines Kindergartens* erweisen. Es kann sich aber auch herausstellen, dass bei schweren intellektuellen oder organischen Schäden die Einweisung in eine entsprechende Sonderschule nötig ist.
Eine Zurückstellung sollte niemals als Schande oder als Katastrophe betrachtet werden, vielmehr als eine Chance für einen neuen, besseren Anfang. Das scheinbar verlorene Jahr kann sich als ein gewonnenes erweisen.

*Literaturverzeichnis*


1 *BRAND, P.:* Schulreife und Milieu. Eine Untersuchung an Schulneulingen, Frankfurt a. M. 1955.
2 *FERDINAND, W.:* Über Schulreife und Schulleistung IQ-äquivalenter Kinder aus unterschiedlichem sozialen Milieu. Zeitschrift für Entwicklungspsychologie und Pädagogische Psychologie, 1, 190–199, 1969.
3 *GRAU, U.*, und *KLAUS, F.:* Das Skelettalter nach Tanner-Whitehouse und die sogenannte „körperliche Schulreife". Praxis der Kinderpsychologie und Kinderpsychiatrie, 24, 94–101, 1975.
4 *HETZER, H.*, und *ZELLER, W.:* Ambulante Beobachtung psychisch auffälliger Kinder. Zt. für Kinderforschung, Bd. 44, 1935.
5 *MÜLLER, P.:* Familie und Schulreife. Beiheft zur Praxis der Kinderpsychologie und Kinderpsychiatrie, Göttingen 1967.
6 *NICKEL, H.:* Schulreife und Schulversagen: Ein ökopsychologischer Erklärungsansatz und seine praktischen Konsequenzen. Zt. Psychologie in Erziehung und Unterricht, 28. Jg., S. 19–37. 1981.
7 *SCHENK-DANZINGER, L.:* Schuleintrittsalter, Schulfähigkeit und Lesereife. Deutscher Bildungsrat, Gutachten und Studien der Bildungskommission 7. Stuttgart 1969.
8 *SCHENK-DANZINGER, L.:* Entwicklungspsychologie. 15. Aufl., Wien 1981.
9 *ZELLER, W.:* Konstitution und Entwicklung. Göttingen 1952.

# *X Die außerfamiliäre institutionalisierte Erziehung*

Wenn ich in meiner Jugend ermutigt statt gedemütigt worden wäre, so taugte ich mehr als jetzt.
*Friedrich der Große*

## 10.1 Verfrühte Gemeinschaftserziehung

Die Berufstätigkeit der Mütter bringt es mit sich, dass viele Kinder im kritischen Alter zwischen sechs Monaten und drei Jahren, in dem sie sich noch auf verschiedenen Stufen der *infantilen Abhängigkeit* befinden und im Sinne einer Kindergruppe *nicht gemeinschaftsfähig sind,* in Kinderkrippen, Kindergärten oder Tagesheimstätten untergebracht werden müssen.
Die Trennung von der Mutter bedeutet in diesem Alter eine starke und oft durch *viele Wochen anhaltende emotionale Belastung.*
*Fischer* (8) beschreibt eine „Trennungstragödie", wie sie sich tagtäglich in Kinderkrippen und Kindergärten abspielt, wenn noch nicht Dreijährige neu eingewiesen werden, und ihre erst allmähliche Gewöhnung an die unbekannte Situation.

Irene wurde mit neunzehn Monaten in die Gruppe aufgenommen. Ihre Mutter ist Lehrerin, ihr Vater Beamter. Sie war bereits sauber, als sie in die Gruppe kam, und fing eben zu sprechen an. Sie war für ihr Alter groß und kräftig und ein sehr hübsches, gepflegtes Kind. Bis zum Eintritt in die Gruppe wurde sie von ihrer Mutter betreut. Den ersten Vormittag verhielt sich Irene zurückhaltend und beobachtend. Zum großen Erstaunen der Mutter hatte sie weder bei der Übergabe noch im Laufe des Vormittags geweint, sondern erst, als sie die Mutter mittags wieder erblickte. Am zweiten und an vielen folgenden Tagen weinte Irene jedoch sehr heftig. Es dauerte gute sechs Wochen, bis sie endlich anfing, sich in die Gruppe einzuleben. Bis dahin war sie nicht dazu zu bewegen, den Topf zu benützen; meist hielt sie den Vormittag über durch, bis die Mutter sie abholte, einige Male nässte sie ein. Sie setzte sich nicht an den Tisch, wenn die anderen Kinder aßen, und nahm auch kein Essen zu sich. Ihr Lieblingsplatz war der Wickeltisch, von dem aus sie mit unbewegter, ernster Miene das Treiben der Gruppe beobachtete; an diesem Platz beschäftigte sie sich gelegentlich auch mit einem Spielzeug. Man hatte den Eindruck, dass der Wickeltisch, beim Anziehen vor dem Nachhausegehen die letzte Station, für Irene die Verbindung zur Mutter darstellte.
Nach sechs Wochen hatte sich Irene so weit eingewöhnt, das sie morgens nicht mehr weinte, wenn sie gebracht wurde, auch gelegentlich zu Tisch ging und intensiv zu spielen begann, aber noch immer sehr unglücklich war, wenn sie einmal länger als einen halben Tag bleiben musste. Nach etwa vier Monaten war Irene so weit, das sie täglich bis nach der Schlafenszeit im Kindergarten blieb, nach einigen weiteren Wochen sogar bis zur allgemeinen Abholzeit.
Irene hat sich in den drei Jahren, die seither vergangen sind, gut entwickelt. Mit vier

Jahren ging sie nicht nur gern in den Kindergarten, sondern sie beklagte sich sogar, dass die Mutter sie so früh abholte. Sie ist nun aktiv, sachlich interessiert und hält guten Kontakt mit ihren Kameraden.

Von der Finnin *Lahikainen* stammt eine *Beobachtungsstudie* über das Verhalten von 0;6 bis 3;6 Jahre alten Kindern zu Beginn der Fremdbetreuung (13). Die Situation des Kindes, das in *Gemeinschaftserziehung* gebracht wird, ist durch drei Merkmale charakterisiert:
1. Trennung von der Mutter für viele Stunden,
2. Bedürfnisbefriedigung nach einem Schema und nicht enstprechend den bisherigen Erfahrungen und individuellen Bedürfnissen*,
3. völlig fremde Umgebung (die Kinder der Heime, in denen die Beobachtungen erfolgten, durften keine eigenen Spielsachen mitbringen. Das wird jedoch nicht überall so gehandhabt.)

Das Alter der hundertdreißig Kinder streute von sechs Monaten bis zu drei Jahren. Das Verhalten in folgenden Situationen wurde beobachtet, respektive von der Mutter und der Kindergärtnerin erfragt:
1. morgens mit der Mutter zu Hause,
2. im Augenblick der Trennung von der Mutter,
3. während des Tages in der Gruppe,
4. im Augenblick der Wiedervereinigung mit der Mutter,
5. abens und nachts zu Hause.

Die Untersuchung ergab, dass *„Anklammern bei der Übergabe"* sowie *„heftige Proteste"* am häufigsten bei noch nicht Zweijährigen vorkamen, *„anklagendes Verhalten"* am häufigsten zwischen zwei und drei Jahren und *„Angst vor dem Kindergarten"* am häufigsten bei den Dreijährigen.

Die noch nicht Zweijährigen protestierten nicht nur am häufigsten im Augenblick der Trennung, sondern *klammerten* sich auch am stärksten an die Eltern, wenn sie wieder zu Hause waren.

Ein deutlicher Zusammenhang zeigte sich zwischen den Verhaltensweisen und dem Alter der Kinder bei der Übergabe in die Gemeinschaftserziehung. *„Aktive Feindseligkeit"* wurde besonders oft bei jenen beobachtet, die erst zwischen zwei und drei Jahren in den Kindergarten kamen, am seltensten bei jenen, die im Alter von weniger als sechs Monaten der Tagesheimstätte übergeben worden waren.

Das Verhalten des Kindes bei verfrühter Gemeinschaftserziehung war auch abhängig von der Art der Betreuung vor dem Eintritt in die Tagesheimstätte. *Proteste und Depressionen* zeigten vor allem jene, die vorher von Mutter oder Vater betreut worden waren, *weniger häufig,* aber noch oft genug, traten sie bei Kindern auf, die von einem *Muttersatz* in einer Familie versorgt

---

* Das Personal in den Tagesheimen, in denen die Beobachtungen stattfanden, wird als schlecht bezahlt, ungeschult und oft wechselnd beschrieben.

worden waren. Diese Kinder und auch jene, die vorher schon in einem anderen Tagesheim gewesen waren, neigten dazu, *Zärtlichkeiten bei der Kindergärtnerin zu suchen,* was Kinder, die „direkt" von den Eltern kamen, unter Protest vermieden. *Depressionen* kamen fast nur bei Kindern vor, die vorher von den Eltern allein versorgt worden waren. Kinder – und das ist ein wichtiges Ergebnis –, die vor dem Eintritt in eine Gruppe schon einen Muttterersatz hatten, akzeptierten die Trennung am leichtesten, weil sie bereit waren, Beziehung zu einem beliebig anwesenden Erwachsenen aufzunehmen.

Auch die Vertrautheit mit dem Tagesheim spielt eine Rolle. Am meisten *Proteste* gab es bei jenen, die neu anfingen, am meisten *Angst* bei jenen, die die Erfahrung eines halben Jahres hatten, am wenigsten bei jenen, die länger als ein halbes Jahr hingebracht wurde. (Das waren aber auch jene, die am jüngsten waren, als sie zuerst dort hinkamen.) Die *Angst* vor der Tagesheimstätte war am *geringsten* und die *Proteste* am *stärksten* bei jenen, die vier bis sechs Wochen vor dem Beginn der Beobachtung das erste Mal ins Tagesheim gebracht worden waren. Es scheint, als ob jene Kinder, die gerade anfingen zu erkennen, dass das Tagesheim eine permanente Einrichtung war, sich am meisten fürchteten. Diese Angst ließ mit der Zeit nach.

Als letzte Frage wurde untersucht, wie weit sich *Stabilität respektive Instabilität* der Betreuung vor dem Eintritt in das Tagesheim auf das Verhalten der Kinder auswirkte. Es zeigte sich, dass von den Kindern unter zwei Jahren, die *vorher schon von den Eltern getrennt worden waren,* signifikant mehr im Wachzustand und beim Einschlafen am *Daumen lutschten.* Bei den über Zweijährigen, die vorher immer bei den Eltern gewesen waren, gab es keines, das im Wachzustand lutschte, 20 Prozent der vorher von den Eltern getrennten taten es. Unter den letzteren waren im Alter von zwei Jahren auch mehr, die sich an die Mutter *klammerten,* das in diesem Alter meist schon überwundene *Nachfolgeverhalten* zeigten und *permanente Beachtung* verlangten. Sie waren im Ganzen *unsicherer, mehr darauf bedacht,* die Mutter *„mit sich zu beschäftigen"* und *„nicht aus den Augen zu lassen"* als jene, die eine Trennung erst einmal erlebt hatten.

Ein hochsignifikanter Unterschied bestand in der Häufigkeit der *Zornanfälle. Kinder mit mehrfacher Trennungserfahrung hatten zwischen ein und zwei Jahren viel mehr Anfälle* als die vorher nicht getrennten Kinder. Während die an sich geringe Zahl solcher Anfälle bei den letzteren im dritten Lebensjahr noch weiter zurückging, war dies bei den Kindern mit mehrfacher Trennungserfahrung nicht der Fall. *Der „Erregungsspiegel" blieb gleich hoch.*

**Zusammenfassung**

In der Art der Reaktionen auf die inadäquate Situation der Gemeinschaftserziehung bei noch nicht Dreijährigen gibt es eine Altersentwicklung: Kinder unter zwei Jahren protestieren, wenn sie verlassen werden, und verlangen zu Hause ein erhöhtes Maß an Be-

achtung. Im dritten Lebensjahr verhalten sie sich „anklagend“ und „vorwurfsvoll“. Die Dreijährigen neigen zu Angstreaktionen.
Kinder, die bis zum Alter von zwei Jahren von der Mutter betreut wurden, passen sich besonders schwer an, schwerer als solche, die schon Erfahrung mit einer Ersatzmutter haben. Letztere suchen Anschluss an die Kindergärtnerin, worin sie jedoch meist enttäuscht werden. Daraus ergibt sich eine *verlängerte Abhängigkeit* von den Eltern, die sich nach *Bowlby* (3) nur scheinbar verringert. Kinder, die in ihren ersten zwischenmenschlichen Beziehungen enttäuscht und verunsichert wurden, bleiben auch als Erwachsene abhängiger, brauchen Entscheidungshilfen, neigen zu Depressionen, suchen ständig und oft vergeblich nach Anschluss und neigen zur Eifersucht.

## 10.2 Der Kindergarten

Die Beweggründe für die Entstehung zahlreicher Kindergärten in den letzten Jahrzehnten waren – trotz der pädagogischen Beiträge zur Kleinkindererziehung von *Fröbel* und *Montessori* – nicht so sehr erzieherischer als vielmehr sozioökonomischer Art.
Drei gesellschaftliche Veränderungen sind hier besonders zu nennen:

a) die sich immer stärker entwickelnde Frauenarbeit. Sie erfordert ganztägige Unterbringung der Kleinkinder im Kindergarten, der zum *„Ersatzheim“* wird. Die Kindergartenerziehung bedeutet für diese Kinder eine *„Ersatzerziehung“;*
b) die zumindest in Europa vielerorts zunehmende Zahl der Einkindfamilien. Das einzige Kind braucht Gesellschaft. Der Kindergarten soll in diesen Fällen, aber auch dort, wo ein Kleinkind unter viel älteren Geschwistern allein wäre, eine *Ergänzung* der Familienerziehung, einen *Ersatz* für die *nicht vorhandene altersnahe Geschwisterschar* bieten;
c) das Immer-seltener-Werden von Haushaltshilfen. Die Arbeitsüberlastung im Haushalt veranlasst gerade Mütter größerer Familien, ihre Kleinkinder dem Kindergarten anzuvertrauen. Soweit dies halbtägig geschieht, kann man von *Ergänzungserziehung* sprechen. Bei ganztägiger Unterbringung genießt das Kind aber wohl auch eine *Ersatzerziehung,* obwohl die Mutter nicht berufstätig ist.

Lange Zeit war der Kindergarten vielerorts mehr eine Bewahranstalt als eine pädagogische Einrichtung, und dieser Vorwurf wurde noch in den Sechzigerjahren von den Vertretern einer Reform des Kindergartens erhoben (15).

Diese Kritik traf schon damals nicht für Österreich zu, insbesondere nicht für die Kindergärten der Stadt Wien, die z. Z. 31 400 Kleinkinder aufnehmen – vor allem die Kinder berufstätiger Mütter –, und ebenso wenig für die zahlreichen privaten Kindergärten, die ja schon deshalb etwas bieten müssen, weil sie die Eltern finanziell belasten. Die Stadt Wien hat ihre Kindergärten schon seit der Gründung nach dem Ersten Weltkrieg nie als Bewahranstalten, sondern immer als pädagogische Einrichtungen gesehen. Hier wurde, lange bevor man noch international von Vorschulerziehung sprach, nämlich seit dem Jahre 1946, ein Vorschulprogramm eingeführt, die „Schulreife-Entwicklungshilfe" von *Baar* (2), das mit allen Fünfjährigen durchgeführt wird. Ebenfalls seit dieser Zeit unterhält die Stadt Wien für ihre Kindergärten eine eigene Spielzeugmanufaktur, in der nicht im Handel erhältliches pädagogisch-didaktisches Spielmaterial hergestellt wird. Da Kinder, die in besonders ungünstigen Verhältnissen aufwachsen, über die Jugendämter in städtische Kindergärten eingewiesen werden und deren Eltern von allen Zahlungen befreit sind, ist auch weitgehend für die Erfassung der „Randschichtenfälle" gesorgt. Die Gruppengröße, wenn auch nicht ideal, überschreitet nirgends die Zahl dreißig.

### *10.2.1 Soziale Verhaltensweisen im Kindergarten*

Wie wir in Kapitel II gezeigt haben, ist in der Regel erst das dreijährige Kind fähig, sich ohne besondere emotionale Probleme in eine größere Gemeinschaft anderer Kleinkinder einzufügen und aus dem Zusammenleben auch Vorteile für seine Gesamtentwicklung zu ziehen. Die Fähigkeit, mit anderen zusammen zu spielen, ist zwar noch sehr begrenzt. Spontane Gruppen umfassen nie mehr als zwei, höchstens drei Kinder, und sie zerfallen auch rasch (16, 21). Es gibt viele Kinder, die zu Beginn ihres Kindergartenbesuches längere Zeit nur Zuschauer sind, viele, die neben anderen spielen, ohne mit ihren Nachbarn zu sprechen, und viele, die das Spiel ihrer Nachbarn beobachten, nachahmen und doch keinen Kontakt mit ihnen aufnehmen. Dieses von *Parten* und *Newhall* (17) so genannte *Parallelspiel* ist bei Drei- bis Viereinhalbjährigen am häufigsten zu finden. Hier ein Beispiel aus einer Beobachtung im Kindergarten:

*Claudia,* 3;8, befindet sich mit drei anderen Mädchen in der Puppenecke. Jedes Kind ist mit „seiner" Puppe beschäftigt, sie sprechen kein Wort miteinander. Da packt Claudia ihre Puppe in den Puppenwagen und beginnt, sie entlang der Wände des Spielzimmers spazieren zu führen. Wenige Minuten später haben auch die drei anderen Mädchen ihre Puppen „reisefertig" gemacht, und nun bewegt sich eine schweigende Prozession von vier Puppenwagen rund um die an verschiedenen Tischen spielenden anderen Kinder.

Schon allein der Charakter des diese Altersstufe beherrschenden Fiktionsspieles mit seinen durchaus individuellen Symbolsetzungen und den im individuellen Erleben wurzelnden Motiven macht eine Verständigung zwischen den Spielpartnern schwierig. Daher finden wir das Kleinkind meist allein beim Rollenspiel und beim Konstruktionsspiel, das vielfach in das erstere übergeht. Gemeinsame Spiele sind flüchtig, und auch die Gruppen und Freundschaften fluktuieren stark. Jedes Kind ist eigentlich in erster Linie auf die Kindergärtnerin bezogen. Dass sich aus dem Zusammenleben im Kindergarten trotzdem *positive Werte für die soziale Entwicklung ergeben,* liegt daran, dass das Kind sich halb unbewusst an die *Rechte und Bedürfnisse anderer anzupassen lernt* und sich einer *überpersönlichen Routine* eingliedert.

Schon im Kindergarten gibt es Führerpersönlichkeiten, Beliebte und Unbeliebte, stärker Beachtete, Angesehene und weniger Beachtete, die am Rande der Gemeinschaft leben. Der Tendenz von Drei- und Vierjährigen, bei ihren flüchtigen Gemeinschaftsspielen irgendein Kind aggressiv auszuschalten, muss von der Kindergärtnerin immer wieder geschickt entgegengewirkt werden (1). Alleinspiel und Parallelspiel nehmen mit dem Alter ab, aber erst der *Fünfjährige hat ein spontanes Bedürfnis, sich einer größeren Kindergruppe einzugliedern.* Seine Bereitschaft, sich den Regeln der Gemeinschaft zu fügen, ist ein wichtiges Kriterium der Schulreife. Auch ist der Fünfjährige imstande, in Gruppen, die schon sechs bis acht Kinder umfassen können, Spiele selbständig zu organisieren, Rollen zu verteilen und eine Spielidee gemeinsam mit anderen zu verfolgen. Es sind in der Regel Familien- und Hausspiele, deren Symbole Vater, Mutter, Kind am ehesten von allen in Funktion und Rollenwert verstanden werden.

### *10.2.2 Kind und Kindergärtnerin*

Der Kindergärtnerin kommt das normale Kind in der Regel mit sehr positiven Gefühlen entgegen. Aber bei aller Zuneigung ist seine Haltung doch eine viel distanziertere als die gegenüber der Mutter oder dem Vater. Eine Ausnahme bilden Kinder, deren emotionale Bedürfnisse in der Familie nicht entsprechend befriedigt werden. Solche Kinder machen der Kindergärtnerin gegenüber Ansprüche geltend, die eigentlich der Beziehung zur Mutter zugehören. Sie sind nicht imstande, deren Aufmerksamkeit mit anderen Kindern zu teilen, sie sind *eifersüchtig* auf die Beachtung, die andere Kinder finden, und tragen ein *Rivalitätsverhältnis,* wie wir es normalerweise in der Geschwisterschar finden, in die Gemeinschaftssituation des Kindergartens hinein. Sie beanspruchen die Kindergärtnerin über Gebühr, versuchen ständig, von ihr beachtet zu werden und ihre Aufmerksamkeit auf alle mögliche Art zu erzwingen. Sie suchen in der Kindergärtnerin die Mutterfigur und teilen ihr jene Rolle zu, in der die eigene Mutter versagt hat. Die Behandlung solcher Kinder im Kindergarten ist oft sehr schwierig, auch deshalb, weil die *tieferen Ursachen des unangepassten Verhaltens nicht immer richtig erkannt werden.* Allerdings kommt dem *Führungsstil* der Kindergärtnerin eine große Bedeutung zu. Schon *Anderson* (1) konnte zeigen, dass das soziale Klima in der Gruppe von der Kindergärtnerin bestimmt wird. Je *dominierender,* einengender und frustrierender ihr Erziehungsstil, desto *aggressiver* sind die Kinder zueinander, je *freundlicher,* ermutigender und gelassener die Kindergärtnerin, desto mehr *freundschaftliche Kontakte* können beobachtet werden. A. *Tausch* und ihre Mitarbeiter (19) stellten auch fest, dass – wie nicht anders zu erwarten – ein *restriktives Verhalten* der Kindergärtnerin, die die Kinder stark gängelt und in ihrer Spontaneität einengt, auch deren *Selbständigkeit* und *Entscheidungsfähigkeit* beeinträchtigt.

## 10.3 Der moderne Kindergarten

### *10.3.1 Die Gestaltung des Kindergartens für Drei- und Vierjährige*

Eine weitreichende Reform der Kindergartenerziehung verdanken wir wahrscheinlich den Bestrebungen um eine *kompensatorische Erziehung benachteiligter Kinder* in den Sechziger- und frühen Siebzigerjahren und den Kontroversen zwischen den Anhängern des Kindergartens als „Schonraum" des Kindes, in dem es einfach „spielen und dabei wachsen und reifen" solle, und den Verfechtern der „akzelerierten Instruktion". Diese wollten Kleinkinder schon frühzeitig organisierten Lernimpulsen aussetzen, um die Lernfähigkeit dieser Altersstufe optimal auszunützen und die kognitiven Defizite sozial benachteiligter Kinder auszugleichen, nach der Theorie von Jerome *Bruner* (5), „dass man jedes Lehrgut jedem Kind auf jeder Entwicklungsstufe wirksam in sachlogisch einwandfreier Weise beibringen könne". Das „freie Spiel" wurde abgewertet.
Zahlreiche Programme zur Erprobung einer neuen Curriculumgestaltung für die vorschulische Erziehung wurden erstellt, und schließlich führten entsprechende Erfahrungen zu einem Ausgleich der Gegensätze und zu einer realistischen Beurteilung extremer Standpunkte. Es zeigte sich, dass für die Drei- und Vierjährigen ein Kindergarten, der *das freie Spiel* mit seinen vielfachen Lernmöglichkeiten (siehe Kapitel VI) in den Mittelpunkt stellt und in diesem Rahmen Gelegenheit zu *selbständigem Problemlösen, funktionalem Üben* und *aktivem explorativem Verhalten* ermöglicht, der im Wechsel von Einzel- und Gruppenaktivitäten *Sprachförderung* sowie *rhythmische* und *musikalische Erziehung* anbietet, den Bedürfnissen dieser Altersstufe optimal entgegenkommt, während *programmierte, straff organisierte, auf Leistungssteigerung* abzielende Programme sich als *frustrierend* und *ineffektiv* erwiesen. Dort, wo solche Programme versucht wurden, zeigte sich, dass bei Drei- und Vierjährigen ein *strukturiertes Programm keinen deutlicheren Lernzuwachs* erbrachte *als ein offenes Programm,* das den Kindern auch ohne formelles Intelligenz- und Sprachtraining reichlich Gelegenheit zu freiem Spiel, Gesprächen und vielfältigen Betätigungen und Erfahrungen bot. *Das Spiel kam wieder zu seinem Recht. Und so sieht der moderne Kindergarten heute aus:*
Die Erkenntnis, dass kleine Kinder gar kein echtes Bedürfnis haben, im Kollektiv zu leben, hat die Kindergartenpädagogik in zunehmendem Maße beeinflusst. So rückt man immer mehr von den Kollektivbeschäftigungen des Kleinkindes ab und beschränkt diese hauptsächlich auf die rhythmische und musikalische Erziehung. Das Bedürfnis des Kleinkindes, sich aus der Gemeinschaft zurückzuziehen und zeitweise für sich allein zu sein, wird auch im architektonischen Aufbau der modernen Kindergärten berücksichtigt. Die Spielzimmer werden durch Nischen und Spielecken so gegliedert, dass jedes

Kind sich in seine eigene kleine Welt zurückziehen kann, wenn es den Wunsch danach hat.
Ein wichtiger Bereich der Arbeit im Kindergarten, besonders für das von zu Hause wenig geförderte Kind, ist die Beeinflussung der *Sprachentwicklung.* Daher versucht man, neben der kollektiven Sprachförderung (Vorlesen, Bildbetrachtungen, Geschichten erzählen) auch *individuelle Sprachpflege* in den Tagesplan einzubauen. Um den *Erfahrungskreis zu vergrößern* und dem des Familienkindes anzunähern, führt die moderne Kindergärtnerin ihre Schützlinge in Läden, Werkstätten und Gärten, lässt sie Auslagen ansehen und kleine Einkäufe besorgen.
Alle gelenkte und organisierte Beschäftigung mit Material lehnt die neue Kindergartenpädagogik für Drei- und Vierjährige ab. *Das Kind muss* genügend oft *selbst entscheiden können,* womit und wie es spielen will. Dem Erwachsenen fällt die Aufgabe zu, *pädagogisch wertvolles Spielzeug* bereitzustellen und für eine *spannungsfreie Atmosphäre* zu sorgen.
Von besonderer Bedeutung ist die *Arbeit mit den Eltern,* die immer wieder auf ihre eigene Rolle im Leben des Kindes, auf ihren Anteil an der Verantwortung für das Kind hingewiesen werden. In Einzelaussprachen, Gruppengesprächen und Vorträgen werden individuelle und entwicklungsbedingte Erziehungsprobleme diskutiert, und man versucht, Fehlhaltungen gegenüber den Kindern zu korrigieren und Erziehungsfehler bewusstzumachen.

**Zusammenfassung**

Nach dem Ende des dritten Lebensjahres sind die meisten Kinder in der Lage, außerhalb der Familie mehrere Stunden in einer Gruppe altersnaher Kameraden zu verbringen. Die Aufgaben eines guten Kindergartens sind: den Kindern *viele angemessene Beschäftigungsmöglichkeiten* zu bieten, die *Selbständigwerdung* zu erleichtern, *Kommunikationsfähigkeit* zu entwickeln, *Rücksichtnahme auf andere* und *Einordnung in die Gemeinschaft* zu fördern und die *schöpferischen Kräfte zur Entfaltung* zu bringen.
Diese Aufgaben werden am besten erfüllt, wenn der Kindergarten nicht Ersatzerziehung sein muss, sondern Ergänzung der Familienerziehung sein kann. Am günstigsten ist die halbtägige Unterbringung im Kindergarten.
Entsprechend den *Lernformen* und den daraus *resultierenden Bedürfnissen* der Drei- und Vierjährigen muss *das freie Spiel im Mittelpunkt* stehen, ergänzt durch Sprachpflege, musikalisch-rhythmische Erziehung und Unternehmungen zur Erweiterung der Lebenserfahrung.

### *10.3.2 Das Jahr vor der Schule*

Wir sprachen schon von jenen Veränderungen im Hinblick auf *Weltbild, Arbeitshaltungen* und *Lernformen,* die zur Schulfähigkeit führen, respektive diese voraussetzen. Wesentlich ist dabei, dass das Kind nun zur Annahme

*organisierter, aufgabemäßig gestalteter Lernangebote bereit ist.* Die realistische Weltschau ebenso wie die neu erworbene Aufgabewilligkeit, Ausdauer und Anstrengungsbereitschaft ermöglichen *neben* den von Anfang an bestehenden Lernformen nun *auch* das *Lernen an Hand planmäßig aufgebauter, von Erwachsenen aufgabenmäßig präsentierter Anregungen* in Form von *Trainingsprogrammen* verschiedener Art, *didaktischen Spielen, Anleitungen zu Vergleichen und Beobachtungen, zum Finden von Zusammenhängen* u. a. Kinder suchen nun nach solchen Aufgaben – sie entsprechen *einem Bedürfnis.* Als vor vielen Jahren – früher als in jeder anderen vorschulischen Einrichtung des deutschsprachigen Raumes – in den Wiener Kindergärten das Programm „Schulreife-Entwicklungshilfe“ von *Baar* eingeführt wurde, war man erstaunt darüber, mit welchem Eifer die Fünfjährigen die Aufgaben bearbeiteten und wie sehr sie täglich danach verlangten.
Dass die Ausdauer der Kinder bei fremdgestellten Aufgaben nicht überbeansprucht werden darf, dass die Beschäftigung mit solchen Aufgaben in kleinen Gruppen erfolgen muss und, bei freiwilliger Teilnahme, immer nur einen Bruchteil der Zeit, die Kinder in einer vorschulischen Einrichtung verbringen, in Anspruch nehmen darf, versteht sich von selbst. Alles andere wäre „Verschulung“.
*Aus den zuvor erwähnten Gründen ist das Alter von fünf bis sechs Jahren für „planmäßige Förderung“ sicher geeigneter als die früheren Altersstufen.*
Einige Vorschulprogramme der Sechziger- und Siebzigerjahre haben jedoch gezeigt, dass diese planmäßige Förderung der Fünf- und Sechsjährigen am effektivsten war, wenn die Kinder schon *vorher im Kindergarten* gewesen waren (18). *Besonders Unterschichtkinder hatten dadurch eine bessere Ausgangslage.* Sie profitieren mehr von der Vorschulerziehung als Kinder, die vorher keine institutionelle Förderung erfahren haben. Der *Unterschied zwischen diesen beiden Gruppen blieb* auch nach dem Vorschulalter bestehen. Die informellen Lernimpulse, die der Regelkindergarten durch Spiel-, Beobachtungs- und Betätigungsmöglichkeiten anbietet, bilden eine wichtige Voraussetzung für das Angesprochenwerden durch *gezielte kognitive Herausforderung.* Wie das *Salzburger Programm,* auf das wir später eingehen werden, zeigte, konnten besonders bei Unterschichtkindern mit Kindergartenerfahrung bedeutende Fördereffekte auch mit einem Programm erzielt werden, das nur wenige Monate dauerte (12).
Immer sollte das *Jahr vor der Schule,* egal, ob im Regelkindergarten, in einer Vorschulgruppe, in einem Schulkindergarten oder in einer Eingangsstufe, neben dem freien Spiel *gezielte und planmäßig organisierte Lernangebote* bringen, und zwar in den Bereichen:
– der Wahrnehmungsdifferenzierung und deren Verbalisierung,
– der Naturbeobachtung und Beobachtung einfacher physikalischer Vorgänge und deren Verbalisierung,

– der allgemeinen Sprachförderung,
– der Entwicklung der motorischen Fertigkeiten,
– der räumlichen und zeitlichen Orientierung,
– der Übungen zur willentlichen Aufmerksamkeitszuwendung,
– der Mengenerfassung,
– der Übernahme sozialer Rollen,
– der Förderung der musikalischen und rhythmischen Betätigungen,
– der Förderung der bildnerischen und konstruktiven Tätigkeiten.

Gelegenheit sollte geboten werden zur Entwicklung von *Selbständigkeit* und *Entscheidungsfreiheit, Hilfsbereitschaft* und *Gruppenfähigkeit.*

Das Kind muss Gelegenheit haben, unter mehreren Möglichkeiten zu wählen und Angebotenes auch zurückzuweisen. Es wird ermutigt zu fragen – nach Wörtern, nach Erscheinungen und Verhaltensweisen, die es nicht versteht, ebenso wie nach der Ursache von Verboten und Geboten, die es in jeder Gemeinschaft geben muss. Konflikte zwischen den Kindern werden nicht unterdrückt, sie müssen ausgetragen werden, aber der Erwachsene kann Konfliktlösungsstrategien (zum Beispiel der Reihe nach ein Spielzeug benützen) vorschlagen.
Kindergartenerziehung dieser Art setzt intensive Elternarbeit voraus, da die Führung im Kindergarten sehr verschieden sein kann von dem zu Hause praktizierten Erziehungsstil. Es kann zu Diskrepanzen kommen, die das Kind vor die Frage stellen, warum man manches im Kindergarten tun dürfe und zu Hause nicht. Die Eltern sollen wissen, was dort geschieht und warum es geschieht, und das Vorbild des Kindergartens wird in vielen Fällen modifizierend auf den häuslichen Erziehungsstil wirken. Aber auch das Kind muss akzeptieren, dass man zu Hause manches nicht tun darf, was im Kindergarten geduldet wird, ohne dabei in Konflikt mit den Eltern zu geraten. Da wir ja alle ständig in verschiedenen Rollen leben müssen, kann man den Aufbau eines solchen „mehrgeleisigen“ Verhaltens nicht als Erziehung zur Heuchelei bezeichnen.

### *10.3.3 Vorschulkind und Weltgeschehen*

Zwar ist die Welle der „emanzipatorischen“ Erziehung, die Kinder einerseits von allen Zwängen befreien, andererseits zu Vorkämpfern gesellschaftspolitischer Veränderungen machen wollte, im Wesentlichen verebbt. Trotzdem finden wir noch da und dort Pädagogen, die glauben, sie müßten Fünf- und Sechsjährige ihrer „heilen Kinderwelt“ entreißen und mit den uns alle bewegenden weltweiten Problemen des bedrohten Friedens, der atomaren Gefahr, der regionalen Hungersnöte, der Vernichtung unserer Umwelt konfrontieren. Dies geschieht oft mit drastischen Mitteln, mit Bildern von Kriegsschauplätzen,

von verhungernden Kindern, von Hiroshima nach dem Bombenabwurf, von verwüsteten Landschaften. So wichtig es ist, die reifere Jugend für gesellschaftliche Probleme zu sensibilisieren – im Vorschulalter erzeugt diese Art der Einführung in die Realität nur Angst.
Das sich gerade erst entwickelnde Realitätsbewusstsein hat noch keine Zeitperspektive, weder in Richtung der Vergangenheit noch in Richtung der Zukunft. Schreckensvisionen werden als unmittelbare Bedrohung erlebt und erzeugen eine unterschwellige Unruhe, die sich in psychosomatischen Symptomen (Schlafstörungen, Erbrechen u. Ä.) oder in Verhaltensstörungen oder in beidem äußern kann. Am ärgsten sind die Kinder dran, die mit ihren Eltern über diese Art der Belehrung nicht sprechen können.
Die Erziehung zur Bewältigung gesellschaftlicher Probleme muss in der vertrauten Umwelt beginnen. Konkrete Vorfälle in der Gruppe, an denen es ja niemals mangelt, müssen die Ansatzpunkte sein für die Erziehung zum Frieden, zur Freundschaft, zur Hilfsbereitschaft, zur Wahrung einer sauberen Umwelt. Hier kann das Kind lernen, sein Verhalten zu ändern – das Weltgeschehen hingegen ist eine nicht greifbare, unverständliche und nicht beeinflussbare Bedrohung.
Die Welt sehr vieler Kinder ist keine heile Welt – zu viele leiden mit an den Problemen der Eltern: Streit, Not, Arbeitslosigkeit, Trunksucht, Überlastung, um nur einige zu nennen. Man kann sie davor nicht bewahren, und man soll es vielleicht gar nicht, denn wenn sie wissen, was ihre Eltern bedrückt, können sie vielleicht Ungeduld, Einschränkungen, Missstimmungen, ungerechte Bestrafung besser verarbeiten. Gerade für diese Kinder aber muss der Kindergarten eine heile Welt sein, mit vorhersehbaren freudigen Ereignissen, mit Ereignissen, denen man ohne Angst begegnen kann. Geborgenheit in einer überschaubaren Welt entspricht der Bedürfnislage dieser Altersstufe.
In den Kriegs- und Nachkriegsjahren hat sich immer wieder gezeigt, dass wir die „unheile Welt" im privaten Bereich unserer Gesellschaft emotional umso besser verarbeiten konnten, je „heiler" unsere Welt im Vorschulalter gewesen war, denn in ihr haben wir die basale Fähigkeit erworben, zu hoffen und zu vertrauen.

### *10.3.4 Vorschulerziehung und Schulleistung*

Die verschiedenen Förderprogramme der Sechziger- und Siebzigerjahre für Fünfjährige in Vorschulklassen, Modellkindergärten und Eingangsstufen haben die in sie gesetzten Erwartungen nicht erfüllt. Sie konnten weder eine Entscheidungshilfe für den Gesetzgeber bieten, in welcher der genannten Institution Fünfjährige am besten gefördert werden konnten – dazu waren sie in der Bundesrepublik organisiert worden –, noch gelang es, durch Intensivprogramme die *Intelligenzquotienten von Unterschichtkindern* auf das Niveau der Intelligenzquotienten von Mittel- und Oberschichtkindern anzuheben. Die

Erwartungen in diesen Bereichen waren unrealistisch gewesen. Aber ein Effekt war unverkennbar: die Auswirkungen der vorschulischen Förderung auf die *Schulleistungen von Unterschichtkindern.* Dieser Effekt trat *unabhängig vom Schulsystem* ein – er konnte bei deutschen, österreichischen, englischen und amerikanischen Programmen nachgewiesen werden – und unabhängig von der Tatsache, dass im Alter von fünf Jahren eine anhaltende Steigerung der messbaren Intelligenz nicht mehr möglich ist.
Dies soll an vier Programmen gezeigt werden.

### 10.3.4.1 Nordrhein-Westfalen

Ein breit angelegtes und auch sehr sorgfältig ausgewertetes Versuchsprogramm wurde in Nordrhein-Westfalen (15) durchgeführt. In das Projekt wurden Fünfjährige aus fünfzig Modellkindergärten und aus fünfzig Vorschulklassen einbezogen. Die Gruppen umfassten je zwanzig bis fünfundzwanzig Kinder. Die Kinder der Modellkindergärten kamen aus altersgemischten Einheiten, in denen es auch Drei- und Vierjährige gab. Als Kontrollgruppen dienten Kinder aus Regelkindergärten sowie Kinder, die keine außerfamiliären Erfahrungen hatten, die sogenannte „neutrale Gruppe".

Und hier die Ergebnisse:

- Die Kinder der sozialen Unterschicht hatten im Mittel um dreizehn IQ-Punkte weniger als die Kinder der Mittelschicht und Oberschicht, und diese Unterschiede im Intelligenzniveau konnten nicht ausgeglichen werden.
  Zu Beginn des Programms, als alle Kinder auf ihre Ausgangssituation hin getestet wurden, erbrachten jedoch jene *Kinder der sozialen Unterschicht, die vor dem Förderjahr achtzehn Monate und länger einen Kindergarten besucht hatten, wesentlich bessere Testleistungen als Unterschichtkinder, die vor dem Förderjahr keinen Kindergarten besucht hatten. Bei Mittelschicht- und Oberschichtkindern hatte der Kindergartenbesuch keinen Einfluss auf das Intelligenzniveau.*
- *Die Schulbahn der geförderten Kinder war wesentlich erfolgreicher, als man es nach dem Landesdurchschnitt erwarten konnte. Die Rückstellungen vom Schulbesuch betrugen bei den Kindern der Versuchsgruppen 1 bis 2 Prozent, im Landesdurchschnitt 5 bis 8 Prozent. Innerhalb der ersten vier Schuljahre mussten 9 Prozent der Vorklassen- und 5 Prozent der Modellkindergartenkinder repetieren, gegenüber 18 Prozent im Landesdurchschnitt. Von den Kindern aus den Versuchsgruppen gingen um 15 Prozent mehr ins Gymnasium als von den nicht geförderten Kindern.*

Wie Abbildung 51 zeigt, profitieren von dem Vorschulprogramm vor allem *die Kinder der sozialen Unterschicht,* am meisten wieder die, die vorher einen *Regelkindergarten*

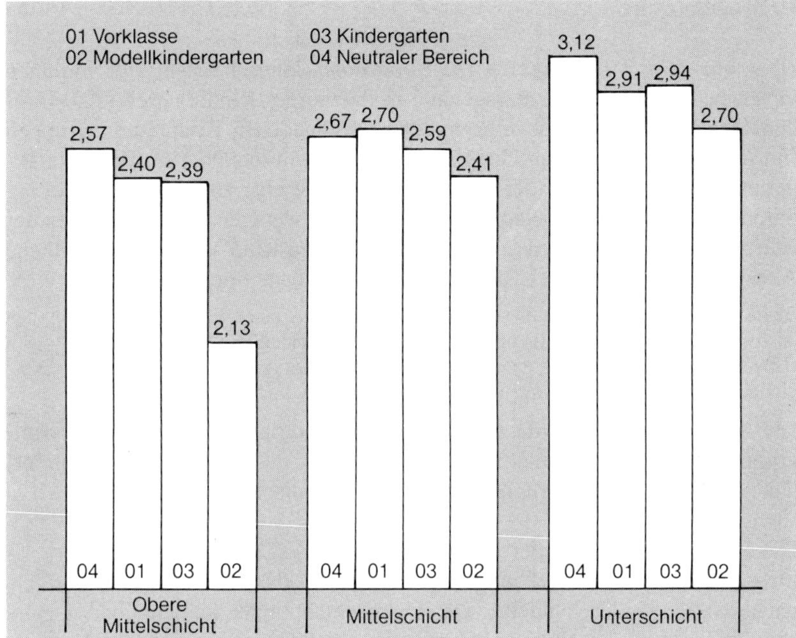


*Abbildung 51*
Auswirkungen vorschulischer Institutionen auf die Durchschnittsnote nach zwei Jahren in der Grundschule.

besucht hatten und auch schon zu Beginn des Programms einen Vorsprung gegenüber den Kindern der gleichen Sozialschicht ohne Kindergartenbesuch gehabt hatten. *Die Unterschichtkinder der Modellkindergärten erreichten die gleichen Durchschnittsnoten wie die Mittelschichtkinder der Vorklassen und des neutralen Bereichs! Hier konnten echte kompensatorische Effekte erzielt werden. Am schlechtesten waren die Leistungen der Unterschichtkinder des neutralen Bereichs!*

Die besseren Leistungen, die durchwegs von den Kindern der Modellkindergärten erreicht wurden, stehen wahrscheinlich weniger mit dieser Institution selbst als mit der zufällig von Anfang an bestehenden besseren Ausgangslage dieser Gruppe im Zusammenhang. Die Kinder hatten schon vor Beginn des Programms höhere IQ als die der anderen Gruppen.

*Während im Bereich der messbaren Intelligenz keine kompensatorischen Effekte erzielt wurden, gelang dies im Bereich der Schulleistungen (ausgedrückt in Schulnoten) für Unterschichtkinder durchaus.*

In der vierten Klasse kamen Tests zur Messung der Schulangst zur Anwendung. Es zeigte sich, dass *bei Unterschichtkindern die Angstwerte höher waren, wenn sie keine der Versuchseinrichtungen besucht hatten.*

10.3.4.2 Salzburg

*Dass ein sehr kurzzeitiges Förderprogramm längerfristige Auswirkungen haben kann,* zeigt eine Untersuchung in Salzburger Kindergärten (12). Hundert Salzburger Kinder, je zehn in zehn verschiedenen Kindergartengruppen (im Alter zwischen 5;5 und 6;2) erhielten 1973 im letzten Jahr ihres Kindergartenbesuches während der letzten drei Monate eine zusätzliche Förderung durch das Lesespiel „Wir lesen!". Es kam dabei weniger auf das Erlernen der Ganzwörter an, von denen auch eine von Kind zu Kind sehr unterschiedliche Anzahl behalten wurde, als auf die damit verbundene Sprachübung.

Beim Lottospiel riefen die Kiner nicht einfach: „Wer hat einen Esel?", sondern mussten dazu „Spracheinfälle" haben, zum Beispiel: „Wer hat einen Esel? Er ist grau, hat einen schweren Sack im Korb und geht auf der Wiese." Oder: „Wer hat ein Wagenrad? Es ist vielleicht von einem Leiterwagen heruntergefallen."

Die Versuchsgruppe wurde mit zwei Kontrollgruppen verglichen: Kontrollgruppe I bestand aus Kindern, die im Kindergarten kein Sonderprogramm erhalten hatten, Kontrollgruppe II aus Kindern, die keinen Kindergarten besucht hatten.

Die Kinder wurden bei der Auswertung nach Sozialschichten gruppiert. Es muss ausdrücklich darauf hingewiesen werden, dass es sich nicht um vernachlässigte Kinder handelte. Die Unterschichtkinder kamen überwiegend aus der sogenannten oberen Unterschicht, waren Kinder von Facharbeitereltern. Die untere Unterschicht – ungelernte Arbeiter – war ganz spärlich vertreten. Die soziale Oberschicht war etwas überrepräsentiert.

Die Effizienzkontrolle* für das Programm bestand in der Feststellung der Noten in Deutsch, Rechnen und Lesen während der ersten beiden Schuljahre. Und hier die Ergebnisse:

- Die Versuchsgruppe als Ganze blieb den beiden anderen Gruppen in allen drei Fächern während der beiden ersten Schuljahre überlegen.
- Zwischen den spezialgeförderten und den nicht ins Programm einbezogenen Kindergartenkindern der Oberschicht bestand kein Unterschied in der Leistung, aber Nichtkindergartenkinder der Oberschicht blieben hinter den Kindergartenkindern der Oberschicht etwas zurück.
- Bei Unterschichtkindern, die im *Kindergarten keine spezielle Förderung* erfahren hatten, trat der *Sozialeffekt in Erscheinung,* das heißt, ihre Leistungen wurden in der Schule von Halbjahr zu Halbjahr schlechter. *Diesem Sozialeffekt konnte die kurzfristige Förderung entgegenwirken.* Die Leistungen der geförderten Unterschichtkinder im Lesen, gemessen an ihren Noten, unterschieden sich im ersten Schuljahr (zweites Halbjahr) nicht von denen der Oberschichtkinder.

---

* Effizienzkontrolle bedeutet Überprüfung der Wirksamkeit.

Die Notenmittelwerte im Lesen am Ende des zweiten Schuljahres zeigt Abbildung 52. Die Noten der *geförderten Unterschichtkinder* entsprechen denen der Mittelschichtkinder, während die Noten der im Kindergarten nicht besonders geförderten Kinder (mit berufstätigen Müttern!) am schlechtesten waren, schlechter als die der Nichtkindergartenkinder, deren Mütter zu Hause waren. *Auch hier handelt es sich um einen echten kompensatorischen Effekt,* denn die Unterschichtkinder der Versuchsgruppe hatten auch berufstätige Mütter und konnten trotzdem das Niveau der nicht besonders geförderten Mittelschichtkinder halten. Bei den *nicht speziell geförderten Kindern* vergrößerte sich der Abstand zur geförderten Gruppe des gleichen Milieus und der gleichen Kindergartengruppen von Semester zu Semester.

Wie wir aus Abbildung 53 ersehen, erstreckte sich der Effekt der Spezialförderung auch auf das *Rechnen.* Das bedeutet, dass es sich um einen *Sekundäreffekt* handelt, der vor allem in der *konzentrierteren Arbeitsweise,* der *besseren Leistungsmotivation* und dem *besseren Aufgabenverständnis* der geförderten Gruppe bestand.

*Wir müssen allerdings annehmen, dass die günstigen Auswirkungen des Kurzzeitprogramms nur auf der Basis des vorhergegangenen mehrjährigen Kindergartenbesuches möglich waren.*

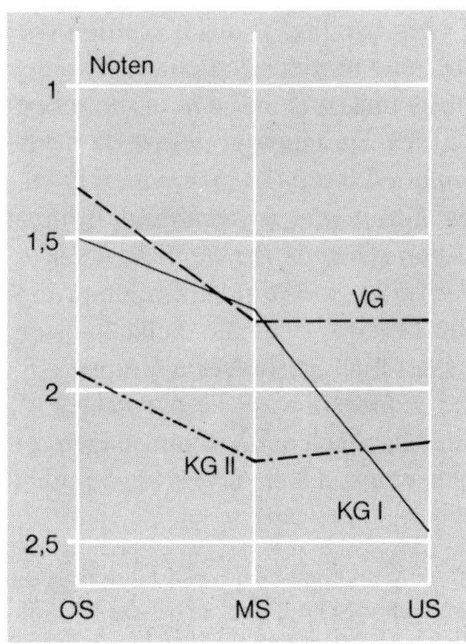


*Abbildung 52*
Notenmittelwerte und Sozialschichten. Lesen (4. Hj.).

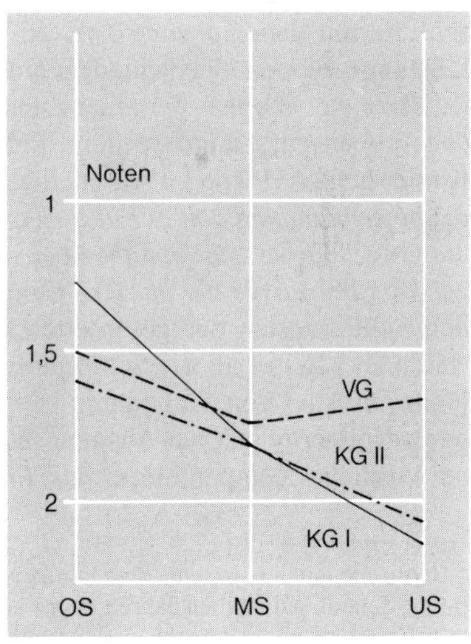


*Abbildung 53*
Notenmittelwerte und Sozialschichten. Rechnen (4. Hj.).

### 10.3.4.3 London

Eine wichtige Untersuchung, deren Langzeitwirkung an der Schulleistung überprüft werden konnte, war das *Sprachförderungsprogramm* an englischen Infant Schools, von dem Denis und Georgina *Gahagan* (9) berichten. Mehr als drei Jahre hindurch wurde mit Kindern, die zu Beginn der Untersuchung beim Eintritt in die *Infant School,* etwa fünf Jahre alt waren, neben dem normalen Schulunterricht ein umfangreiches und ausgezeichnetes Sprachförderungsprogramm durchgeführt, das jedoch auch *Wahrnehmungs- und Denktraining* beinhaltete*. Als Konrollgruppen dienten Kinder aus Parallelklassen der gleichen Schulen, die keine Sprachförderung erhalten hatten. Die Kinder stammten alle aus einem Arbeiterbezirk mit sehr homogener Bevölkerung. Zur Effektivitätskontrolle wurden zu Beginn der Untersuchung sowie zwischendurch Sprachtests verwendet (English Picture Vocabulary Test – E. P. V. T.), ebenso am Ende des Versuches nach zwei Jahren. Als die Kinder bereits in der Junior School waren, kam ein Schulleistungstest (English Progress Test $A_2$ – E. P. T.) zur Anwendung. Es wurde auch eine Intelligenztestung mit dem WISC (Wechsler Intelligence Scale for Children) durchgeführt.
Obwohl alle Kinder, die an dem Sprachtrainingsprogramm beteiligt waren, ebenso wie die Kontrollgruppen aus derselben Wohngegend stammten und alle der Unterschicht angehörten, waren ihre *sprachlichen Fähigkeiten schon zu Beginn des Trainingsprogramms sehr unterschiedlich,* wie sich nach einer Prüfung mit dem Sprachtest (E. P. V. T.) herausstellte. Danach wurden drei Leistungsgruppen unterschieden, eine beste, eine mittlere und eine schwächste. Es zeigte sich nun bei allen Zwischentests und auch bei den abschließenden Proben zur Kontrolle der Effektivität des Sprachprogramms, dass alle Kinder gefördert worden waren, die *ursprünglich beste Gruppe jedoch immer die beste blieb und von der ursprünglich mittleren oder schlechtesten Gruppe nie eingeholt werden konnte. Aber die mittlere Gruppe der geförderten Kinder war besser als die mittlere Gruppe der nicht geförderten.* Die ursprünglich Schlechtesten der geförderten Gruppe blieben zwar die Schlechtesten, waren aber besser als die Schlechtesten aus der nicht geförderten Gruppe!
Wenn im Alter von fünf Jahren oder später gefördert wird, ist der Erfolg offenbar immer relativ zur Ausgangslage. Ein Ausgleich der Ausgangslagen, eine wirkliche Kompensation, *das Erreichen einer echten Chancengleichheit*

---

* Englische Kinder sind mit fünf Jahren schulpflichtig und besuchen zwei Jahre lang die Infant School. Mit sieben Jahren treten sie in die Junior School über und sollen zu diesem Zeitpunkt lesen können, was jedoch in vielen Fällen nicht zutrifft. In der Infant School wird ein Art Kindergartenbetrieb von Perioden systematischen Unterrichts im Lesen, Schreiben und Rechnen unterbrochen. Die Kinder sind von 9 Uhr früh bis 16 Uhr in der Schule.

*scheint es nicht zu geben, sondern nur eine Verbesserung der Startchancen,* die natürlich in vielen Fällen für eine klaglosere Bewältigung der Schulsituation ausreichen kann und daher keinesfalls versäumt werden sollte.
Als die Kinder bereits in der Junior School waren und auch schon lesen konnten, zeigte der Schulleistungstest (E. P. T.) *einen bedeutenden Vorsprung der geförderten Gruppen gegenüber den Kontrollgruppen.*
Im *Intelligenztest waren beide Gruppen gleich.*

*Tabelle 12*

Gegenüberstellung der Durchschnittswerte von Schulleistungs- und Intelligenztests bei Versuchs- und Kontrollgruppen (*Gahagan,* 9).

| | Schulleistungstest (E. P. T.) Punktwerte | Intelligenztest (WISC) IQ |
|---|---|---|
| Versuchsgruppen | 102,2 | 109,3 |
| Kontrollgruppen | 92,7 | 109,0 |

Wenn man auch Punktwerte in einem Schulleistungstest und Intelligenzquotient nicht direkt miteinander vergleichen kann, so ist doch deutlich zu erkennen, dass die *Werte der Versuchsgruppe näher beisammen lagen als die der Kontrollgruppe.* Bei gleicher Intelligenz hatten die Kinder der Versuchsgruppe wesentlich bessere Schulleistungen. *Das bedeutet, dass die Kontrollgruppe ihre Intelligenz nicht in entsprechende Leistungen umsetzen konnte, während dies den Kindern der Versuchsgruppe bedeutend besser gelang.* Die Autoren führen diese Unterschiede ausschließlich auf die Sprachprogramme zurück, es wirkt sich jedoch sicher auch die damit gleichzeitig erzielte *Besserung der Arbeitshaltungen* aus. Wieder *haben wir es mit einer Annäherung zwischen Leistungsfähigkeit und konkretem Leistungsverhalten zu tun* – offenbar der wichtigste Erfolg von Förderprogrammen.
Aus Tabelle 12 ersehen wir übrigens, dass das Sprachprogramm keinen Einfluss auf den IQ hatte. Versuchsgruppen und Kontrollgruppen, die ursprünglich equalisiert waren, waren es auch nach Beendigung des Programms.

10.3.4.4 Ypsilanti (USA)

Das in den öffentlichen Schulen von *Ypsilanti* durchgeführte Programm von *Weikart* (20) ist insofern interessant, als es die Schulleistungen der Kinder mit Hilfe von Schulleistungstests über vier Grundschuljahre und die Schulbahn bis ins neunte Schuljahr hinweg verfolgte. In diesem Fall wurde die Langzeitwirkung über fünf Jahre nach dem Ende des Förderungsprogramms erhoben, denn zwischen die zweijährige Förderung der Drei- und Vierjährigen und den Schuleintritt schob sich der öffentliche Schulkindergarten für die Fünfjährigen.

Die Kinder begannen im Alter von drei Jahren und blieben zwei Jahre im Programm. Es handelte sich durchwegs um *benachteiligte schwarze und weiße Kinder.*
Verfolgen wir die Entwicklung eines Jahrgangs von hundertvierundzwanzig Kindern in Bezug auf ihre Intelligenzquotienten:

*Tabelle 13*
Ergebnisse der Stanford-Binet-Intelligenztests (*Weikart,* 20).

| IQ-Mittelwerte | Vor Beginn des Programms | Nach einem Jahr Förderung | Nach zwei Jahren Förderung | Vorklasse | 1. Schuljahr | 2. Schuljahr | 3. Schuljahr |
|---|---|---|---|---|---|---|---|
| Versuchsgruppe | 79,6 | 95,5 | 94,9 | 91,3 | 91,7 | 88,1 | 87,7 |
| Kontrollgruppe | 78,5 | 83,3 | 83,5 | 86,3 | 87,1 | 86,9 | 86,8 |
| Signifikanz | n. s. | p = 0,01 | p = 0,1 | p = 0,5 | p = 0,5 | n. s. | n. s. |

Wir sehen den raschen IQ-Anstieg von sechzehn Punkten nach dem ersten Jahr der Förderung, in dem die Kontrollgruppe nur etwa fünf IQ-Punkte gewann, sowie das allmähliche Absinken der IQ-Werte nach Beendigung des Programms, wobei es schon im zweiten Schuljahr zu einer Angleichung an die Kontrollgruppe kam. Der Gewinn war gleich null. Betrachten wir hingegen die Schulleistungen:

*Tabelle 14*
Ergebnisse der gesamten Batterie des California Achievement Tests (*Weikart,* 20).

| Rohmittelwerte | 1. Schuljahr | 2. Schuljahr | 3. Schuljahr | 4. Schuljahr |
|---|---|---|---|---|
| Versuchsgruppe | 97,1 | 142,0 | 172,9 | 225,5 |
| Kontrollgruppe | 84,4 | 126,5 | 145,3 | 199,3 |
| Signifikanz | p 0,10 | p 0,10 | p 0,05 | n. s. |

Die Kinder, die als Drei- und Vierjährige das Versuchsprogramm mitgemacht hatten, waren in ihren *Schulleistungen* trotz absinkender IQ-Werte *signifikant besser* als die Kontrollgruppenkinder. In der vierten Klasse waren die Leistungen der Versuchsgruppenkinder nicht mehr signifikant, aber doch der Tendenz nach noch deutlich besser als die der Kontrollkinder. Diese waren jedoch schon eine ausgelesene Gruppe. *Bis zum vierten Schuljahr waren nämlich von der Kontrollgruppe bereits 34 Prozent in Sonderklassen abgegangen, von den neunzig Versuchsgruppenkindern, die zu dieser Zeit noch in Ypsilanti in die Schule gingen, jedoch nur 13 Prozent!*

Insgesamt hatten 72 Prozent der Versuchskinder eine reguläre Schulbahn gegenüber 60 Prozent der Kontrollgruppe, nur 12 Prozent befanden sich in Sonderklassen gegenüber 27 Prozent der Kontrollgruppe, 16 Prozent hatten ein Schuljahr wiederholt gegenüber 13 Prozent der Kontrollgruppe.
Wir sehen bei allen vier Programmen trotz sehr verschiedener Schulsysteme das gleiche Phänomen: Anstiege des Intelligenzquotienten, soweit vorhanden, erwiesen sich als vorübergehend; die bessere Bewältigung der Schulsituation erwies sich jedoch als Realität. Die *Langzeitwirkung der Förderung im Vorschulalter erstreckte sich praktisch über die ganze Schulzeit, und zwar zum besonderen Vorteil der sozioökonomisch benachteiligten Kinder.* Die Wirkung auf Kinder der Mittel- und Oberschicht war gering, da diesen Kindern in ihren Familien schon ausreichende Voraussetzungen für den Schulerfolg „mitgegeben" worden waren.

## 10.4 Vorschulische institutionelle Förderung und die Entwicklung der Motivationen und Arbeitshaltungen

Wir sagten schon, dass sich Motivationen und Ansätze zu positiven Arbeitshaltungen im Vorschulalter entwickeln, und zwar unter dem Einfluss von erlebten *Erfolgen, Anerkennung, Lob, Bestätigung* und dem daraus gewonnenen *Selbstvertrauen.*
Da Vorschulprogramme keine Intelligenzsteigerung im engeren Sinne bewirkten, die Schulleistungen der geförderten Kinder hingegen deutlich besser waren als die der nicht geförderten Kontrollgruppen, die Schulleistungen andererseits auch nur *zum Teil von der messbaren Intelligenz,* zu einem größeren Teil jedoch von den *Arbeitshaltungen und Motivationen* bestimmt werden, *können wir mit großer Wahrscheinlichkeit annehmen, dass die eigentlichen Fördereffekte der Vorschulerziehung im Bereich der motivationalen Sozialisation* liegen. Die Entwicklung von *Arbeitshaltungen,* wie Ausdauer, Konzentrationsfähigkeit, willkürliche Aufmerksamkeit, das Entstehen von *Leistungsmotivationen,* der Zuwachs an *Selbstsicherheit* und der *Abbau von Angst* bewirken eine *Übereinstimmung von Leistungsfähigkeit und Leistungsverhalten* in der Schulsituation. Die Kinder werden befähigt, ihre aktualisierte Intelligenz zur Gänze in Leistungen umzusetzen. Durch die Entwicklung der *Stützfunktionen der Intelligenz* kommt diese voll zum Tragen.
*Bei sozial benachteiligten Kindern, deren Familien es verabsäumt hatten, Motivationen und Arbeitstugenden durch Beachtung, Lob und Vermittlung von Erfolgserlebnissen zu entwickeln, können Mängel offenbar durch Kindergartenbesuch und besondere Förderung im letzten Jahr von der Schule noch weitgehend ausgeglichen werden.*

*Dazu kommen die verbesserte* Sprachkompetenz sowie Übungsgewinn im *Bereich der Wahrnehmung,* der *Feinmotorik* und der *sensomotorischen Leistungen.* Diese Übungsgewinne entstehen dadurch, dass die in diesem Alter rasch reifenden Funktionen auf entsprechende Herausforderungen stoßen und so zur vollen Entfaltung gelangen, was sich beim späteren Erlernen der Kulturtechniken günstig auswirkt. Förderprogramme bewirken – und hierein liegen ihre Möglichkeiten – eine *Verringerung der Diskrepanz zwischen den Fähigkeiten eines Kindes* und *seiner aktualisierten Leistung.* „Sie verändern weniger das zugrunde liegende Substrat als die Antriebsstrukturen" (10) – die *Stützfunktionen der Intelligenz.* Die besonderen Fortschritte, die viele unterprivilegierte Kinder machten, zeigen, dass bei ihnen besondere Aktualisierungsdefekte im Bereich der Stützfunktionen vorhanden waren.
In Kapitel IV wurde beschrieben, warum gerade bei sozial benachteiligten Kindern die Entfaltung der Antriebsstrukturen behindert wird. Diese Kinder waren es auch, die von vorschulischer Erziehung im weitesten Sinne – *Kindergarten plus spezieller gezielter Förderung im Jahr vor der Schule* – am meisten profitierten. Denn die Unterschiede zwischen *geförderten* und *nicht geförderten Unterschichtkindern* waren *hoch signifikant* – während zwischen geförderten und nicht geförderten Mittelschichtkindern bei testmäßig erfassbaren Leistungen keine, bei Schulleistungen nur geringe Unterschiede zugunsten der ersteren festgestellt werden konnten.
Vorschulische Förderung ist eine Angelegenheit der ganzen frühen Kindheit. Sie beginnt bei der frühen Mutter-Kind-Beziehung und setzt sich im Kindergarten fort. Sie sollte nicht auf Fünfjährige beschränkt werden, denn deren Lernfähigkeit baut auf den Lernerfahrungen der früheren Jahre auf.

**Zusammenfassung**

Entsprechend den veränderten Lernformen und Bedürfnissen der Fünf- und Sechsjährigen werden Lernangebote zur Einübung bestimmter Fähigkeiten (zum Beispiel Beobachtung, Orientierung, Wahrnehmungsdifferenzierung etc.) an Hand *vorgegebener Programme* gern angenommen. Sie bilden eine wichtige Hilfe für die kognitive Entwicklung und zugleich – und das ist wahrscheinlich das noch Wichtigere – für die Ausformung der *Arbeitshaltungen* und *Motivationen.*
Bei Untersuchungen über die Langzeitwirkung von experimentellen Vorschulprogrammen in verschiedenen Ländern während der Sechziger- und Siebzigerjahre hat sich gezeigt, dass die in diesen Gruppen betreuten Kinder wesentlich bessere Schulleistungen erbringen konnten als Kinder, die keine spezielle vorschulische Förderung erhalten hatten. *Unterschichtkinder profitieren dabei wesentlich mehr als Mittel- und Oberschichtkinder, besonders wenn sie vor dem sechsten Lebensjahr einen Kindergarten besucht hatten.*

Versuche, schon im Jahr *vor* der gesetzlichen Schulpflicht Lesen und Schreiben zu lehren, haben sich nicht bewährt. Heute bieten die Kindergärten im letzten Jahr vor der Schule ebenso wie die Vorschulklassen, die Schulkindergärten und die Eingangsstufen „Vorschulprogramme", die auf die Pflege jener Fähigkeiten und Fertigkeiten abzielen, die Voraussetzungen für den Erwerb der Kulturtechniken sind.

1 *ANDERSON, H. H.:* Domination and Socially Integrative Behavior in *BARKER, R. G., KOUNIN, J. S.,* und *WRIGHT, H. F.* (Hrsg.): Child Behavior and Development. New York–London 1943.

2 *BAAR, E.,* und *TSCHINKEL, I.:* Schulreife – Entwicklungshilfe. 7. Auflage, Wien 1974.

3 *BOWLBY, J.:* Maternal Care and Mental Health. Genf 1952.

4 *BRONFENBRENNER, U.:* Wie wirksam ist kompensatorische Erziehung? Stuttgart 1974.

5 *BRUNER, J. S.:* Der Prozess der Erziehung. Sprache und Lernen. Düsseldorf 1971.

6 *BÜHLER, CH.:* Die frühesten sozialen Verhaltensweisen des Kindes. 5. Auflage, Wien 1927.

7 *DAU, R.:* Der Beitrag des Kindergartens zur frühkindlichen Sozialisation – Ein Bericht über die Ergebnisse empirischer Untersuchung in *NEIDHARDT, F.* (Hrsg.): Frühkindliche Sozialisation. Stuttgart 1975.

8 *FISCHER, H.:* Einjährige und zweijährige Kinder im Tagesheim. Wien–München o. J.

9 *GAHAGAN, D.,* und *G.:* Kompensatorische Spracherziehung in der Vor- und Grundschule. Düsseldorf 1971.

10 *GLICK, J.:* Einige Probleme der Evaluation von Förderprogrammen im Vorschulalter in: *HESS, R. D.,* und *BEAR, R.* (Hrsg.): Frühkindliche Erziehung. Weinheim–Basel 1972.

11 *HÖDL, F.,* und *LANZELSDORFER, F.:* Die Vorklasse – ein Weg zur Begabungsförderung. 2. Auflage, Wien 1971.

12 *ISTOK, R.:* Vorschulerziehung mit besonderer Berücksichtigung einer experimentellen Untersuchung über die Effizienz eines Vorschultrainings. Unveröffentlichte Dissertation. Salzburg 1975.

13 *LAHIKAINEN, A. R.,* und *SUNDQUIST, S.:* The Reaction of Children under Three Years Old to Day Nursery. Psychiatria Fennica. 1979.

14 *LÜCKERT, H. R.:* Begabungsforschung und basale Bildungsförderung. Zt. Die Grundschule 2/1967.

15 *MINISTERIUM* für Arbeit, Gesundheit und Soziales des Landes Nordrhein-Westfalen (Hrsg.): Modellkindergärten in Nordrhein-Westfalen. Düsseldorf 1970.

16 *NICKEL, H.,* und *SCHMIDT-DENTER U.:* Sozialverhalten von Vorschulkindern – Konflikt, Kooperation und Spiel in institutionellen Gruppen. München–Basel 1980.

17 *PARTEN, M.,* und *NEWHALL, S. M.:* Social Behavior of Preschool Children in *BARKER, R. G., KOUNIN, J. S.,* und *WRIGHT, H. F.* (Hrsg.): Child Behavior and Development. New York–London 1943.

18 *SCHENK-DANZINGER, L.:* Möglichkeiten und Grenzen kompensatorischer Erziehung. Wien–München 1980.

19 *TAUSCH, A., BARTHEL, A., FITTKAU, B.,* und *HÜBSCH, H.:* Variablen und Zusammenhänge der sozialen Interaktion im Kindergarten. Zt. Psychologische Rundschau, Heft 4, 1968.

20 *WEIKART, D. P.:* Über die Wirksamkeit vorschulischer Erziehung. Zt. für Pädagogik, 21. Jg., 1975.

21 *WISLITZKY, S.:* Beobachtungen über das normale Verhalten im Kindergarten. Zt. für Psychologie 107, 1928.

# *Glossar der Fremdwörter und Fachausdrücke*

| | |
|---|---|
| Adrenalin | ein Hormon der Nebenniere, das in Angstsituationen ausgeschüttet wird |
| ambivalent | zwiespältig, schwankend, zum Beispiel zwischen Gut und Böse |
| Ambivalenz der Gefühle | schwankend zwischen Liebe und Hass |
| antizipieren | vorwegnehmen |
| autoerotisch | auf die eigene Person bezogene sexuelle Empfindungen oder Handlungen |
| autonom | unabhängig |
| bedingte Reaktionen, bedingter Reflex | „vorzeitige" Reaktion auf ein Ereignis, das dem Reiz, auf den die Reaktion erfolgen soll, regelmäßig vorhergeht |
| Contergan | ein Medikament, das – im frühen Stadium der Schwangerschaft eingenommen – den Fötus schwer schädigt |
| Dekomposition | Verfall, Auflösung |
| deprivieren | wichtige Bedürfnisse unbefriedigt lassen |
| Determinanten | bestimmte Merkmale |
| Determinationsspielraum | zeitliche Grenzen, in denen sich wesentliche Merkmale entwickeln können |
| Diktion | Art des sprachlichen Ausdrucks |
| empathisch | nachdrücklich, eindringlich (auf die Gefühlslage bezogen) |
| equalisieren | eine Kontrollgruppe so zusammensetzen, dass sie in wichtigen Merkmalen (zum Beispiel Alter, Geschlecht, Intelligenzgrad, Milieu) der Versuchsgruppe entspricht |
| erogene Zone | sexuelle Erregungszone |
| Exhibition | Zurschaustellung |
| exploratives Verhalten | erforschendes Verhalten |
| fluktuierend | schwankend, wechselnd |
| Frustrationsintoleranz | Unfähigkeit, Belastungen zu ertragen |
| frustrieren | seelischen Belastungen aussetzen |
| generalisieren | verallgemeinern |
| global | ganzheitlich |

| | |
|---|---|
| hypothetisches Modell | ein Modell, das auf Grund einer wissenschaftlichen Annahme aufgebaut wird |
| immunisieren | gegen Krankheiten schützen, auch unempfänglich für ungünstige Einflüsse machen |
| Impetus | heftiger Antrieb, Anprall |
| instrumentale Konditionierung | Lernen durch Erfolg und Misserfolg, wobei erfolgreiches Verhalten wiederholt, nicht erfolgreiches vermieden wird |
| Interaktion | Handeln in gegenseitiger Abhängigkeit |
| intermittierend | mit Unterbrechungen |
| intentionaler Objektbezug | ein Verhalten, das sich in einer bestimmten Absicht einem Gegenstand oder – im psychologischen Sinne – einer geliebten Person zuwendet |
| Item | eine Testfrage aus einem Testsystem |
| Kastrationsangst | Angst, das Geschlechtsorgan zu verlieren |
| Kausalattribuierung | das Zuschreiben einer Ursache |
| kognitive Leistungen | Denk-, Wahrnehmungs- und Gedächtnisleistungen |
| konditionieren | das Verhalten durch Erfolg und Misserfolg (Lob und Tadel, Strafe und Belohnung) steuern |
| Konfiguration | Beziehung verschiedener Faktoren zueinander |
| konform | an einen fremden Wert angepasst: übereinstimmend |
| kontinuierliche Verstärkung | Lob, jedes Mal, wenn ein erwünschtes Verhalten beobachtet werden kann |
| Korrelat | Entsprechung |
| Korrelation | die Häufigkeit des gemeinsamen Auftretens zweier Merkmale |
| Korrespondenz | Übereinstimmung |
| kumulative Wirkung | die sich steigernde Wirkung zweier in gleicher Richtung wirkender Ereignisse |
| lexikalischer Bereich | den Wortschatz betreffend |
| Löschung | das Verschwinden einer Verhaltensweise als Folge von Nichtbeachtung oder Bestrafung |
| multifaktoriell | durch viele Faktoren verursacht |
| Nestflüchter | ein neugeborenes Tier, das gleich nach der Geburt eine gewisse Selbständigkeit aufweist, den Ort der Geburt verlassen kann und die Nahrungsquelle findet |
| Nesthocker | ein neugeborenes Tier, das nicht in der Lage ist, den Geburtsort zu verlassen und die Nahrungsquelle zu finden |

| | |
|---|---|
| neuromuskulär | die Versorgung der Muskulatur durch Nervenstränge |
| Pavor nocturnus | nächtliche Angstzustände |
| perinatal | während des Geburtsvorganges |
| Phallus | männliches Geschlechtsorgan |
| Plazenta | Mutterkuchen |
| Prägung | sehr frühe Fixierung an die erste Pflegeperson |
| projektive Tests | Aufgaben, die die Versuchsperson veranlassen, Aussagen über ihr Innenleben zu machen, die in einem normalen Gespräch nicht möglich wären |
| psychosomatisch | körperliche Auswirkung seelischer Zustände |
| psychotischer Schub | plötzliches Aufflammen einer Geisteskrankheit |
| Reduktion der Bedürfnisspannung | Verringerung des Unlustgefühls bei unbefriedigtem Bedürfnis |
| regressives Verhalten | Verhalten, das einer bereits überwundenen Entwicklungsstufe entspricht |
| Repräsentanz | Stellvertretung |
| repressiv | unterdrückend |
| restriktiv | einschränkend |
| rigid | starr |
| Schlüsselreiz | ein Verhalten, das im Partner eine angeborene, instinktive Reaktion hervorruft. Das Verhalten des einen Partners passt zur Reaktion des anderen wie der Schlüssel ins Schlüsselloch |
| Selektivität | Tendenz zur Auslese im Hinblick auf ein bestimmtes Merkmal |
| Sensorium | die Gesamtheit aller Sinnesleistungen |
| signifikant | nicht zufällig, sondern bedeutsam |
| Stimulierung | Anregung |
| Strabismus | Schielen |
| strukturelle Reifung | die Entwicklung zu einer Form, die durch die Genstruktur vorprogrammiert ist (aus Same und Ei des Menschen kann nur ein Mensch entstehen) |
| Substitut | Ersatz |
| syntaktischer Bereich | den Satzaufbau betreffend |
| Tabu | strenges Verbot |
| tabuisieren | strengstens verbieten |
| Über-Ich, Überich | die psychoanalytische Bezeichnung für das Gewissen |
| überkompensatorisch | in übertriebener Form einen Mangel ausgleichend |
| Ultraschallgerät | ein Prüfgerät, das u. a. zur Untersuchung von Schwangeren verwendet wird |

| | |
|---|---|
| urethral | den Harntrakt betreffend |
| Verhaltensrepertoire | die Gesamtheit möglicher Verhaltensweisen |
| verifizieren | den Wahrheitsgehalt feststellen |
| zirkuläre Selbstnachahmung | ein Verhalten wird vom Kind wahrgenommen, das Wahrgenommene wird wiederholt, dabei entstehen kleine Abweichungen, die wiederum wahrgenommen und wiederholt werden; auf diese Art entstehen zum Beispiel die verschiedenen Lall-Laute |

# Sachregister

# *Personenregister*

## *Bildnachweis*

A. Gabriel: 75. – Robert B. McCall, Infants, London 1979: 30, 37. – L. Nilson, Ein Kind entsteht, München 1984: 14. – A. Waschel, Wien: 39, 44, 45, 51, 52, 56, 74, 97, 105, 107, 108, 116, 135, 138, 152, 156, 171, 173, 185, 186, 187, 189, 195, 199, 202, 205.

Rüdiger Wurr

## Prinzen und ihre Mütter

Zwei Biographien zur Entwicklung vaterloser Kinder

1985, 287 Seiten, kart., ISBN 3-608-93344-1

Nach dem Zweiten Weltkrieg hat es erzwungenermaßen zahlreiche allein stehende Frauen mit Kindern gegeben, darunter wiederum viele mit Einzelkindern. Die Erziehung und Entwicklung dieser Kinder aus jener besonderen Konstellation heraus lässt sich als ein großes pädagogisches Feldexperiment begreifen. Aus ihm könnten wir lernen, wenn die nachträgliche Analyse gelänge. Dazu muss man erst einmal der Sache selbst habhaft werden, zum Beispiel als exemplarischer Geschichte. Das ist der Weg dieses Buches, an dessen Anfang zwei Lebensläufe stehen, erzählt vorwiegend aus der Perspektive der Betroffenen.

Es handelt sich um die Biographien Vaterloser, die unter teils identischen (geschichtlichen, gesellschaftlichen), teils entgegengesetzten (Erziehungs-)Bedingungen aufwuchsen.

In den Biographien treten hervor: die besondere Rolle der Antriebskräfte und Leitmotive, die Fähigkeit der Kinder zur Selbstbewahrung unter widrigen Umständen und der charakterbildende, affektive und moralische Einfluss der bergenden Mutter-Kind-Zweisamkeit.

Dies sind auch die Themen des zweiten, des theoretischen Teils des Buches. Dort werden die dargestellten historischen Erfahrungen mit heutigen Erziehungstendenzen verglichen, stets in sowohl analytischer als auch konstruktiver Absicht. Aus der „idealtypischen“ Verdichtung der Vergangenheit wird schließlich als „pädagogische Utopie“ die Leitfigur des „Prinzen“ gewonnen.

Klett-Cotta

Friedrich Edding/Cornelia Mattern/Peter Schneider (Hrsg.)

**Praktisches Lernen in der Hibernia-Pädagogik**

Eine Rudolf-Steiner-Schule entwickelt eine neue Allgemeinbildung

1985, 279 Seiten und 16 Seiten Fotos, kart.,
ISBN 3-608-93343-3

Hibernia-Pädagogik
- das bedeutet eine neue Allgemeinbildung, in der auch praktisches Lernen – bis hin zu einer als Menschenbildung konzipierten Berufsausbildung – dem heranwachsenden jungen Menschen auf allen Stufen ermöglicht wird;
- das ist der Grundsatz, dass sich Lernen immer an der Herstellung von Brauchbarem und Notwendigem vollziehen muss;
- das bedeutet eine neue, fruchtbare Verbindung von Arbeiten und Lernen, von theoretischen, künstlerischen und praktischen Lernangeboten;
- das bedeutet, das Prinzip der Auslese zu überwinden und den Gedanken einer allseitigen und gleichwertigen Förderung aller Menschen zu verwirklichen;
- das ist Verwirklichung der pädagogischen Intention Rudolf Steiners auch im Bereich des beruflichen Lernens.

In der Hiberniaschule – herausgewachsen aus der Lehrlingsausbildung eines großen Chemiebetriebes im Ruhrgebiet – legt jeder Schüler am Ende des 12. Schuljahres die Gesellenprüfung ab. 5 Fachrichtungen – Tischler, Maschinenbauer, Elektroinstallateur, Damenschneider, Kinderpfleger – werden in der Oberstufe angeboten. Ein weiterer Grundsatz der Hibernia-Pädagogik ist, dass jedem Heranwachsenden neben dem beruflich-verpflichtenden in gleichem Umfang ein freies, selbstbestimmtes Lernen ermöglicht wird. Damit wird die Oberstufe zur Eingangssstufe für ein lebenslanges Lernen. In den Beiträgen dieses Bandes wird beispielhaft gezeigt, wie praktischem Lernen in unserem verkopften Schulwesen Raum geschaffen werden kann und wie dadurch gleichzeitig eine neue Allgemeinbildung entsteht.

Klett-Cotta